KB272785

유/식/의 삼성설연구

유/식/의

삼성설연구

· 김 명 우 지음

KSI 한국학술정보(주)

머리말

   이 책은 대승불교의 핵심인 유식사상(唯識思想)에 관한 내용을 취급한 것입니다. 유식이란 문자 그대로 '대상을 부정하고 오직 식(識)만이 있다.'는 이른바 유식무경(唯識無境)의 입장입니다. 유식사상은 인도에서 4−5세기경 요가를 실천하는 사람들(喩伽師 yogācārin)에 의해 창시되었는데, 이들을 유가행파 또는 유식학파라고 합니다. 유식학파는 중관학파와 더불어 불교의 2대학파 중의 하나로 미륵에 의해 창시되어 무착을 거쳐 세친이 집대성한 대승불교의 핵심적인 가르침입니다.

   유식의 가르침은 이론적으로 마음(아뢰야식, 말나식, 안식, 이식, 비식, 설식, 신식, 의식)을 설명한 심식론(心識論)과 마음의 존재 상태를 의타기성, 변계소집성, 원성실성의 3가지로 설명한 삼성설(三性說), 그리고 5단계의 수행론으로 크게 나눕니다. 그 중에 이 책에서 기술한 것은 유식의 삼성설입니다. 특히 초기 유식논서 중의 하나인 『대승장엄경론』 제11장 「구법품」에 나타난 삼성설을 연구대상으로 삼았습니다. 『대승장엄경론』은 유식사상의 창시자인 미륵의 저작입니다. 그리고 『대승장엄경론』의 주석서인 『대승장엄경론석』은 세친의 저작으로 알려져 있습니다. 이 두 논서는 산스크리트본, 한역본, 티베트본이 현존하고 있습니다. 그리고 이 두 논서에 대한 안혜와 무성의 주석서인 『대승장엄경론복주』와 『대승장엄경론광주』가 티베트역본으로 각각 현존하고 있습니다. 그래서 『대승장엄경론』 제11장 「구법품」의 삼성설에 대한 연구를 위해 먼저 『대승장엄경론』, 세친의 주석서인 『대승장엄경론석』, 안혜의 주석서인 『대승장엄경론복주』, 무성의 주석서인 『대승장엄경론광주』의 텍스트 교정본을 각각 작성하여 첨부하였습니다.

　이제 어설픈 산스크리트, 티베트 실력으로 '대승장엄경론에 나타난 유식의 삼성설에 관한 연구서'를 세상에 내놓게 되었습니다. 많은 질책 부탁드리겠습니다.

　저는 개인적으로 '황정민'이라는 배우를 무척 좋아합니다. 그가 출연한 영화도 좋았지만, 그를 더욱 좋아하게 된 것은 그의 겸손함에 감동을 받았기 때문입니다. 2005년도 청룡영화상 식장에서 남우주연상을 받은 황정민씨가 수상 소감으로 말한 "저는 사람들에게 스스로를 이렇게 소개합니다. 일개 배우 나부랭이일 뿐이라고. 60여명 스태프들이 열심히 차려놓은 밥상 앞에서 숟가락 하나 들고 맛있게 먹기만 하면 되거든요."라고 한 이른바 '밥상론' 때문입니다. 물론 혹자처럼 배우의 자기포장이라고 치부해 버리면 아무 의미도 없겠지만, 당시 저에게는 그의 말이 정말 가슴에 와 닿았습니다. 그런데 이번에 이 책을 집필하면서 또 다시 황정민의 '밥상론'을 다시 한 번 더 되새기게 되었습니다. 그래서 그의 밥상론을 가지고 제 나름대로 불교적으로 해석하면서 도움을 주신 분께 감사의 말씀을 전하고자 합니다.

　현재 내가 존재할 수 있는 것은 수많은 다른 이의 도움이 있었기 때문입니다. 우선 내가 존재하기 위해서는 35억 년 전에 근원적인 생명체가 있었습니다. 이 생명체가 진화하여 원숭이-원시인-크로마뇽인 … 단군 - 조상 - 할아버지 - 아버지 - 어머니 - 그리고 아버지의 정자와 어머니의 난자의 결합이 있었기에 제가 태어났습니다. 그리고 저는 초등학생, 중학생, 고등학생, 대학생으로 성장했습니다. 또한 학창시절 내 주위에서 음으로 양으로 나를 도와준 선생님이나 친구들이 있었습니다. 이처럼 나는 교육이나 환경 등의 도움으로 여기까지 왔습니다.

　그리고 태초에 우주 - 태양 - 지구가 있었고, 특히 내가 살아갈 수 있도록 도와주고 있는 수많은 것들(음식, 집, 옷, 자동차)에 의해 나는 존재하고 있습니다. 또한 나는 신장, 신경, 가슴, 근육과 60조나 되는 세포의 도움으로 살아가고 있습니다. 이처럼 나는 다른 모든 인연(간접적인 원인<多緣>과 직접적인 원인<一因>)의 도움으로 살고 있습니다. 이렇듯 저는 한 순간도 다른 것의 도움 없이는 살아갈 수 없는 미미한 존재입니다.

　이처럼 내가 남의 도움으로 존재하듯이 이 책이 나오게 된 것도 나의 힘이 아니라 보이지 않는 수많은 힘에 의해 나왔다는 것을 새삼스럽게 실감하고 있습니다. 이 책이 나오기까지 많은 분의 도움이 있었습니다. 나를 키워주신 부모님, 은사이신 강동균 교수님, 동경대학의 지도교수였던 故 에지마(江島) 야스나리 교수님, 고인이 된 심의식 형, 후배 송재근 선생, 오용득 선생, 구자상 선생, 친구 김서범의 도움이 있었습니다. 그리고 철없는 나를 남편이라고 챙겨주는 아내 오현숙, 너무 어른스러워 나를 피곤하게 하는 아들 한솔, 유식사상의 대성자인 세친보살과 동명이인(同名異人)인 딸 세친(世親)의 도움이 있었습니다. 그리고 한국학술정보(주)의 관계자를 비롯해 직간접적으로 도와주신 많은 분들이 있었습니다. 지면을 빌려 감사의 마음을 전합니다. 고맙습니다.

을숙도가 바라보이는 낙동강 끝자락에서
김명우

목 차

I 서 론

1. 연구의 목적과 방법

유식사상은 기원후 4세기경 彌勒(Maitreya)이라는 인물에 의해 창시되고 無着(Asaṅga)을 거쳐 世親(Vasubandhu)에 의해 대성된 대승불교의 사상이다. 세친 이후 유식사상은 그의 계승자들인 安慧(Sthiramti), 無性(Asvabhāva), 護法(Dharmapāla), 陳那(Dignāga) 등에 의해 크게 발전하였으며, 이러한 학맥은 이른바 '유식학파'를 형성하여 불교 내부에서 확고한 지위를 확보하게 되었다. 또한 유식사상은 중국과 티베트에도 전해져 대승 불교권에서는 중관학파와 더불어 2대 학파를 형성하여, 사상적으로 중요한 위치를 차지하게 되었다.

유식사상은 이론적으로 '唯識'과 '三性說'로 크게 구분할 수 있다. 唯識과 三性說에 관해 언급한 최초의 경전은 『解深密經』이며, 이에 대한 논의들은 미륵의 저작으로 알려진 『瑜伽師地論(Yogācārabhūmi)』(이하 『瑜伽論』), 『中邊分別論』, 『大乘莊嚴經論』 등의 논서들에서 처음으로 등장하고, 무착의 『攝大乘論』과 세친의 『唯識三十頌』에서 체계적인 형태로 나타난다.

비록 '彌勒五書'[1]가 과연 미륵의 저작인지에 대해서는 의문점이 많지만, 초기 유식사상을 연구함에 있어 미륵의 논서들은 중요한 위치를 차지한다. 본 연구는 미륵의 『大乘莊嚴經論(Mahāyāna-sūtrālaṃkāra)』을 중심으로 초기 유식사상의 특성을 살펴보고, 특히 『大乘莊嚴經論』 제11장 「求法品(Dharma-paryeṣṭy-adhikāra)」에 나타난 三性說을 집중적으로 분석하면서 세계의 존재방식에 관한 초기 유식학파의 논의들에 대해 연구할 것이다.

『大乘莊嚴經論』은 彌勒의 저작으로 『瑜伽論』 및 『中邊分別論』과 함께 초기 유식학파에 있어서 중요한 위치를 차지하는 논서이다. 『大乘莊嚴經論』의 산스크리트본은 총 21장 805게송(한역 24장)으로 구성되어 있다. 이 중에 본고의 연구대상인 제11장 「求法品」은 유식사상의 핵심이라고 할 수 있는 아라야식 (아뢰야식)·二取·二取의 否定·唯識無境·三性說을 정연한 형태로 기술하고 있기 때문에 초기 유식논서의 三性說 연구에 중요한 단서를 제공해 주고 있다. 『大乘莊嚴經論』은 산스크리트본, 티베트본, 한역본이 모두 현존하고 있지만, 『大乘莊嚴經論』 본송만으로는 명확한 의미를 알 수 없기 때문에 필자는 이에 관한 세친, 안혜, 무성의 주석서들을 참고로 하여 『大乘莊嚴經論』의 三性說을 살펴보고자 한다.

본 연구는 모두 4장으로 구성되어 있다.

Ⅰ은 본 연구의 서론에 해당되는 부분이다. 여기서는 연구의 목적과 방법을 제시

---

1) '미륵오서'는 다음과 같다.
   티베트 문헌
   1. Mahāyānasūtrālaṃkāra(大乘莊嚴經論)
   2. Madhyāntavibhāga(中邊分別論)
   3. Dharmadharmatāvibhāga(法法性分別論)
   4. Ratnagotravibhāga-mahāyānanottaratantra(究竟一乘寶性論)
   5. Abhisamyālaṃkāra(現觀莊嚴經論)
   중국문헌
   1. 瑜伽師地論(Yogācārabhūmi)
   2. 分別喩伽論
   3. 大乘莊嚴經論(Mahāyānasūtrālaṃkāra)
   4. 邊中辺論(Madhyāntavibhāga)
   5. 金剛般若波羅密多經(Triśatikāya prajJapāramitāya karikāsaptatiḥ)

하고, 연구대상인『大乘莊嚴經論』제11장「求法品」의 텍스트 작성에 관하여 기술하였다. 그리고 三性說에 관한 기존의 연구 성과들, 특히『大乘莊嚴經論』제11장「求法品」에 대한 일본에서의 연구 성과들을 정리하였다.

Ⅱ에서는『大乘莊嚴經論』에 나타난 三性說에 대해 고찰하였다.

1에서는『大乘莊嚴經論』이라는 문헌을 소개한다는 입장에서 먼저『大乘莊嚴經論』의 장 구분과 저자의 문제,『大乘莊嚴經論』과『菩薩地』의 관련성 등에 관한 여러 학자들의 연구 성과를 정리하였으며, 또한『大乘莊嚴經論』,『大乘莊嚴經論復註』,『大乘莊嚴經論廣註』의 텍스트 교정본에 대해 기술하였다.

2에서는『大乘莊嚴經論』과『中邊分別論』에 나타난 三性說에 대해 비교분석하였다. 먼저 1)에서는『大乘莊嚴經論』과『中邊分別論』제1장「相品」에 나타난 虛妄分別의 特質, 虛妄分別의 攝相을 중심으로 한 三性說을 다루었으며, 2)에서는『大乘莊嚴經論』과『中邊分別論』의 제3장「眞實品」에 나타난 三性說에 대해 기술하였다. 특히『大乘莊嚴經論』과『中邊分別論』에 대한 안혜의 주석서인『大乘莊嚴經論復註(Sūtrālaṃkāra-vṛtti-bhāṣya)』와『中邊分別論復註(Madhyāntavibhāga-ṭīkā)』를 참조하면서 三性說에 대한 안혜의 입장도 함께 기술하였다.

3에서는 제11장「求法品」'相을 탐구하는 게송(相의 探求)'에 대해서 기술하였다. 1)에서는 '相을 탐구하는 게송'의 서론격인 제36게송, 즉 三性說의 정의에 대해서 기술하였고, 2)에서는 제38게송과 제39게송에서의 遍計所執性에 대해, 3)에서는 제40게송에서의 依他起性에 대해, 그리고 4)에서는 제41게송에서의 圓成實性에 대해 분석하였다. 요컨대 소취와 능취로 현현한 虛妄分別을 依他起性이라고 하고, 虛妄分別에서 언어를 동반한 顯現 그 자체, 顯現하는 대상(소취와 능취), 그것을 언어로 표현하기 위한 말(언어)을 遍計所執性이라고 하며, 虛妄分別에서 遍計所執性이 없어진 것, 즉 언어를 떠나 분별이 없는 것을 圓成實性이라고 할 수 있다.

그러나 이러한『大乘莊嚴經論』본 게송의 三性說에 대한 이해도 주석서를 참조한 해석이다. 따라서『大乘莊嚴經論』의 주석서인 세친의『大乘莊嚴經論釋』, 안혜의『大乘莊嚴經論復註』, 무성의『大乘莊嚴經論廣註』를 참조하여『大乘莊嚴經論』의

三性說을 고찰하면서, 세친, 안혜, 무성의 주석태도에도 어떤 차이점이 있는지 살펴보고자 하였다.

4에서는, '법의 진실(dharmatattva)을 탐구하는 것'(제13게송)에서의 三性說에 대해 기술하였다. 제13게송에서는 법의 진실(dharmatattva)을 '三性'이라는 용어로 표현하지 않았지만 세친, 안혜, 무성은 제13게송에 대해 遍計所執性, 依他起性, 圓成實性이라는 용어를 사용하여 三性說로써 주석하였다. 따라서 논자도 이 부분을 三性說에 관한 기술로 취급하였다. 특히 제13게송의 三性說에 관한 기술은 遍計所執性을 二取와 관련시켜 설명한 것 이외에는 『解深密經』과 『瑜伽論』의 「攝決擇分中菩薩地」와 관련이 깊다는 것에 주목하였다.

5에서는 '진실에 관한 마술의 비유를 탐구하는 것'(제15-제20게송)에서의 三性說을 기술하였다. 여기서는 진실을 마술(māyā)의 비유로 설명하고 있는데 세친, 안혜, 무성은 삼성의 비유로 주석하고 있다. 따라서 논자도 『大乘莊嚴經論』 본 게송과는 달리, 세친, 안혜, 무성의 주석서에 입각하여 '三性說'로 취급하여 설명하고자 한다.

Ⅲ에서는 제34게송과 제35게송을 중심으로 三性說과 관련하여 唯識無境에 대해 세친, 안혜, 무성의 주석서를 중심으로 기술하였다. 특히 필자는 『攝大乘論』에 관한 무성의 주석인 『攝大乘論釋』과 『大乘莊嚴經論』에 관한 무성의 주석서인 『大乘莊嚴經論廣註』를 비교하여 무성의 사상적인 입장을 고찰하면서 무성의 연대에 관한 새로운 자료를 제시하였으며, 무성의 사상적인 입장이 호법보다 안혜와 가까운 인물이라는 것을 밝혔다.

2. 연구자료와 텍스트

불교학은 문헌 연구가 전제되지 않으면 안 된다. 불교의 문헌을 통해 그 사상을 이해하기 위해서는 사본을 통한 텍스트 교정본의 작성이 필수불가결하다. 문헌을 통해 먼저 그 텍스트의 교정본이 작성되지 않고 사상적인 측면만 강조한다면 그 연구는 沙上樓閣에 불과한 것이다. 그러므로 최우선적으로 텍스트 자체에 관한 연구가 선행되어야 한다. 논자가 연구대상으로 삼은 『大乘莊嚴經論』은 다행히 산스크리트본, 한역본, 티베트역이 현존한다. 본고의 연구를 위해 논자는 우선 연구의 기초자료가 되는 『大乘莊嚴經論』과 이에 관한 3주석서(세친석, 안혜의 복주, 무성의 광주)의 텍스트 교정본을 작성하였다.

첫째, 『大乘莊嚴經論』의 산스크리트 원전
둘째, 세친의 『大乘莊嚴經論釋』 산스크리트본과 티베트역 교정본
셋째, 안혜의 『大乘莊嚴經論復註』 텍스트 교정본(티베트본)
넷째, 무성의 『大乘莊嚴經論廣註』 텍스트 교정본(티베트본)

『大乘莊嚴經論』의 현존하는 주석서로는 세친의 「Sūtrālaṃkāra−bhāṣya」(Tibet: Theg pa chen po bsdus paḥi ḥgrel pa)가 있는데, 그 산스크리트본, 티베트본, 한역본이 모두 현존하고 있다. 또한 안혜의 「Sūtrālaṃkāra−vṛtti−bhāṣya(Tibet: Mdo sde rgyan gyi ḥgrel bśad)」와 무성의 「Mahāyāna−sūtrālaṃkāra−ṭīkā(Tibet: Theg pa chen poḥi mdo sde rgyan gyi rgya cher bśad)」가 현존한다. 안혜와 무성의 양 주석서의 산스크리트본은 산실되어 전해지지 않으며, 한역본도 없고 오직 티베트 번역본만이 현존하고 있다.

　『大乘莊嚴經論』의 산스크리트 교정본으로는 실비앙 레비(S・Lévi)가 교정한 Lévi본을 비롯하여, Bagchi본, Shastri본, Limaye본이 존재한다. 그 구체적인 내역은 다음과 같다.

1. Mahāyāna−sūtrālaṃkāra, ed Lévi, 1907, Paris.
2. Mahāyāna−sūtrālaṃkāra of Buddhist Sanskrit Texts 13, ed S・Bagchi, 1970,

Darbhaṅga.

3. Mahāyāna−sūtrālaṃkāra by Acārya Asaṅga, Bauddha bharati Seris 19, ed S
・D・D Shastri, 1985, Varanasi.

4. Mahāyānasūtrālaṃkāra by Asaṅga(Bibliotheca Indo−Buddhica Series 94), ed
S・V・Limaye, 1991, Delhi.

이 중에 현재 학계에서 가장 일반적으로 사용되는 것은 Lévi본이며, 논자도 Lévi
본을 底本으로 사용하여 산스크리트 교정본을 작성하였다. 또한 일본 龍谷大學 圖
書館에 所藏되어 있던『大乘莊嚴經論寫本 A本・B本』을 부분적으로 참조하였다.2)
그리고『大乘莊嚴經論』에 대한 세친 주석의 티베트역, 그리고 안혜와 무성의 티베
트 양 주석은 Peking판을 저본으로 하고, Derge판을 참고로 하여 텍스트 교정본을
작성하였다.

3. 三性說에 관한 예비적 고찰

1) 三性說이란 무엇인가

유식사상에서 三性說3)이란 의식의 존재 형태(상태)를 遍計所執性, 依他起4) 性,

---

2)『大乘莊嚴經論』(『大乘莊嚴經論釋』)의 사본에 대해서는 松長有慶外,『梵語佛典の硏究』
(京都: 平樂寺書店, 1990)를 참조.
3) 三性說에 대한 한역 용례는 다음과 같다.
『解深密經』: 虛妄分別相, 因緣相, 第一義相 [『大正新修大藏經』(이하『大正藏』) 18, p.669c].
『楞伽經』: 妄想自性, 緣起自性, 成自性(『大正藏』 16, p.487c).
『攝大乘論』(佛陀難多 譯): 妄想分別相, 他性, 成就性(『大正藏』 31, p.100c).
『攝大乘論』(笈多共行距 譯): 分別性, 依他性, 成就性(『大正藏』 31, p.287bc).

圓成實性 5)의 3종류로 분석한 것을 가리킨다.

첫 번째의 遍計所執性(parikalpita−svabhāva)이란 무엇인가?

'parikalpita−svabhāva' 중에서 'parikalpita'라는 것은 동사 pari−√klp에서 유래된 사역활용의 과거분사로 'pari−kalpa'로부터 나온 말이다. 직역하면 pari(두루), kalpita(분별된 것)의 의미이다. 동사 √klp로부터 만들어진 단어에는 'kalpa', 'vikalpa', 'parikalpa' 등이 있지만, 한역에서는 모두 '分別'이라고 번역한다. 'svabhāva'란 '自性'으로 번역되는 것으로, 일반적으로 '자기의 본질(본성)'을 의미한다. 따라서 遍計所執性이란 '두루 사유 분별된 것을 본성으로 하는 것'의 의미로 관념에 의해 구축된 가설적 존재를 뜻한다.6)

그런데 遍計所執性은 주로 언어7)와의 관계 속에서 설명된다. 'parikalpita−svabhāva'의 'parikalpa'는 특히 언어적 인식에 관여하고 개념화된 것을 실체화하려는 작용이 수반된 것이다. 'parikalpita−svabhāva'는 분별된 것(parikalpa)을 본성으로 하는 것이고, 그 자체로서는 일체 존재하지 않으며, 어떤 종류의 주관 내에 구성(구상)된 것이다. 즉 존재론적으로 어떠한 의미로도 존재하지 않는 것이다.

그렇다면 이러한 언어적 개념은 어디서 비롯된 것인가? 유식학파에 따르면 아라야식(ālaya−vijñāna)에 저장된 種子(bīja)8)에는 크게 언어적 개념의 종자인 명언종

『大乘莊嚴經論』: 分別相, 依他相, 眞實相(『大正藏』 31, p.613c).

4) 산스크리트에는 '起'의 의미는 없다. 한역자인 현장이 임의로 삽입한 것이다.

5) 'svabhāva(自性)'이라는 것은 'parikalpita · paratantra · pariniṣpanna'를 자신의 본성으로 하는 것이다. 이 3 종류의 존재방식에 대해 'svabhāva(自性)' 대신에 'lakṣaṇa(특질, 한역: 相)'를 사용하는 경우도 있다.

6) 권오민, 『인도철학과 불교』(서울: 민족사, 2004), p.300.

7) 여기서 언어라는 것은 언어를 통해서 구성(구상)된 것이다. 언어 그 자체가 遍計所執을 의미하는 것은 아니다.

8) 種子라는 말은 산스크리트어 'bīja'의 한역으로 식물의 씨앗을 가리키는 상징적인 의미이다. 식물의 종자는 땅속에 묻혀 인간의 눈에는 보이지 않지만, 종자가 여러 조건(태양, 물 등)을 갖추면 씨앗을 내고, 잎을 내고 꽃을 피운다. 이처럼 인간은 자신의 경험을 자신의 인격의 근저에 보존하여, 이것이 조건을 갖추면 사람의 행위로서 표면에 나타난다. 이와 같이 보존된 경험의 축적을 종자라고 한다.
『성유식론』에서는 종자를 '生果功能'이라고 정의한다. '功能(śakti)'이라는 것은 '힘', '작용'

자(등류습기)9)와 업의 종자(이숙습기)로 나누어진다. 전자가 세계의 인식을 가능하게 하는 종자라면, 후자는 각각의 유정이 태어나는 세계를 결정짓는 종자라고 할 수 있다. 그러나 궁극적인 업의 종자도 언어적 개념의 종자에 포함된다.10)

두 번째의 依他起性(paratantra-svabhāva)이란 무엇인가?

'paratantra-svabhāva' 중에서 'paratantra'라는 것은 '다른 것에 의지한다.'는 의미이다. 그러므로 그것은 스스로 그 존재를 성립시킬 수 없는 것이다. 스스로 존재하지 않고 다른 것에 의지한다는 것은 자기의 본질이라고 할 수 있는 것은 없다는 것이다. 다시 말하면 모든 것은 緣起속에 존재하며, 연기적이기 때문에 無自性·空이라는 것이다.

등의 의미를 나타내는 말이기 때문에 '결과를 나타내는 힘', '결과를 창출하는 작용'이라는 의미로 해석할 수 있다. 그러나 주의하지 않으면 안 되는 것은, 종자라는 말 때문에 식물의 씨앗을 연상해서는 안 된다. 어디까지나 정신적인 '힘', '활동', '에너지'이다. 선한 행위를 하면 인격의 근저에 선한 행위가 축적되어 점차로 선한 행위를 생기하는 힘이 강한 인격이 되어 가는 것이다.

9) 名言이라는 것은 '말', '언어'의 의미이다. 종자 또는 습기는 훈습되지만, 도대체 구체적으로 무엇이 훈습되는가, 첫째는 '언어'이다. '언어'는 의미를 가진다. 의미를 가진 언어는 의미부여·가치관·문화 등을 내재하고 있다. 언어를 기억하는 것은 그것의 의미부여·가치관·문화 등을 축적하는 것이다. 그리고 축적된 가치관·문화 등은, 그 사람의 인격을 형성하고 인식·발상·행동을 규정하여 간다. 인격의 근저에 축적되는 것이 다르기 때문에 사물에 대한 관점과 느낀 점이 다르다. 예를 들면 인도 사람에 있어서 갠지스 강의 물은 신성한 것이다. 그러나 한국인이나 다른 지역의 사람에게는 갠지스 강은 더러운 물이 흐르는 곳이다. 똑같은 강물을 보고 인도인은 신성하게 보고, 한국인을 더러운 강물로 보는가? 왜냐하면 축적된 문화가 다르기 때문이다. 이것에 대해 『성유식론』에서는 아주 적절한 설명을 하고 있다.
『성유식론』에서는 명언을 두 가지로 분류하였다.
첫째는 '表義名言'이고, 둘째는 '顯境名言'이다.
표의명언은 확실하게 의미를 나타내는 언어이다.
현경명언은 印象·心象라고도 할 수 있을 것이다. 『성유식론』에는 '능히 대상(境)을 了<別>하는 心(심)·心所(심소)이다'라고 하였다. 우리들의 인식을 관찰하여 보면 말로서는 표현할 수 없지만, 이미지·映像·印象·心象과 같은 막연한 형태로서 마음의 근저에 새겨지는 것이 있다. 막연하다는 것은 명확하게 언어로 표현할 수 없다. 그러나 우리들의 인식활동에 반드시 참여하고 있다. 아마도 이와 같은 영역을 가리키는 것이라고 추측할 수 있다.
10) 앞의 책, p.301.

세 번째의 圓成實性(pariniṣpanna－svabhāva)이란 무엇인가?

'pari－niṣpanna'라는 것은 '이미 완전하게 완성된 것'의 의미이다. 따라서 이것은 이미 不變이고, 줄어들지도 늘어나지도 않는 것이다. 그런데 현상계는 연기적인 존재이므로 이곳에서의 불변의 본성은 無自性・空이다. 圓成實性은 현상계(依他起性)를 떠나 있지만, 연기하고 변화하는 현상과는 구별되는 것이다. 이 현상 그 자체의 불변의 본성을 法性・眞如라고 한다. 이것을 또한 '圓成實性'이라고 한다.

이상의 관점을 요약하면 삼성은 세계 내에 존재하는 갖가지의 존재형태를 분석한 존재론이라고도 말할 수 있다. 따라서 遍計所執性은 언어에 그 존재기반을 두고 있고, 依他起性은 연기적 존재이며, 圓成實性은 그 연기적 존재의 본성이다.11) 다시 말해 依他起性의 현실이 바로 진실의 圓成實性이라고 할 수 없지만, 그것을 떠나 존재하는 것도 아니다. 의타기의 분별을 실재하는 것이라고 집착하는 것이 遍計所執性이고, 그 같은 분별이 제거된 것이 圓成實性이다. 이 3개의 범주(삼성)를 세우는 것은 유식학파의 독자적인 사상이라고 할 수 있다. 나가르주나(용수)가 창시한 중관학파는 二諦(勝義諦・世俗諦)를 설하면서, 언어(遍計所執性)와 현상계(依他起性)를 구별하려고 하지 않았다. 즉 중관학파는 遍計所執性과 依他起性을 '世俗諦' 속에 일괄적으로 처리하려는 경향이 엿보인다. 따라서 三性說은 유식사상의 독창적인 것이며, 또한 유식사상 체계 내에서도 중요한 위치를 차지하고 있다.

---

11) 『瑜伽論』에서의 三性說을 요약하면 遍計所執性은 명칭에 의해 세워진 것(名言所計), 依他起性은 온갖 여건에 의해 생긴 것(衆緣所生), 圓成實性은 있는 그대로의 참된 실재(眞如)이다.(竹村牧男 著, 정승석 옮김, 『유식의 구조』, p.57)

2) 三性說에 관한 문헌과 선행연구

(1) 三性說에 관한 문헌

여기서는 三性說이 어떤 불교문헌에 설해져 있는가를 간단하게 정리하여 보겠다.
현장의 제자이자 法相宗의 창건자인 자은대사 窺基는 『成唯識論述記』(『大正藏』
43, 229c－230a)에서 유식의 중요경전과 논서를 '六經十一論'으로 구분하기도 하였다.
'六經'이란 『華嚴經』, 『解深密經』, 『如來出現功德經』, 『阿毘達磨經』, 『楞伽經』, 『厚嚴
經』을 말한다. 그러나 우리들에게 전혀 생소한 경전도 포함하고 있다. 예를 들면 『如
來出現功德經』, 『阿毘達磨經』은 한역도 티베트역도 현존하지 않기 때문에 어떤 경전
인지 전혀 알 수 없으며, 『阿毘達磨經』은 단편적으로 남아있어 전반적인 내용을 알
수 없다. 『厚嚴經』은 『大乘密嚴經』(『大正藏』, 681, 682)이라는 경전으로 한역본이
현존하며, 티베트역(Peking, 778)도 존재한다.
'十一論'이란 『瑜伽師地論』, 『顯揚聖教論』, 『大乘莊嚴經論』, 『集量論』, 『攝大乘
論』, 『十地論』, 『分別瑜伽論』, 『觀所緣緣論』, 『唯識二十論』, 『辨中邊論』, 『阿毘達
磨集論』을 말한다. 이 중에서 현존하지 않는 것은 미륵의 저작으로 알려진 『分別瑜
伽論』뿐이다.
여기서는 어디까지나 三性說을 언급한 유식관계의 가장 기본적 문헌(인도불교문
헌)을 중심으로 기술하였다. 유식의 三性說을 논파하는 중관학파의 문헌이나 독자적
인 三性說을 설한 중국 문헌 등은 제외하였다. 또한 『大乘莊嚴經論』, 『中邊分別論
(辨中邊論)』에 대해서도 본 연구 제2장과 제3장에서 언급하기 때문에 생략하였다.

<經 典>

『解深密經』(『大正藏』 16권 玄奘 譯)
이 경전에서는 제4장 「一切法相品」에서 三性說에 대해, 제5장 「無自性相品」에서

三無性에 대해 부분적으로 설명하고 있다. 또한 이 경전의 제2장 「勝義諦相品」에도 三性說에 대해 간단하게 기술하고 있다.

　이 경전은 중기대승경전으로 유식의 소의경전 중의 하나이다. 그러나 산스크리트 원전은 현존하지 않는다. 티베트역(Peking,774)도 존재하며, 한역으로는 현장역 이외에 菩提流之가 번역한 『深密解脫經』, 求那跋陀 譯의 『相續解脫經』, 眞諦 譯의 『解節經』이 있다. 주석서로는 특히 원측의 『解深密經疏』가 중요한데, 한역에서 티베트어로 번역된 몇 안 되는 주석서이다. 그리고 티베트 번역본에 대한 라모트(É. Lamotte)의 텍스트 교정본(Saṃdhinirmocana－sūtra, Paris, 1935)이 있다.

『楞伽經』(Laṅkāvatāsūtra)

　『楞伽經』에서는 '五法・三性・八識・二無我'로 구분하여 三性說을 하나의 주제로 취급하여 설명하고 있다. 그러나 三性說에 관한 기술은 그다지 많지 않다. 단지 한역 제9권의 「總品」에 산재해서 언급되어 있다.

　『楞伽經』(Laṅkāvatāsūtra)의 텍스트로는 Bunyo Nanjo, Laṅkāvatāsūtra, (1923)와 P. L. Vaidya, Saddharmalaṅkāvatāsūtram,(1963)이 있다. 그리고 티베트 번역본으로는 Derge 107과 Peking 775가 있으며, 한역으로는 『大正藏』 16권에 수록되어 있다.

<論 書>

『瑜伽論』(Yogācārabhūmi)

　미륵의 저작으로 알려져 있는 초기 논서 중의 하나인 『瑜伽論』에서는 주로 「攝決擇分」에서 三性說이 기술되고 있다. 현장역으로 말하면, 권73－74(攝決擇分中菩薩地)이다. 여기서 三性說에 대해 기술한 『菩薩地』의 텍스트 교정본에 대해 살펴보겠다. 『菩薩地』의 전체 교정본으로는 萩原 교정본[12], Dutt 교정본,[13] 羽田 교정본

---

12) Bodhisattvabhūmi, ed. by Wogihara, Tokyo, 1971(repr).
13) Bodhisattvabhūmi, ed. by N. Dutt, Patna, 1978.

등 세 종류가 있고, 부분 교정본으로는 Roth본,[14] Rahder본[15] 두 종류가 있다. 그리고 현재 이용 가능한 『菩薩地』의 사본으로는 다음과 같은 세 종류가 있다.

Bendall, Add. 1702(Nepalī[16])
Kyoto 74(Nepalī)
NBORS[17] 24−4, p.145(kutilī)

이 중에서 萩原 교정본은 첫 번째와 두 번째를 사용하였고, 티베트의 Derge판을 참고로 하였다. 이것은 현재 학계에서 가장 많이 이용하는 교정본이다. Dutt 교정본은 세 번째를 底本으로 사용하였지만, 티베트본을 참고하지는 않았다. 羽田 교정본은 첫 번째, 두 번째, 세 번째의 모든 사본을 사용하였고, 네 종류의 티베트 번역본을 참조하였다. 이것은 산스크리트 사본, 티베트 번역본, 세 종류의 한역 등을 대조하였기 때문에 거의 완벽한 勞作이다.

한역본은

玄奘 譯 『瑜伽師地論』, 「菩薩地」, 『大正藏』 30.

曇無讖 譯 『菩薩地持經』, 『大正藏』 30, 1581.

求那跋摩 譯 『菩薩善界經』, 『大正藏』 30, 1582.

의 3종류가 존재한다. 그리고 티베트 번역본은 「rnal ḥbyor spyod paḥi sa las byang chub sems dpaḥi sa」이며, Peking, Derge, Narthang, Jone판에 수록되어 있다. 번역자는 Prajñāvarman와 Ye śes sde이고, 9세기경에 번역되었다. 현재 대부분의 불교 연구자는 Peking판(No.5538)과 Derge판(No.4037)을 저본으로 사용한다.

『菩薩地』의 산스크리트 원본 주석서는 현존하지 않으며, 현재 이용 가능한 것은

---

14) Observation on the first chapter of Asanga's Bodhisattvabhūmi, Indologica Taurnensia 304, 403−412, 1975−1977.
15) Daśabhūmikasūtra, ed. by J. Rahder, Paris / louvain, 1926.
16) script.
17) Joural of the Biharand Orissa Research Society.

티베트 번역본 두 종류뿐이다. 그것은 다음과 같다.

1. Bodhisattvabhūmivṛtti , Nuṇaprabha, Peking: 5545, Derge: 4404.
2. Yogācaryābhūmau Bodhisattvabhūmivyākhyā, Sāgaramegha, Peking: 5548, Derge: 4047.

전자는 「施品」까지의 주석이고, 후자는 전체를 주석하고 있다.

『顯揚聖敎論』

무착의 저작으로 알려진 『顯揚聖敎論』[18]은 『瑜伽論』의 내용을 요약한 것이다. 다시 말해 『현양성교론』의 三性說도 대부분 『瑜伽論』에 의거하여 기술되고 있다. 특히 제2장 「攝淨義品」과 제16장 「成無性品」에서는 三性說에 관해 잘 정리된 형태로 서술하고 있다.

『攝大乘論』

무착의 저작으로 알려진 『攝大乘論』은 이름 그대로 테라와다(Theravāda)보다 뛰어난 대승 교의를 열 가지 항목으로 구분하여 대승의 핵심을 해설한 초기유식의 중요한 논서이다. 이 중에 제2장 「所知相品」이 三性說에 관해 집중적으로 기술하고 있다. 『攝大乘論』은 다른 초기 유식논서들과 비교해서 三性說에 대해 비교적 상세하게 언급하고 있다. 특히 『攝大乘論』에서는 依他起性을 중심으로 三性說을 설명하고 있는데, 특히 '二分依他說[19] 등과 같은 독자적인 사상도 엿보인다. 『攝大乘論』에 대한 주석서로는 세친의 『攝大乘論釋』과 무성의 『攝大乘論釋』이 유명하다. 양 주석 모두 산스크리트원전은 소실되어 전해지지 않고 한역본과 티베트역본이 현존하고 있다.[20]

---

18) 한역만이 현존한다.
19) 依他起性이 청정(圓成實性)과 염오(遍計所執性)의 두 가지 입장을 동시에 가지고 있다는 것이다.
20) 텍스트 교정본에 대해서는 참고문헌 참조바람.

『三性論』

『삼성론』은 세친의 저작으로, 이름 그대로 오로지 三性說을 주제로 한 유식논서이다. 이것은 산스크리트 원전이 현존하고 있으며, 전체 38게송 중에서 三性說의 여러 가지 측면을 기술하고 있다. 특히 이 논서는 『中邊分別論』, 『大乘莊嚴經論』과 사상적으로 관계가 깊다.[21]

『唯識三十頌』

『唯識三十頌』은 유식사상을 체계화시킨 세친(世親 또는 天親 Vasubandhu, 400－480)의 저작으로, 유식사상을 불과 30개의 게송(한역 600자)으로 정리한 논서이다.

『唯識三十頌』의 산스크리트어 제목은 「인식작용(識)에 관한 三十詩句(Triṃśikāvijñaptimātratā－kārikā)」이다. 『唯識三十頌』은 산스크리트본·티베트역·한역이 현존하고 있다. 한역본은 현장(玄奘, 600－664)이 번역하였다.

『唯識三十頌』은 제1송부터 제16까지는 아라야식(ālaya－vijñāna)을 중심으로 마나스(manas, kliṣṭa－manas, 말나식), 제육의식(viṣayasya vijñaptir)을 설명하고 있고, 제17송부터 19송까지는 唯識無境(vijñaptimātra)의 논증, 20송에서 25송까지는 三性說(tri－svabhāva) 및 三無自性, 제26송부터 30송까지는 유식의 실천과정을 밝히고 있다. 세친이 『唯識三十頌』 30개의 게송 중에서 6개의 게송을 三性說과 三無自性에 할애한 것은 三性說이 중요한 위치를 차지한다는 것을 증명하는 것이다.

현재 『唯識三十頌』에 대한 1차 자료로는 다음과 같은 것이 있다.

  가. 산스크리트어본 : Triṃśikā－vijñapti－kārikā by S. Lévi, Pari, 1925.
  나. 티베트역본 : 북경판 113－231, 1－3b1.
  다. 한역본 : 『고려대장경』 17－484, 『大正藏』 31－60.

---

21) 사본 및 텍스트 교정본에 대해서는 松長有慶外, 『梵語佛典の研究』(東京: 平樂寺書店, 1990), p.367 참조바람.

이상으로 인도불교에서 三性說을 언급한 기본적인 문헌을 살펴보았다. 물론 이들에 대한 주석서도 현존하지만, 여기서는 생략하겠다.

(2) 三性說에 관한 선행연구

三性說의 선행연구는 크게 두 가지로 나눌 수 있다. 전통적인 방법의 연구와 현대적인 방법의 연구가 그것이다.

전통적인 연구는 현장역의 『成唯識論』, 규기의 저작인 『成唯識論述記』 등 한자 문헌을 중심으로 하는 연구이다. 이른바 중국의 법상종 중심의 연구이다.

현대적인 연구는 19세 말 이후의 서양의 학자들에 의해 전개된 산스크리트, 티베트의 문헌을 기초한 것이다. 여기서는 현대 서구 학자들에 의한 유식문헌의 텍스트 교정본만을 간략하게 소개하고자 한다. 더불어 서구학자들의 자극을 받아 시작된 문헌학에 기초한 일본학자들의 연구 성과를 자세히 논하고자 한다.

<서구에서의 연구>

서구사회에서 유식사상에 대한 본격적인 연구는 프랑스 출신의 학자인 실비앙 레비(Sylvain Lévi)를 시작으로 체르바스키(T. Stcherbatsky), 푸생(L. Poussin), 투치(N. Tucci), 라모트(E. Lamotte), 슈미트하우젠(L. Schmithausen) 등의 학자들에 의해 이루어졌다. 여기서는 먼저 三性說에 대해 언급한 대표적인 經論의 텍스트 및 텍스트 교정본만을 시대순으로 열거하였다.

Sylvain Lévi *Mahāyānasūtrālaṃkāra*, Tome1, Tome2, Traduction, Introduction, Index, Paris, 1907−1911.

Sylvain Lévi *Vijñaptimātratāsiddhi*, Deux traités de Vasubandhu, Viṃśatikā(la Vingtaine) accompagnée d'une explication en prose, et Trimśikā(la Trentaine) avec le commentaire de Sthiramati, Paris, 1925.

Louis de la vallre Poussin *Vijñaptimātratāsiddhi*, La siddhi de Hiuan－Tsang. traduite et nnotre, 2 vols, Paris, 1928－1029.

V. Battacharya and N. Tucci *Madhyāntavibhāgasūtrabhāṣya of Sthiramati*, Part. 1(Calcutta Oriental Series, No 24) London, 1932.

Sylvain Lévi *Materiaux pour l'étude du systéme vijñaptimātra*, traduction de la Vimśatikā et de la Trimṣikā(Bibliothrque de l' École des Hautes Études, sciences historiques etphilologiques), Paris, 1932.

Louis de la vallre Poussin *Le petit traité de Vasubandhu －Nāgārjuna sur les trois natures*, Mrlanges chinois et bouddhiques, 2, 1932－1033.

Étienne Lamotte *saṃdhinirmocanasūtra*, L'explication des mystères, Texte tibtain Rdite et traduit, Louvain, 1935.

D. L. Friedman *Sthiramati, Madhyāntabhāgaṭīkā*, Analysis of the Middle Path and the Extremes, Utrecht, 1937.

Th. Stcherbatsky *Madhyāntavibhāga*, Discourse on Discrimination between Middle and Extremes, ascribed to Maitreya and commented by Vasubandhu and Sthiramati, translated from the Sanskrit and Tibetan(Bibliotheca Buddhica No. 30), Moscow－leningrad, 1938.

Étienne Lamotte *La Somme du Grand Vehicule d'Asaṅga*(Mahāyānasamgraha), vols 2, Louvain, 1938－1939.

V・V・Nokhale *Fragments from the Abhidharma samuccya of Asaṅga* JRAS. Bombay 23, 1947.

P. Pradhan *Abhidharmasamuccaya of Asaṅga*, VBhs. 12, Santiniketan, 1950.

V. bhattacharya *The Yogācārabhūmi of Ācārya Asaṅga*, part 1, Calcutta, 1957.

Alex Wayman *Analysis of the Sravakabhūmi Manuscript*, Berkely and Losangles, 1961.

N・Tatia *Abhidharmasamuccaya -bhāṣya,* Varanasi, 1976.

K・Shukla *Śrāvakabhūmi of Ācārya Asaṅga,* part 1・2, Patna, 1991.

이외에도 오버밀러(E. Obermiller), 프라우발너(E. Frauwallner) 등의 유식연구가 있다. 특히 프라우발너(Frauwallner)의 제자 슈미트하우젠(L. Schmithausen)은 현존하는 대표적인 유식 연구자이다. 슈미트하우젠은 그의 선생의 연구 성과를 바탕으로 세친 2인설[22]에 관한 중요한 논문 등을 발표하였다.[23] 최근에는 "Ālyavijñāna, On the Origin and the Early Development of a Central Concept of Yogācāra Philosophy, part Ⅰ, Ⅱ를 발표하여 학계의 주목을 받았다. 이 저서는 『瑜伽論』을 중심으로 한 '유식(아라야식)'에 관한 연구서이지만, 특히 Ⅱ권에서는 유식과 三性說에 관한 많은 문헌학적인 자료를 소개하고 있다.

---

22) 세친 2인설은 서구학자들의 입장이다. 반면 일본의 학계는 세친 1인설을 정설로 받아들이고 있다. 현재에도 두 가지의 주장은 평행선을 긋고 있다. 세친 1인설과 세친 2인설에 관한 입장을 정리하면 다음과 같다.
우선 세친의 연대에 대해서는 크게 두 주장으로 나눌 수 있다.
宇井伯壽는 미륵(270-350), 무착(310-400), 세친(320-400)의 연대론을 주장하였다. 한편 干潟龍祥는 미륵(350-430), 무착(395-470), 세친(400-480)의 연대론을 주장하였다. 이와 같은 두 주장의 난점을 극복하기 위해 제시된 것이 세친 2인설이라고 할 수 있다. 1951년 오스트리아 빈대학의 불교학자인 프라우발너(E. Frauwaller)는 세친 2인설을 발표하였다. 그에 의하면 인도불교사에 있어 세친의 이름을 가진 두 사람이 존재한다. 한 사람은 아상가(Asaṅga)의 동생이며 유가행파의 거두로 320-380년경에 생존하여 『유식삼십송』, 『유식이십론』, 『대승장엄경론석』, 『중변분별론석』 등의 유식계통의 논서를 저술한 古세친이다. 또 한 사람은 『구사론』의 저자로 400-480년경에 생존한 新세친이라고 주장하였다. 이와 같이 『구사론』의 저자 세친과 유식학의 대가 세친을 同名異人이라고 생각한 것은 독창적인 생각이다. 세친이 아비다르마, 대승의 철학, 논리학에 걸쳐 폭넓게 활동한 위대한 사상가라고 하더라도, 한 사람의 세친에게 모든 업적을 돌리는 것은 무리가 있다는 점, 또한 세친을 4세기의 사람으로 볼 것인가, 5세기의 사람으로 볼 것인가라는 대립을 해결하였다는 점에서 독창적이다. 그의 주장은 제자인 함부르크 대학의 슈미트하우젠(L. Schmithausen), 빈대학의 스타인 켈러에 의해 계승되었다.
23) 세친 1인설과 세친 2인설의 관한 대표적인 논문은 다음과 같다.
E. Frauwaller, the date of the Buddhist Master of the Law Vasubandhu, Rome, 1951.
宇井伯壽, 「玄奘以前の印度諸論師の年代」, 『印度哲學研究』 第5券(東京: 岩波書店, 1920).
干潟龍祥, 「世親年代再考」, 『宮本正尊教授還曆記念印度學佛教學論集』, 東京(1954).

그리고 보키(A. Boquit)는 'Trisvabhāva'라는 저서를 통해 三性說에 관해 언급한 대표적인 경전과 논서에 대해 기술하였다. 그는 2經(해심밀경과 능가경)과 5論(중변분별론, 대승장엄경론, 섭대승론, 삼성론, 유식삼십송)에서 언급한 三性說을 아주 구체적으로 인용하여 분석하고 있다. 그러나 산스크리트본과 티베트 번역본을 중심으로 삼았기 때문에 한역본인 『瑜伽論』과 『顯揚聖教論』에 관한 三性說을 기술하지 않은 아쉬움이 있다.

또한 존 파워즈(John Powers)는 *The Yogācāra school of Buddhism*(1991)'을 출간하여, 유식관계 문헌 및 서구(인도를 포함)와 일본에서의 연구 성과물을 제공하였다.

대개 언어적인 문제로 서구학자들은 동양(특히 일본)에서 발표된 논문에 대해 그다지 관심을 가지지 않는데, 이 파워즈의 저서는 일본학자들의 연구 성과를 아주 상세하게 서구에 소개한 최초의 연구서가 아닌가 생각한다. 그러나 아쉽게도 한국인의 논문은 한 편도 소개되고 있지 않다.

<일본에서의 연구>

일본이 근대화를 통하여 서구문물을 받아들이기 시작하자 불교도 서양과의 교류를 시작하여 새로운 불교학이 도입되었다. 이른바 불교학도 한자문헌을 중시하는 전통적인 방법에서 벗어나 산스크리트, 티베트역의 문헌을 중시한 새로운 연구가 시작되었다. 그중에서 유식학을 문헌학적인 자료를 바탕으로 연구한 가장 초기의 연구자는 大正大學의 교수였던 萩原雲來이다. 萩原는 『瑜伽論』 중에서도 三性說을 기술한 『菩薩地』(BodhisattvabhUmi)의 텍스트 교정본을 간행하였다. 이 교정본은 지금도 『瑜伽論』 연구자 사이에서 가장 많이 이용되고 있다.

일본에서 유식사상 연구에 독보적인 업적을 남긴 학자는 동경대학 인도철학과 교수였던 宇井伯壽이다. 그는 眞諦계통의 유식사상 연구에 몰두하여 『攝大乘論硏究』 등의 저서를 남겼다. 따라서 三性說에 대해서도 당연히 진제의 입장을 중시하였다. 그가 남긴 업적은 실로 방대하지만, 유식계통의 대표적인 단행본은 『大乘莊嚴經論

研究』, 『唯識二十論研究』, 『唯識三十頌釋論』, 『瑜伽論研究』 등이 있다.24) 또한 그는 디그나가(陳那)의 저작 등 원전연구에도 많은 업적을 남겨 일본에서 근대적인 유식연구의 토대를 마련하였다. 특히 宇井는 彌勒, 無着, 世親, 이른바 古유식설과 진나 이후의 無性, 護法의 新유식설 사이에는 견해 차이가 있다는 입장이었다. 그가 취급한 문헌은 주로 한역과 산스크리트본이었으며, 아쉽게도 티베트역은 참조하지 않았다.

일본의 관서 지방(쿄토중심)을 중심으로 하는 유식연구자는 龍谷大學의 교수였던 山口益와 野澤靜證이다. 그들은 서구의 문헌학적 연구 방법을 바탕으로 중관·유식의 연구에 커다란 업적을 남겼다. 宇井가 주로 한역본과 산스크리트 문헌을 중심으로 연구를 진행하고 티베트문헌을 거의 사용하지 않았던 반면, 그들은 티베트문헌을 적극적으로 연구에 활용하였다.

먼저 山口의 연구업적을 살펴보면, 『中邊分別論』에 대한 안혜의 주석인 『中邊分別論釋疏』를 텍스트 교정하였으며 동시에 일본어 번역본을 출간하였다. 이것은 『中邊分別論』 연구자에게는 필수불가결한 자료이다. 또한 『唯識三十頌』에 대한 안혜의 주석 및 조복천 주석의 번역인 『世親唯識の原典解明』,25) 디그나가의 『觀所緣緣論』에 대한 연구, 『法法性分別論』, 『三性論』에 대한 주해 등이 있다. 이러한 山口의 저작들은 일본유식연구, 특히 관서지방을 중심으로 하는 京都의 유식연구에 커다란 흐름을 형성하였다. 山口는 중관사상연구에도 지대한 업적을 남겼다. 대표적인 것이 청변(바비베카)의 『중관심론』 제5장을 연구한 『佛敎おける有と無の對論』이다. 이것은 후기 인도의 유식사상을 해명하는 데 중요한 역할을 하였다.

野澤靜證는 山口의 충실한 후계자로, 그는 山口와 함께 『世親唯識の原典解明』을 공동으로 편찬하였다. 그리고 『解深密經』의 慈氏章 및 疏의 譯註를 중심으로 하는 『大乘佛敎瑜伽行の研究』를 저술하였다.

---

24) 그의 구체적인 연구업적에 대해서는 『佛敎凡論』, 『印度哲學研究 6』을 참조하기 바란다.
25) 티베트 번역본만이 현존한다.

동경대학 교수였던 結城令聞과 上田義文는 전통적인 연구방법으로 유식사상을 연구하였다. 전자는 특히 세친의 유식사상에 대한 해명에 주력하여 세친의 유식사상을 집대성한 『世親唯識の研究』(上, 下)를 남겼다.

후자의 유식연구는 기본적으로는 宇井의 입장과 맥을 같이한다. 따라서 宇井처럼 진제의 텍스트를 중시하는 연구를 진행하였다. 그의 저서로는 『佛教思想史研究』, 『攝大乘論講義』, 『唯識三十頌の解明』 등이 있다.

관서지방 출신의 유명한 유식학자는 경도대학의 교수였던 長尾雅人이다. 그는 上田의 견해에 대해 비판적인 입장을 취한 학자이다. 長尾는 산스크리트문헌·티베트문헌을 중시하는 학자였는데, 『中邊分別論』의 산스크리트 텍스트인 「Madhyāntavibhāga-bhāṣya」, 『大乘莊嚴經論』의 색인인 「Index of the Mahāyānasūtrālaṃkāra」, 그의 유식관계 및 三性說에 관한 논문을 모은 『中觀と唯識』, 유식의 중요한 논서를 일본어로 번역한 『大乘佛典15 世親論集』 등의 단행본과 다수의 논문을 남겼다. 특히 長尾 번역의 특징은 유식의 기본개념들을 전통적인 해석인 한자로 번역하는 것이 아니라, 현대 일본어로 풀이하는 번역을 시도한 점이다. 예를 들면 그는 三性說의 한자번역인 依他起性을 '다른 것에 의한 것'으로, 遍計所執性을 '망상(妄想)된 것'으로, 圓成實性을 '완전하게 성취된 것'으로 번역하였다.

특히 長尾와 上田의 유식사상에 관한 논쟁은 일본 학계에서 유명한 사실이다. 長尾와 上田은 三性說에 대해서도 많은 연구업적을 발표했지만, 유식사상에 관한 서로의 의견이 달라 논쟁으로까지 발전하였다. 두 연구자의 견해 차이가 논쟁으로까지 발전하게 된 계기는 長尾가 「唯識義の基盤としての三性說」이라는 논문에서 上田의 입장을 비판한 데서 비롯되었다.

비판의 대상이 된 것은 上田의 논문 「識に關する二つの見解－能變と能緣」, 「彌勒·無着·世親においての顯現(pratibhāsa)」, 「vijñānapariṇāmaの意味」 등 3편의 논문이다. 이에 대해 上田는 여러 논문과 『攝大乘論講義』를 통하여 자기의 입장을 밝혔다.

上田는 유식관계 문헌 중에서 특히 진제역을 중시하는 태도를 취하였다. 따라서

三性說도 진제의 관점에서 이해한 것 같다. 진제는 依他起性을 能分別(能取), 遍計所執性을 所分別(所取), 能所의 分別이 없어진 상태가 圓成實性이라는 입장이다. 이 입장은 현장역이나 티베트번역본을 참조하였을 때 지지할 수 없는 관점으로 삼성설이 발달한 단계에서 나타나는 학설이다. 한편 長尾는 虛妄分別인 依他起性으로서 顯現하고 있을 때 能取와 所取의 구조를 가진다고 보았다. 이 입장은 『大乘莊嚴經論』 제11장 「求法品」 제40게송 依他起性을 설명하는 부분에서 그대로 반영되고 있다. 또한 『弁中邊論』 제1장 「相品」에서는 能取와 所取를 遍計所執性으로 관계시키고 있지만, 제3장 「眞實品」에서는 能取와 所取를 依他起性에 관계시키고 있다.

勝呂信靜는 초기 유식논서, 특히 『瑜伽論』을 중심으로 연구를 진행하여 『初期唯識思想の硏究』를 출판하였다. 이외에도 초기 유식사상에 관한 수많은 논문을 발표하여 독보적인 연구 성과를 남기고 있다. 특히 초기유식사상의 삼성론과 관련한 논문으로 「二取・二分論」과 「瑜伽論 攝決擇分における五事・三性說」 등을 남기고 있다.

袴谷憲昭는 『唯識の解釋學』을 저술하여 『解深密經』 중에 三性說을 기술한 부분인 「一切法相品」, 「無自性相品」(三性・無自性)에 대해 상세하게 분석하였다. 이외에도 다수의 논문을 발표하여 현재 일본학계의 주목을 받고 있는데, 최근에 그 자신의 연구업적을 모아 『唯識思想論考』를 출간하기도 하였다.

이외에도 대표적인 학자로는 田中順照[26] 등이 있으며, 竹村牧男,[27] 橫山紘一 등이 현재 일본학계에서 왕성하게 활동하고 있다. 이 두 사람(竹村牧男와 橫山紘一)은 최근까지 유식에 관한 연구논문을 경쟁적으로 발표하고 있는데, 전자는 三性說을 중심으로 연구를 진행하고 있으며, 후자는 識論을 중심으로 연구를 진행하고 있다.

---

26) 田中順照, 『空觀と唯識觀』(東京: 永田文昌堂, 1977).
27) 竹村牧男, 『唯識三性說の硏究』(東京: 春秋社, 1995).

(3) 제11장 「求法品」에 관한 일본에서의 선행연구

현재까지 한국에서 『大乘莊嚴經論』에 관해 연구한 연구논문(단행본을 포함)은 전무하다. 일본에서는 『大乘莊嚴經論』 중에 「菩提品」과 「求法品」이 널리 연구되고 있지만, 발표된 논문은 그다지 많지 않으며, 발표되었다 하더라도 세친과 안혜의 주석을 참고한 연구가 대부분이고, 무성의 주석에 관한 연구는 거의 없다. 서구에서는 『大乘莊嚴經論』과 『大乘莊嚴經論釋』의 텍스트 교정본은 출간되었지만, 안혜와 무성의 주석본 연구는 전무하다. 이러한 점에서 『大乘莊嚴經論』에 대한 세친, 안혜, 무성의 주석본을 기본 텍스트로 하여 초기 유식사상에서의 三性說을 고찰하는 것은 의미가 크다고 생각한다.

『大乘莊嚴經論』에 관한 산스크리트본은 Lévi의 「Mahāyāna-sūtrālaṃkāra」, 번역본으로는 Lévi의 「Mahāyāna-sūtrālaṃkāra」 Tome 2(프랑스어 역), 宇井伯壽의 『大乘莊嚴經論研究』(일본어 역)가 있다. 이 중에 Lévi는 산스크리트본과 티베트본을 참고하여 번역하였다. 반면 宇井伯壽의 『大乘莊嚴經論研究』는 『大乘莊嚴經論』 본송과 세친의 『大乘莊嚴經論釋』을 산스크리트본과 한역본을 비교 대조하여 일본어로 번역하였으며, 註記部分과 산스크리트의 어휘와 그것의 일본어 번역이 첨가되어 있어 논자도 많은 도움을 받았다.

그리고 한역본을 일본어로 번역한 것은 山上曹源의 『大乘莊嚴經論』(국역일체경 유가부 12), 袴谷憲昭·荒井裕明의 『大乘莊嚴經論』이 있다. 전자는 오역이 많아 1970년에 개정판이 새로 나왔다. 한편 후자는 전자(개정판)의 불충분한 부분을 보충하여 새롭게 번역하였다고 하지만, 논자의 능력부족으로 그 결점을 어떻게 보완하였는지 확인할 수가 없었다.

또한 색인으로는 長尾雅人의 「Index to the Mahāyāna-sūtrālaṃkāka」가 있다. 이것은 세친의 『大乘莊嚴經論釋』을 포함한 산스크리트본-한역-티베트역을 참고한 것으로 학술적인 상당히 가치가 높은 것이다.

여기서 언급한 선행연구는 『大乘莊嚴經論』 제11장 「求法品」에 나타난 三性說에 대한 일본 논문만을 발췌한 것이다. 왜냐하면 논자가 조사한 바로는 일본 이외에서 발표된 자료가 전무한 실정이기 때문이다.

野澤靜證, 「梵文『大乘莊嚴經論』にあらはれたる三性說管見, 求法品 (Dharmaparyeṣṭy‐adhikāraḥ)第十一を中心として」, 『大谷學會』第十九卷 第三號, 1938, pp.41‐80.
일본에서 최초로 산스크리트본과 티베트역(『大乘莊嚴經論』, 『大乘莊嚴經論復註』) 을 참조한 비교연구이기 때문에 대단히 의미가 크다.

竹村牧男, 「彌勒勒論書の三性說, ‐識の相分等との關連性において‐」, 『哲學・思想論集』第十五號, 1990, pp.155‐189.
竹村牧男는 勝呂[1989]의 의견을 인정하여 『大乘莊嚴經論』의 kārikā(頌)와 세친의 釋(bhāṣya)을 한 세트로 취급하고 있다. 그리고 그는 초기 유식에서 遍計所執性이 識의 相分인가, 다시 말해 無相唯識과 有相唯識의 구별이 초기 유식사상까지 소급되는가에 대해 『大乘莊嚴經論』와 『中邊分別論』을 중심으로 기술하고 있다. 결론적으로 미륵의 논서인 『大乘莊嚴經論』과 『中邊分別論』에는 識相分을 依他起性으로 보는가, 遍計所執性으로 보는가 하는 구별은 무의미하다고 보았다. 논자도 竹村의 의견에 의문을 가지지 않는다. 그러나 안혜와 무성의 주석을 참조하지 않은 것이 아쉽다.

下川邊季由, 「無性造『大乘莊嚴經論註』和譯(1)‐求法品 第13‐33頌‐」, 『大崎學報』第137號 1984, pp.1‐20.
下川邊季由, 「無性造『大乘莊嚴經論註』和譯(2)‐求法品 第34‐52頌‐」, 『大崎學報』第138號, 1985.

『大乘莊嚴經論』 중에서 「求法品」은 「菩薩品」과 함께 가장 널리 읽혀지는 장이지만, 『大乘莊嚴經論』의 주석본인 무성의 『大乘莊嚴經論廣註』(티베트역)가 번역된 것은 학계에 처음 있는 일이다. 게다가 기존의 연구가 세친과 안혜 중심이기 때문에 대단히 의미 있는 작업이라고 생각한다.

管原泰典, 「初期唯識思想に於ける三性說展開」, 『文化』第四十八卷 第3・4號, 1985, pp.338－315.

管原泰典氏는 『大乘莊嚴經論』에 대한 세친의 주석서인 『大乘莊嚴經論釋』이 미륵의 본래 의도를 충실히 반영하고 있는가에 대해 의문을 품고 있는데, 예를 들면 『大乘莊嚴經論』 제13게송의 作者와 編輯者, 施說者가 별도의 인물이라고 주장한다. 이것은 획기적인 주장이기는 하지만 약간 무리가 따른다고 생각한다. 논자도 본론에서 언급하겠지만, 세친・안혜・무성의 주석 사이에 약간의 차이는 인정된다. 만약 세친의 주석이 미륵의 본래 의도를 반영하지 않았다면 세 사람의 주석에 뚜렷한 차이점이 발견되어야 할 것이다. 논자의 능력으로는 管原泰典氏가 주장하는 커다란 차이점을 발견할 수가 없었다. 그러나 세친의 주석에 여러 가지 문제점이 있다는 것을 지적한 것은 중요한 성과라고 생각한다.

兵藤一夫, 「三性說における唯識無境の意義(2)」, 『大谷學報』第七十卷 第四號, 1991, pp.1－23.

兵藤一夫氏는 『大乘莊嚴經論』의 게송(kārikā)에서 三性說에 대해서 기술한 것과 세친이 三性說로서 주석한 곳을 구별하고, 『大乘莊嚴經論』에서 『解深密經』, 『瑜伽論』과의 차이점이 唯識無境을 전제로 하고 있다고 기술하고 있다. 특히 그는 『大乘莊嚴經論』의 주석에 대한 세친과 안혜의 차이점을 상세하게 설명하고 있다. 그러나 논자는 세친과 안혜 주석의 상이점을 인정할 수 없다는 관점에서 논문을 구성하였다.

海野孝憲, 「大乘莊嚴經論」, 『東海佛教』第8號, 1961.

이것은 안혜의 주석본을 일본어로 번역한 것이다. 특히 三性說을 언급한 38・39・

40·41게송의 번역이다.

海野孝憲, 「彌勒の唯識思想について(1)」, 『名古屋大學文學部研究論集』 XLV, 1967.
이것은 『大乘莊嚴經論』의 13-29게송에 대한 안혜의 주석을 일본어로 번역한 것이다.

大乘莊嚴經論에 나타난 三性說

유식사상에서 이론적인 면을 지탱하고 있는 것은 '아라야식(ālaya-vijñāna)'과 '三性說(Tri-svabhāva)'이다. 필자는 특히 초기 유식논서인 『大乘莊嚴經論』의 제11장 「求法品」 중에서 三性說을 체계적으로 논하고 있는 36·38·39·40·41게송에 대해 중점적으로 살펴보고자 한다. 그리고 제13게송과 제15게송-제20게송에 언급된 三性說에 대해 『大乘莊嚴經論』의 세 주석서를 통해 살펴보고자 한다.

이미 언급하였지만 『大乘莊嚴經論』은 총 21장으로 구성되어 있고, 저자는 미륵이다.[28] 『大乘莊嚴經論』은 대승경전을 莊嚴하는 것을 목적으로 기술되었으며, 일목요연한 기술 체계가 아니고 비유적 표현과 은유적 표현을 많이 사용하고 있다.

장의 구성 면에 있어서는 『瑜伽論』의 「菩薩地」를 바탕으로 구성되었다고 추정되며,[29] 내용적으로는 「菩薩地」보다 간결하지만 사상적으로는 「菩薩地」보다 현저한 발달을 보이고 있다. 예를 들면 『大乘莊嚴經論』은 所取·能取, 虛妄分別, 顯現 등과 같은 새로운 개념들을 사용하여 三性說과 唯識無境을 논증하고 있다. 그러나 아라야식과 三性說에 대한 논의에 있어서는 무착의 저작인 『攝大乘論』이나 세친의

---

28) 『大乘莊嚴經論』의 저자 문제에 대해서는 여러 주장이 있지만, 중국 전승과 티베트 전승에 따라 잠정적으로 미륵의 저작으로 취급하겠다.
29) 早島 理, 『南都佛敎』第三十号, 「菩薩道の哲學」, 京都, 1973.

저작인 『唯識三十頌』보다는 논리적인 엄밀성이 부족해 보인다.

　일반적으로 『大乘莊嚴經論』의 중요한 장은 「菩提品」과 「求法品」이라고 알려져 있다. 특히 제11장 「求法品」의 제11게송부터 제37게송까지는 유식사상에서 중요한 테마인 '所取・能取', '虛妄分別', '唯識無境', '아라야식(ālaya−vijñāna)' 등을 설명하고, 제38게송부터 제41게송까지는 三性說을 구체적으로 서술하고 있다.

　『大乘莊嚴經論』의 주석서로는 세친 저작인 『大乘莊嚴經論釋』이 산스크리트본[30]・티베트본・한역본으로 현존하고 있다.[31] 그리고 안혜의 주석인 『大乘莊嚴經論復註』와 세친의 주석에 대한 복주인 무성의 『大乘莊嚴經論廣註』가 각각 티베트역만으로 현존하고 있다. 따라서 필자는 세친의 주석은 물론 안혜와 무성의 양 주석서를 통해 『大乘莊嚴經論』에 나타난 三性說을 살펴보고자 한다.

1. 『大乘莊嚴經論』의 문헌소개

1) 『大乘莊嚴經論』의 章 구분

　『大乘莊嚴經論』은 다른 초기 유식논서들(특히 『菩薩地』, 『中邊分別論』)과 비교하여 저자 및 章 구분에 있어 문제가 대단히 많다. 따라서 여기서는 우선 저자와 장(章)의 구분에 대해 간략하게 살펴보기로 한다.

　본 연구에서 취급하는 제11장 「求法品」(한역: 第十二章 述求品)은 『大乘莊嚴經論』의 일부분이기 때문에, 먼저 『大乘莊嚴經論』의 전체 구성과 장의 구분을 산스크

---

30) Mahāyāna−sūtrālaṃkāra, ed Lévi, Paris, 1907.
31) 주석(Sūtrālaṃkāra−bhāṣya)에 대해 한역에는 세친의 저작이라고 기록하고, 티베트에서는 무착의 저작이라고 기록하고 있다.

리트본과 한역본을 비교하여 기술하겠다.[32]

〈산스크리트本〉(Lévi本)　　　　　〈漢譯〉(玄奘)

〈산스크리트本〉(Lévi本)	〈漢譯〉(玄奘)
1. 成立大乘品(mahāyānasiddhyadhikāra), 21	1. 緣起品, 6
2. 歸依品(śaraṇagamanādhikāra), 12	2. 成宗品, 16
3. 種姓品(gotrādhikāra), 13	3. 歸依品, 12
4. 發心品(cittotpādhikāra), 28	4. 種性品, 13
5. 行品(pratipattyādhikāra), 11	5. 發心品, 21
6. 眞實品(tatvādhikāra), 10	6. 二利品, 11
7. 威力品(prabhāvādhikāra), 10	7. 眞實品, 10
8. 成熟品(paripākādhikāra), 22	8. 神通品, 10
9. 菩提品(bodhyadhikāra), 86	9. 成熟品, 22
10. 勝解品(adhimuktyadhikāra), 14	10. 菩提品, 79
11. 求法品(dharmaparyeṣṭyadhikāra), 78	11. 明信品, 9
12. 說法品(deśanādhikāra), 24	12. 述求品, 75
13. 修行品(pratipāttyadhikāra), 29	13. 弘法品, 23
14. 敎授敎誡品(avavādānuśanyadhikāra), 51	14. 隨修品, 29
15. 方便業伴品(upāyasahitakarmādhikāra), 5	15. 敎授品, 33
16. 波羅蜜品(pāramitādhikāra), 79	16. 業伴品, 4
	17. 渡攝品, 59
17. 供養親近無量品(pūjāsevāpramāṇādhikāra), 66	18. 供養品, 4(1-4)
	19. 親近品, 7(9-16)
	20. 梵住品, 49(17-49)
18. 菩提分品(bodhipakṣādhikāra), 104	21. 覺分品, 85
19. 功德品(guṇādhikāra), 80	22. 功德品, 61
	23. 行住品, 26
20-21. 行建立品(caryāpratiṣṭhādhikāra), 61	24. 敬佛品, 19(43-61)

이처럼 『大乘莊嚴經論』의 장 구성과 관련하여 산스크리트본과 한역본 사이에는

---

32) 티베트역(21장)과 산스크리트본(21장)은 일치한다.

다소 차이(한역이 3품 많음)가 있다. 이것에 대한 선행 연구를 간단하게 살펴보면 다음과 같다.

산스크리트본(Lévi)은 제1장 「成立大乘品」을 나누고 있지 않지만, 티베트역과 한역은 「緣起品」(제1장)과 「成立大乘品」(제2장)으로 나누고 있다. 그리고 산스크리트본은 실제로 20장뿐이지만, Lévi는 마지막에 "『大乘莊嚴經論』에서 「行建立品」이라고 이름하는 제21장을 끝내다."[33]라는 문장을 통해 제20장을 제20장과 제21장으로 나누었다. 부언하면 티베트대장경 북경판의 『大乘莊嚴經論』 제1장은 산스크리트본과 일치하지만 마지막 장은 두 장으로 나누어 21장으로 구성되어 있다.

早島는 무성[34]의 『大乘莊嚴經論廣註』[35]와 『大乘莊嚴經論』보다 먼저 성립하여 그것들에 영향을 미쳤다고 생각되는 『菩薩地』에도 「攝事品」이 독립적인 장으로 성립하고 있다는 것을 참고로 하여, 『大乘莊嚴經論』의 제16장 「波羅蜜品」을 「波羅蜜品」(제16장)과 「攝事品」(제17장)으로 나누었다.[36] 한편 小谷信千代는 위의 두 주장을 비판하여 티베트본의 주장에 동조하고 있다. 자세한 것은 小谷 논문의 각주를 참조하기 바란다.[37]

이상과 같이 『大乘莊嚴經論』의 장 구분은 산스크리트본·티베트본·한역본 사이에 다소 차이가 나기 때문에 일치된 결론을 도출하는 것은 무리가 따른다. 그러나 필자는 早島의 의견을 따르고자 한다. 그 이유는 다음의 두 가지이다.

첫 번째는 『菩薩地』와의 관계이다. 『大乘莊嚴經論』의 장 구성이 『菩薩地』에 기초하여 저작되었다는 것은 많은 학자[38]들이 인정하고 있기 때문에, 『菩薩地』에 기초하여 제16장 「波羅蜜品」을 제16장(波羅蜜品)과 제17장(攝事品)으로 나누는 것이 타당하다.

---

33) Mahāyānasūtrālaṃkāra, Lévi, p.189, 再引用, 勝呂信靜, 『初期唯識思想の硏究』(東京: 春秋社, 1989), p.336.
34) 무성은 제1장을 두 장으로 나누지 않고 있다.
35) Mahāyānasūtrālaṃkāra-ṭīkā, P: 146b3-5, Mahāyānasūtrālaṃkāra-ṭīkā, P: 147b1.
36) 早島 理, 「菩薩道の哲學」, 『南都佛教』 第三十號, 京都, 1973, pp.8-9.
37) 小谷信千代, 『大乘莊嚴經論の硏究』(京都: 文榮堂, 1982), pp.54-55.
38) 小谷信千代, 「『大乘莊嚴論』の著者について」, 『日本西藏學會會報』 第二十四號, 1981, pp.15-33.
　　早島 理, 「菩薩道の哲學」, 『南都佛教』 第三十号, 京都, 1973.

두 번째는 『大乘莊嚴經論廣註』에 언급되어 있는 無性의 장 구분이다.

무성은 바라밀품을 완료하였다. 바라밀품의 다음은 섭사품이다. 이것은 어떻게 관련하는가 하면 바라밀은 (중략) 自利이다. 섭사는 他利이다.[39]

라 하고, 또

섭사품을 완료하였다.[40]

라고 하여 명확하게 「波羅蜜品」과 「攝事品」으로 나누었다.

다음은 『大乘莊嚴經論』 중에서 三性說을 논하고 있는 제11장 「求法品」에 나타난 주제 항목을 살펴보자.

1. 所緣의 탐구(ālambana−paryeṣṭi 四偈)
2. 소연을 얻는 것의 탐구(ālambana−lābha−paryeṣṭi 三偈)
3. 作意의 탐구(manasikāra−paryeṣṭi 五偈)
4. **法의 진실의 탐구(dharma−tatva−paryeṣṭi 二偈)**[41]
5. **진실에 관한 마술(幻)의 비유의 탐구(tattve māyopama−paryeṣṭi 十五偈)**[42]
6. **비유에 대한 의미의 탐구(aupamyārtha−paryeṣṭi 一偈)**
7. **所知의 담구(jñeya−paryeṣṭi 一偈)**
8. **汚染과 淸淨의 탐구(saṃkleśa−vyavadāna−paryeṣṭi 二偈)**

---

39) / pha rol tu phyin paḥi skabs rdsogs so // pha rol tu phyin paḥi skabs kyi ḥog tu bsdu baḥi dṅos poḥi skabs yin de / ḥdiḥi ḥbrel pa gaṅ yin źe na / pha rol du phyin pa la sbyor ba ni byaṅ chub sems dpaḥi saṅs rgyas kyi chos yoṅs su rdsogs par byed pa yin pas raṅ gi don to // bsdu baḥi dṅos po rnams ni gźan gyi don to // deḥi phyir bsdu baḥi dṅos poḥi skabs ta / bsdu baḥi dṅos po ba źis gźan gyi don byed do // (Mahāyānasūtrālaṃkāra−ṭīkā, P: 146b3−5).
40) / bsdu baḥi dṅos poḥi skabs dsogs so // (Mahāyānasūtrālaṃkāra−ṭīkā, P: 147b1).
41) '법의 진실을 탐구하는 것'
42) '진실에 관한 마술의 비유를 탐구하는 것'

9. 唯識性의 탐구(vijñaptimātratā‑paryeṣṭi 二偈)

10. 相의 탐구(lakṣaṇa‑paryeṣṭi 八偈)[43]

11. 해탈의 탐구(vimukti‑paryeṣṭi 六偈)

12. 無自性性의 탐구(niḥsvabhāvatā‑paryeṣṭi 六偈)

13. 無生法忍의 탐구(anutpatti‑dharma‑kṣānti‑paryeṣṭi 一偈)

14. 一乘性의 탐구(ekayānatā‑paryeṣṭi 七偈)

15. 明處의 탐구(vidyāsthāna‑paryeṣṭi 一偈)

16. 界의 長養의 탐구(dhātu‑puṣṭi‑paryeṣṭi 十三偈)

17. 법의 탐구의 차별(dharma‑paryeṣṭi‑bheda 二偈)

18. 법의 인(因)의 탐구(dharma‑hetutva‑paryeṣṭi 一偈)

19. 분별의 탐구(vikalpa‑paryeṣṭi 一偈)[44]

이처럼 「求法品」은 19개의 주제로 구성되어 있는데, 한역본은 게송 3개가 적다.

2) 『大乘莊嚴經論』 및 『大乘莊嚴經論釋』의 저자 문제

『大乘莊嚴經論』의 본송(kārikā)은 티베트 전승과 중국 전승에는 저자가 마이트레야(미륵)로 되어 있고, 주석서(bhāṣya)는 세친의 저작으로 되어 있다. 이것은 현재의 학계에서 일반적으로 인정하는 입장이다. 그러나 『大乘莊嚴經論』과 『大乘莊嚴經論釋』의 어느 쪽도 저자에 대해서는 확정되어 있지 않다. 따라서 우선 『大乘莊嚴經論』과 『大乘莊嚴經論釋』의 저자에 대한 학자들의 견해 차이를 살펴보아야 한다.

지금까지 발표된 학자들의 의견을 분류하여 보면 크게 다음과 같이 정리될 수 있다.

---

43) 고딕체로 표시되어 있는 부분(4‑10)이 본 연구의 중요대상이다.
44) 산스크리트본에 기초한 것이다.

(1)『大乘莊嚴經論』의 저자는 미륵이고,『大乘莊嚴經論釋』의 저자는 세친이다.

(2)『大乘莊嚴經論釋』의 저자는 무착이다.

(3)『大乘莊嚴經論釋』의 저자는 세친이다.

(4)『大乘莊嚴經論』의 게송의 作者는 미륵이고(보살의 대표), 주도적인 편집자는 무착이다.『大乘莊嚴經論釋』의 저자는 세친이다.

첫 번째의 견해는 중국문헌과 티베트문헌에 기초하여 미륵을 실존인물로 간주한 宇井伯壽의 주장이다.45) 그러나 최근46) 미륵이 역사적인 인물이 아니라 전설상의 보살이라는 입장이 제기되어 많은 지지를 얻었기 때문에 宇井의 주장은 설득력을 잃었다.47)

또한 勝呂信靜48)는 利他賢(Parahitabhadra, 9세기경)의『경장엄초두송해설(經莊嚴 初二頌解說・Sūtrālaṃkārādiślokadvayavyākhyāna)』의 서두문을 인용하여,49) 宇井의 의견을 인정하면서도

利他賢은 9세기경의 사람으로 보이기 때문에, 이처럼 '彌勒・無着'의 전설 내용은

---

45) 宇井伯壽,「史的人物としての弥勒及び無着の著述」,『印度哲學研究』第一(東京: 岩波書店, 1924), pp.354−414.
46) 向井 亮,「アサンがにおける大乘思想の形成と空觀」,『宗教研究』, 227号, 1976.
47) 宇井伯壽의 견해에 대한 반론은 向井[1976], 宇井伯壽의 의견에 동조하는 논문은 袴谷 憲昭,「『大乘莊嚴經論』散文個所の著者問題について」,『駒澤大學佛教學部論集』, 第四号 (1976)를 각각 참조. 한편 平川 彰는『インド佛教史』下(東京: 春秋社, 1979)에서 입장을 유보하고 있다.
48) 勝呂信靜,『初期唯識思想の研究』(東京: 春秋社, 1989), p.68.
49) ḥphags pa thogs med kyi sgo nas slob dpon dbyig gñen la ched du gtag nas (D: de) / thams cad rjes su gźuṅ bar bya baḥi phyir de ñe bar ston paḥi bstan bcos mdo sde rgyan ces(D: śes) bya ba ḥdi / bcom ldan ḥdas byams pas ñe bar bstan pa yin no / (Sūtrālaṃkārādiślokadvayavyākhyāna, P: Vol.109, p.129, 2a2−4, D: 174b5−6)
(聖無着을 매개로 하여, 規範師世親에 付托하여, 一切의 사람을 攝取하기 위해, 그것(経의 経義)을 說示하는 론(論)인, 이 莊嚴經論이라고 불리는 것이 弥勒世尊에 의하여 설하여졌다.)

비교적 후대가 되어 명확하게 된 것 같다. 이른바 미륵 실재설의 주장은, 이처럼 양자의 저작활동의 범위를 구별·분리한 '미륵·무착'의 전설의 해석을 기초하고 있다고 이해된다. 이것은 후대에 발달한 전설의 내용이라는 것에 주의할 필요가 있을 것이다.

라고 기술하여 宇井의 의견을 간접적으로 비판하고 있다.

두 번째는 袴谷憲昭의 입장이다.

그는 'Ārya-Vimuktisena'의 「Abhisamayālaṃkāra-vṛtti」(p.15)에서 "ity ācārya Asaṅgaḥ"라는 인용문이 『大乘莊嚴經論』의 제2장 제9게송의 주석서(bhāṣya)와 일치하기 때문에 『大乘莊嚴經論釋』의 작자가 무착이라고 추론하였다. 그는

『中邊分別論(Madhyāntavibhāga)』에 대해서 Sthiramati(안혜)가 전하는 것처럼 게송의 작자는 Maitreya(미륵), 설법은 Asaṅga(무착), 주석자는 Vasubandhu(세친)라는 사정은 『大乘莊嚴經論』, 『大乘莊嚴經論釋』에도 충분히 고려해야 할지도 모른다.50)

라고 하여 『大乘莊嚴經論釋』의 저자를 무착으로 보았다. 그러나 그 이후에 그는 小谷信千代의 주장이 타당하다고 생각하여, 그의 저서에서 자신의 의견을 철회하고 山口益의 입장, 즉 『大乘莊嚴經論』은 무착의 저작이며 『大乘莊嚴經論釋』은 세친의 저작이라는 입장을 채택하였다.51)

세 번째는 小谷信千代의 주장으로, 『大乘莊嚴經論釋』의 작자를 세친으로 보는 입장이다52).

小谷는 利他賢(Parahitabhadra)의 『經莊嚴初二頌解說』,53) 智吉祥(Jñānaśri)의 『經

---

50) 앞의 책, p.11.
51) 袴谷憲昭, 『新國譯大藏經大乘莊嚴經論』(東京: 大藏出版社, 1993), p.18.
52) 小谷信千代, 「大乘莊嚴論」の著者について」, 『日本西藏學會會報』, 第二十四号, 1981.
　　小谷信千代, 『大乘莊嚴經論の研究』(京都: 文榮堂, 1982), pp.10-12.
53) 「Sūtrālaṃkārādiślokadvayavyākhyāna」

莊嚴總義(Sūtrālaṃkārapiṇḍārtha)』, 안혜의『大乘莊嚴經論復註』등 여러 자료를 제시하여 다음과 같이 기술하고 있다.

　　이상과 같이 안혜·이타현·지길상 등이 소속하였던 계통에서는『大乘莊嚴經論釋』의 저자는 세친으로 전승되었다고 생각한다. 또한 안혜도 6세기경에 활약한 사람이기 때문에, 무착과의 시대적인 차이는 Vimuktisena의 경우와 조금도 다를 바가 없다. 따라서 Vimuktisena의 말을 신용하는 만큼 안혜를 신뢰해야 하지 않을까? 오히려「Abhisamayālaṃkāra－vṛtti」중에 나오는 한 문장보다도『大乘莊嚴經論釋』의 주석자인 안혜의 말을 신용하는 것이 보다 타당하지 않겠는가?54)

위의 두 주장(袴谷와 小谷)에 대해 舟橋尙哉55)와 A·Wayman56)은『大乘莊嚴經論釋』의 저자에 대해 세친인지 무착인지 결정하지 않고 유보하고 있다.

네 번째는 勝呂信靜의 입장이다. 그는 지금까지의 여러 학자들의 연구와 티베트 전승, 중국 전승 등의 여러 문헌을 참고하여 다음과 같은 결론에 도달하였다.

　　마이트레야는 실재인물이 아니고 신앙적 존재인 가장 고위의 보살의 대표로서, 그의 가르침에 의탁하여 작성되었다는 것을 전제하에,『中邊分別論』·『大乘莊嚴經論』·『金剛般若波羅蜜』의 三書는 마이트레야(또는 고위의 보살일반)의 교설에 귀속되어야 할 것이며, 무착과 세친에 의해 공동편찬 되있다고 추정된다.57)

단적으로 말해서 勝呂의 주장에 따르면『大乘莊嚴經論』게송의 작자는 마이트레

---

54) 小谷信千代,『大乘莊嚴經論の研究』(京都: 文榮堂, 1982), pp.11－12.
55) 　舟橋尙哉,「大乘莊嚴經論の研究 － 菩提品第一偈~第三十七偈を中心として －」,『大谷大學研究年報』, No.32, 1979.
56) Alex Wayman, A report on the śravakabhūmi and its author(Asaṅga), JBRS42－3, 316－3, 1956.
57) 勝呂信靜,『初期唯識思想の研究』(東京: 春秋社, 1989), p.242; 특히『大乘莊嚴經論』의 저자 문제에 대해서는 제5절 pp.66－93을 참조.

야(보살의 대표)이고 주도적 편찬자는 무착이지만, 『大乘莊嚴經論釋』의 작자는 무착의 가르침에 기초한 세친이라고 추정할 수 있다.

3) 『菩薩地』와 『大乘莊嚴經論』의 장 구분

『菩薩地』의 전체 주제는 보살의 學道(śikṣāmārga)와 그 學道의 결과(śikṣāmārgaphala)를 밝히는 것이다. 다시 말해 보살의 학도를 修學하는 실천과정이 菩薩行이다. 그리고 이 학도를 세 종류로 나누었다. 즉 보살의 실천 수행은 어떤 것인가. 첫째, 보살은 무엇에 대해 배우는가(yatra śikṣante; 於何處學). 둘째, 어떻게 배우는가(yathā śikṣante; 如是學). 셋째, 누가 배우는가(ye śikṣante; 何等學)이다.

『大乘莊嚴經論』에서는 세 종류의 學道를 직접 설하지 않는다. 그러나 『菩薩地』와 거의 동일한 구조이다. 특히 안혜의 "＜大乘莊嚴經＞論의 구조는 3종류의 學道이다."[58] 라고 주석하고 있기 때문에 『大乘莊嚴經論』에서도 『菩薩地』와 동일하게 yatra, yathā, ye의 3종류로 분류하고 있음을 알 수 있다. 따라서 『大乘莊嚴經論』은 『菩薩地』의 論 構造를 계승하였다고 생각된다. 그리고 나중에 언급하겠지만(『大乘莊嚴經論』 제11장 제38게송에서의 변계소집성), 三性說도 『解深密經』-『瑜伽論(菩薩地)』-『顯揚聖敎論』-『大乘莊嚴經論』의 순서로 계승된다. 즉 『大乘莊嚴經論』은 『菩薩地』의 삼성설을 그대로 계승하고 있다. 이처럼 두 논서가 깊이 관련이 있기 때문에 『菩薩地』와 『大乘莊嚴經論』의 장 구분에 대해 설명하겠다. 『菩薩地』와 『大乘莊嚴經論』이 그 장의 제목과 항목에 있어 유사하다는 것은 先學者[59]에 의해 이미 지적되었다. 이하는 양서의 장을 비교한 早島 理[1973]의 의견을 참조하여 작성한 표이다.

---

58) P: 84a3－6.

59) S. Lévi[1911], ed, Mahāyānasūtrālaṃkāra, Tome 2, Introductin; 宇井伯壽, 『瑜伽論研究』(東京: 岩波書店, 1958); 宇井伯壽, 『大乘莊嚴經論研究』(東京: 岩波書店, 1961); 早島 理, 「菩薩地の哲學」, 『南都佛教』 30, 1971; 小谷信千代[1982]; 勝呂信靜[1989], pp.332－398.

〈菩薩地〉

I. Ādhārayogasthāna

　　(初持瑜伽處)

1. gotrapaṭalaṃ(samāptaṃ): 種姓品

2. cittotpāda—(sa): 發心品

　　yatra śikṣante(於何處學)[60]

3. svaparārtha—paṭalaṃ: 自利利品

4. tattvartha—pa: 眞實義品

5. prabhāva—pa: 威力品

6. paripāka—pa: 成熟品

7. bodhi—pa: 菩提品

　　yathā śikṣante

　　(如是學)[61]

8. balagotra—pa: 力種姓品

　　[adhimuktibahula]

　　[dharmaṃ paryeṣate]

　　[deśayati]

　　[dharmānudharmapratipatti]

　　[avavāda]

　　[anuśāsana]

　　[upāyasaṃgṛhīta]

9. dāna—pa: 施品

〈大乘莊嚴經論〉

1. mahāyānasiddhy—adhikāraḥ

2. śaraṇagamana—

3. gotra—

4. cittopāda—

5. pratipatty—

6. tatva—

7. prabhāva—

8. parikāka—

9. bodhy—

10. adhimukty—

11. dharmaparyeṣṭy—

12. deśana—

13. pratipatti—

14. avavādānūśāsany—

15. upāyasahitakarma—

16. pāramita—

---

60) 보살은 무엇에 대해서 배우는가?
61) 어떻게 배우는가?

10. śila−pa: 戒品

11. kṣānti−pa: 忍品

12. vīrya−pa: 精進品

13. dhyāna−pa: 精慮品

14. prajñā−pa: 慧品

15. saṃgrahavastu−pa: 攝事品   17. saṃgrahavastu

16. pūja−pa: 供養   18. pūja−

　　sevā−pa: 親近   sevā−

　　apramāṇa−pa: 無量   apramāṇa−

17. bodhipakṣya−pa: 菩提分品   19. bodhipakṣa−

　　ye śikṣante(何等學)[62]

18. bodhisattvaguṇa−pa: 菩薩功德品   20. guṇa−

                                        21. caryāpratiṣtha−

Ⅱ. Ādhārānudharmayogastna−pa(第二持隋法瑜伽品)

Ⅲ. Ādharaniṣṭhayogathāna−pa(第三持究竟瑜伽品)

Ⅳ. Anukrama1(第四持次第瑜伽品)[63]

　　早島는 兩書의 보살행 사상의 관점에서 『菩薩地』가 『大乘莊嚴經論』보다 앞서 성립하였다는 전제에서 위의 표를 작성하였다.

　　선행의 문제에 대해서 한역 전승[64]을 채택한 일본학자들[65]은 일반적으로 『瑜伽論』

---

62) 누가 배우는가?

63) Ⅱ. Ādhārānudharmayogastna−pa(第二持隋法瑜伽品), Ⅲ. Ādharaniṣṭhayogathāna−pa(第三持究竟瑜伽品), Ⅳ. Anukrama1(第四持次第瑜伽品)은 『大乘莊嚴經論』의 장 구분과는 관계없기 때문에 구체적인 항목은 생략하겠다.

64) 『瑜伽論』을 미륵의 저술로 기록하고 있다.

의 『菩薩地』가 앞서 성립하였다고 인정하지만, 티베트 문헌66)을 중시한 서구의 학자들67)은 『大乘莊嚴經論』이 먼저 성립하였다고 주장하여 양자의 입장이 나누어진다. 양서의 성립연대를 결정하는 문헌자료는 현존하지 않지만, 『菩薩地』가 『大乘莊嚴經論』보다 먼저 성립하였다는 전제에서 일본 학자들68)의 견해를 정리해 보겠다.

먼저 宇井[1958]는 『瑜伽論研究』「第六菩薩地と大乘莊嚴經論」중에서 미륵을 『瑜伽論』의 작자로 인정하는 한역 전승의 입장에서 『菩薩地』의 선행69)을 인정하고 있다.70)

小谷信千代[1982]는 『大乘莊嚴經論』의 제2장 「歸依品」의 제1게송에 대해 세친이 「뛰어난 귀의를 정리한 게송(śaraṇagamanaviśeṣasaṃgrahaśloka)」이라는 제목을 붙였는데, 이것에 대해 안혜의 주석인

‘귀의’라는 것은 『유가사지론』에 상세하게 설하고 있기 때문에, 여기서는 일부의 중요한 내용을 정리하여 설하는 까닭에 ‘정리하다.’라는 것에 대해 말하고 있다.71)

---

65) 宇井伯壽[1958], pp.43－81.

66) 『大乘莊嚴經論』을 미륵, 『菩薩地』를 무착의 저술로 보고 있다.

67) Alex Wayman, Analysis of the śravakabhūmi Manuscript, Berkely and Losangles, 1961, p.31, 1.29－p.31, 1.4.

68) 宇井伯壽[1958]; 早島 理[1973]; 小谷信千代[1982]; 勝呂信靜[1989].

69) 한편 Wayman[1956]은 pp.30－33에서 『大乘莊嚴經論』의 선행을 주장한다.

70) 『瑜伽論』의 작자에 대해서는 학자들 사이에 견해가 다른 점이 많다. 따라서 간단히 대표적인 논문만을 소개하면, 袴谷憲昭[1977](「初期唯識文獻研究に關する方法論的覺え書」, 『三藏集』 4, 219－227), 向井亮[1976](「アサンガにおける大乘思想の形成と空觀」, 『宗教研究』 227, 511－532), Wayman[1956], 勝呂信靜[1976] 등이 존재한다.
또한 『瑜伽論』의 작자라고 전승되는 미륵이라는 인물이 실존인물의 진위 여부에 대한 논문으로는 다음과 같은 것이 있다. 宇井는 말년의 저작 『瑜伽論研究』에서 『瑜伽論』(특히 本地分과 攝決擇分)을 역사적 인물인 미륵의 저작이라고 단정하고 있다. 또한 鈴木宗忠도 『唯識哲學研究』, p.15에서 미륵을 사적인물로 규정하고 있다. 宇井에 반대하는 입장을 취하는 것은 加藤精神의 「瑜伽師地論 解題」(『國譯一切經』, 瑜伽部 1, p.7－8), 勝呂信靜[1976](「『瑜伽論』の 成立に關する 私見」, 『大崎學報 129號』, 東京), 勝呂信靜[1989](『初期唯識思想の 研究』, 東京, pp.94－125) 등이 존재한다.

71) / skyabs su ḥgro ba rgya cher rnal ḥbyor spyod paḥi sa las ḥbyuṇ ba las ḥdir don ñi tshe ba sdus te bstan pas nas bsdus ba śes bya ba ste / (P: No 5531.33a8)

라는 문장을 인용하여, 세친과 안혜의 전승에 있어서 『瑜伽論』이 『大乘莊嚴經論』보다 선행한다고 기술하고 있다. 특히 제2장에서는 『菩薩地』가 『大乘莊嚴經論』보다 선행하고 있다는 것을 밝히기 위해 『菩薩地』에서 인용한 안혜의 『大乘莊嚴經論復註』의 문장(『菩薩地』의 귀경게, 종성품, 발심품으로부터의 인용)을 상세하게 기술하고 있다. 小谷[1982]의 의견을 참조하는 한, 확실히 안혜는 『菩薩地』을 그대로 답습하고 있다고 생각된다.

勝呂信靜[1989]는 교의 사상의 관점에서, 『大乘莊嚴經論』에는 "唯識·二取(grāhya-grāhaka)·二取의 부정·三性說·아라야식 등의 유식설의 교의가 선명하게 설해져 있는 데 반해, 『菩薩地』에는 이와 같은 학설이 전혀 기술되어 있지 않다."[72]고 하여, 『大乘莊嚴經論』이 『菩薩地』보다 나중에 성립하였다는 '『菩薩地』 先行說'을 인정하고 있다. 또한 勝呂는 「種姓品」, 「發心品」, 「菩提品」, 「眞實品」, 「求法品」을 비교하여

> 처음의 두품에는 약간의 교의가 공통하지만, 나중의 3품에 공통의 교의는 거의 없기 때문에 양서에는 관점의 차이가 인정된다. <그리고> 아마도 『瑜伽論』 성립 이후에 『解深密經』에 의해 내세워진 대승독자의 입장을 한층 선명하게 표방하기 때문에 『菩薩地』에 기초하면서도, 다른 작자에 의해 저술된 것이 『大乘莊嚴經論』이라고 추정된다.[73]

고 기술하였다.

그는 또한 『菩薩地』가 『大乘莊嚴經論』보다 선행하는 또 하나의 이유로서 텍스트 장(章)의 숫자를 들고 있다. 위에서 기술한 것처럼 『大乘莊嚴經論』은 장의 구분에 있어 차이점이 많다. 물론 다른 미륵의 저작에도 그러한 경우가 다소 보이지만 『大乘莊嚴經論』은 현저하다. 이것에 착안하여 勝呂는

---

72) 勝呂信靜[1989], p.335.
73) 앞의 책, p.381.

　　이것은 아마도 『大乘莊嚴經論』이 『菩薩地』의 품(品)의 배열을 기준으로 하여 작성
된 것이므로 품(品)의 구성에 대해서 『菩薩地』에 양보한 것 같다. 이 때문에 도리어 『大
乘莊嚴經論』의 品 구조가 느슨하게 된 것으로 추정된다.74)

라고 하였다. 이처럼 일본의 학자는 대체적으로 『菩薩地』가 『大乘莊嚴經論』보다 선
행하고 있다는 것을 인정하고 있다.

2. 『大乘莊嚴經論』과 『中邊分別論』에 대한 주석을 통해 본 안혜의 입장

　　『中邊分別論』(또는 『辨中邊論』)과 『大乘莊嚴經論』은 저자가 동일할 뿐만 아니라
사상적으로도 깊은 관계가 있다는 것은 선학자들의 연구에 의해 잘 알려져 있다.
따라서 먼저 『中邊分別論』과 『大乘莊嚴經論』에 나타난 三性說에 대해 비교하여 기
술하고자 한다. 그런데 『中邊分別論』과 『大乘莊嚴經論』에 대한 안혜의 주석인 『大
乘莊嚴經論復註』와 『中邊分別論復註』가 현존하고 있음에도 불구하고, 양 주석서를
비교한 三性說에 대한 연구와 안혜의 三性說에 관한 연구는 전혀 이루어지지 않고
있는 실정이다. 따라서 본 연구에서는 방대한 분량 때문에 양 주석서를 전부 비교
하는 것은 불가능하므로 안혜가 三性說로서 주석하고 있는 부분을 중심으로 기술하
겠다. 특히 『中邊分別論』에는 비록 단편적이지만, 제1장 「相品」과 제3장 「眞實品」
에서 三性說을 논하고 있으므로, 『中邊分別論』의 주석서인 안혜의 『中邊分別論復
註』를 중심으로 하고, 『大乘莊嚴經論』의 주석서인 안혜의 『大乘莊嚴經論復註』(제
11장)를 비교하여 안혜의 三性說에 대한 입장을 살펴보고자 한다.

---

74) 앞의 책, p.337.

1)『大乘莊嚴經論』과『中邊分別論』제1장「相品」의 비교

『中邊分別論』의 제1장「相品(lakṣaṇa-pariccheda)」은 전부 22게송으로 구성되어 있다. 전반부의 1게송에서 11게송까지는 '虛妄分別(abhūtakalpita)'을 설명하는 항목이고, 후반부의 12게송에서 22게송까지는 '空性(śūnyatā)'에 대해 설명하는 항목이다. 그러나 세친의 주석과 안혜의 주석을 보면 虛妄分別(abhūtakalpita)의 특질은 依他起性이고 空性(śūnyatā)의 특질은 圓成實性이라고 기술하고 있다. 그러므로 제1장「相品」은 전반적으로 三性說의 설명이라고도 할 수 있다. 따라서 논자도 세친과 안혜의 주석에 따라 제1장「相品」을 三性說에 대한 설명으로 취급하고자 한다.

(1) 虛妄分別의 특질

『中邊分別論』의 제1장「相品」제1게송에는 현상세계에 대한 우리들의 잘못된 세계관의 근거를 서술하고 있다. 특히『大乘莊嚴經論』에 대한 무성의 주석서인『大乘莊嚴經論廣註』와 안혜의『大乘莊嚴經論復註』에서도 제1장「相品」의 제1게송 1句·2句부분이 인용되어 있다. 제1장「相品」의 제1게송에서는 우리들의 잘못된 관점을 '虛妄分別'이라고 정의하는데, 虛妄分別의 有相과 無相에 대해 다음과 같이 기술하고 있다.

> <산스크리트본>
> 虛妄分別은 존재한다. 그곳에 둘(所取·能取)[75]은 존재하지 않는다.
> 그러나 여기에(虛妄分別) 空性이 존재하고 있다. 또한 이것(空性)에도 그것(虛妄分別)이 존재한다.(1-1)[76]

---

75) 여기서 둘(dvaya)은 所取(grāhya)와 能取(grāhaka)이다. 둘 다 동사원형 √grah로부터 파생된 것으로 '잡다·이해하다·파악하다' 등의 의미이다. 전자는 수동, 후자는 능동이므로 '알려지는 것(파악되는 것)'과 '아는 것(파악하는 것)'의 의미로 해석해도 크게 잘못된 것은 아니라고 생각한다.

76) abhūtaparikalpito 'sti dvayan tatra na vidyate / śūnyatā vidyate tv atra tasyām api sa

(진제 한역본)

<세계는> 虛妄分別로서 존재한다. <어떠한 경우에도> 그것에 二(所取·能取)는 존재하지 않는다.

그것 중에 오직 공만이 존재할 뿐이며, 이곳에도 역시 그것이 존재한다.77)

(현장 한역본)

虛妄分別은 존재한다. 이곳에 둘(所取·能取) 모두는 존재하지 않는다.

이곳에는 오직 공만이 존재한다. 저곳에 또한 이것이 존재한다.78)

산스크리트본에 대한 세친의 주석은 다음과 같다.

여기에서 "虛妄分別"이라는 것은 所取와 能取의 분별이다.

"둘"이라는 것은 所取와 能取이다.

"空性"이라는 것은 虛妄分別이 所取와 能取의 상태를 떠나는 것이다.

어떤 것이(p) 어떤 곳(q)에 존재하지 않을 때, 어떤 장소(q)에는 어떤 것이 空이라고 여실히 관찰한다.

"이것에도 그것이 존재한다."라고 한 것은 虛妄分別이 <空性 속에 존재한다는 것이다.> 이와 같이, 또한 그곳에(q) 어떤 것이 남아 있다면(所餘), 그곳(r)에 이것이 존재하고 있다고 여실히 안다. 전도되지 않은(바른) 空性의 특질(無顚倒의 空性의 相)이 <이 게송에 의해> 설하여졌다.79)

---

vidyate // 1-1 // (Madhyāntavibhāga-bhāṣya, by Nagao, p.17).

77) 虛妄分別有 彼處無有二 彼中唯有空 於此亦有彼 (진제 역) 『大正藏』31, 451a16-17.

78) 虛妄分別有 於此二都無 此中唯有空 於彼亦有此 (현장 역); 4句에 대한 진제와 현장의 한역에는 약간의 차이가 있다. 진제는 '於此亦有彼'이라고 번역하였고, 현장은 '於彼亦有此'으로 번역하였다.

79) tatrābhūtaparikalpo grāhya-grāhaka-vikalpaḥ / dvayaṃ grahyaṃ grāhakañ ca / śūnyatā tasyābhūtaparikalpasya grāhya-grāhaka-bhāvenavirahitā / tasyām api sa vidyate ity abhūtaparikalpaḥ / evaṃ yad yatra nāsti tat tena śūnyam iti yathābhūtaṃ samanupaśyati ity aviparītaṃ śūnyatā-lakṣaṇam udbhāvitam bhavati // (Madhyāntavibhāga-bhāṣya, by Nagao, p.18)

세친은 허망분별이란 所取와 能取가 존재한다고 분별하는 것이고, 空性이란 所取와 能取의 2취가 존재한다고 하는 분별을 떠난 상태라고 정의하고 있다. 이처럼 『中邊分別論』과 세친의 『中邊分別論釋』에서는 허망분별이 의타기성이고, 空性이 원성실성이라는 삼성설과 관련시켜 설명하지 않고 있다.

이 세친의 주석에 대한 현장의 번역은 다음과 같다.

> "虛妄分別은 존재한다."는 것은 所取와 能取의 분별이 존재한다는 것이다.
>
> "이곳에 둘 모두는 존재하지 않는다."는 것은, 즉 이 虛妄分別에 영원히 所取와 能取의 이성(二性)이 존재하지 않는 것이다.
>
> "이곳에는 오직 空만이 존재한다."는 것은 虛妄分別 중에 단지 所取 및 能取를 떠난 空性만이 존재한다는 것이다.
>
> "저곳에 또한 이것이 존재한다."는 것은 저 두 가지의 空性 중에 다만 이러한 虛妄分別만이 존재한다는 사실을 말한다. 만약 이것이 존재하지 않는다면 저것을 관찰하여 空이라 하였지만, 소여(所餘)는 무(無)가 아니기 때문에 실로 유(有)라고 아는 것이다.[80]

또한 세친석에 대한 진제 번역을 보면 다음과 같다.

> 여기서 "虛妄分別"이라는 것은 능집과 소집의 분별이다.
>
> "존재하다(有)"는 것은 단지 분별로서 존재한다는 것이다.
>
> "그것에(彼處)"라는 것은 虛妄分別을 <가리킨다.>
>
> "二는 존재하지 않는다."라는 것은 이 능집과 소집의 둘이 영원히 존재하지 않는 것이다.

---

80) 『변중변론』
論曰. 虛妄分別有者. 謂有所取能取分別.
於此二都無者. 謂卽於此虛妄分別.
永無所取能取二性. 此中唯有空者. 謂虛妄分別中.
但有離所取及能取空性. **於彼亦有此者.**
謂卽於彼二空性中. 亦但有此虛妄分別.
若於此非有. 由彼觀爲空. 所餘非無故. 如實知爲有. (『大正藏』 31, 464b18－23)

"그것 중에"라는 것은 <虛妄>分別 중에라는 것이다.

"오직 空만이 존재하다."라는 것은 능집과 소집의 분별을 떠나는 것이다.

"이것에 空이 오직 존재한다."는 것은 능소의 空 중에라는 것이다.

"역시 그것이 존재한다."는 것은 虛妄分別이 존재한다는 것이다.

만약 법이 이곳에 존재하지 않는다면, 이 법은 이곳에서 空이다. 그 나머지(소여) 는 有(존재)라고 이름한다.81)

이처럼 현장과 진제는 세친의 주석을 한역하면서 'grāhya와 grāhaka'를 각각 진제는 소집과 능집으로, 현장은 所取와 能取로 번역한 것 이외에 둘 사이에는 큰 차이가 없다.

안혜는 "여기에서 虛妄分別이라는 것은 所取와 能取의 분별이다."82)는 세친의 주석에 대해 다음과 같이 주석하였다.

마술에는 진실한 코끼리 등이 존재하지 않지만, 코끼리 등으로 顯現하는 것과 같다. (중략) '허망'이라는 말에 의하여 所取(색 등)와 能取(안식 등)로서 분별되는 것처럼 존재하지 않음을 나타낸다. '분별'이라는 말에 의해 분별되는 것처럼 대상은 존재하지 않는다는 것을 나타내는 것이다. (중략) 所取의 분별은 外境과 衆生으로서 顯現하는 識이다. 能取의 분별이란 我와 了別로서 현현하는 <식>이다.83)

---

81) 此中虛妄分別者. 謂分別能執所執.
　　有者. 但有分別. 彼處者. 謂虛妄分別.
　　無有二者. 謂能執所執此二永無.
　　彼中者. 謂分別中.
　　唯有空者. 謂但此分別離能執所執故.
　　唯有空於此者. 謂能所空中.
　　亦有彼者. 謂有虛妄分別.
　　若法是處無. 由此法故是處空. 其所餘者則名爲有.
82) tatrābhūtaparikalpogrāhya－grāhaka－vikalpaḥ / (Madhyāntavibhāga－bhāṣya by Nagao, p.18 /)
83) S・Yamaguchi, Madhyāntavibhāgaṭīkā,, Nagoya Keimeikwai, 1934, p.13. 16; 이하 山口本.

虛妄分別인 所取와 能取는 본래적으로 존재하지 않지만, 虛妄分別에 의해 대상(二取)으로서 현현하기 때문에 虛妄分別이 존재한다고 하는 것이다.

虛妄分別이라는 것은 能取와 所取가 실재한다고 허망하게 생각하는 것을 말한다. 즉 우리들은 能取(나)에 의해 所取(책)가 알려진다는 사실을 인정한다. 그러나 유식에서는 이것을 분별(vikalpa)이라고 하여 그릇된 판단이라고 정의한다. 그리고 虛妄分別, 즉 알려지는 것과 아는 것이 존재하지 않는다고 하는 것이 空性이다. 허망분별과 空性의 관계를 제1게송의 말을 빌려 정리하면 다음과 같다.

1. 虛妄分別은 존재한다.
2. 能取와 所取는 존재하지 않는다.
3. 空性은 존재한다.
4. 虛妄分別은 空性 속에 존재한다.
5. 空性은 虛妄分別 속에 존재한다.

여기서 虛妄分別＝空性이라는 등식이 성립하는 것이다. 이것은 二諦說로 설명하면 虛妄分別은 世俗諦에 해당되고, 空性은 勝義諦에 해당되는 것이다. 이것을 三性說에 대입하여 보면 虛妄分別은 依他起性(연기적 존재)이며, 空性은 圓成實性에 해당된다. 그러므로 虛妄分別·世俗諦＝空性·勝義諦가 성립하는 것이다.

계속해서 게송 1句의 "虛妄分別은 존재한다."는 것에 대해 안혜는 다음과 같이 주석한다.

일체법은 토끼의 뿔과 같이 자성이 없다고 하는 사람을 배제하기 위해(山口本, p.10.9), 또는 모든 심과 심소 이외에 모든 색(色)은 실체로서 존재한다고 하는 사람을 배제하기 위해서이고(山口本, p.11.10), 그것만이(虛妄分別)이 실체로서 존재하는 것이고, 색은 그것(虛妄分別)과는 별도로 존재하는 것도 아니고 실체로서 존재하는 것이 아니다. 왜냐하면 虛妄分別에 있어서 二取는 존재하지 않기 때문이다.(山口本, p.13)

여기서 안혜는 먼저 식도 대상도 부정하는 이른바 '모든 것은 존재하지 않는다.'는 허무론자의 입장과 '심과 심소와는 별도로 대상이 존재한다.'고 주장하는 실재론자의 입장을 비판한다. 그리고 虛妄分別이 존재하는 이유를 밝히고 있다. 그러면 "그곳(虛妄分別)에 둘(所取와 能取)은 존재하지 않는다."고 말하는 2句는 어떤 의미인가? 이것에 대해 안혜는,

> 虛妄分別은 所取와 能取의 자성을 떠나 있기 때문에 空이라고 말한다. 그러나 결코 무자성은 아니다.(山口本, p.10.16-17) 虛妄分別은 어떤 能取(파악하는 것)도 없고, 어떤 所取(파악되는 것)도 없다.
> 어떻게 떠나는가(rahitatā)? <虛妄分別>은 所取와 能取를 떠난 실체(bhāva)만이기 때문이다. 왜냐하면 식(識) 이외에 색 등은 파악되지 않는다. 꿈과 같이, 식(識)이 색 등의 현현으로서 생기하기 때문이다. (중략) 그러나 所取가 존재하지 않을 때에는 能取도 존재하지 않는다.(山口本, p,11.16-19)

라고 주석하면서 2취의 부정을 통해서 唯識無境을 기술하고 있다. 또한 안혜와 세친은 虛妄分別을 반드시 2취(能取와 所取)와 결합시키고 있다.[84]

이 같은 입장은 『大乘莊嚴經論』에서도 계승되고 있다. 『大乘莊嚴經論』에서는 二諦說 중의 虛妄分別인 2취의 존재와 비존재를 설명하고 있다. 『大乘莊嚴經論』 제11장 「求法品」 제21게송[85]의 주석(『大乘莊嚴經論復註』)에서 안혜는 『中邊分別論』의 1게송 1, 2句를 인용[86]하면서 다음과 같이 기술하고 있다.

---

84) 『大乘莊嚴經論』의 제11장 15-22게송에서도 虛妄分別은 2취와 반드시 결합하고 있다. 勝呂信靜[1982], p.16에서는 "『解深密經』과 『瑜伽師地論』에는 2취·虛妄分別의 개념은 나타나지 않는다. 이와 같은 『大乘莊嚴經論』·『中邊分別論』·『法法性分別論』에서 처음으로 등장한다."고 추정하고 있다.

85) tathā dvayābhatātrāsti tadbhāvaś ca na vidyate /
tasmād astitva-nāstitvaṃ rūp'ādiṣu vidhīyate // 11-21 //
(이처럼 둘의 현현은 여기(虛妄分別)에 존재한다. 그 둘의 실체는 존재하지 않는다. 따라서 유성(有性)과 무성(無性)은 색 등에서 규정된다.)

86) / de bźin gñis snaṅ de la yod // de yi dṅos po med pa ste // de phyir yod daṅ med par ni

(중략) 예를 들면 마술의 원인으로 흙덩어리와 나뭇 조각에서 말과 코끼리만으로 미란(迷亂)의 현현이 존재하는 것처럼, 또한 依他起性인 虛妄分別에서 색 등의 所取와 能取의 둘의 현현은 미란만으로 세속에서 존재한다고 한다. (중략) 이처럼 所取와 能取의 둘은 미란의 현현만으로 세속에서 존재하지만, 승의에서는 所取의 본질(bhāvata)과 能取의 본질은 존재하지 않는다.87)

안혜는 依他起性인 虛妄分別에서 所取와 能取의 현현이 미란으로서 세속에 존재한다고 하였다. 다시 말해 虛妄分別·所取와 能取의 현현·미란·世俗諦·依他起性이 성립하는 것이다. 반대로 이것은 空性·勝義諦·圓成實性·所取와 能取의 비존재의 성립도 가능한 것이다. 그런데 안혜는 처음으로 虛妄分別을 依他起性으로 주석하고 있다. 이것은『中邊分別論』제1장「相品」제1게송의 주석에서는 볼 수 없었던 것이다. 다시 말해 제1게송과 세친의 주석에서는 虛妄分別·世俗諦＝空性·勝義諦라는 공식은 성립하여도 虛妄分別·世俗諦·依他起性＝空性·勝義諦·圓成實性이라는 삼성설로는 설명하지 않았다. 이처럼『中邊分別論』과 세친의 주석에서는 허망분별과 空性을 二諦說로 설명하였지만, 안혜는 虛妄分別과 空性을 각각 依他起性과 圓成實性의 三性說로 설명하고 있다.

한편 무성은『大乘莊嚴經論廣註』에서 "여기에(虛妄分別) 所取와 能取의 둘은 世

// gzugs la sogs pa brjod paḥo / (Peking: 196b7)

87) / dper na sgyu maḥi rgyu śin daṅ rdo ba la rta daṅ glaṅ po tsam du ḥkhrul par snaṅ ba yod pa de bźin du yaṅ yaṅ dag pa ma yin paḥi kun rtog pa gźan gyi dbaṅ gi mtshan ñid de la gzugs la sogs paḥi gzuṅ ba daṅ ḥdsin pa gñis su snaṅ ba ḥkhrul pa tsam du kun rdsob tu yod pa źes bya ste / de bas na gzugs la sogs pa la yaṅ yod par yaṅ brjod do // deḥi phyir dbus daṅ mthaḥ rnam par ḥbyed pa las kyaṅ // yaṅ dag ma yin kun rtogs yod / ces bśad de / gzuṅ ba daṅ ḥdsin pa gñis kun rdsob tu yod ces bya baḥi don to // de ltar gzuṅ ḥdsin gñis ḥkhrul par snaṅ ba tsam du kun rdsob tu yod kyaṅ don dam par na gzuṅ baḥi dṅos po daṅ ḥdsin paḥi dṅos po ñid med de / de bas na gzugs la sogs pa la med pa źes brjod do // de bas na dbus daṅ mthaḥ rnam par ḥbyed pa las kyaṅ / yaṅ dag ma yin kun rtogs yod / ces bśad de / gzuṅ ba daṅ ḥdsin pa gñis kun rdsob tu yod ces bya baḥi don to // de ltar gzuṅ ḥdsin gñis ḥkhrul par snaṅ ba tsam du kun rdsob tu yod kyaṅ don dam par na gzuṅ baḥi dṅos po daṅ ḥdsin paḥi dṅos po ñid med de / (P: 196b7－197a4)

俗에서 존재하지만, 勝義에 있어서는 존재하지 않는다.”[88]고 하였다. 이와 같이『大乘莊嚴經論』・『大乘莊嚴經論復註』・『大乘莊嚴經論廣註』에서는 虛妄分別인 2취(所取와 能取)가 우리들의 현실세계(世俗諦)에서는 존재하지만 勝義諦에서는 존재하지 않는다는 것을 밝히고 있다.

한편『中邊分別論』의 제1게송 3句와 4句에 대한 세친의 주석 “空性이라는 것은 虛妄分別이 所取와 能取의 상태를 떠나는 것이다.”[89]에 대해 안혜는 다시 다음과 같이 주석하였다.

“떠난 것(rahiatā, viviktatā)”이란 虛妄分別의 空性이지만, 그러나 虛妄分別도 존재하

---

88) / de la ni gñis po gzuṅ ba daṅ ḥdsin pa kun rdsob tu yod kyi / don dam par ni ma yin no // (P: 96b5－6)
89) 唯有空者. 謂但此分別離能執所執故.
(“오직 공만이 존재한다.”라는 것은 단지 능집・소집의 분별을 떠난 것이기 때문이다.)
(진제 역)
此中唯有空者. 謂虛妄分別中. 但有離所取及能取空性.
(“이곳에는 오직 空만이 존재한다.”고 하는 것은, 虛妄分別 중에 단지 所取 및 能取를 떠난 空性만이 존재한다는 것이다.)(현장 역)
이처럼 세친의 주석에 대한 진제와 현장의 兩漢譯本에서는 ‘śūnyatā(空性)’을 ‘śūnya(空)’라고 번역하고 있다. 그런데 현장만이 이것을 ‘空性(空性)’으로 대체시키고 있다.

그리고 세친은 게송을 주석한 후에 전반적인 주석으로 空性에 대한 정의를 다음과 같이 서술하였다.
evaṃ yad yatra nāsti tat tena śūnyam iti yathābhūtaṃ samanupaśyati ity aviparītaṃ śūnyatā－lakṣaṇam udbhāvitam bhavati // (Madhyāntavibhāga－bhāṣya, by Nagao, p.18)

그리고 세친의 주석에 대한 양 한역본에서는 다음과 같이 번역하였다.
若法是處無. 由此法故是處空. 其所餘者則名爲有(『大正藏』31, 451a24, 진제 역)
若於此非有. 由彼觀爲空. 所餘非無故. 如實知爲有(『大正藏』31, 464b23, 현장 역)
이 空性의 특징에 대한 주석은 이미 학자들(長尾雅人[1968]「餘れるもの」,『印佛研』16卷 2號, pp.23－27)에 의해『유가론』의 空性說을 설할 때 사용된 해석이라고 지적한 것이다. 이것에 의하면, 이 해석문의 최초는 중아함경의『小空經』에 보이는 것이다. 이것은 다시『瑜伽論』,『中邊分別論』,『顯揚聖敎論』,『阿毘達磨集論』,『楞伽經』,『宝性論』에도 나타난다.

지 않는 것이 아니다. 예를 들면 새끼줄은 뱀의 자성으로서는 공이지만, 그것(sarpa)의
자성이 아니기 때문에 일체에 있어서 空性이다. 그러나 새끼줄의 자성으로서는 <공이
아니다>90)

여기서 말하는 空性은 나중의 『中邊分別論』 제1장 「相品」 제13게송의 '이무(二
無)', '<2취의> 무의 유(abhāvasya bhāvah)'라는 空性의 특질에 기초하였다고 생각된
다. 이처럼 공성에 있어서 虛妄分別인 2취는 본질로서는 존재하지 않지만, 토끼의
뿔처럼 전적으로 비존재라고 할 수는 없고 다만 현현하는 것으로 존재하는 것이다.
따라서 虛妄分別과 空性은 "동일하지도 않고, 다른 것도 아니다."
　이것은 三性說에도 적용된다. 이른바 虛妄分別인 依他起性은 자성으로서는 존재
하지 않았지만, 遍計所執性인 둘(所取·能取)의 현현으로서는 존재한다. 그리고 이
같이 존재와 비존재를 떠난 것이 圓成實性이다.

(2) 虛妄分別과 空性

다음은 제1장 「相品」 제2게송의 非空·非不空의 중도에 대해서 기술하겠다.

　　따라서 일체 <법>은 공도 아니고, 불공(不空)도 아니(공이 아닌 것도 아니다)라고
　말해진다. 존재하기 때문에(虛妄分別은 존재한다), 비존재이기 때문에(能取와 所取는
　존재하지 않는다), 또한 존재하기 때문에(空性은 존재한다), 이것이 또한 중도이다.91)

진제와 현장은 각각 다음과 같이 한역하였다.

　　일체법은 공도 아니고, 공이 아닌 것도 아니라고 설하였다.
　　무이고 유인 까닭에 이것을 중도라고 이름하는 의미이다.92)(진제 역)93)

---

90) 山口本, pp.13.16, 14.5－7.

91) / na śūnyaṃ nāpi cāśūnyaṃ tasmāt sarvaṃ vidhīyate /
　　satvād asatvāt satvāc ca madhyama pratipac ca sā // 1－2 //

일체법은 공도 아니고 공 아닌 것도 아니라고 설하였다.

무이고 유인 까닭에 이것은 중도에 관계한다.94)(현장 역)95)

---

92) 故說一切法 非空非不空
　　有無及有故 是名中道義.(『大正藏』 31, 451a25－26)
93) ＜中邊分別論＞
　　一切法者. 謂有爲名虛妄分別. 無爲名空.
　　非空者. 謂由空由虛妄分別. 非不空者.
　　謂由能執所執故. 有者. 謂虛妄分別有故. 無者. 謂能所執無故.
　　及有者. 謂於虛妄中有眞空故. 於眞空中亦有虛妄分別故.
　　是名中道義者. 謂一切法非一向空. 亦非一向不空.
　　如是等文不違般若波羅蜜等.
　　如經說一切法非空非不空.『大正藏』 31, 451a27－451b05.
　　"일체법"이라는 것은, 유위는 虛妄分別이라 이름하고, 무위는 空이라 이름한다.
　　"非空"이라는 것은 공과 虛妄分別에 말미암는 까닭이다.
　　"非不空"이라는 것은 능집과 소집으로 말미암는 까닭이다. "有"라는 것은 虛妄分別이
　　존재하는 것이다.
　　"無"라는 것은 능집과 소집이 존재하지 않는 것이다.
　　"또한 有"라는 것은 허망 중에 진실로 空이 존재하는 것이다. 실로 空 중에 또한 虛妄
　　分別이 존재하는 것이다.
　　"중도"라고 이름하는 것의 의미는 일체법이 일방적으로 공이 아니고, 또한 일방적으로
　　不空이 아니라는 것이다. 이와 같은 文等은 반야바라밀 등과 다르지 않다. 經에 일체
　　법이 非空非不空이라고 설한 것과 같다.
94) 故說一切法 非空非不空
　　有無及有故 是則契中道(『大正藏』 31, 464b26－27)
95) 論曰. 一切法者. 謂諸有爲及無爲法.
　　虛妄分別名有爲. 二取空性名無爲.
　　依前理故說此一切法非空非不空.
　　由有空性虛妄分別故說非空. 由無所取能取性故說非不空.
　　有故者. 謂有空性虛妄分別故.
　　無故者. 謂無所取能取二性故.
　　及有故者. 謂虛妄分別中有空性故. 及空性中有虛妄分別故.
　　是則契中道者. 謂一切法非一向空. 亦非一向不空.
　　如是理趣妙契中道.
　　亦善符順般若等經說一切法非空非有.『大正藏』 31, 464b27－464c07.(현장 역)
　　"일체법"이라는 것은 모든 유위와 무위의 법이다. 虛妄分別을 유위라고 이름하고, 二取
　　의 空性을 무위라고 이름한다. 前理에 의지하는 까닭에 이 일체법은 空도 아니고 不空
　　도 아니라고 설한다. 空性과 虛妄分別이 존재하는 까닭에 空이 아니라고 한다. 所取와
　　能取의 性이 존재하지 않는 까닭에 不空도 아니라고 한다.

세친은 다음과 같이 주석하고 있다.

> "不空"이라는 것은 空性에 의한 것과 虛妄分別에 의한 것이다.
> "非不空"이라는 것은 所取와 能取의 두 종류이다.
> "일체<법>"이라는 것은 有爲를 虛妄分別이라고 이름하고, 無爲를 空性이라 이름한다.
> "말해지다."라는 것은 '지시하다.'라는 것이다.
> "존재(有性)하기 때문에"라는 것은 虛妄分別의 <유성(有性, 존재)>에 의한다는 것이다.
> "비존재(非有性)이기 때문에"라는 것은 <所取와 能取의> 두 종류에 의한다는 것이다.
> "<재차> 존재하기 때문에"라는 것은 虛妄分別 중에 空性이 있고, 또한 그 <공성> 속에 虛妄分別이 있다는 것이다.
> "이것이 또한 中道이다."라는 것은, 즉 일체법은 일방적으로 空도 아니고, 또한 일방적으로 不空도 아니라는 것이다. 이와 같이 반야바라밀 <경전>에서 "일체<법>은 空도 아니고, 또한 不空도 아니다."라고 서술하고 있는 것과 수순(隨順)하는 것이다.96)

세친에 의하면 虛妄分別의 존재(有性), 所取와 能取의 비존재(非有性), 虛妄分別 중에 空性이 존재하고 空性 중에 虛妄分別이 존재한다. 이것이 中道이다. 그 근거로서 세친은 반야바라밀경의 "일체 <법>은 空도 아니고, 또한 不空도 아니다."는 문장을 인용하고 있다.

세친은 不空이라는 것은 空性과 虛妄分別이고, 非不空이라는 것은 所取·能取라

"존재하기 때문에"라는 空性과 虛妄分別이 존재하기 때문이다.
"비존재(無)이기 때문에"라는 것은 所取와 能取의 二性이 존재하지 않기 때문이다.
"재차 존재하기 때문에"라는 것은 虛妄分別 중에 空性이 존재하기 때문이며, 또한 空性 중에 虛妄分別이 존재하기 때문이다. 즉 이 중도에 관계한다는 것은 일체법이 일방적으로 空도 아니고, 일방적으로 不空도 아니다. 이와 같이 理趣가 妙하게 중도에 관계한다. 또한 널리 반야경 등의 일체법은 空도 아니고, 有도 아니라고 설하여 符順한다.

96) / na śūnyaṃ śūnyatayā cābhūtaparikalena ca / na cāśūnyaṃ dvayena grāhyena grāhakena ca / sarvaṃ saṃskṛtaṃ cābhūtaparikalpākhyaṃ / asaṃskṛtaṃ ca śūnyatākhyam / vidhīyate nirdiśyate / satvād abhūtakalpasya asatvad dvayasya satvac ca śunyatāya abhūtaparikalpe / tasyāṃ cābhūtaparikalpasya / sā ca madhyamā pratipat / yat sarvaṃ / nāikāntena śūnyam nāikāntenāśūnyam / evam ayam pāṭhaḥ prajñāpāramitādiṣv anuloito bhavati sarvam idam na śūnyam cāśūnyam iti // (Madhyāntavibhāga‒bhāṣya, by Nagao, p.18)

고 서술하고 있다. 이것은 空性・虛妄分別과 所取・能取가 성질을 달리하면서도 동일의 세계에 공존하고 있다는 것을 의미하고 있다. 이 동일세계는 一切法이지만, 이 일체법은 有爲法인 虛妄分別의 세계(법)와 無爲法인 空性의 세계(법)로 구별된다. 이와 같이 불공・비불공으로서의 일체법의 세계가 우리들의 눈앞에 顯現하고 있는 것이다.

그리고 이와 같은 세계에 존재하는 것(有性)은 虛妄分別이고, 그 위에 존재하지 않는 것(非有性)은 所取・能取이다. 따라서 이 유성(존재)・비유성(비존재)은 원리(遠離)해야만 할 것이다. 그러나 이 원리해야만 할 유성・비유성의 세계 속에는 불공・비불공 가운데의 불공에 포함되는 空性을 남기고 있다. 이 일체법의 무위법으로서의 空性이야말로 진실로 실재하는 것(有性)이다. 이 '여분'으로서의 뒤의 유성은 虛妄分別 중의 空性이고, 또한 空性 중의 虛妄分別이다. 이것이 中道이다. 따라서 虛妄分別＝空性＝中道가 성립하는 것이다.

(3) 虛妄分別의 自性

다음은 제1장 「相品」 제3게송의 '虛妄分別의 自相'(虛妄分別의 體에 대한 설명)에 대해서 기술하겠다.

식이 일어날 때 그것은 대상과 중생과 〈자〉아와 의식(意識, 了別)[97]으로서 顯現한다. 그러나 그것의 대상들(식의 네 가지의 顯現)은 존재하지 않는다. 그것들(所取)이 존재하지 않기 때문에 그것(vijñāna, 能取)도 또한 존재하지 않는다.[98]

---

97) 이 게송의 兩漢譯과 산스크리트본을 비교 대조하여 보면 다음과 같다.

[梵本]	[眞諦 譯]	[玄奘 譯]
artha	塵	義
sattva	根	有情
ātman	我	我
vijñāna	本識	識
vijñpti	識	了

안혜는 주석 중에 虛妄分別이 아라야식이고 依他起性이라고 하였다. "虛妄分別
은 식(vijñāna＝아라야식)의 자성이고,99) 이처럼 팔식(八識)을 사체(事體)로 하는 依
他起性은 虛妄分別이다."(山口本, p.18.3－4)고 설명하고 있다.

이와 같은 안혜의 주석태도는『大乘莊嚴經論』(Lévi본, p.64.19－20)의 주석서인『大
乘莊嚴經論復註』에서도 일관하고 있으며, 무성의『攝大乘論釋』(P: 269b4－270a4)에
서도『攝大乘論』(2－2;100) 이하 La)의 입장에 따라 虛妄分別이 아라야식이고 依他
起性이라고 기술하고 있다. 그러나 안혜가 주석하고 있는 것처럼『中邊分別論』에서
는『攝大乘論』처럼 依他起性인 虛妄分別이 18界라는 설명은 존재하지 않는다. 다
시 말해『中邊分別論』에서는『攝大乘論』에서처럼 11識으로써 18界를 설명하고, 11
識이 虛妄分別에 포섭되고 依他起性이라는 설명은 없다. 그러나『大乘莊嚴經論』
제11장 32게송에서는『攝大乘論』의 설명방식과 거의 일치한다.『大乘莊嚴經論』제
32게송은 다음과 같다.

　　　자계(自界)로부터 둘(所取·能取)의 현현은 무명과 번뇌를 가지고 <함께> 생기한다.
　　둘의 사물(能取·所取의 실체)을 떠난 모든 분별이 생기한다.101)

이것에 대해 세친은 다음과 같이 주석했다.

　　　"자계로부터"라는 것은 스스로의 종자(界)로부터, 즉 아라야식으로부터이다.
　　　"둘의 현현"이란 所取와 能取의 현현이다.
　　　"그것들은(분별) 무명과 번뇌를 가지고 <함께> 생기한다."라는 것은 무명과 번뇌를
　　가지고 그것들(분별)이 생기한다는 것이다.

---

98) / artha－satvātma－vijñapti－pratibhāsam prajāyate /
　　vijñānaṃ na asti ca asyārthas tad－abhāvāt tad apy asat // 1－3 //
99) tatra vijñānasvabhāvo' bhuātaparikalpaḥ / (山口本, p.17.8)
100) C. Lamotte, La Somme du Grand Vehicule d Asaṅga(Mahāyāna－saṃgraha).
101) svadhātuto dvayābhāsāḥ sāvidyākleśavṛttayaḥ /
　　vikalpāḥ sampravartante dvayadravyavivarjitāḥ // 11－32 //

“둘의 사물(실체)을 떠난다.”는 것은 所取의 사물로부터, 또한 能取의 사물로부터
<떠난다는 의미>이다.102) (중략)

이처럼 세친은 자계(自界),103) 즉 아라야식으로부터 2취의 현현이 무명과 번뇌를
가지고 생기한다고 기술하고 있다. 이것은 『中邊分別論』의 안혜 주석과 그다지 차
이가 없다. 그런데 안혜의 주석과 무성의 주석에서는 아라야식과 2취의 관계에 대해
구체적인 주석은 보이지 않고, 단지 무명과 번뇌에 대해 자세하게 설명할 뿐이다.

게다가 『大乘莊嚴經論』의 제11장 제40게송의 설명은 『攝大乘論』의 설명방법과
거의 동일하다. 『大乘莊嚴經論』의 제11장 제40게송에서는 虛妄分別이 依他起性을
포섭하고 있다는 것으로 기술하고 있다. 즉 依他起性＝虛妄分別이라는 것이다. 그
러나 『大乘莊嚴經論』에서는 『攝大乘論』처럼 虛妄分別＝依他起性＝아라야식이라는
등식은 아직 보이지 않는다. 『大乘莊嚴經論』의 제11장 제40게송에 대해서는 나중의
제2장 3절 ‘相을 구하는 게송’ 부분에서 구체적으로 기술됨으로 여기서는 생략하겠
다. 우선 『攝大乘論』에 대한 무성의 주석을 중심으로 살펴보겠다.

『攝大乘論』의 2−2에서 어떻게 기술하고 있는지 살펴보자.

이 중에서 依他起性은 무엇인가? 아라야식을 종자로 하는 虛妄分別에 의해 포섭된
식이다. 그것(식)은 또한 무엇인가? (1−3) 신(身)과 유신(有身)과 수자(受者)의 식(識),
(4) 그것에 의해 수용된 식, (5) 그것을 수용하는 식, (6) 시간의 식, (7) 수(數)의 식,
(8) 장소의 식, (9) 일상적 언어표현의 식, (10) 자기와 타인의 구별의 식, (11) 선취(善
趣)와 악취(惡趣)와 사(死)와 생(生)의 식이다.104)

---

102) svadhātuta iti svabījādālayavijñānataḥ / dvayābhāsā iti grāhyagrāhakābhāsāḥ / sahāvidyayā
kleśaiś ca vṛttir eṣāṃ ta ime sāvidyākleśavṛttayaḥ / dvayadravyavivarjitā iti grāhyadravyeṇa
grāhaka−dravyeṇa ca /
103) 안혜의 주석에는 종자계와 因은 동의어이고, 아라야식이 2취의 습기를 가지는 것을 자
계라고 기술하고 있다.
104) / de la gźan gyi dbaṅ gi mtshan ñid gan źe na / gaṅ kun gźi rnam par śes paḥi sa bon

이것에 대해 『攝大乘論釋』에서 무성은 다음과 같이 주석했다.

신과 유신과 수자의 식 등 중에서 '身識'은 유색근(rūpīndriya, 『攝大乘論釋(MSBh)』: 눈 등의 오근)으로서의 현현이다. 똑같이 아래의 모든 것에도 현현이라는 말이 적응(결합)해야 한다.

'有身의 識'은 意(manas, 『攝大乘論釋(MSBh)』: kliṣṭa‒manas 염오의)이다.

'受者의 識'은 意識(mano‒vijñāna, 『攝大乘論釋(MSBh)』: mano‒dhātu 意界)이다.

'그것에 의해 수용된 식'은 모든 외처(bāhya‒āyatana, 『攝大乘論釋(MSBh)』: bāhya‒dhātu 외계의 색 등의 6계)이다.

'그것을 수용하는 식'은 5식(『攝大乘論釋(MSBh)』: 六識界)이다.

'시간의 식'은 三時(三世)의 현현(『攝大乘論釋(MSBh)』: 생사의 상속이 전하여 단절하지 않는 것)이다.

'수의 식'은 1등의 수의 현현이다.

'장소의 식'은 마을, 숲 등으로서의 현현(『攝大乘論釋(MSBh)』: 기세계)이다.

'일상적 언어활동의 식'은 見, 聞, 覺, 識(vijñāna)이라고 말한다.

'자기와 타인의 구별의 식'은 아집과 소아집으로서 결정된 신 등의 식이고, 나·나의것·이것은 나의 것이 아니다, 이것은 다른 사람의 것이다 등으로 구별하여 집착하기때문이다.

'선취와 악취와 죽음과 태어남'은 천(天), 인간, 지옥, 축생, 아귀, 생, 사(死)로서의 현현이다.105)

------

can yaṅ dag pa ma yin pa kun rtog pas bsdus paḥi rnam par rig paḥo // de yaṅ gaṅ źe na /

(1‒3) lus daṅ lus can daṅ / za ba poḥi rnam par rig pa daṅ /

(4) des ñe bar spyad par bya baḥi rnam par rig pa daṅ /

(5) de la ñe bar spyod paḥi rnam par rig pa daṅ /

(6) dus kyi rnam par rig pa daṅ /

(7) graṅs kyi rnam par rig pa daṅ /

(8) yul gyi rnam par rig pa daṅ /

(9) tha sñad kyi rnam par rig pa daṅ /

(10) bdag daṅ gźan gyi bye brag gi rnam par rig pa daṅ /

(11) bde ḥgro daṅ ṅan ḥgro daṅ ḥchi ḥpho daṅ skye baḥi rnam par rig paḥo / (by La. 2‒2)

또한 『攝大乘論』에 다음과 같은 내용이 서술되어 있다.

'신과 유신과 수자의 식'은 눈 등의 內六界라고 알아야 한다. '이것에 의해 수용된 식'은 색 등의 外六界라고 알아야 한다. '그것을 수용하는 식'은 안식 등의 육계로서 알아야 한다. 다른 모든 식은 이것들 식의 차별(다른 모습)이라고 알아야 한다.(La, 2-5)

이와 같이 『攝大乘論』, 세친의 『攝大乘論釋』, 무성의 『攝大乘論釋』에는 확실하게 11識으로써 18界를 설명하고 있다. 그러나 『大乘莊嚴經論』(『大乘莊嚴經論釋』)에는 확실하게 11識으로써 18界를 설명하는 곳은 보이지 않지만, 내용적으로 거의 『攝大乘論』과 거의 일치한다. 이것은 依他起性에 대한 서술과 깊은 관계가 있다. 즉 『大乘莊嚴經論』에는 根(신체의 현현)·境(처와 대상의 현현)·識(말나식, 의식, 전오식)의 모든 것, 즉 18界가 顯現하는 것으로 설명하고 있다. 이것은 『攝大乘論』에서 11가지의 識으로 모든 것(18界)을 설명하고, 이것들을 虛妄分別에 포섭시키며,

---

105) lus daṅ lus can daṅ za ba poḥi rnam par rig pa źes bya ba la sogs pa de la lus kyi rnam par rig pa ni dbaṅ po gzugs can du snaṅ ba ste / de bźin du ḥog ma rnams la yaṅ snaṅ baḥi sgra sbyar bar byaḥo /
/ lus can gyi rnam par rig pa ni yid(P: yod) do /
/ za ba poḥi rnam par rig pa ni yid kyi rnam par śes paḥo /
/ des ñe bar(P: ñis par) spyad par bya baḥi rnam par rig pa ni phyiḥi skye mched rnams so / de la ñe bar spyod paḥi rnam par rig pa ni rnam par śes pa lṅa po dag go /
/ dus kyi rnam par rig pa ni dus gs um du snaṅ baḥo / graṅs kyi rnam par rig pa ni gcig la sogs par bgraṅ bar snaṅ baḥo /
/ yul gyi rnam par rig pa ni groṅ daṅ kun dgaḥ ra ba la sogs par snaṅ baḥo // tha sñad kyi rnam par rig pa ni mthoṅ ba daṅ thos pa daṅ / bye brag phyed pa daṅ / rnam par śes pa źes byaḥo /
/ bdag daṅ gźan(P: 220b) gyi bye brag gi rnam par rig pa ni ṅar ḥdsin pa daṅ ṅa yir ḥdsin par chad pa lus la sogs paḥi rnam par(P: 270a) rig pa ste / ṅaḥo naḥiḥo / ḥdi ni ṅaḥi ma yin gyi ḥdi ni gźan gyiḥo // źes bya ba la sogs paḥi bye brag du ḥdsin paḥi phyir ro /
/ bde ḥgro daṅ ṅan ḥgro daṅ / ḥchi ḥpho daṅ / skye baḥi rnam par rig pa ni lṅa daṅ / mi daṅ / sems can dmyal ba daṅ / dud ḥgro daṅ / yi dags(P: yi dwags) daṅ / skye ba daṅ / ḥchi bar snaṅ baḥo / (P: 220a5-220b3)

이것이 곧 依他起性이라고 한 설명과 동일하다. 이로써 依他起性＝識＝虛妄分別＝
아라야식이라는 등식이 성립하게 된다.

『大乘莊嚴經論』(『大乘莊嚴經論復註』), 『中邊分別論』(『中邊分別論復註』), 『攝大
乘論』(『攝大乘論釋』)의 관계를 도식으로 만들어 보면 다음과 같다.

<table>
<tr><td>『大乘莊嚴經論』(『大乘莊嚴經論復註』)</td><td>『攝大乘論釋』(『攝大乘論釋』)</td></tr>
<tr><td>기세간(處)・대지의 현현</td><td>外處(『攝大乘論釋』: 외부의 색 등의 六界)</td></tr>
<tr><td>所取의 현현 대상(육경)의 현현</td><td>外處(『攝大乘論釋』: 외부의 색 등의 육계)</td></tr>
<tr><td>신(六根)의 현현</td><td>有色根의 현현(『攝大乘論釋』: 오계)</td></tr>
<tr><td>意(염오의)의 현현</td><td>意(『攝大乘論釋』: 염오의)</td></tr>
<tr><td>能取의 현현 取(五識)의 현현</td><td>五識(『攝大乘論釋』: 六識界)</td></tr>
<tr><td>분별(意識)의 현현</td><td>意識(『攝大乘論釋』: 意界)</td></tr>
</table>

<table>
<tr><td></td><td>『中邊分別論』</td><td>『中邊分別論釋』</td><td>『大乘莊嚴經論』(『大乘莊嚴經論復註』)</td></tr>
<tr><td></td><td>대상(artha)</td><td>色等(rūpādi)</td><td>기세간・대지의 현현</td></tr>
<tr><td>所取의 현현</td><td></td><td></td><td>대상(육경)의 현현</td></tr>
<tr><td></td><td>유정(sattva)</td><td>五根(pañca-indriya)</td><td>身(육근)의 현현</td></tr>
<tr><td></td><td>자아(ātman)</td><td>염오의(kleṣṭa-manas)</td><td>意(염오의)의 현현</td></tr>
<tr><td>能取의 현현</td><td></td><td></td><td></td></tr>
<tr><td></td><td>識(vijñapti)</td><td>諸六識(ṣaḍ-vijñāna)</td><td>분별(의식)의 현현</td></tr>
<tr><td></td><td></td><td></td><td>取(五識)의 현현</td></tr>
</table>

이상과 같이 『中邊分別論』－『大乘莊嚴經論』－『攝大乘論』에는 사상적인 발전을
보이고 있기 때문에 그 같은 순서로 성립되었다는 것을 알 수 있다.

계속해서 안혜가 虛妄分別의 자성을 어떻게 주석하고 있는가에 대해 기술하겠다.
『中邊分別論』 제3게송 1句・2句에 대해 세친은 다음과 같이 주석하였다.

이 중에서 "외경(대상)으로서 현현한다."는 것은 色(rūpa) 등(성, 향, 미, 촉, 법 등의
六境), 즉 우리들의 모든 인식대상의 존재방식으로 현현하는 것이다.

"유정(衆生)으로서 현현한다."는 것은 자기와 타인의 <신체의> 相續에 있어서 오근
(五根・pañca-indriya)으로 <현현하는 것이다.>

"<自>我로서 현현한다."는 것은 염오(染汚)의 마나스(kliṣṭaṃ manaḥ)가 <현현하는 것이다> 我癡(자아에 대해 무지한 것) 등과 상응하기 때문이다.

"의식(了別)으로서 현현한다."는 것은 <눈 등의> 제육식이 <현현하는 것이다>

이것에 대해 안혜는 다시 다음과 같이 풀이했다.

이 중에서 대상과 중생으로서 현현하는 <식은> 아라야식과 상응한다. 그리고 그것은 이숙이기 때문에 <무부> 무기이다.

자아로서 현현하는 <식은> 염오의와 상응한다. 그리고 그것은 유부무기이다. <유부무기>란 번뇌와 상응하기 때문이다.

의식으로 현현하는 <식은> 눈 등의 육식과 상응하며, 선·불선·무기이다.(山口本, p.17.13－17)

이처럼 4종류(육경, 오근, 말나식, 육식)의 현현은 虛妄分別(依他起性)의 별상이고, 아라야식이다. 그러나 제3게송 3句·4句인 "그러나 그것의 대상들(식의 네 가지의 顯現)은 존재하지 않는다. 그것들(4종류, 所取)이 존재하지 않기 때문에 그것(vijñāna, 能取)도 또한 존재하지 않는다."는 것에 대해 세친은 다음과 같이 주석했다.

"그러나 그것의 대상(외경)들은 존재하지 않는다."는 것은 대상과 중생으로 현현한 것은 <所取의 특질(相)을 가지고 있으므로> 形象(ākāra)이 없기 때문이다. 자아와 의식(了別)으로서의 현현은, <能取의 특질을 가지고 현현하지만 이미 所取가 없기 때문에> 非眞實(허위)의 현현이기 때문이다.

"그것들(所取)이 존재하지 않기 때문에 그것(vijñāna)도 또한 존재하지 않는다."는 것은 所取는 색 등과 五根과 마나스<식>과 육식의 4종류이고, 그러한 所取인 외경(대상)이 존재하지 않기 때문에 그 能取의 識(vijñāna)도 또한 존재하지 않는다.106)

---

106) tatra－artha－pratibhāsaṃ yad rūpādi－bhāvena pratibhāsate / satva－pratibhāsaṃ yat pañca－
indriyatvena sva－para－santānayor / ātma－pratibhāsaṃ kliṣṭaṃ manaḥ / ātmamohādi－
samprayogat / vijñpti－pratibhāsaṃ ṣaḍ vijñāni / na asti ca asyārtha iti / artha－satva－
pratibhāsyānkāratvāt / ātma－vijñapti－pratibhāsasya

세친에 따르면, 4종류의 현현 중에서 육경(외경)과 오근(유정)은 所取로서 현현한 것이기 때문에 형상이 없는 것이고(형상이 없다는 것은 所取의 의미이지만, 能取로서의 형상이 없기 때문에 외경과 유정도 대상으로서 진실한 형상이 없다는 의미이다.), 말나식과 육식은 能取로서 현현한 것이기 때문에 비진(非眞)의 현현이다.(非眞의 현현이란 能取로서는 형상이 있지만, 진실하지 않는 현현이다) 따라서 4종류는 실체로서 존재하지 않으며, 4종류(所取)가 존재하지 않기 때문에 識(能取)도 존재하지 않는다. 이것은 虛妄分別이 형상의 현현으로서 존재하는 것이지만 실체로서는 존재하지 않는다는 제1게송의 생각과 일치하는 것이다. 이와 같은 사고방식은 『大乘莊嚴經論』의 제2장 제15게송─제29게송에서도 반복해서 기술되고 있다. 안혜의 주석(『大乘莊嚴經論復註』)에서도, 세친의 주석에서도 조금의 차이는 있지만 거의 동일하다.

또한 제4게송 1・2・3・4句에서

"따라서 그것(識)이 虛妄分別이라는 것이 성립하였다. 왜냐하면 <識은> 실재가 아니고 또한 완전히 비존재도 아니기 때문이다.(4게송 1・2・3句)
그것(識)이 滅盡하는 것에 의하여 해탈이 인정되기 때문이다."(4게송 4句)[107]

---

ca vitatha−pratibhāsatvāt / ad−abhāvāt apy asad iti yat tad−grāhyaṃ rūpādi−pañca−indriyaṃ manaḥ ṣaḍ−vijñāna−saṃjñakam caturvidhaṃ tasya grāhyārthasyābhāvat tad api grāhakaṃ vijñānaṃ asat /
(Madhyāntavibhāga−bhāṣya by Nagao, p.18−19)

107) abhūta−parikalpitvaṃ siddham asya bhavaty ataḥ /
na tathā sarvathā bhāvāt / 1−4abc /
yasmāt −tat−kṣayān−muktir−iṣyate // 1−4d //
yasmān na tathā'sya bhāvo yathā pratibhāsa utpadyate /
na ca sarvathā'bhāvo bhrānti−mātrasyotpādāt /
kim arthaṃ punas tasyābhāve eva neṣyate /
anyathā na bandho na mokṣaḥ prasidhyed iti saṃkleśa−vyavadānāpavādadoṣaḥ syāt /

세친의 주석에 대한 진제와 현장의 한역은 다음과 같다.
<세친석 진제 역>
'亂識虛妄分別性이 이 의미로 말미암아 성립을 얻는다'는 것은 일체 세간이 단지 난식

라고 기술되어 있다. 그리고 세친은

<식은 허망이다>. 왜냐하면 이 존재방식은 현현이 일어나는 것과 같이 '실재가 아니기 때문이다.' 그러나 '완전히 비존재가 아니다.' 착란(錯亂, 迷亂)만의 識이 생기하기 때문이다. 그런데 어째서 그것의 비존재야말로 승인되지 않는가?

그렇지 않다면 <미혹에> 구속되는 것, 또한 그곳으로부터의 해탈은 성립하지 않을 것이다. 따라서 염오의 존재와 청정한 세계를 부정하는 잘못을 범할 수 있을 것이다.

이처럼 세친은 "실재가 아니지만, 착란(미란)108)으로서만 생기하기 때문이다. 완전히 비존재가 아니다."라는 점을 들고 있다. 여기서 보듯이 세친은 虛妄分別이 所取와 能取로서 현현하는 것이 미란이라고 정의하고 있다. 그리고 識(能取)은 虛妄分

뿐이라는 것이다. 이 난식을 어째서 허망이라 이름하는가? 대상은 진실하지 않기 때문이고, 그 본질이 散亂하기 때문이다. '실로 존재하는 것이 아니다(非實有, 실재가 아니다)'라는 것은 사물(四物)이 가짜(似)로 현현하는 것이다. 사물(四物)은 영원히 존재하지 않는다. '실로 無가 아니다(완전히 비존재가 아니다)'라는 것은 일체가 영원히 無가 아니라는 것이다. 난식이 생기하는 까닭이다. 어째서 난식이 영원히 존재하지 않는 것임을 허락지 않는가? 偈에서 말하기를 저것이 멸한 까닭에 해탈이라고 하기 때문이다. 亂識虛妄性由此義得成者. 謂一切世間但唯亂識. 此亂識云何名虛妄. 由境不實故. 由體散亂故. 非實有者. 謂顯現似四物. 四物永無故. 非實無故者. 謂非一切永無. 由亂識生故. 云何不許亂識永無. 故偈言滅彼故解脫. (『大正藏』31, 451b21－27)(진제 역)

<세친석 현장 역>
'虛妄分別'이라는 것은 이 의미로 말미암아 실유(實有)가 아니라는 것이 성립하는 것은 소현과 같이 일어나 실유하는 것이 아니라는 것이다. '또한 일체가 비존재이다(全無도 아니다)'라는 것은 그 속에 적어도 난식(亂識)이 생기하는 것이 있는 까닭이다. 어째서 이 性은 全無라고 허락하지 않는가? 이것이 멸하여 해탈을 얻는 것을 허락하기 때문이다. 만약 이것이 다르다면 속박과 해탈은 응당 전부 無이다.
論曰. 虛妄分別. 由此義故成非實有. 如所現起非眞有故. 亦非全無. 於中少有亂識生故. 如何不許此性全無. 以許此滅得解脫故. 若異此者. 繫縛解脫則應皆無. (『大正藏』 31, 464c20－24).

108) 미란(bhrānti)에 대해 안혜는 "자아로서 존재하지 않지만, 형상으로서 현현하는 것이 미란이라고 한다. 마술과 같이."(山口本, p.21.1－2)라고 기술하였다. 長尾雅人은 미란(bhrānti)이란 혼란(混亂), 다시 말해 종교적 악을 가리키지 않고 세간의 인식 일반의 혼란이라는 의미로 정의하였다(『大乘佛典15 世親論集』, 中央公論社, 東京, 1991, p.382).

別이라고 하였다.

그런데 「虛妄分別(abhūta-parikalpitva)」를 진제는 「亂識虛妄性」이라고 번역하고, 현장은 「**虛妄分別性**」이라고 번역하였다. 이것에 의하면 진제는 "난식허망성은 이 의미로 말미암아 성립을 얻으므로, 일체세간은 오직 亂識뿐이다. 이 난식을 왜 허망이라 이름하는가. 대상은 진실하지 않기 때문이고, 그 본질이 散亂하기 때문이다." 고 하여 「abhūta-parikalpitva」를 '亂識'과 동일한 의미로 이해하여 주석하였다.

이상으로 虛妄分別의 자상과 별상에 대해서 기술했지만, 결론적으로 말하면 세친도 주석하고 있는 것처럼 虛妄分別인 依他起性은 所取와 能取의 분별(遍計所執性)이고, 空性(圓成實性)이란 그 虛妄分別이 所取와 能取의 상태를 떠난 것이다.

(4) 虛妄分別과 三性說

다음은 제1장 「相品」 제5게송에 나타난 三性說에 대해 기술하고자 한다. 제5게송은 미륵계통의 논서 중에서 三性說에 대해 가장 정리된 형태로 기술하고 있다. 여기서는 虛妄分別의 攝相(saṃgraha-lakṣaṇa), 즉 虛妄分別 중에 三性說이 포함되어 있다는 입장에서 기술하고 있다. 제5게송의 내용은 다음과 같다.

> 遍計所執性, 依他起性, 圓成實性 <의 세 종류의 자성>은 <순서대로> 대상이기 때문에, 虛妄分別이기 때문에, 또한 둘이 존재하지 않기 때문이다.109)

세친은 제5게송을 다음과 같이 주석한다.

> <4종류로 현현하는 識인 虛妄分別에서> 대상은 遍計所執性이다. 虛妄分別이라는 <그 자체가> 依他起性이다. 所取와 能取가 <어떤 의미에서도> 존재하지 않는 것이 圓成實性이다.110)

---

109) kalpitaḥ paratantraś ca pariniṣpanna eva ca / arthaād abhūtakapāc ca dvayābhāvāc ca deśitaḥ // 1-5 //

안혜는 『中邊分別論復註』에서 三性說이 虛妄分別에 포함되는 것을 다음과 같이 주석하고 있다.

> 여기에서 虛妄分別이 둘(所取·能取)을 떠난 것이 所取와 能取가 존재하지 않는 것이라고 설하였다. 그러나 둘의 비존재만을 <설하는 것은> 아니다. 실로 虛妄分別이 다른 인연에 의지하기 때문에 依他起性이다. 그 동일한 것이 所取와 能取의 본질로서 자성은 존재하지 않지만, <所取와 能取로서> 현현하기 때문에 遍計所執性이다. <또한> 그 동일한 것이 所取와 能取를 떠난 것이 圓成實性이다. 이처럼 虛妄分別 중에 三性은 포섭되는 것이다.(山口本, p.23.10-15)

여기서 보듯이 안혜는 虛妄分別인 依他起性을 三性說의 통일개념(중심개념)으로 사용하고 있다. 의타기성을 삼성설의 중심개념으로 사용하는 것은 『攝大乘論』과 『唯識三十頌』에서도 계승되는 입장이다.

계속해서 안혜의 주석서[111]인 『中邊分別論復註』의 三性說을 고찰하겠다. 먼저 遍

---

110) / arthaḥ parikalpitaḥsvabhāvaḥ / abhūtaparikalpaḥ parayantraḥ

svabhāvaḥ / grāhya-grāhakbhāvaḥ pariniṣpannaḥ svabhāvaḥ //

(Madhyāntavibhāga-bhāṣya by Nagao, p.19, 19-20)

111) 안혜의 주석 중에 주목되는 것은 '이처럼 虛妄分別에 삼성은 포섭된다. 이처럼 虛妄分別은 널리 모두 알려져야 할 것(遍知), 편지(遍知)하여 버려야 할 것(단멸), 편지하여 현증(現證)해야 할 것(널리 모두 알아 체득하여 직관적으로 보는 것)으로 나타나게 되었다'(evam abhūtaparikalpe trayaḥ svabhāvaḥ saṃgṛhitaḥ / evam kṛtvābhūtaparikalpasya pariñeyaṃ parijñāya prahātavyam parijñāya sākṣātkartavyaṃ ca vastu saṃdarśitam bhavati // 山口本, p23.15-16//)라는 주석이다. 이것은 차례로 三性說에 해당된다. 또한 「眞實品」 제9게송 3, 4句의 주석에서 세친은, 도제(道諦)의 삼종의 근본진실(三性說)은 편지(遍知, 遍計所執性), 편지(遍知)와 영단(永斷·parihāṇa, 依他起性), 편지(遍知)와 증득(證得, 圓成實性)이라고 하였다. 이처럼 『中邊分別論』에 대한 세친과 안혜의 주석은 편지(遍知,pariñeya)가 삼성에 공통하고 있다. 그러나 『大乘莊嚴經論』에는 "또한 <진실은> 알려져야 할 것, 버려야 할 것, 본래적으로 무구(無垢)하여 정화되어야 할 것이다."(jñeyaṃ heyam atho viśodhyam amalaṃ yac ca prakṛtyā mata / 11-13c)라는 비슷한 표현이 있는데, 이것도 三性說에 대응하는 것이다. 또한 『攝大乘論』에 대한 무성의 주석 『攝大乘論釋』의 현장 역에도 "모든 것은(sarvadharma) 세 종류(응지, 응단, 응증)로 구별된다."(謂一切法 要有所應知 所應斷 所應證差別) 『大正藏』 31, p.399b)라는 표현이 있다. 또한 『三性論』에도 "사물의 진실이 이해되었을 때 동시에 <삼>상(三相)에 대

計所執性에 대해서 안혜는 다음과 같이 주석하고 있다.

> 所取와 能取는 자성이 空이기 때문에 허공(abhūta)이지만, 유성(有性)으로서 분별되기 때문에 遍計所執性이라고 말한다. 그것은 또한 실체(dravya)로서 존재하지 않지만, 언어표현으로서 존재하기 때문에 遍計所執性이라고 말한다. (중략) 여기서 사물(artha)이란 색 등(육경)과 눈 등(오근)과 자아와 요별(육식)이고, 그것(artha)은 분별된 자성으로서는 虛妄分別에 있어서 존재하지 않는다. 이 <대상이> 존재하지 않는 것이 遍計所執性이라고 말한다.112)

또 虛妄分別인 依他起性에 대해서 안혜는 다음과 같이 주석하였다.

> 의타(타의존)이라는 것은 다른 것에 의존하는 것이다. 인과 연과의 결합에 의하여 생기하기 때문이다. (중략) 다른 것의 모든 인연에 의해 일어나고 생기하지만, 스스로 존재하지 않기 때문에 依他起性이다.113)

계속해서 圓成實性에 대해 살펴보자. 圓成實性에 대해 세친은 "所取와 能取가 <어떠한 의미에 있어서도> 존재하지 않는 것이 圓成實性이다."114)라고 기술하고 있지만, 이 주석은 제1장 「相品」 13게송115)의 空性의 특질을 설명하는 것과 일치한다.

해서 행하여 할 것이 생기한다. 차례로 편지와 단(斷)과 획득이라고 말한다."(『山口益佛教學文集 上』, 「三性論」, 31게송, p.128)라는 기술이 나타난다. 이처럼 『瑜伽論』(권74, 『大正藏』 30, 705a)을 시작으로 초기유식에서는 三性說을 실천론적으로 설명하고 있다.
112) grāhyaṃ grāhakaṃ ca svabhāvaśūnyatvād abhūtam api astivena parikapyata iti parikalpita ucyate / sa punar dravyato 'sann api vyavhārato 'stīti svabhāva ucyate / (山口本, p.22.10 - 12)…… / artho´ atra rūpādaś ātmā vijñnptayaś ca / sa ca kalpitena svabhāvenābhūtaparikalpe nāstīti asaṃṃ parikalpitasvabhāva ucyate // (山口本, p.22.22 - p.23.1 - 2)
113) paratantraḥ paravaśaḥ / hetupratyapratibaddhajamakatvāt / 山口本, p.12 - 13 / parāir hetupratyayāis tantrayate janyate na tu svayaṃ bhavatīti paratantraḥ // (山口本, p.23.5 - 6)
114) grāhya - grāhakābhāvaḥ pariniṣpannaḥ svabhāvaḥ / (Madhyāntavibhāga - bhāṣya by Nagao, p.19 - 20)
115) dvayābhāvo hy abhāvasya bhāvaḥ śūnyasya lakṣnaṃ /
(Madhyāntavibhāga - bhāṣya, Nagao, p.22.24)

즉 空性의 특질은 圓成實性을 나타낸 것이다. 제13게송과 세친의 주석 내용은 다음과 같다.

"실로 둘의 비존재(無)와 <그것의> 비존재의 존재(有)가 空<性>의 相(특질)이다."(1-13. 1·2句)

所取와 能取의 "둘의 비존재(無)"와 그것의 "비존재의 존재(有)"가 "空<性>의 相(특질)이다." 이처럼 空性은 비존재를 본질(자성)로 하는 것을 相(특질)으로 한다는 것이 밝혀졌다. 또한 그 비존재를 본질로 한다는 것은 "존재도 아니고, 또한 비존재도 아니다."(3句) 왜 존재가 아닌가? 왜냐하면 둘이 비존재이기 때문이다. 왜 비존재가 아닌가? 둘의 비존재가 존재이기 때문이다. 또한 空性의 이 相은 虛妄分別과는 "다름의 相도 아니고 동일의 相도 아니다."(4句)

또한 안혜도 "불변이(nirvikāra)와 불전도(aviparīta)의 완성된 것에 의해서 완성되었기 때문에 圓成實性이라고 말한다."(山口本, p.23.8-9)라고 주석하였다. 圓成實性을 불변이와 불전도로 설명한 안혜의 주석은 제1장 「相品」 제14게송과 제15게송의 空性의 동의어에 대한 설명을 근거로 한 것이다. 제14게송과 제15게송 및 세친의 주석은 다음과 같다.

진여, 실제(실재의 극한), 무상, 승의, 법계가 空性의 동의어이다.(14게송)[116]
변화되시 않는 것, 전도되지 않는 것, 그것이 멸하지 않는 것, 聖者의 <知>의 내상 영역이기에, 또한 聖者의 법의 원인이기에, 차례로 동의어의 의미가 알려져야 한다.(15게송)[117]
항상 그러하기 때문에, 변화하지 않는다는 의미에 의해, <空性은> 진여이다. 전도의 근저에 있는 사물과 같은 것(依緣事)이 아니기 때문에, 전도되지 않는다는 의미에 의

---

116) tathatā bhūta-koṭiś cānimittaṃ paramārthatā/dharma-dātuś ca paryāyāḥ śūnyatāyāḥ samāsataḥ /
(Madhyāntavibhāga-bhāṣya, Nagao, p.23, 14-15)
117) ananyathā-'viparyāsa-tan-nirodhārya-gocaraiḥ / hetutvryc cārya-dharmāṇām paryāyārtho yathākramaṃ /
(Madhyāntavibhāga-bhāṣya, Nagao, p.23, 18-19)

해 실제이다. <인과적 생각되는>모든 相이 없기 때문에, 相의 소멸이라는 의미에 의해 無相이다. 최고의 知의 대상이기 때문에, 성자의 知의 대상영역(gocara)이라는 의미에 의해 승의이다. 성자의 법(가르침)들은 그것을 의지처로 하여 생기하기 때문에, 성자의 법들의 원인이라는 의미에 의해 법계이다. 이때의 界는 원인의 의미이다.(세친 주석)118)

또한 안혜는 불변이는 진여이고, 불전도는 實際(bhūtakoṭiś)로 圓成實性이라는 것은 空性뿐만 아니라 진여·실제와 동의어임을 나타내고 있다.119)

『攝大乘論』에서도 圓成實性이 空性 등의 동의어로 기술되어 있다.

> '圓成實性이란 어떻게 알아야 하는가?'라고 말한다면, 청정한 4종류의 법의 교설에 의해 알아야 한다. 자성청정이란 다음과 같다.
> 眞如·空性·實際·無常·勝義이고, 그것에 法界도 그것(자성청정)이다.120)

여기서 보듯이 『攝大乘論』은 眞如, 空性, 實際, 無常, 勝義, 法界, 自性淸淨을 圓成實性의 동의어로 기술하고 있다. 이에 대해 무성은 『攝大乘論釋』에서 다음과 같이 주석하고 있다.

---

118) ananyathārthena tathatā nityan tathataiveti kṛtvā / āviparyāsārthena bhūta－koṭiḥ viparyāsāvastutvāt / nimitta－nirodhārthenānimittaṃ
sarva－nimittābhāt / āryajñānagocaratvāt
paramārthatāḥ / paramajñānaviṣayatvād / tadālambanaprabhavatvāt / hetvartho
hy atrahātuarthaḥ // (Madhyāntavibhāga－bhāṣya, Nagao, p.23.20－p.24.2.).

119) 안혜는 空性의 동의어로 무이성(無二性), 무분별계, 법성, 불가언설성, 불멸, 무위, 열반 등이라고 하였다.
(advayatā / avikalpadhātuḥ / dharmatā / anabhilapyatā / anirodhaḥ / asaṃskṛitaṃ　nirvāṇadi / (山口本, p.50.13)

120) par byaṅ baḥi chos rnam pa bźi bstan pas rig par bya ste / rnam par byaṅ baḥi chos rnam pa bźi la /
raṅ bźin gyis rnam par byaṅ ba ni ḥdi lta ste / de bźin ñid daṅ / stoṅ pa ñid daṅ / yaṅ dag paḥi mthaḥ daṅ / mtshan ma med pa daṅ / don dam pa ste / chos kyi dbyiṅs kyaṅ de yin no / (La, p.37).

　"자성청정"이란 모든 범부의 자성이 진실(samyak)이라는 것이다.121)

　"진여"라는 것은 다른 것이 되지 않는(불변) 일체법의 보편상(sāmānya−lakṣaṇa)이고,122) 그것(tathatā)과 같은 것에 의해 일체의 유정은 여래장을 <가지고 있다>고 교설 중에서 설하였다.123)

　"空性"이란 遍計所執性이 존재하지 않는 것이다.124)

　"실제"라는 것은 진실의 究竟(niṣṭha)이다.

　"무상(無相)"이라는 것은 색 등의 일체의 상을 떠났기 때문이다.

　"승의"라는 것은 최고의 지혜에 의하여 획득되기 때문이다.

　"법계"라는 것은 청정한 제법의 인(원인)이기 때문이다. <여기서> 界(dhātu)라는 말은 원인(因)의 의미로 금 등이 있는 광산과 같은 것이다.125)

　이처럼 『攝大乘論』에서도 圓成實性은 空性 등의 동의어로 기술하고 있다. 안혜도 『中邊分別論復註』(p.50.5−p.5.51−5)에서 무성의 『攝大乘論釋』과 거의 동일하게

---

121) 현장 역: 此自性異生位中亦淸靜(이 자성은 이생위에도 또한 청정이다)

122) 현장 역: 是一切法平等共相

123) 현장 역에는 tathāgarbha(여래장)를 소유복합어로 해석하고 있다. 동일한 내용이 『大乘莊嚴經論』에도 다음과 같이 등장한다. '일체에 대해서 무차별이라도 진여는 청정에 이르렀기 때문에 여래성이다. 따라서 일체의 유신자(有身者)는 그것(여래)은 태(garbha)이다 (37). 진여는 일체에 대해 무차별이고, 그리고 여래는 청정을 자성으로 하는 것이다. 따라서 일체의 유정은 여래장이라고 말한다(sarveṣāṃviśiṣṭāpi tathatā śuddhimāgata / tathāgatatvaṃ tasmāc ca tadgarbhāḥ sarvadehinaḥ // 37 //) / sarveṣaṃ nirviśiṣṭā tathatā tad viśiṣuddhisvabhāvaś ca tathatāgataḥ ataḥ sarve sattvāstathāgatagarbhā ity ucyate // (La, p.40.12−16)

124) 현장 역: 空者謂依他起上 遍計所永無所顯 眞實理性.(공이라는 것은 의타기에 있어서 변계소집이 영원히 나타나지 않는 진실의 이성이다)

125) / raṅ bźin gyis rnam par byaṅ ba ni so soḥi skye bo rnams kyi ṅo bo ñid yaṅ dag pa gaṅ yin paḥo // de bźin ñid ni gźan du mi ḥgyur paḥi phyir chos thams cad kyi spyiḥi mtshan ñid yin te / de ñid la brten nas sems can thams cad ni de bźin gśegs paḥi sñiṅ poḥo źes gsuṅs rab las(D: 231a)ḥbyaṅ ṅo // stoṅ pa ñid ces bya ba ni kun brtags pa med paḥo // yaṅ dag paḥi mthaḥ źes bya ba ni bden paḥi mur thug paḥo // mtshan ma med pa ni gzugs la sogs paḥi mtshan ma thams cad daṅ bral paḥi phyir ro // don dam pa ni ye śes mchog gis thob par bya baḥi phyir ro // chos kyi dbyiṅs ni rnam par byaṅ baḥi chos rnams kyi rgyu yin paḥi phyir ro // dbyiṅs kyi sgra ni ḥdir rgyuḥi tshig ste / gser la sogs paḥi ḥbyuṅ khuṅ bźin no.(D: 230b6−231a3)

주석하고 있다. 그리고 『大乘莊嚴經論釋』에서 세친은 특질(三相)을 법계라고 하였고, 안혜도 『大乘莊嚴經論復註』에서 특질(三相)을 법계·空性이라고 하였으며, 무성도 『大乘莊嚴經論廣註』에서 三性을 법계의 동의어로 사용하고 있다. 따라서 『大乘莊嚴經論』에서도 空性이 三性의 동의어로 사용되고 있음을 알 수 있다.

이 정의에는 약간의 모순점이 있지만 다음의 문장을 살펴보면 해소되리라고 생각한다. 『大乘莊嚴經論復註』와 『大乘莊嚴經論廣註』에서도 인용하고 있는 『中邊分別論』의 제1게송인 "이곳(空性)에도 그것(虛妄分別)이 존재한다."(1-1)[126]라는 문장과 제5게송을 주석하기 전에 세친이 "단지 虛妄分別만이 있다면 어떻게 삼성을 포섭하는가?"라고 주석한 내용을 보면 『大乘莊嚴經論』과 『中邊分別論』의 모순점은 해결되리라고 본다. 즉 虛妄分別에 포섭되는 삼성은 空性 등과 동의어가 되기 때문이다. 그러나 空性의 특질은 유(존재)도 아니고 무(비존재)도 아니기 때문에[127] 虛妄分別과 불일불이의 존재이다. 『中邊分別論』 제1장 13게송의 4句에 대해 세친은 虛妄分別과 空性의 불일불이의 관계를 다음과 같이 주석하였다.

<空性이 虛妄分別과> 다르다고 한다면 법성이 법[128]과 다르다고 하는 것이 되기 때문에 논리적으로 타당하지 않다. 無常性과 苦性도 이와 같듯이 (무상성과 무상이 다르지 않는 것처럼 고성과 고는 다르지 않다). <만약 空性과 虛妄分別이> 동일하다고 한다면 <空性은> <수행할 때의> 청정한 것을 대상(소연)으로 하는 知(jñāna)[129]도 아니고, 보편상(共相)도 없어지게 되는 것이다.[130] 이 <句>에 의해 동일과 다름의 초월한 <空性의> 상이 밝혀졌다.

---

126) / atra tasyām api sa vidyate // 1-1 //

127) 虛妄分別에 의해 분별된 所取와 能取의 자성은 무(無)이다. 그러나 여기서 무라는 것은 토끼의 뿔처럼 무가 아니기 때문이다.

128) 법이란 사물 일반의 존재, 법성이란 법의 본질로서의 보편적인 성질을 의미한다. 예를 들면 '제행무상'에서 제행은 법이고, 무상은 법성이다.

129) 현장은 '지(智)'로 번역하고 있다.

130) Madhyāntavibhāga-bhāṣya, by Nagao, p.23.8-9.

청정인 空性이 잡념인 虛妄分別과 동일하다면 空性이 잡념이 되어 버리기 때문에 청정의 소연의 知도 존재하지 않는 것이고, 또한 일체법의 보편상도 상실하게 된다는 의미이다. 이처럼 『中邊分別論』에서는 空性과 圓成實性은 동의어로 설하였다.

2) 『大乘莊嚴經論』과 『中邊分別論』 제3장 「眞實品」의 비교

진실(tattva)이란 무엇인가? 『大乘莊嚴經論』의 제11장 「求法品」 13게송에서 "진실은 三性說이다."라고 기술하고 있다. 이에 대해 안혜는 『大乘莊嚴經論復註』에서 "그것(tattva)은 법의 불전도한 상을 본질로 하는 것이고, 그것은 또한 遍計所執性, 依他起性, 圓成實性이다."[131]고 주석하고 있다. 또한 무성은 『大乘莊嚴經論廣註』에서 "진실은 불류(不謬, mi bslu ba)와 불전도(잘못이 없는 것, aviparyāsa)이다. 출세간지를 얻는 것에 의해 지각되는 것(upalambha, dmigs pa), 그것이 진실이다."[132]라고 주석하고 있다.

또한 『中邊分別論』의 제3장 「眞實品」 제1게송과 제2게송은 10종류의 진실을 말하고 있다. 그리고 제3게송에서는 三性說에서의 진실을 기술하고 있다. 세친은 이 중에서 근본진실을 '三種類의 自性', 즉 三性說로 주석하고 있다. 그리고 그는 근본진실이 "여기에서 다른 진실(9종류)을 성립시킨다."[133]라고 주석하여 三性說을 중심주제로 삼았다. 또한 안혜는 『中邊分別論復註』에서 "여기서 진실의 의미는 불전도의 의미라고 나타내었다.(/ aviparītrtho´tra tattvārtha iti darśayati /) 또한 그 三性說

---

131) de kho na ñid ni chos de dag gi mtshan ñid phyin ci ma log paḥi raṅ bźin te / de yaṅ kun brtags(D: btags) kyi raṅ bźin daṅ / gźan dbaṅ gi raṅ bźin daṅ / yoṅs su grub paḥi raṅ bźin no / (P: 193a5)

132) // de kho na ñid(D: kyi, added) mi bslu ba daṅ / phyin ci ma log pa gaṅ yin paḥo // de ḥjig rten las ḥdas paḥi ye śes thob pas dmigs pa gaṅyin pa de kho(P: ni, added, between de and kho) na ñid yin te / (P: 94b3－4)

133) tatrānya－tattva－vyavasthāpanāt / (Madhyāntavibhāga－bhāṣya, Nagao, p.37.19－20) /

속에 진실이 인정된다."라고 기술하여 진실은 삼성이고, 불전도의 성질을 가진 것이
라고 정의하였다.

　이처럼『大乘莊嚴經論』과『中邊分別論』에서는 三性說을 근본진실로 기술하고 있
다. 여기서는 우선『中邊分別論』「眞實品」제3게송에서의 三性說에 대한 정의를『大
乘莊嚴經論』과 비교하여 기술하겠다. 먼저『中邊分別論』의「眞實品」에 나타난 三
性說에 대한 정의와 제3장「眞實品」3게송에 대한 현장과 진제의 양한역본을 살펴
보자.

　　세 종류의 自性이라는 것은 (1) 항상 無(비존재)이다. (2) 有(존재)이지만, 진실한 것
　으로 존재하지 않는다. (3) 진실로 有와 無라는 것이 三性에 있어서의 <진실이라고>
　생각된다.134)

본송에 대해 세친은 다음과 같이 주석하였다.

　　변계소집상은 "항상 무(無)인 것", 이것이 遍計所執性의 진실이다. 무전도(無顚倒)하
　기 때문이다.
　　의타기상은 "有이지만, 진실한 것으로 존재하지 않는 것이다." 미란성(迷亂性)이기
　때문이다. 이것이 依他起性에 관한 진실이다.
　　원성실상은 "진실로 유(有)와 무(無)이다." 이것이 圓成實性에 관한 진실이다.135)

---

134) / svabhāvas trividhaḥ asac ca nityaṃ sac cāpy atatvataḥ /
　　　sad－asat tatvataś ceti svabhāva－traya iṣyate // 3－3 //
　　　(진제 역)
　　　性三一恒無　二有不眞實
　　　三有無眞實　此三本眞實(『大正藏』31, 455b12－13).
　　　(현장 역)
　　　許於三自性　唯一常非有
　　　一有而不眞　一有無眞實(『大正藏』31, 468c23－24).
135) / parikalpita－lakṣaṇaṃ nityam asad ity etat parikalpita－svabhāvae tatvam aviparītatvāt /
　　　paratantra－lakṣaṇaṃ sac ca na ca tatvato bhrāntatvād ity etat paratantra－svabhāve
　　　tatvaṃ / pariniṣpanna－lakṣaṇaṃ sad－asat－tatvataś cety etat / pariniṣpanna－svabhāve tatvam

그런데 세친은 相(lakṣaṇa)과 性(svabhāva)을 혼용하여 주석하고 있다. 또한 진제 와 현장 역에서도 相과 性을 혼용하여 번역하고 있다. 그리고 삼성을 각각 전도, 미 란성, 空性이라는 특징으로 설명하고 있다.

이러한 세친의 주석을 진제는 다음과 같이 번역하고 있다.

"분별성의 相이라는 것은 항상 有가 아니다."라는 것은, 이러한 相(변계소집상)은 분 별성 중에서 진실이고, 전도(顚倒)됨이 없기 때문이다. "의타성의 相이라는 것은 有이 지만 진실한 것이 아니다." 오직 산란집기(散亂執起)인 것이기 때문이다. 이 상은 의타 성 중에 진실성이다. "진실성의 相이라는 것은 有無의 진실이다."라는 것은, 이 상은 진실성 중에서의 진실이다.136)

또 현장은 다음과 같이 번역하였다.

이와 같은 三自性 중에 "遍計所執相은 항상 非有"라는 것은, 오직 항상 非有이다. 이러한 性(遍計所執性) 중에 있어서는 진실로 인정된다. <즉 다시 말해 오로지 항상 실재하지 않는다는 것이 이 자성 중에는 진실로 인정된다. 왜냐하면> 전도(顚倒)됨이 없기 때문이다.

"의타기상은 有이지만, 진실한 것이 아니다."라는 것은 오직 有이지만 진실하지 않 는 것도 의타기에 있어서는 진실로 인정된다. <즉 오로지 실재하지만 진실하지 않는다 는 것이 依他起性 중에 진실로 인정된다. 왜냐하면> 난성(亂性)137)이 있기 때문이다. "원성실상은 有이면서 또한 非有이다."라는 것은 오직 有이면서도 非有인 것도 이 性 (圓成實性) 중에 있어서는 진실로 인정된다. <즉 오로지 실재함과 실재하지 않음이 圓 成實性에 대한 진실이라 인정된다. 왜냐하면> 空性이 있기 때문이다.138)

// (Madhyāntavibhāga‒bhāṣya, by Nagao, p.38).

136) 分別性相者. 恒常不有. 此相分別性中是眞實無顚倒故.
　　依他性相者. 有不實. 唯有散亂執起故. 此相依他性中是眞實性.
　　眞實性相者有無眞實. 此相眞實性中是眞實(『大正藏』 31, 455b14‒17).

137) bhrāntatvāt

138) 卽於如是三自性中遍計所執相常非有. 唯常非有. 於此性中許爲眞實. 無顚倒故.
　　依他起相有而不眞. 唯有非眞. 於依他起許爲眞實. 有亂性故.

이 주석에 대한 兩漢譯은 산스크리트본과 잘 일치하고 있다. 다만 bhrāntatva에 대해 진제는 산란집기(散亂執起)라고 번역하고, 현장은 亂性이라고 번역하였다.

세친의 주석을 참조하여 요약해 보면 다음과 같다. 변계소집상이란 顚倒에 의하여 대상(境)이 상주하는 것처럼 보이지만, 이것을 無顚倒에 의하여 언제나 無라고 하는 것이 遍計所執性에 대한 진실이다. 그리고 依他起性은 有이지만, 이 有는 散亂執起에 의한 有이기 때문에 진실의 有는 아닌 것이 依他起性에 관한 진실이다. 圓成實性이라는 것은 有의 眞實(依他起性)과 無의 眞實(遍計所執性)을 모두 가지고 있는 것이 圓成實性에 관한 진실이다. 여기에서 有의 眞實이라는 것은 依他起性의 有인 능연의 유식을 遠離한 진실의 세계이고, 無의 眞實이라는 것은 분별성의 常無인 소연의 대상(境)을 떠난 진실의 세계라고 생각된다.

(1) 遍計所執性

세친은 "항상 무(비존재)인 것, 이것이 바로 遍計所執性의 진실이다. <所取와 能取의 분별이 없기 때문에> 전도됨이 없기 때문이다(無顚倒)."라고 주석하였는데, '항상 무(無)인 것'은 어떤 의미인가?『大乘莊嚴經論』제11장 13게송에 대한 세친은 "遍計所執性의 진실은 所取와 能取를 특질로 하는 것으로 결코 존재하지 않기 때문이다."[139]라고 하였다. 안혜도『中邊分別論復註』에서 "마치 꿈을 꾸는 것처럼 어리석은 자들은 所取·能取, 所言·能言으로 집착하여 존재한다고 생각하지만, 無를 본질로 하기 때문에, 또한 미란성(迷亂性)이 아니기 때문에, 遍計所執性은 무(비존재)이다."[140]라고 하였다. 즉 所取와 能取의 2취는 본래적으로 무(비존재)이고, 그리고 전도된 것이 아니라는 의미이다.

　　圓成實相亦有非有. 唯有非有. 於此性中許爲眞實. 有空性故(『大正藏』31, 468c25-29).
139) / grāhyagrāhakalakṣaṇenātyantam asattvāt /
140) / asad-ātmakavād abhrāntītvāc ca parikalpitalakṣaṇam asattvam /

（2）依他起性

제3게송 중의 "有(존재)이지만, 진실한 것으로 존재하지 않는다."라는 依他起性의
정의에 대해 세친은 "依他起性은 有이지만 진실한 것으로 존재하지 않는 것이고,
미란성(迷亂性)이기 때문이다. 이것이 依他起性에 관한 진실이다."고 주석하였다. 이
에 대해 안혜는 다음과 같이 주석하였다.

> 依他起性은 所取・能取 등의 분별된 언어표현의 의지처이기 때문에 有性(sattva)이
> 다. 所取・能取 등은 본질로서는 무성이기 때문에 진실로 <유성>이 아니다. 이것을 나
> 타내는 것은 迷亂(bhrānti)뿐이다. (중략) 마술의 질료인(나뭇조각 등)과 같이 현현하는
> 것은 존재한다. 그러나 所取・能取의 형상으로서 현현하는 것(코끼리 등)처럼, 그것은
> 존재하지 않는다.(山口本, p.113)

이와 같이 세친과 안혜는 依他起性이란 현실적으로 존재하는 것이지만 본질적으
로는 존재하지 않는다고 주석하고 있다. 그러면 어째서 依他起性이 미란인가? 미란
(迷亂・bhrānti)[141]이란 所取와 能取로서 현현하는 것을 의미하지만, 『中邊分別論』에
서는 구체적인 설명이 없기 때문에 『大乘莊嚴經論』의 주석서를 참고로 설명하겠다.

『大乘莊嚴經論釋』의 제11장 「求法品」 제13게송에서 세친은 依他起性에 대해
"그것에 의하여 그것을 분별하기 때문이다(tena tat parikalpanāt)."라고 하였다. 무성
은 "그것[142]에 의하여 그것을 분별하기 때문이다."(tena tat parikalpanāt)라는 것은
依他起性인 미란에 의해 所取와 能取를 분별하는 것으로 밧줄을 뱀으로 분별하는
것과 같다.(des der kun rtogs paḥi phir ro // źes bya ba ni gyi dbaṇ gi ṇo bo ñid

---

141) 長尾雅人은 미란을 다음과 같이 정의하고 있다. "迷亂(bhrānti)이란 오류와는 의미가 다
르다. 전도(顚倒) 등의 개념과는 조금 다르지만, 미로 속에 있지만 반드시 가치가 없는
것은 아니다. 따라서 보통 꿈에 비유된다. 꿈을 꾸는 사실은 반드시 부정할 수 없다.
그러나 꿈의 내용이 실재하지 않는다는 것은 꿈을 꾸는 사실과는 구별해야만 한다."(長
尾雅人, 「唯識義としての三性說」, 『鈴木學術財團研究年報』, 東京, 1967, p.8)

142) 'tena'가 가리키는 것을 무성은 'paratantrasvabhāva−bhrānti'이라고 하였고, 안혜는 'paratantra−
svabhāva'라고 주석하고 있다.

ḥkhrul pas gñis po der kun rtog ste / thag pa la sbrul bźin no)"라고 주석하였다. 이처럼 『大乘莊嚴經論』과 『中邊分別論』에서는 依他起性을 미란과 관련시켜 설명하고 있다.

계속해서 『大乘莊嚴經論』 제11장 「求法品」 19게송과 비교하여 依他起性과 미란의 관계를 알아보자. 우선 19게송에는 다음과 같은 내용이 있다.

> 그것(코끼리 등)의 형상(形相)은 그곳(虛妄分別, 依他起性)에 존재한다. 그러나 그것은 실체(有體)로서 존재하지 않는다. 그러므로 마술 <상의 코끼리>는 有性(존재)이거나 無性(비존재)이다.143)

이에 대해 안혜는 다음과 같이 주석하였다.

> 흙덩어리와 나뭇조각에 말과 코끼리 등의 형상(ākṛti)은 미란의 현현(착각의 현상)으로서만 존재하기 때문에 <그것이> 마술 등에서는 존재한다고 말한다. 이처럼 미란의 현현(착각의 현상)으로서만 존재할 뿐 말과 코끼리의 실체로서는 존재하지 않기 때문에 비존재라고 말하는 것이다.144)

또한 무성도 다음과 같이 주석하고 있다.

> 마술에 의해 만들어진 코끼리 등의 모습 그 자체, 즉 코끼리 등의 모습으로 현현하는 그 코끼리의 모습은 코끼리의 실체로서는 결코 존재하지 않는다. 반면 마음과 마음의 작용의 모든 전도(顚倒)는 코끼리 등의 형상만으로 존재하기 때문에, 이처럼 유성

---

143) tadākṛtiś ca tatrāst tadbhāvaś ca na vidyate /
tasmād astitvanāstitvaṃ māyādiṣu vidhīyate // (Mahāyāna−sūtrālaṃkāra, 11−19)

144) / rdo daṅ śin bu de la rta daṅ glaṅ po la sogs paḥi byad gzugs su ḥkhrul pa snaṅ ba tsam ni med pa ma yin pas sgyu ma la sogs pa la yod pa źes brjod(P, D: źes kyaṅ mi brjod) de / de ltar ḥkhrul par snaṅ ba tsam yod kyaṅ rta daṅ glaṅ poḥi dṅos po ñid yod kyaṅ ma yin pas med pa śes brjod pa(P, D: pa ma) yin no śes bya baḥi don to // (P: 196a4−6)

과 무성을 설하였다. 형상만으로 존재하는 것에는 진실한 의미에서 존재하지 않는다는 것을 설하는 것이다. 虛妄分別에 있어서 둘(所取·能取)의 迷亂(bhrānti)인 색 등이 所取와 能取로서 현현하는, 그것은 존재하는 것이다. <코끼리 등은 마술에 의해 만들어진 것이라고> 마술을 이해하면 코끼리 등은 현현하지 않기 때문에, 코끼리 등은 존재하지 않는 것처럼, 무분별지를 획득하면 둘은 현현하지 않기 때문에 무(비존재)145)라고 말한다.146)

다시 말해 마술(虛妄分別, 依他起性)에서 말과 코끼리 등으로서 현현하는 것은 존재하지만, 말과 코끼리 등의 실체로서는 존재하지 않는다는 것이다. 따라서 依他起性은 미란이다. 앞에서 언급한 『中邊分別論』 제3장 「眞實品」 제3게송도 같은 의미이다.

（3）圓成實性

세친은 圓成實性의 진실에 대해 "진실로 有와 無이다."(sad−asat tatvatas)에 대하여 다음과 같이 기술하였다.

圓成實性은 진실로 유(존재)와 무(비존재)이다. 이것이 圓成實性에서의 진실이다. 147)
이것에 대해 안혜는 다음과 같이 주석하였다.

---

145) 다시 말해 그것이 마술임을 안 순간에 코끼리는 사라지는 것이다.
146) ji ltar sgyu ma byas pa glaṅ po che la sogs paḥi gzugs deḥi ṅo bor te / glaṅ po che la sogs pa gzugs ñid du snaṅ baḥi glaṅ po cheḥi gzugs de ni glaṅ po che ñid du yod pa ma yin pa kho na yin la / sems daṅ sems las byuṅ baḥi phyin ci log(P: phyin ci ma log par) nams ni glaṅ po che la sogs pa lta bu ñid du yod pas de lta bas na yod pa ñid daṅ med pa ñid du brjod de / de lta bu ñid du yod pa la yaṅ dag paḥi don du ni med do źes bya ba de bźin du / yaṅ dag pa ma yin paḥi kun tu rtog pa de la gñis su ḥkhrul paḥi gzugs la sogs pa gzuṅ ba daṅ ḥdsin pa ñid du snaṅ ba de ni yod do źes byaḥo // ji ltar sgyu ma yoṅs su śes nas glaṅ po che la sogs pa mi snaṅ baḥi phyir glaṅ po che la sogs pa med do źes bya ba de bźin du rnam par mi rtog paḥi ye śes thob nas gñis po mi snaṅ baḥi phyir med do źes byaḥo// (P: 96a2−6)
147) pariniṣpanna−lakṣaṇam sad−asat−tatvataś cety etat / pariniṣpanna−svabhāve tatvam // (Madhyāntavibhāga−bhāṣya by Nagao, p.38. 5−6)

圓成實性은 유와 무의 진실이다(실재하고 실재하지 않는다). 二取의 무(無)의 유(有)를 본질로 하기 때문에 유성이다. 2취의 무를 본질로 하기 때문에 무성이다.148) 또한 청정의 소연이기 때문에 진실이다. 이것이 圓成實性에서의 진실이다.(山口本, p.113. 18－21)

그런데 圓成實性에 대해 설명한 『中邊分別論』의 본송과 이에 대한 세친의 주석과 안혜의 주석의 내용은 『大乘莊嚴經論』에 그대로 반영된다. 자세한 것은 『大乘莊嚴經論』의 제11장 「求法品」 제41게송(圓成實性)을 다루는 부분에서 자세하게 기술하겠다.

3. 「求法品」의 相을 구하는 게송(相의 探求)

1) 三性說의 정의(제36게송)

『大乘莊嚴經論』에서 三性說이 근본사상 중의 하나라는 것은 세친의 주석(『大乘莊嚴經論釋』)과 안혜의 주석(『大乘莊嚴經論復註』), 그리고 무성의 복주(『大乘莊嚴經論廣註』)를 통해서 알 수 있지만, 『大乘莊嚴經論』의 본송에서 직접 三性說을 언급하고 있는 곳은 「相을 探求하는 것에 관한 八偈(lakṣaṇa－paryeṣṭau ślokā aṣṭau 36·37·38·39·40·41·42·43게송)」 중에서 4개의 게송(38·39·40·41)뿐이다. 먼저 8개 게송의 서문에 해당되는 36게송부터 살펴보자.

　　모든 중생의 이익을 위해 <相>은 소상(所相·lakṣya)149)과 능상(能相·lakṣaṇa)과 시

---

148) 圓成實性은 空性으로 존재하기 때문에 유성, 2취의 비존재이기 때문에 무성이다.
149) 소상에 대해서는 37게송에서 설명하고 있다.

상(示相·lakṣaṇā)150)으로서 밝혀진다151)고 모든 여래(붓다)는 설하였다.152)

　이 36게송에 대해 세친과 무성은 주석하지 않았기 때문에 안혜의 주석을 중심으로 살펴보겠다.

　소상을 <일체법인> 마음(心)과 마음의 작용(心所)과 물질(色)과 마음에도 물질에도 속하지 않는 것(심불상응행)과 만들어지지 않은 것(無爲)으로 나누고,153) 삼상(三相·Tri-lakṣana)의 기체(基體·gźi=āśarya)라고 하였다. <능>상은 遍計所執性(parikalpita-lakṣana)과 依他起性(paratantra-lakṣana)과 圓成實性(pariniṣpanna-lakṣana)의 3종류라고 하였다. 시상(또는 표상表相)은 <유가행의 수행단계인> 능지(能持·gźi, ādhāra)와 소지(所持·hjogs, ādhāna)와 경(鏡·snaṅ ba, ādarśa)과 명(明·me loṅ, āloka)과 소의(所依·gnas, āśraya)이다. <즉 자량도·가행도·견도·수도·구경도이다.> (중략) 이 중에서 소상과 능상은 소지(所知)의 대상(jñenyaviṣaya, śes bya baḥi yul)이고, 시상은 능지(<能>知)의 智(jñāna-jñāna, śes par byed paḥi ye śes)이다. <왜냐하면> 소상과 능상을 나타내고(lakṣayate, mtshon par byed), 알려주기 때문에 시상이라고 한다. (중략)154)

---

150) 시상(표상)에 대해서는 42게송에서 상세하게 설명하고 있다.
151) 티베트역에는 lakṣya(소상), lakṣana(능상), lakṣanā(시상)의 역어가 일치하지 않는다. 정리해 보면 다음과 같다.

『大乘莊嚴經論』	『大乘莊嚴經論復註』	『大乘莊嚴經論廣註』	大乘莊嚴經論廣註』(T)
lakṣya	mtshon bya	mtshan gźi	mtshan gźi
lakṣana	mtshan ñid	mtshan ñid	mtshan ñid
lakṣanā	mtshon byed	mtshon pa	mtshon pa

152) lakṣyaṃ ca lakṣaṇaṃ caiva lakṣaṇā ca prabhedataḥ /
　　anugrahārthaṃ sattvānāṃ saṃbuddhaiḥ saṃprakāśitā // 11-36 //
153) 다시 말하면 아라야식(ālaya-vijñāna, svadhātu) → 식의 전변(vijñāna-pariṇāma) → 일체법(오위백법)
154) / mtshan ñid yoṅs su tshol ba la tshigs su bcad pa brgyad de(lakṣaṇaparyeṣṭau śloka aṣṭau) źes bya ba la / ḥdus byas daṅ ḥdus ma byas kyi chos rnams kyi mtshan ñid daṅ / zag pa daṅ bcas pa daṅ / zag pa med paḥi chos rnams kyi mtshan ñid gaṅ yin pa de brtag paḥi phyir tshigs su bcad pa brgyad kyis ston to(D: te) // chos de dag gi mtshan ñid kyaṅ mdor na mtshon bya(P: cha) daṅ mtshan ñid daṅ mtshon byed daṅ gsum mo / (P: 204b7-8)

　　여기서 안혜는 소상을 색(色), 심(心), 심소(心所), 심불상응행(心不相應行), 무위(無爲)의 오위(五位)라고 하고, 삼상의 근거(기체)라고 하였다. 그리고 안혜는 능상을 遍計所執性, 依他起性, 圓成實性의 三性이라고 정의하고 있으며, 시상을 유식학파의 수행단계를 나타내는 것이라고 주석하고 있다. 이처럼 안혜는 '능상(lakṣaṇa)'을 三性이라고 분명하게 정의하고 있다.

　　이 세 가지의 相을 『攝大乘論』의 조직에 적용시켜 보면 소상은 아라야식을 설명한 제1장 「소지의(所知依 · jñeyāśraya)」, 능상은 三性說을 설명한 제2장 「所知相(jñeyalakṣaṇa)」, 시상은 유식의 깨달음에 들어가는 단계를 설명한 제3장 「入所知相(jñeyalakṣaṇapraveśa)」에 해당된다. 그런데 『大乘莊嚴經論』에서의 三相에 대한 설명은 『攝大乘論』이나 『唯識三十頌』에 비해 조직적으로 기술되어 있지 않다. 따라서 주석서를 통하지 않고서는 정확한 의미를 파악할 수 없으므로 안혜의 주석과 무성의 주석을 참고로 하여 『大乘莊嚴經論』 제11장의 三性說에 해명하고자 한다. 먼저 순서대로 遍計所執性부터 살펴보겠다.

2) 遍計所執性(제38게송과 제39게송)

(1) 제38게송의 遍計所執性

遍計所執性에 대해서는 제38게송과 제39게송에 언급되어 있다. 우선 제38게송을 살펴보겠다.

　　언어(意言)와 관계(상응)하여 <의미>대상을 구성하는데 근거가 되는 <因>相(要因, nimitta, rgyu mtshan)[155]과, 이 <언어>에 관계하여 대상을 구성하게 하는 잠재적인 힘

---

155) 이와 같이 『大乘莊嚴經論』에서는 <인>상(nimitta, mtshan ma)을 遍計所執性이라고 정의하고 있다. 그러나 『瑜伽論』에서는 인상을 依他起性으로 서술하고 있다. 『瑜伽論』 「攝決擇分」(Penking, No. 5539 źi 302b35, 『大正藏』 30, 696b) 제72권, 제73권에 五事 · 三

(習氣)과, 습기(잠재적인 힘)로부터 대상이 顯現하는 것이 遍計所執相이다.[156]

이것에 대해 세친은 다음과 같이 주석하였다.

　　삼성 중에 遍計所執相은 3종류이다. 언어(의언)에 관계하여 대상을 구성(想)하는 것의 인상과 그 언어에 <관계하여 대상을 구성하는 것>의 습기, 그 습기로부터 언어에 관계하여 대상을 구성하는 것이 없어도, 언설에 통달하지 않은 사람에게 대상은 현현한다. 이 중에서 언어에 관계하여 대상을 구성하는 것은 언어표현에 상응하여 대상을 구성하는 마음의 상태이다. 또한 그것의 所緣(사고적 사물)이 되는 것이 인상(nimitta)이다. 이와 같이 분별된 것, 또한 그것의 원인(rgyu)으로부터, 즉 습기로부터 <일어나는 것>, 이 양자가 여기에서 遍計所執相이라는 말의 의미이다.[157]

이상 『大乘莊嚴經論』의 본송과 세친의 주석을 기초하여 遍計所執性을 설명하면

性의 상응관계가 상세하게 설하고 있다. 여기서는 '인상을 언어표현의 소의(所依)가 되는 사물'이라고 설명하고 있다.(상세한 것은 勝呂信靜[1985], [1987] 참조바람)

또한 『中邊分別論』에서도 <인>상과 依他起性과의 관계가 설명되어 있다.
"相과 분별과 명칭은 二에 포섭된다. 正智와 眞如는 하나에 포섭된다."(3−13)
(nimittasya vikalpasya nāmnas ca dvaya−saṃgrahaḥ / samyagjñāna−satatvasya[/] ekenaiva ca saṃgrahaḥ / 3−13 /)

"五事에 관해 순리에 따르면, 인상과 분별은 依他起性에 포섭된다. 명칭은 遍計所執性에 포섭된다. 진여와 正智는 圓成實性에 포섭된다."
(yathāyogaṃ pañca vastūny ārbhya nimitta−vikalpyaḥ paratantrena
saṃgrahaḥ[/]nāmnaḥ parikalpitena / tathā−samyagjñānayoḥ pariniṣpannena
svabhāvena saṃgrahaḥ // (Madhyāntavibhāga−bhāṣya, ed. Nagao, pp.42−43)

156) yathājalpārtha−saṃjñāyā nimittaṃ tasya vāsanā /
　　　tasmād apy arthavikhyānaṃ parikalpita−lakṣaṇam // 11−38 //
157) lakṣaṇaṃ samāsena trividhaṃ parikalpitādi−lakṣaṇam / tatra parikalpita−lakṣaṇaṃ trividhaṃ
　　　yathājalpārthasaṃjñāyā nimittaṃ tasya jalpasya vāsanā tasmāc ca vāsanād yo 'rthaḥ khyāti
　　　avyavahārakuśalānāṃ vināpi yathājalpārtha−saṃjñayā / tatra yathā 'bhilāpam arthasaṃjñā caitasikī
　　　yathā jalpārtha−saṃjñā / tasyā yad ālambanaṃ tan nimittam / evam eva yac ca parikalpyate
　　　yataś ca kāraṇād vāsanatas tad ubhayaṃ parikalpita−lakṣaṇam atrābhipretaṃ//

다음과 같다.

1. 언어(의언)에 관계하여 대상에 관한 개념을 구성하는 데 근거가 되는 것―대상으로서 현현하고 있는 항아리나 의복(언어표현이 뛰어난 자에 한정되는 것)
2. 언어와 관계하여 대상의 구성을 가능하게 하는 잠재적인 힘(습기)―언어표현에 상응하여 대상을 구성하는 원인이 되기 때문이다.
3. 그 잠재력으로부터 대상이 현현하는 것―현현하는 그 자체가 현현하는 대상. (언어표현이 뛰어나지 않은 자)

兵藤一夫는 세친의 주석에 대해 "構想(構成, 槪念依託)하는 것, 즉 언어에 의해 고찰하는 것(분별)의 대상이 되어 있는 것(所遍計)과 그것의 원인인 습기로 정리되며, 이 둘이 변계소집상이다."158)고 풀이하고 있다. 그리고 그는 안혜의 주석을 인용하면서

> "遍計하는 것과 그것이 생기하는 因의 둘을 遍計所執相이라고 설하고 있다. 遍計라는 것은 무엇인가? 언어표현에 숙달한 자가 '이것은 항아리이다.'라고 분별하고, 언어표현에 숙달하지 않는 자가 항아리를 보고 '이것은 무엇인가'라고 분별하는 것이다. 변계가 생기하는 因이라는 것은 그것의 습기로부터 변계가 [생기하는 것]"이라고 말하고 있다. <안혜는> 세친처럼 遍計所執相을 분별의 대상에 한정시키지 않고 언어에 의해 고찰(분별)하는 방식 그 자체로 보고 있는 것 같다.159)

라고 하여 세친과 안혜의 주석의 차이를 주장하고 있다. 물론 그의 주장대로 세친은 遍計所執性을 분별의 대상에 한정시키고 있는 것은 사실이지만, 세친도 언어(의언)를 동반한 분별의 대상을 전제로 하고 있기 때문에 안혜와 세친의 주석에는 차이가 없다고 생각된다.

---

158) 兵藤一夫, 「三性說における唯識無境の意義(2)」, 『大谷學報』 第七十卷 第四號, 1991, p.5.
159) 앞의 논문, p.6

안혜는 본송을 아주 구체적으로 주석하고 있으므로, 우선 안혜의 주석을 살펴보자. 그는 遍計所執性의 첫 번째 정의인 "언어와 관계하여 대상을 구성하는 인상"160)에 대해 다음과 같이 주석하였다.

> "언어(의언, smra ba, jalpa)"라는 것은, <어떤 것에 대해> 그것은 항아리와 의복이라는 言說(言語, brjod pa)이다. 항아리와 의복이라는 것은 대상(artha)이다. 이와 같은 "<개념적> 구성(想 saṃjñāyā)"이라는 것은 마음으로부터 생긴 것(심소법)이고, '이것은 항아리이지만, 이것은 의복이 아니다, 이것은 청색이지만, 노란색은 아니다.'라고 구성하는 것(분별하는 것)이다. "<인>상(nimitta, mtshan ma)"이라는 것은 구성하는 것(想)의 대상(viṣaya)인 항아리, 의복, 노란색, 청색 등이고, 대상(viṣaya)에 의지하여 구성하는 것은 생기한다. 일상적 언어표현(vyavahāra)에 통달한 사람들은 항아리나 의복 등을 '이것은 항아리이다.' 또는 '이것은 의복이다.'라고 분별한다. 이 분별의 대상인 항아리와 의복 등이 遍計所執性이다. 이것이 제1종류의 遍計所執性이다.161)

안혜의 주석을 요약하면, 언어와 관계하여 대상을 "그것은 항아리와 의복이다."라고 구성할 때 대상이 나타난다. 즉 思考的 事物인 所緣(ālaṃbana)이다. 다시 말해 분별의 대상인 항아리와 의복이 遍計所執性이다.

또 안혜는 遍計所執性의 두 번째 정의인 "언어에 관계하여 대상을 구성하게 하는 잠재적인 힘(습기)"162)에 대해 다음과 같이 주석하였다.

---

160) yathā jalpārtha−saṃjñāyā nimittaṃ / 11−38a /

161) / de bum pa daṅ snam bu źes brjod pa ni smra baḥo // bum pa daṅ snam bu ni don to // ji bźin gyi ḥdu śes ni sems las byuṅ baḥi chos te / ḥdi ni bum pa ñid yin gyi ḥdi ni snam [D: 186] bu ma yin pa daṅ / ḥdi ni sṅon po ñid yin gyi ser po ma yin źes rtog paḥo // mtshan ma ni ḥdu śes pa ḥi yul du gyur pa bum pa daṅ snam bu daṅ ser po daṅ sṅon po la sogs pa ste / yul gaṅ la brten nas ḥdu śes ḥjug paḥo // don du na tha sñad la mkhas pa rnams bum pa daṅ snam bu la sogs pa la ḥdi ni bum ḥdi ni snam bu źes rtog paḥo // rtog pa deḥi yul bum pa daṅ snam bu pa sogs pa la kun brtags kyi mtshan ñid ces bya ste / ḥdi ni brtags kyi mtshan ñid rnam pa gcig go / (P: 206a1−3)

162) tasya vāsanā / 38b /

그것의 습기는 아라야<식>(kun gźi)에 있고, 언어(의언)와 관계하여 대상을 구성하는
것을 생기하는 원인(rgyu byed pa, kāraṇa)이 되기 때문에 잠재적인 힘(습기)도 遍計所
執性이다. 이것이 제2종의 遍計所執性이다.163)

또 그는 遍計所執性의 세 번째 정의인 "잠재적인 힘(습기)으로부터 대상이 현현
하는 것이 遍計所執性이다."164)라는 것에 대해 다음과 같이 주석하였다.

언어에 통달하지 않은 어리석은 사람들(말을 모르는 자)은 '이것은 목이 좁고, 배는
둥근 것'165)에 명칭을 항아리라고 언어 표현하는 것과 같이 대상을 구성하지 못하지
만, <그러나> …… '이것은 무엇인가'라고 구성할 수는 있다(분별할 수 있다). 즉 이 분
별이 遍計所執性이다.166)

또한 무성도

이와 같이 언설에 통달한 자, 또는 언설에 통달하지 않은 자에 의하여 분별된 항아
리 등의 것과 <因>相으로부터, 즉 습기로부터라고 하는, 그것들이 遍計所執性이라고
알아야만 한다.167)

---

163) deḥi bag chags źes bya ba la / smra don ji bźin gyi ḥdu śes kyi mtshan ma la de źes
rtog ste / deḥi bag chags kun gźi la rlan pa yaṅ na ma źig na smra don ji bźin gyi
ḥdu śes ḥbyuṅ baḥi rgyu byed pas na bag chags la yaṅ kun brtags kyi mtshan ñid ces
bya ste / ḥdi ni kun brtags kyi mtshan ñid rnam pa gñis pa ḥo // (P: 206a4－5)
164) tasmād apy arthavikhyānaṃ parikalpita－lakṣaṇam / 38cd /
165) 이 부분은 의미가 통하지 않지만, 필자가 무리하게 번역하였다.
166) / de las kyaṅ ni don snaṅ ba // kun tu brtags paḥi mtshan ñid do // źes bya ba la / bag
chags las nam tha sñad la mi mkhas pa byis pa rnams la ske daṅ sdeṅ sdeṅ po lto
zlum po ḥdi la miṅ du bum pa źes bya ḥo źes smra ba ji bźin paḥi don gyi ḥdu śes
med par yaṅ sems las bum pa lta bur snaṅ la / bum pa ñid yin par ni mi śes kyi bum
pa mthoṅ na ni ḥdi ci źig yin no sñam par rtog pa ḥbyuṅ na yaṅ kun brtags kyi mtshan
ñid do // ḥdi ni kun brtags kyi mtshan ñid rnam pa gsum paḥo / (P: 206a5－7)
167) / de ltar na tha sñad la mkhas paḥam tha sñad la mi mkhas pas brtag par bya ba bum pa
la sogs pa don gaṅ yin pa daṅ rgyu gaṅ las yin pa źes bya ba ni bag chags gaṅ las
yin pas te / de dag ni kun brtags paḥi mtshan ñid yin par rig par byaḥo (P: 101a2－3)

라고 결론짓고 있으므로 안혜의 입장과 동일하다. 따라서 논자는 『大乘莊嚴經論』에
대한 세친, 안혜, 무성의 주석에는 차이가 없다고 생각한다.

여기서 필자가 말하고자 하는 것은 다음의 두 가지 점이다.

첫째는 遍計所執性이 언어와의 관계 속에서 정의되고 있다는 것이다. 물론 이것
은 유식 논서에서 遍計所執性에 관한 가장 일반적인 정의이기는 하지만, 『大乘莊嚴
經論』이 그 이전의 논서(『瑜伽論』) 및 경전(『解深密經』)의 정의를 계승하고 있다는
것에 의미가 있다고 생각한다. 그렇다면 『大乘莊嚴經論』 이전의 논서나 경전에서는
遍計所執性을 어떻게 기술하고 있는가? 구체적으로 遍計所執性을 『解深密經』, 『瑜
伽論』에서는 어떻게 정의하고 있으며 또 무착의 저작이라고 전해지는 『顯揚聖敎論』
에서는 어떻게 정의하고 있는가를 간단히 살펴보자. 우선 『解深密經』에는 다음과
같이 기술하고 있다.

> 덕혜(Nuṇakara)여! 제법의 相은 3가지이다. <그> 3가지는 무엇인가? 遍計所執相, 依
> 他起相, 圓成實相이다.
> 덕혜여! 그중에 제법의 遍計所執性이란 무엇인가? 계속적인 언어활동(vyavahāra)에
> 의하여 假說하기 때문에, 제법의 자성 또는 차별로서 名稱과 記號에 의하여 세워진
> 것만이다.168) (중략)

위의 『解深密經』에서 인용한 三性說을 간단히 요약해 보면, 遍計所執性은 언어
에 관계하는 세계, 依他起性은 연기의 세계, 圓成實性은 진여의 세계라고 결론지을
수 있다. 이와 같이 『解深密經』에서도 遍計所執性을 언어와의 관계 속에서 서술하
고 있음을 알 수 있다.

兵藤一夫[1990]169)가 『解深密經』에 나타난 三性說에 대해 간략하게 정리하고 있

---

168) / yon tan ḥbyhuṅ gnas de la chos rnams kyi kun brtags paḥi mtshan ñid gaṅ źe na / ji
    tsam du rjes su tha sñad gdags paḥi phyir chos rnams kyi ṅo bo ñid dam bye brag tu
    miṅ daṅ brdar rnam par bźag pa gaṅ yin paḥo / (Saṃdhinirmocana–sūtra, by Lamotte,
    p.60.4)

다. 논자도 兵藤一夫의 의견과 다르지 않기 때문에, 兵藤一夫의 입장을 논자의 입장으로 대신하고자 한다.

> 제법의 자성과 속성(차별)을 이름 등에 의지한 언어표현(언어활동)을 실체로서 파악하고 집착한 것이 변계소집상이다.
> 依他起相은 연기성이다. 언어표현의 의지처인 제법자신은 연기하는 존재이기 때문에 依他起<相>이다. (중략) 이 依他起相은 잡념상이기 때문에 언어표현의 의지처이지만, 불가언설의 법성이 아니고 그 자체가 언어로 표현된 대상으로 변질되어 버린 존재가 되었다. 그리고 이러한 依他起相을 제법은 언어표현을 동반하여 실체로서 집착한 방식, 즉 遍計所執相으로는 성립하지 않는 무자성이다. 이것이 圓成實相이다. 이러한 제법의 진실한 모습은 언어표현의 의지처가 아니고, 언어표현을 떠난(불가언설) 것으로, 진여이다.

그리고 兵藤一夫는 그의 논문[1991]에서 『解深密經』의 三性說에 대해 다음과 같은 결론을 내리고 있다.

> (1) 삼성은 언어표현과 그 대상과의 관계 속에서 생각된 것으로 唯識無境과 결합되는 것은 아니다.
> (2) 일체법은 연기하는 것이고, 불가언설적인 것으로 실재한다. 이러한 법이 언어표현의 의지처(대상)가 되었을 때 본래 불가언설적인 것이 변질되지만, 이 변질된 법을 행의 인상(saṃskāranimitta)이라고 부르고, 이것이 依他起相이다. 따라서 依他起相은 반드시 언어표현에 의해 변계소집상이 부가되므로 잡념적인 것이라고 생각되며, 부정되어야만 할 것이다. 이것은 언어표현의 의지처(대상)로 변형된 것 그대로는 존재(有)하는 것이 아니지만, 결코 비존재(無)는 아니다.
> (3) 依他起相에 대하여 언어로 표현되었을 때, 언어에 의해 자성이나 속성이 확정되지만, 확정된 자성이나 속성이 변계소집상이다. 따라서 遍計所執相은 무(無)이다.
> (4) 依他起相에 대하여 언어표현을 떠났을 때, 依他起相은 본래의 불가언설적인 법

---

169) 兵藤一夫, 「三性說における唯識無境の意義(1)」, 『大谷學報』 69-4, 1990, p.29.

이 되지만 (언어표현의 의지처가 아니다. 즉 잡념의 依他起相이 아니다.) 본래의 존재 방식을 한 법이 圓成實相이다. 즉 잡념의 依他起相으로부터 청정한 圓成實相이 되는 것이다. 따라서 圓成實相은 유(존재)이다.

계속해서 기술하겠지만, 『解深密經』의 三性說은 『瑜伽論』 및 『顯揚聖敎論』의 三性說과 내용적으로 거의 일치하고 있다.

『瑜伽論』에서 三性說을 논하고 있는 곳은 『菩薩地』이다.170) 『菩薩地』에서는 三性說에 대해 다음과 같이 정의 내리고 있다.

> 삼성은 무엇인가? 遍計所執性·依他起性·圓成實性이다.
> 遍計所執性이란 무엇인가? 계속적인 언어활동에 의해 假說하기 때문에 명칭(nāma)과 기호(saṃketa)로부터 생기하는 것을 자성으로 하는 것이다.
> 의타는 무엇인가? 연기를 자성으로 하는 것이다.
> 圓成實性은 무엇인가? 청정하기 때문에, 일체의 상(相)과 粗重(종자)의 구속(束縛)으로부터 떨어져 있기 때문에, 일체의 공덕을 완성시키기 때문에, 聖者의 智의 對象(대상영역)이고, 성자의 지(智)의 所緣이 眞如이다.171)

이와 같이 『瑜伽論』에서도 遍計所執性을 언어와의 관계 속에서 서술하고 있다. 다시 말해 일상적인 언어활동(개념)을 매개로 假說(upacāra)된 것은 실재하는 것이 아님에도 불구하고 우리들은 실재하는 것으로 想像(分別)한다. 즉 언어를 매개로 표현된 비실재적인 것을 실재하는 것으로 착각하는 것이 遍計所執性이다. 이것이 초기 유식논서에서 주장하는 遍計所執性의 정의라고 생각한다.

무착이 지은 『顯揚聖敎論』은 『瑜伽論』의 사상을 계승하였다고 전해지고 있고, 또

---

170) 五事와 三性의 관계에 대해 勝呂信靜은 다음의 논문에서 구체적으로 언급하고 있다(「『瑜伽論』攝決擇分における五事·三性說(續篇)」, 『野村耀昌博士古稀記念論集·佛敎史佛敎學論集』(東京: 春秋社, 1987)).

171) 『大正藏』 30권, 703ab.
Peking, 「Yogācārabhūmi-viniścayasaṃrahaṇi」 No.5539, 19b8-20a3.

한 三性說에 관해서도 『瑜伽論』의 입장을 계승하고 있다고 생각된다. 아래의 인용 문은 『顯揚聖教論』이 『瑜伽論』의 三性說을 계승하고 있다는 것을 명확하게 드러낸다.

> 변계소집이라는 것은 이른바 제법의 言說에 근거하여(依因) 분별된 자체이다.
> 의타기라는 것은 이른바 모든 인연에 의하여 제법이 생기하는 자체이다.
> 圓成實性이라는 것은 이른바 제법이 진여의 자체이다.172)

이와 같이 『大乘莊嚴經論』 이전의 문헌과 『顯揚聖教論』에도 遍計所執性을 언어 와의 관계 속에서 서술하고 있다. 따라서 『解深密經』, 『顯揚聖教論』, 『瑜伽論』, 『大 乘莊嚴經論』의 三性說은 서로가 밀접한 관계에 있다는 것을 알 수 있다.

둘째는 <인>상(nimitta)이다. 『解深密經』과 『瑜伽論』에서는 인상을 언어로 표현하 는 언어의 의지처가 되는 사물(vastu), 즉 依他起性을 나타내는 것이라고 정의한다. 변계소집상은 인상에 대하여 언어로 표현하는 것에 의하여 생긴 자성이나 속성이다. 원성실상은 언어표현의 의지처가 되지 않는 사물, 즉 본래의 불가언설적인 존재방 식을 한 사물이다.

(2) 제39게송의 遍計所執性

> 명칭과 대상처럼, 대상과 명칭으로 현현하는 것과 虛妄分別의 因相(명칭과 대상)이
> 遍計所執性이다(11-39).173)

세친은 이것에 대해 다음과 같이 주석하고 있다.

> <遍計所執性에 대한> 다른 방식의 <설명이 존재한다.> "명칭처럼, 대상처럼"이라는
> 것은 명칭과 대상처럼이라는 것이다. "명칭과 대상으로 현현하는 것"은 명칭과 대상처

---

172) 遍計所執者 所謂諸法依因言說所計自體, 依他起者 所謂諸法依諸因緣所生自體, 圓成實 性者 所謂諸 法眞如自體.(『大正藏』 31, 507b)

173) yathānāmārtham arthasya nāmnaḥ　prakhyānatā ca yā /
asaṃkalpa-nimittaṃ hi parikalpita-lakṣaṇam // 11-39 //

럼 현현한다는 것이다. 만약 명칭처럼 대상이 현현하고, 대상처럼 명칭이 현현한다고 하면, 虛妄分別을 소연(명칭과 대상)으로 하는 것이 遍計所執性이다. 왜냐하면 이와 같이 분별되기 때문에, 그것은 명칭이고, 또한 대상이다.174)

본송에 대한 안혜의 주석을 살펴보자. 하지만 세친의 주석에 대한 안혜의 주석은 본송의 주석과 중복되기 때문에 생략하겠다. 안혜는 "명칭과 대상처럼"175)에 대해 다음과 같이 주석하였다.

항아리나 의복 등의 명칭이 말해지는 것(언설)처럼, 항아리나 의복 등의 대상도 존재한다고 하는 분별이 遍計所執性이라는 의미이다.176)

이것은 「求法品」 제77게송에 十種分別 중의 '명칭처럼 대상을 집<착>하여 분별하는 것(yathānāmārthābhiniveśavikalpa)'과 의미가 일맥상통한다. 즉 명칭에 의지하여 대상이 존재한다고 분별한다는 것이다.(Lévi본, p.76)

또한 그는 "대상과 명칭처럼 현현한다."177)라는 것에 대해 다음과 같이 주석하였다.

항아리와 의복 등의 대상이 성립하는 것과 같이, 항아리나 의복 등이라고 하는 명칭도 존재한다고 하는 분별이 "대상과 명칭처럼" 현현한다는 것이다. 이것도 遍計所執性이라고 한다.178)

---

174) aparaparyāyo yathā nāma ca arthaś ca yathānāmārtham arthasya nāmnaś ca prakhyānatā yathānāmārtha − prakhyānatā /
   yadi yathā nāmārthaḥ khyāti yathārtham vā nāma ity etad abhūtaparikalpālambanam parikalpitalakṣaṇam etāvad dhi parikalpyate tad uta nāma vā artho veti //

175) yathānāmārtham / 39a /

176) bum pa daṅ snam bu la sogs paḥi miṅ ji ltar brjod pa bźin du bum pa daṅ snam bu la sogs paḥi don kyaṅ de bźin du yod do źes rtogs pa ni kun brtags kyi mtshan ñid do źes bya baḥi don to / (P: 207a4 − 5)

177) arthasya nāmnaḥ prakhyānatā ca yā / 38b /

178) / don bźin miṅ ni rab tu snaṅ // źes bya ba la / bum pa daṅ snam bu la sogs paḥi don ji ltar gźag pa bźin du bum pa daṅ snam buḥi miṅ yaṅ yod do źes rtog pa ni / don

이것도 또한 제77게송의 "대상처럼 명칭을 집착하여 분별하는 것"179)과 같은 의미라고 생각한다. 또한 안혜는 "虛妄分別의 因相(nimitta, viṣāya, ālambana)이 遍計所執性."180)이라는 것에 대해 다음과 같이 주석하였다.

> 명칭에 의해 대상이 존재하는 것으로 분별할 때, 명칭은 虛妄分別의 인상이다. 대상에 의해 명칭이 존재한다고 분별할 때, 대상은 虛妄分別의 인상이다. 이와 같이 명칭이 존재한다는 분별과 대상은 존재한다는 분별이 遍計所執性이라는 의미이다.181)

이처럼 본송 및 세친과 안혜의 주석을 정리하여 보면, 개념(언어, 명칭)을 매개로 나타난 대상은 본질적으로 존재하지 않지만, 우리들은 그것이 존재한다고 분별한다. 그것이 바로 遍計所執性이다. 이처럼 세친과 안혜의 입장 차이는 발견할 수 없다. 반면 무성은 주석하지 않았기 때문에 알 수 없다.

3) 依他起性(제40게송)

제40게송은 『大乘莊嚴經論』에서 依他起性을 정리된 형태로 기술한 부분이다. 먼저 게송과 세친의 주석부분을 살펴보자.

---

bźin miṅ ni rab tu snaṅ źes bya ste / ḥdi yaṅ kun brtags kyi mtshan ñid do źes bya baḥi don to / (P: 207a5-6)

179) / yathārthanāmābhiniveśavikalpa /

180) asaṃkalpa-nimittaṃ hi parikalpita-lakṣaṇam / 39cd /

181) / yaṅ dag ma yin rtog paḥi rgyu // kun tu brtags paḥi mtshan ñid do // źes bya ba la / nam miṅ gi sgo nas don yod par rtog pa na ni miṅ yaṅ dag pa ma yin paḥi kun tu rtog paḥi rgyu yin no // nam don gyi sgo nas miṅ yod par rtog na ni don yaṅ dag pa ma yin par kun tu rtog paḥi rgyu yin te / de ltar miṅ yod par rtog pa daṅ / don yod par rtog pa ni kun brtags paḥi mtshan ñid yin no źes bya baḥi don to / (P: 207a6-8)

三種과 三種의 顯現인 所取와 能取의 相을 가지는 虛妄分別이 依他起性이다.182)
세친은 이것을 다음과 같이 주석하고 있다.

"三種과 三種의 顯現"이라는 것은 삼종의 현현과 삼종의 현현이다.
그중에서 앞의 삼종의 현현은 기세간(處)의 현현과 대상(六境)의 현현과 신(身·六根)의 현현이다. 후의 삼종의 현현은 意와 取와 分別의 현현이다. 意라는 것은 언제나 잡념을 가지고 있는 것이다(염오의). 取라는 것은 오식신(五識身·前五識)이다. 분별이라는 것은 의식(意識·第六識)이다. 그중에서 처음의 삼종의 현현은 所取의 특질이다. 두 번째의 삼종의 현현은 能取의 특질이다. 이 虛妄分別이 依他起性이다.183)

계속해서 제40게송에 대한 안혜의 주석을 살펴보자.

"處로서의 현현"이라는 것은 아라야식이 기세간과 같이 현현하는 것이고, 大地로서의 현현이다. "대상으로서의 현현"이라는 것은 色으로부터 法까지의 六境으로서의 현현이다. "身으로서의 현현"이라는 것은 眼根부터 意根까지의 六根으로서의 현현이다. "意"라는 것은 雜染意이다. 근본의 잡념을 언제나 상응하는 것에 의하여 아라야식을 자아로서 지각하는 것이다. "取"라는 것은 眼識으로부터 意識까지의 5가지 識의 집합체이고, 각각의 대상을 파악하고 지각하기 때문에 取라고 한다. "분별"이라는 것은 意識이다. "이것은 파란색이지, 노란색이 아니다."라고 배제하기 때문이다. "處와 對象과 身의 현현"이라는 것은 所取의 특질이다. "意와 취와 분별로서의 현현"은 能取의 특질(相)이다. 이와 같이 所取와 能取로서의 虛妄分別이 아라야식이고, 윤회(生死)를 가시고 있는 것이 依他起性이다.184)

---

182) trividha-trividh ābhāso grāhya-grāhaka-lakṣaṇaḥ /
abhūta-parikalpo hi paratantrasya lakṣaṇam // 11-40 // [L: p.65, 1]

183) trividhas trividhaś cābhāso 'syeti trividhatrividhābh āsaḥ / tatra trividhābh āsaḥ padābh āso'
rthābhāso dehābhāsaś ca / punas trividh ābhāso mana-udgraha-vikalpā bhāsaḥ / mano yat
kliṣṭaṃ sarvadā / udgrahaḥ pañca vijñānakā yāḥ / vikalpo mano-vijñānam / tatra prathamas
trividhābhā so grāhyalakṣaṇaḥ / dvitīyo grā haka-lakṣaṇaḥ / iti ayam abhūta-parikalpaḥ
paratantrasya lakṣaṇam //

184) / gnas su snaṅ ba ni kun gźi rnam par śes pa snod lta bur snaṅ ba ste / sa gźi chen por
snaṅ baḥo /

그리고 앞의 3종류의 顯現(처와 대상과 신의 현현)의 근거로서 안혜는 『楞伽經』을 인용하고 있다.

신(身·육체)과 수용(受用·대상)과 처(處·기세간)로서의 현현하는 것이 唯心이라고 나는 설한다.(lus daṅ loṅs spyod gnas ḥdra ba // sems tsam du ni nas bśad do /)[185]

사족일지도 모르지만, 여기서 『楞伽經』이 유식의 소의경전 중의 하나라는 것을 안혜의 인용을 통해 확인할 수 있다.

이상으로 依他起性에 대한 것을 살펴보았지만, 여기에서 핵심적인 문제는 所取(기세간·육경·육근)와 能取(마나스식·제육식·전오식)의 虛妄分別이 依他起性라는 것이다. 다시 말해 所取와 能取를 가진 虛妄分別, 즉 아라야식은 依他起性이며, 이것은 연기적인 존재이기 때문에 윤회하는 존재라는 것이다.

/ don du snaṅ ba ni gzugs nas chos kyi bar du yul drug du snaṅ ba ḥo /
/ lus su snaṅ ba ni mig gi dbaṅ po nas yid kyi dbaṅ poḥi bar du dbaṅ po drug tu snaṅ ba te / de bas na laṅ kar gśegs pa las kyaṅ /
lus daṅ loṅs spyod gnas ḥdra ba // sems tsam du ni nas bśad do /
/ źes gsuṅs so /
/ yaṅ rnam pa gsum du snaṅ ba ni yid du snaṅ ba daṅ / ḥdsin par snaṅ ba daṅ / rnam par rtog par snaṅ baḥo /
/ de la yid ni ñon moṅs paḥi yid la bya ste / gaṅ ñon moṅs pa gźi daṅ rtag tu ldan pas kun gźi la bdag tu dmigs par byed pa ḥo /
/ ḥdsin pa ni mig gi rnam par śes pa nas lus kyi rnam par śes paḥi bar du rnam par śes pa [P: 208a] lṅaḥi tshogs la bya ste / so soḥi yul ḥdsin ciṅ dmigs par byed paḥi phyir ḥdsin pa źes byaḥo /
/ rtog pa ni yid kyi rnam par śes pa la bya ste / ḥdi ni s ñon po yin gyi ser po ma yin no źes gcod par byed paḥi phyir ro /
/ de la gnas daṅ don daṅ lus snaṅ ba ni gzuṅ baḥi mtshan ñid do // yid daṅ ḥdsin pa daṅ rtog par snaṅ ba ni ḥdsin paḥi mtshan ñid de de ltar gzuṅ ba daṅ ḥdsin par yaṅ dag pa ma yin pa kun tu rtog pa ni kun gźi rnam par śes pa la ḥkhor ba daṅ bcas pa la gźan gyi dbaṅ gi mtshan ñid ces byaḥo / (P: 207b5－208a3)
185) dehabhogaprati ṣṭhābhaṃ cittam ātraṃ vadāmy aham /
(Laṅkāvatārasūtra Ⅹ－487cd)

앞에서 언급했듯이 이것은 『中邊分別論』 제1장 「相品」의 제3게송과 『攝大乘論』 제2장 「所知相」 중의 依他起性에 대한 서술과 깊은 관계가 있다. 즉 『大乘莊嚴經論』에는 根(신체의 현현)・境(처와 대상의 현현)・識(말나식, 의식, 전오식)의 모든 것, 즉 18界(아라야식)가 顯現하는 것으로 설명되고 있는 것이다.

4) 圓成實性(제41게송)

『大乘莊嚴經論』의 제11장 제41게송의 "無性과 有性, 有와 無는 平等性이라는 것, 非寂靜과 寂靜, 그리고 無分別이 圓成實相이다."[186)]에 대해 세친은 다음과 같이 기술하였다.

> 또한 圓成實性은 진여이다. 왜냐하면 일체법의 遍計所執性이 무성이고, 이 무성에 의해 유이기 때문에 또한 유성이다.[187)] "유와 무는 평등성이다."라는 것은 유와 무의 둘은 구별되지 않기 때문이다.[188)] "非寂靜"이라는 것은 客塵의 번뇌에 의한 것이고, "寂靜"이라는 것은 본래적으로 청정(自性淸淨)하기 때문이다. "無分別"이라는 것은 無戱論에 의해 분별의 대상이 없기 때문이다.

즉 遍計所執性인 所取와 能取는 무성이고, 그 둘(所取・能取)을 떠난 空性은 유성이라는 것이다. 유와 무의 평등성이란 유와 무가 차별이 없다는 것이다. 잡념상

---

186) abhāvabhāvatā yā cabhāvābhāvasamānatā /
aśāntaśāntā 'kalpā ca pariniṣpanna‒lakṣaṇam // 11‒41 //
187) 유와 무에 대한 세친의 이와 같은 주석은 『唯識三十頌』의 제21게송(paratantrasvabhāvas tu vikalpaḥ pratyayodbhavaḥ / niṣpannastasya tasya pūrveṇa sadā rahitatā tu yā // 21 //).
그리고 『攝大乘論』의 제2장 所知相(de la yoṅs su grub paḥi mtshan ñid gaṅ źe na / gaṅ gźan gyi dbaṅ gi mtshan ñid de ñid la don gyi mtshan ñid de gtan med pa ñid do /)의 견해와 비슷하다.
188) / pariniṣpanna‒lakṣaṇam punas tathatā sā hy abhāvatā ca sarvadharmāṇām parikalpitānām / bhāvatā(by N, L: parikalpitā nabhāvatā) ca tadabhāvatvena bhāvāt /

(비적정)과 청정상(적정)이란 객진번뇌에 의해 잡념(비적정)이지만, 본래 청정하기 때문에 적정이라는 것이다. 무분별상이란 所取와 能取를 떠나 있기 때문에 분별이 없다는 것이다.

이것에 대해 안혜는 다음과 같이 주석하였다.

法界, 空性, 眞如라는 것이 圓成實性이다. 이 圓成實性에 있어서 所取와 能取는 유(有)가 아니기 때문에 존재하지 않는 것(無)이고, 所取와 能取를 떠난 空性은 무가 아니기 때문에, 그것은 존재하는 것(有)이다. 그러므로 『中邊分別論』에서도 "虛妄分別은 존재한다. 그곳에 둘(所取·能取)은 존재하지 않는다."고 설명한다.

"유와 무는 평등성이다."라는 것은 空性의 본성이 존재하는 곳에 所取와 能取의 무(비존재)도, 그곳에 머물고 있고, 所取와 能取의 본성이 없는 곳에 空性의 유(존재)가 머물고 있기 때문에 유와 무는 평등성이라 말한다. 『中邊分別論』에서 또한 "그러나 여기에(虛妄分別) 空性이 존재하고 있다. 또한 이곳(空性)에도 그것(虛妄分別)이 존재한다."고 설하였다. 그리고 또한 『大乘莊嚴經論』의 제9장 「菩提品」의 '붓다의 방편에 들어가는 것에 관한 4게송(78게송)에서 "所取와 能取의 둘이 존재하지 않는 것, 바로 그것이 최고의 존재이다. 圓成實性으로 존재하기 때문이다."라고 설하였다.189)

---

189) / yoṅs su grub paḥi mtshan ñid bstan paḥi phyir // dṅos po med daṅ dṅos po yod (abhāvabhāvatā yā ca / 41a /) // ces bya ba la sogs pa smos te / chos kyi dbyiṅs stoṅ pa ñid de bźin ñid kyi mtshan ñid(P: omit) la [D: 188a] yoṅs su grub pa źes bya ste // yoṅs su grub pa de la gzuṅ ba daṅ ḥdsin paḥi dṅos po yod pa ma yin pas dṅos po med pa źes byaḥo // gzuṅ ḥdsin daṅ bral baḥi stoṅ pa ñid med pa ma yin pas de dṅos po yod pa źes bya ste / de bas na dbus daṅ mthaḥ rnam par ḥbyed pa las kyaṅ / gñis po de na yod pa ma yin // stoṅ pa ñid ni de na yod / (abhūtaparikalpo'sti dvayan tatra na idyate / Madhyāntavibhāga−bhāṣya, 1−ab) // ces bśad do // / dṅos daṅ dṅos med mñam pa ñid (bhāvābhāvasamānatā / 41b /) // ces bya ba la / stoṅ pa ñid kyi dṅos po yod pa la gzuṅ ḥdsin gyi dṅos po med pa yaṅ de na gnas la / gzuṅ ḥdsin gyi dṅos po med pa la stoṅ pa ñid yod pa de na gnas pas dṅos po daṅ dṅos po med pa mñam pa źes bya ba ste / dbus aṅ mthaḥ las kyaṅ // stoṅ pa ñid ni de na yod // de na yaṅ ni de yod do / (śunyatā vidyate tv atra tasyām api sā vidyate / Madhyāntavibhāga−bhāṣya,1−cd /) // źes bśad do // mdo sde rgyan ḥdi ñid kyi saṅs rgyas kyi thabs la ḥjug paḥi skabs las kyaṅ // gaṅ gźun ba daṅ ḥdsin pa gñis med pa de ñid yod paḥi mchog

라고 하여 안혜는 "圓成實性은 진여이다(세친 주석)." "유와 무는 평등성이다(본송 부분)."라는 부분을 주석하면서『中邊分別論』의 제1장「相品」제1게송과『大乘莊嚴經論』제9장「菩提品」의 '붓다의 방편에 들어가는 것에 관한 4게송(78게송)'을 근거로 제시하고 있다.

계속해서 "非寂靜(aśānta)과 寂靜(śāntā)"에 대해 안혜는 "空性은 객진(客塵)과 혼합하기 때문에 非寂靜이다. 본래 光淨하고, 청정을 자성으로 하기 때문에 寂靜이다."라고 하였다.

그리고 "무분별은 圓成實性이다(akalpā ca pariniṣpanna-lakṣaṇaṃ)."라는 것에 대해 안혜는 "圓成實性은 所取와 能取의 모든 희론을 떠나기 때문에 논리학자들의 대상이 되지 않으므로 무분별이다."라고 하였다.

또한 세친이 진여는 "자성과 번뇌와 청정의 상, 무분별의 상"이라는 3가지의 특질로 설명한 것에 대해, 안혜는 진여를 圓成實性으로 대체시키고 3가지 형식으로 다시 설명하고 있다. 그중에서 圓成實性을 (1) '유성과 무성, 유와 무의 평등성을 自相으로 하며, (2) 비적정과 적정은 잡념과 청정의 상이라고 하고, (3) 무분별은 무분별의 상'이라고 하였다.

그런데 세친의 "有와 無는 평등성이라는 것은 有와 無의 둘은 구별되지 않기 때문이다."라는 부분에 대해 무성은 안혜와 똑같이『大乘莊嚴經論』제9장「菩提品」의 붓다의 방편에 들어가는 것에 관한 4게송(제78게송)[190]을 인용하여 遍計所執性의 둘이 없는 것이 진여라고 하여, 진여의 유(有)가 곧 遍計所執性의 무(無)라고 주석

---

ste / yoṅs su grub paḥi mtshan ñid du yod paḥi phyir ro źes bśad do / (P: 208a3-7)
190) buddhatvopāyapraveśe catvāraḥ ślokāḥ
    yā 'vidyamānatā saiva paramā vidyamānatā /
    sarvathā 'nupalambhaś ca upalambhaḥ paro mataḥ // 9-78 //
    yā parikalpitena svabhāvenāvidyamānatā saiva paramā vidyamānatā pariniṣpannena svabhāena svabhāvena /
    yaś ca sarvathā 'nupalambhaḥ parikalpitasya sa eva parama upalambhaḥ pariniṣpanna svabhāvasyā //

하고 있다. 따라서 안혜의 입장과 무성의 입장은 다른 점이 없다고 보인다.

이처럼 『大乘莊嚴經論』에서는 依他起性을 所取와 能取로서 현현하는 虛妄分別이라고하는 입장이다. '遍計所執性'은 虛妄分別에서 언어표현에 상응하여 현현하는 것(대상), 즉 2취와 명칭(언어)이다. 依他起性(虛妄分別)에서 遍計所執性, 즉 분별이 없는 것이 '圓成實性'이다. 무성의 주석에 의하면 <依他起性(虛妄分別)에서> 遍計所執性인 2<취>가 없는 것이 진여(圓成實性)이다. 진여의 유(有)인 그것이 遍計所執性의 무(無)이다.

4. 「求法品」 제13게송(법의 진실을 탐구하는 것)의 고찰

이 부분의 본 게송(제13게송)에서는 三性說이라는 개념이 확실하게 등장하지 않지만, 세친의 주석서인 『大乘莊嚴經論釋』과 안혜의 주석, 무성의 주석에서는 三性說로서 주석하고 있다. 따라서 논자도 제13게송을 三性說로서 취급하여 안혜와 무성의 양 주석을 중심으로 고찰하고자 한다. 이 제13게송은 『中邊分別論』의 제3장 「眞實品」과 밀접한 관계가 있다고 앞에서 기술하였기 때문에 「眞實品」과 비교하는 것은 생략하겠다.

먼저 제13게송에는

진실(tattva)[191]은 언제나 二(所取·能取)로부터 멀리 떠난 것이고, 또한 미란의 의지처이고, 어떤 방법으로도 언어로 표현할 수 없는 것이고, 또한 무희론(aprapañca)을 자아(본질)로 하는 것이다.

또한 <진실은> 알아야만 할 것, 버려야만 할 것, 본래적으로 무구(無垢)로 청정해야

---

191) 여기서는 'tattva'를 '진실'이라고 번역하였다.

만 할 것(二淨)으로 생각된다. 그것(본래적으로 무구)은 허공·금(金)·물(水)과 같이,[192) 잡념으로부터 청정하게 된다고 생각된다.[193)

고 기술하였다. 다시 말해 진실(삼성)을 '언제나 二(dvaya)로부터 멀리 떠난 것', '미란(bhrānti)의 의지처', '언어로 표현할 수 없는 것이고, 또한 무희론(aprapañca)을 본질로 하는 것'이라고 설명하였다. 그리고 다시 삼성(진실)을 '알아야만 할 것(jñeya)', '버려야만 할 것(heya)', '본래적으로 무구(無垢)로 청정해야만 할 것(viśodhya)[二淨]'으로 재차 설명하고 있다. 이 제13게송에 대해 세친은 어떻게 주석하고 있는지 살펴보자.

"진실(tattva)은 언제나 둘(所取·能取)로부터 멀리 떠난 것"이라는 것은 遍計所執性이고, 所取와 能取를 특성으로 하는 것으로 결코 존재하지 않기 때문이다. "미란의 의지처"라는 것은 依他起性이다. 그것에 의하여 그것(grāhya—grāhaka)을 분별하기 때문이다. "언어로 표현할 수 없는 것이고, 또한 무희론을 자아(본질)로 하는 것이다."는 것은 圓成實性이다. 이 중에서 첫 번째 진실은 알아야만 할 것이고, 두 번째 진실은 버려야만 할 것이고, 세 번째의 진실은 객진의 垢(더러움)로부터 정화되어야 할 것이다. <그러나> 본래적으로 청정이다.[194) "그것(본래적으로 무구)은 허공·금(金)·물(水)과 같이, 잡념으로부터 청정하게 된다." 왜냐하면 허공 등은 본래적으로 부정한 것이 아니라는 것은 외부적인 더러움[客塵垢]으로부터 떠나 있기 때문에[195) 그것들(ākāś'ādīni)에 있어서 청정이 인정되기 때문이다.[196)

---

192) 『中邊分別論』의 '空性의 분별(śūnyatā—prabheda)'을 설명하는 곳에도 이와 비슷한 표현이 있다.
/ abdhātu—kanakākāśa—śuddhivacchuddhir iṣyate /
(Madhyāntavibhāga—bhāṣya, 1—16d)

193) dharmatattvaparyeṣṭau dvau ślokau
tattvaṃ yat satataṃ dvayena rahitaṃ bhrānteś ca saṃniśrayaḥ
śakyaṃ naiva ca sarvathābhilapituṃ yac cāprapañcātmakam /
jñeyaṃ heyam atho viśodhyam amalaṃ yac ca prakṛtyā matam
yasyākāśa—suvarṇa—vāri—sadṛśī kleśād viśuddhir matā // 11—13 //

194) 한역에서는 차례로 응지(應知)·응단(應斷)·응정(應淨)으로 번역하였다.

195) 한역에서는 이정(二淨)을 자성청정, 본래청정과 무구청정, 객진을 떠나 있는 것이라고 하였다.

196) satataṃ dvayena rahitaṃ tattvaṃ parikalpitaḥ svabhāvo grāhyagrāhakalakṣaṇenātyantam

안혜는 본 게송과 세친의 주석에 대해 다시 다음과 같이 주석하고 있다.

　　법의 진실은 청정과 잡념법의 두 종류이고, 불전도상(不顚倒相·avipraȳasa−lakṣaṇa), 불류(不謬, mi bslu ba)이고, 또한 三性說이며,197) 그것은 출세간지를 얻는 것에 의해 지각된다. 진실은 人法無我를 자성으로 하는 空性이다. 그리고 진실은 언제나 所取와 能取를 떠나 있지만, 所取와 能取처럼 현현한다. 그것이 遍計所執性이다.

　여기서 안혜는 所取와 能取로서 현현하는 것이 遍計所執性이라고 주장한다. 계속해서 안혜는 依他起性에 대해 다음과 같이 주석한다.

　　밧줄을 뱀으로 분별하는 것처럼198) 依他起性은 所取와 能取처럼 분별하는 원인이 되기(nimitta−kāraṇa) 때문에 미란의 의지처이다. 依他起性에 의하여 所取와 能取처럼 분별하기 때문이다.199)

라고 하여 안혜는 依他起性을 '미란의 의지처'라고 하였다.
　그런데 무성은 "그것200)에 의하여 그것(grāhya−grāhaka)을 분별하기 때문이

---

　　asattvāt / bhrānteḥ saṃniśrayaḥ paratantras tena tat parikalpanāt / anabhilāpyam aprapañcātmakaṃ ca pariniṣpannaḥ svabhāvaḥ / tatra tattvaṃ prathamaṃ parijñeyaṃ dvitīyaṃ praheyaṃ tṛtīyaṃ viśodhyaṃ cāgantukamalād viśuddhaṃ ca prakṛtyā yasya prakṛtyā viśuddhasyākāśa−suvarṇa−vāri−sadṛśī kleśād viśuddhiḥ / na hy ākāś'ādīni prakṛtyā aśuddhāni / na cāgantukamalāpagamād eṣāṃ viśuddhir neṣyata iti // 11−13bhāṣya //

197) 진실에 대한 정의는 『中邊分別論』에서 동일한 표현으로 등장한다.
　　"여기서 근본진실은 세 종류의 자성이다. 즉 遍計所執性, 依他起性, 圓成實性이다."
　　(tatra mūla−tattvam / svabhāva trividhaḥ parikalpitaḥ paratantraḥ pariniṣpannaś ca /)
　　(Madhyāntavibhāga−bhāṣya, by Nagao, p.37)
198) 이 비유는 무성도 인용하고 있다.
199) nor paḥi gnas ni gźan gyi dbaṅ gi mtshan ñid de thag pa la sbrul du rtog pa bźin du gzaṅ dbaṅ de(D: ste) gzuṅ daṅ ḥdsin lta bur rtogs(p: rtog) paḥi rgyu byed paḥi phyir nor paḥi gnas źes byaḥo // gzaṅ dbaṅ gis gzuṅ ḥdsin lta bur rtogs pas so(tena tatparikalpanāt) / (P: 193b2−3)
200) paratantrasvabhāva−bhrānti

다.”(tena tatparikalpanāt)라는 세친의 주석에 대해

> 依他起性인 미란에 의하여 둘(grāhya-grāhaka)을 분별한다. 밧줄을 뱀으로 <분별하는> 것과 같다.201)

라고 주석하였기 때문에 'tena(그것에 의하여)'가 'paratantrasvabhāva-bhrānti(依他起性인 迷亂)'를 가리킨다고 보고 있다. 그러나 안혜는 그것이 'paratantrasvabhāva(依他起性)'를 가리킨다고 주석하고 있는 것 같다.

계속해서 안혜는 圓成實性에 대해서 다음과 같이 주석하고 있다.

> 圓成實性은 所取와 能取가 존재하지 않기 때문에 無戲論(aprapañca)이고, 명칭(名)·말(pada, 句)·문자(vyañjana, 文)와 같은 것에 의하여 “<이것은> 이와 같다.”라는 언어로 표현할 수 없기 때문에 모든 언어표현은 얻을 수 없다.(할 수 없다)202)

이처럼 안혜는 圓成實性을 무희론(aprapañca)과 결부시켜 설명하고 있다. 안혜의 주석을 요약하면 다음과 같다. 遍計所執性은 所取와 能取를 떠나 있지만, 所取와 能取처럼 현현하는 것이고, 依他起性은 밧줄을 뱀으로 분별하는 것처럼 所取와 能取와 같이 분별하는 원인이 되는 것이다. 그리고 圓成實性은 所取와 能取가 없기 때문에 언어로 표현할 수 없는 것으로 규정하고 있다. 다시 말해 미란의 의지처인 依他起性에 所取와 能取의 현현인 遍計所執性이 존재하지 않는 것이 圓成實性이라고 정의할 수 있다.

또한 “<진실은> 알아야만 할 것, 버려야만 할 것, 본래적으로 무구(無垢)로 청정

---

201) des der kun rtogs paḥi phyir ro(tena tat parikalpanāt // źes bya ba ni gźan gyi dbaṅ gi ṅo bo ñid ḥkhrul pas gñis po der kun rtog ste / thag pa la sbrul bźin no // (Peking: 94b5-6)
202) yoṅs su grub pa gzuṅ ḥdsin gyi chos med pas na spros pa med paḥo // yoṅs su grub pa de miṅ daṅ tshig daṅ yi ges ḥdi ḥdraḥo źes tha sñad(P: bsñad) du mi ruṅbas na rnam pa kun tu brjod mi nus źes byaḥo // (P: 193b4)

해야만 할 것(二淨)으로 생각된다."203)는 게송에 대해 안혜는 다음과 같이 주석하고 있다.

遍計所執性은 알아야만 할 것이다. 어떻게 알아야만 할 것인가라고 한다면 遍計所執性은 토끼의 뿔과 같이 존재하는 것이 아니라고 알아야만 할 것이다.

依他起性은 버려야만 할 것이다. 依他起性에 존재하는 所取와 能取의 더러움(垢)이 제거되어야만 할 것이기 때문이다.

圓成實性은 정화되어야만 할 것이라고 알아야만 한다. 圓成實性은 청정한 것이고, 무구이지만, 객진의 더러움은 정화되어야만 할 것이 아니고, 정화해야 할 것이기 때문이다. 이와 같이 圓成實性으로서는 청정하지만, 객진의 더러움(垢)은 정화해야만 할 것이다.204)

또한 안혜는 圓成實性에 대한 부가적인 설명인 "그것(본래적으로 무구)은 허공·금(金)·물(水)과 같이, 잡념으로부터 청정하게 된다."라는 것에 대해

예를 들면 허공, 금, 물 등은 본래적으로 청정하지만, 객진의 더러움(垢)인 구름, 흙, 진흙을 제거해야만 하는7 것과 같이, 圓成實性(완성된 자성)은 본래적으로 청정하지만 객진의 더러움은 제거되어야 한다는 의미이다.

---

203) / jñeyaṃ heyam atho viśodhyam amalaṃ yac ca prakṛtyā mataṃ(11－13)

204) śes bya(jñeyaṃ / 13 / c)źes bya ba la / daṅ po kun brtags kyi mtshan ñid ni śes par bya ba yin te(P: sbaṅ par bya ba ma yin te) / ji ltar śes par bya ba(D: ba, omit) źe na / kun brtags kyi chos ḥdi dag ni ri boṅ gi(P: bi) rva bźin du yod pa ma yin no źes śes par byaḥo(D: byaḥa) //
spaṅs pa(heyam / 13c /)źes bya ba la / gñis pa gźan dbaṅ gi mtshan ñid ni spaṅ bar źes bya ba yin(P, D: spaṅ bar bya ba ma yin) te / gźan dbaṅ la yod paḥi gzuṅ ḥdsin gyi dri ma sbyaṅ dgos paḥi phyir ro //
rnam sbyaṅ(D: sbyaṅs) raṅ bźin dri ma med par rig(atho viśodhyam amalaṃ yac ca prakṛtyā mataṃ / 13c /) ces bya ba la / gsum pa yoṅs su grub paḥi mtshan ñid ni rnam par sbyaṅ pa(D: sbyaṅs pa) yin par rig par bya ste / yoṅs su grub pa ñid kyi raṅ bźin ñid rnam par dag ciṅ dri ma med pa yin yaṅ glo bur gyi dri ma sbyaṅ bar mi bya ba yin te / sbyaṅ dgos baḥi phyir ro // de ltar yoṅs su grub paḥi raṅ bźin gyis rnam par dag pa yin yaṅ glo bur gyi dri ma sbyaṅ dgos paḥi rnam pa gsum bstan baḥi phyir //
(P: 193b4－8)

라고 하여 잡념인 구름·흙·진흙을 각각 허공·금·물에 대비시켜 주석하고 있다. 이처럼 본 게송에서는 三性說을 기술하고 있지 않지만, 세친과 안혜는 三性說로서 주석하고 있다. 무성의 주석에도 '依他起性'이라는 개념이 등장하고 있으므로 일단 은 삼성을 전제로 주석하고 있다고 보아도 무방할 것으로 보인다.

5. 「求法品」 제15 − 제20게송
(진실에 관한 마술의 비유를 탐구하는 것)의 고찰

제11장 「求法品」 제15게송부터 제20게송까지는 진실에 대해 마술의 비유로서 설 명하고 있다. 그러나 『大乘莊嚴經論』 본 게송에서는 이것을 三性說의 비유로 기술 하고 있지는 않다. 그런데 후세의 주석가인 세친·안혜·무성은 이 게송을 三性說 의 비유로서 주석하고 있다. 따라서 이 게송 전체를 三性說로 해석하는 것이 타당 하다고 본다. 우선 제15게송부터 살펴보자.

> 마술(māyā)처럼 虛妄分別이 설하여졌다. 마술에 의해 만들어진 것같이, 이처럼 둘의 미란이 설하여졌다.205)

이 15게송에 대해 세친은,

> "마술처럼"이라는 것은 만트라를 암송하여 붙잡은(주술력) 미란의 원인인 나뭇토막

---

205) yathā māyā tathā'bhūta−parikalpo nirucyate /
　　 yathā māyākṛtaṃ tadvat dvayabhrāntir nirucyate // 11 − 15 //

과 흙덩어리 등처럼.

"虛妄分別"은 依他起性의 形相(ākāra)이라고 알아야만 한다.

"마술에 의해 만들어진 것 같이"라는 것은 마술에 있어서 코끼리·말(馬)·금(金) 등의 형상은 본질적으로 나타나는 것과 같이, 이처럼 虛妄分別에 둘의 미란이 所取와 能取로서 나타나는 것에 의한 것이 遍計所執性의 형상이라고 알아야 한다.206)

라고 주석하여 虛妄分別인 依他起性은 코끼리 등의 미란의 원인인 나뭇조각과 흙덩어리 등이고, 遍計所執性은 마술에 의해 만들어진, 즉 코끼리 등의 형상이라고 기술하고 있다.

그리고 안혜와 무성도 출처가 분명하지 않은 경전을 인용하여 "일체법은 마술과 같다."라고 하고, 어떻게 일체법이 마술과 같은가를 탐구·관찰하기 위해 15게송을 기술한다고 하였다.

먼저 안혜는 본 게송의 "마술처럼 虛妄分別이 설하여졌다."라는 게송에 대해 다음과 같이 주석하였다.

마술사의 주술과 약의 힘으로부터 <생겨난> 마술의 말과 코끼리 등의 현현의 원인인 흙덩어리와 나뭇조각 등의 비유는 虛妄分別이고, 心·心所·緣已生·依他起性이다. 왜냐하면 마술사의 주술과 약에 의해 執取된 흙덩어리와 나뭇조각이 말과 코끼리의 현현의 원인인 것과 같이 依他起性도 所取와 能取처럼 현현하는 원인이 되기 때문에 흙덩어리나 나무조각의 존재방식과 같이 보인다.

즉 의타기성을 흙덩어리 등으로 비유하고, 허망분별이며, 識(심과 심소), 연기적 존재로 설명하고 있다.

또한 안혜는 또 "마술에 의해 만들어진 것 같이, 이처럼 둘의 미란이 설하여졌

---

206) yathā māyāmantra parigṛhītaṃ bhrāntinimittaṃ kāṣṭhaloṣṭ'ādikaṃ tathā'bhūta−parikalpaḥ paratantraḥ svabhāvākāro veditavyaḥ / yathā māyākṛtaṃ tasyāṃ māyāyāṃ hasty−aśva−suvarṇ'ādyākṛtis tadbhāvena pratibhāsitā tathā tasminn abhūtaparikalpe dvayabhrāntir grāhyagrāhakatvena pratibhāsitā parikalpita−svabhāv'ākārā veditavyā // 11−15 //

다.”는 게송에 대해 다음과 같이 주석하였다.

> 예를 들면 마술사의 주술과 약의 힘에 의해 흙덩어리와 나뭇조각으로부터 마술의 모습(姿)인 말과 코끼리 등의 마술의 형상이 갖가지로 현현하는 것처럼 依他起性에 있어서 遍計所執性이 둘의 미란으로서 현현한다. ‘둘의 미란’이란 所取처럼 현현하는 것이고, 能取처럼 현현하는 것이다.

즉 안혜는 依他起性(흙덩어리 등)에서 마술의 힘에 의해 코끼리 등으로 현현하는 것이 遍計所執性이라고 주석하고 있다.

그리고 세친의 주석 “그 虛妄分別에 둘의 미란이 있다(tasminn abhūtaparikalpe dvayabhrāntir).”라는 것에 대해 안혜는 “虛妄分別이란 依他起性이다. 그중에(虛妄分別) 둘의 미란으로 현현하는 것이 遍計所執性이다.”라고 하여 마술<에 의해 만들어진> 말과 코끼리 등의 현현의 원인인 흙덩어리와 나뭇조각 등의 비유가 虛妄分別이고, 심・심소・연이생(緣已生)・依他起性이라고 하였다. 흙덩어리와 나뭇조각이 말과 코끼리로서 현현하는 원인이 되는 것과 같이, 依他起性은 所取와 能取처럼 현현하는 원인이 되기 때문이라는 것이 그 이유이다.

또한 마술사의 주술과 약의 힘에 의해 흙덩어리와 나뭇조각으로부터 마술의 모습(姿)인 말과 코끼리 등의 마술의 형상이 갖가지로 현현하는 것처럼, 依他起性에 있어서 遍計所執性이 둘의 미란으로서 현현한다. 虛妄分別이란 依他起性이다. 그중(虛妄分別)에 있어서 둘의 미란으로 현현하는 것이 遍計所執性이다. 이처럼 세친과 안혜의 주석은 차이가 없다.

또한 무성은 앞에서 기술한 제13게송의 내용에 대해 “언제나 二(所取・能取)로부터 멀리 떠난 것이고, 또한 미란의 의지처이고, 어떤 방법으로도 언어로 표현할 수 없는 것이고, 또한 무희론을 자아(본질)로 하는 것은 차례로 依他起性, 遍計所執性, 圓成實性”이라고 주석하였다. 따라서 앞에서도 언급하였지만, 무성은 제13게송을 三性說로 해석하고 있다고 볼 수 있다. 그리고 “마술처럼이라는 것은 만트라를 암송

하여 붙잡은(주술력) 미란의 원인인 나뭇토막과 흙덩어리 등처럼, 이처럼 虛妄分別
은 依他起性의 形相이라고 알아야만 한다."는 세친의 주석에 대해 무성은 다음과
같이 주석한다.

<依他起性은> 心·心所·緣已生라고 알아야 한다. 그것들은 나뭇조각이나 흙덩어
리 등이 마술사의 주문(주술)에 의해 저주받은 것이라고 알아야 한다. 색 등은 마술에
의해 만들어진 말, 코끼리 등과 같은 것이라고 알아야 한다.

이처럼 무성도 의타기성을 연기적 존재인 識(심과 심소), 흙덩어리 등으로 주석하
고 있으므로 안혜의 주석과 동일하다고 볼 수 있다.
다음은 제16게송이다. 여기서는 三性說을 二諦說로 설명하고 있다.

그곳(흙덩어리와 나뭇조각)에 있어서 그것(코끼리 등의 자성)은 존재하지 않는 것처
럼, 이처럼 勝義諦가 인정된다. 그것(코끼리 등)의 지각이 있는 것처럼, 이처럼 世俗諦
가 인정된다.207)

여기서 보듯이 '미란의 의지처'인 흙덩어리나 나뭇조각에 코끼리 등이 존재하지
않기 때문에 勝義諦가 인정된다. 그리고 코끼리 등이 분명하게 지각되기 때문에 世
俗諦도 인정된다. 이 게송에 대하여 세친은 다음과 같이 주석하였다.

"그곳(흙덩어리와 나뭇조각)에 있어서 그것(코끼리 등의 자성)은 존재하지 않는 것처
럼"이라는 것은 마술에 의해 만들어진 것에는 코끼리 등은 존재하지 않는 것처럼, 이
처럼 依他起性에는 勝義諦라고 인정된다. 이른바 遍計所執性인 둘의 특징이 존재하지
않는 것이 인정된다. 마술에 의해 만들어진 것이 코끼리 등의 실체로서 지각되는 것처
럼, 이처럼 虛妄分別은 世俗諦에서 지각된다.208)

---

207) yathā tasmin na tadbhāvaḥ paramārthas tatheṣyate /
　　 yathā tasyopalabdhis tu tathā saṃvṛti − satyatā // 11 − 16 //
208) / yathātasmin na tadbhāvo māyākṛte(by T, tasmin, added) hastitvādyabhāvas tathā tasmin

세친에 의하면 마술에 의해 만들어진 것(코끼리 등의 형상)에 있어서 코끼리 등의 <실체>는 존재하지 않는다. 즉 圓成實性(勝義諦)은 依他起性에 있어서 遍計所執性인 둘의 특징이 존재하지 않는 것이다. 그러나 마술에 의해 만들어진 코끼리 등의 존재가 지각되는 것처럼 世俗諦에서 존재한다고 주석하고 있다.

안혜는 어떤 경전인지는 모르지만, 경전으로부터 "진리(諦)는 勝義諦와 世俗諦이다."라는 문구를 인용하고, "그곳에 있어서 그것은 존재하지 않는 것처럼, 이처럼 勝義諦가 인정된다."는 게송과 "그것(코끼리 등)의 지각이 있는 것처럼, 이처럼 世俗諦가 인정된다."는 게송에 대해 각각 다음과 같이 주석하였다.

예를 들면 마술에 <의해 만들어진> 말과 코끼리 등의 형상이 흙덩어리나 나뭇조각 등의 원인으로부터 말과 코끼리로서 나타나지만, 그 흙덩어리나 나뭇조각에 말과 코끼리의 자성이 없는 것처럼 依他起性에 遍計所執性인 所取와 能取의 둘이 존재하지 않는 것이다. 所取와 能取를 떠났기 때문에 圓成實性이다. <그것이> 勝義諦이다. (중략)

예를 들면 마술의 <원인인> 흙덩어리와 나뭇조각으로부터 말과 코끼리 등의 형상이 갖가지로 현현하는 것처럼, 依他起性에 遍計所執性인 所取와 能取로서 현현하는 일체는 世俗諦이다.209) (중략)

안혜는 마술에 의한 말과 코끼리 등의 형상이 흙덩어리나 나뭇조각 등의 원인으로부터 말과 코끼리가 나타나지만, 흙덩어리나 나뭇조각 속에 말이나 코끼리의 자성이 없는 것처럼 依他起性에 遍計所執性인 所取와 能取의 둘이 존재하지 않는 것

---

paratantre paramārtha iṣyate parikalpitasya dvayalakṣaṇasyābhāvaḥ / yathā tasya māyākṛtasya hastyādibhāvenopalabdhis tathā' bhūta−parikalpasya saṃvṛti−satyatopalabdhiḥ //
209) / [P: 195b]dper na sgyu maḥi śiṅ daṅ / rdo las rto daṅ klaṅ po la sogs paḥi dbyibs sna tshogs snaṅ ba ltar gźan gyis dbaṅ gi mtshan ñid las / kun brtags kyi mtshan ñid gzuṅ ba daṅ / ḥdsin par snaṅ ba thams cad ni kun rdso ba kyi bden pa yin no źes bya baḥi don to // ḥdis ni kun rdso ba kyi bden paḥi mtshan ñid bstan to /// (P: 195b1−2)

이다. 所取와 能取로부터 벗어나 있기 때문에 圓成實性이 勝義諦이다.210)

그리고 안혜는 마술의 원인 제공자인 흙덩어리와 나뭇조각으로부터 말과 코끼리 등의 형상이 여러 가지로 현현하는 것처럼, 依他起性 속에 遍計所執性인 所取와 能取로서 현현하는 모든 것을 世俗諦라고 주석하고 있다.

무성은 세친의 주석인 "그곳(흙덩어리와 나뭇조각)에 있어서 그것(코끼리 등의 자성)은 존재하지 않는 것처럼 이라는 것은 마술에 의해 만들어진 것에는 코끼리 등은 존재하지 않는 것처럼, 이처럼 依他起性에는 勝義諦라고 인정된다."라는 설명에 대해 다음과 같이 주석하였다.

> 밧줄에는 뱀이 존재하지 않는다고 보는 것처럼 依他起性에 둘은 존재하지 않는다고 안다. 둘의 떠남을 보는 것에 의해 둘의 미란을 떠난다. 둘의 미란과 떠나는 존재방식에 의해 圓成實性을 보는 것이다. (중략)

계속해서 제17게송에 대해 살펴보자.

> 그것(코끼리 등의 형상)이 존재하지 않을 때, 그것(코끼리 등)의 원인(因)의 본래 모습(vyakti)이 지각되는 것처럼, 이처럼 轉依에 있어서 虛妄分別의 <진실>이 지각된다. (얻어진다)211)

---

210) (D: 175b3) // ji ltar de la de med bźin / de ltar dam paḥi don tu ḥdod(yathā tasminn na tad bhāvaḥ paramārthas tatheṣyate(/ 16ab /)ces bya ba la / mdo ste dag gis(ḥ: gi) naṅ nas don dam paḥi bden pa daṅ / kun rdso ba kyib den pa źes ḥbyuṅ ba bden pa gñis kyi mtshan ñid dpyod(D: spyod de) /
/ dper na sgyu maḥi rta daṅ klaṅ po la sogs paḥi dbyibs rdo daṅ śiṅ la sogs P: las kyi rgyu las rta daṅ klaṅ por snaṅ mod kyi / rdo daṅ śiṅ de la rta daṅ klaṅ poḥi raṅ bźin med pa de ltar gźan gyi dbaṅ gi mtsan ñid la kun tu brtags(D: rtog) paḥi raṅ bźin gzuṅ ba daṅ ḥdsin pa gñis med de / gzuṅ ḥdsin daṅ bral nas yoṅs su grub paḥi mtshan ñid du gyur pa ni don dam paḥi bden pa(D: pa ma) yin par ḥdod do źes bya baḥi don te ḥdis ni don dam paḥi bden paḥi mtshan ñid bśad do / (/ (P: 195a5 − 8)

211) tadabhāve yathā vyaktis tannimittasya labhyate /
tathāśrayaparāvṛttāv asatkalpasya labhyate // 11 − 17 //

제17게송에 대해 세친은 다음과 같이 주석하였다.

마술에 의해 만들어진 것이 존재하지 않을 때에 그것의 인(원인)인 <흙덩어리>나 나뭇조각 등의 본래 모습, 이른바 진실의 의미가 지각되는 것처럼, 이처럼 轉依에 있어서 둘의 미란이 존재하지 않기 때문에 虛妄分別의 진실의 의미가 지각된다.212)

다시 말해 마술에 의해 만들어진 코끼리 등의 진실한 실재가 아님을 알아차릴 때, 그 순간에 본래의 형태인 흙덩어리 등의 본래 모습이 드러나는 것이다. 그리고 안혜는 "그것(코끼리 등의 형상)이 존재하지 않을 때, 그것(코끼리 등)의 원인(因)의 본래 모습(vyakti)이 지각되는 것처럼"이라는 본 게송에 대해 다음과 같이 주석하였다.

마술사의 비밀스러운 주문과 <주술>약의 힘에 의해 흙덩어리나 나뭇조각으로부터 말과 코끼리 등의 현현이 주문과 약의 힘을 벗어나는 것에 의해 말과 코끼리의 형상은 존재하지 않는다. 그것이 현현하지 않는다면 말과 코끼리 등의 형상의 인(원인)으로부터 본래의 모습이 지각된다. 즉 그 말과 코끼리는 지각되지 않는다면 흙덩어리나 나뭇조각이 보인다.213)

계속해서 안혜는 "이처럼 轉依에 있어서 虛妄分別의 진실이 지각된다."는 본 게송에 대해 다음과 같이 주석하였다.

---

212) yathā māyākṛtasyābhāve tasya nimittasya kāṣṭhādikasya vyaktir bhūtārthopalabhyate tathāśrayaparāvṛttau dvayabhrāntyabhāvād abhūtaparikalpasya bhūto'rtha upalabhyate //

213) ji lta *bur ni de med na / de yi rgyu yaṅ snaṅ bar byed* (tadbhāve yathā vyaktis tannimittasya labhyate / 17ab /) ces bya ba la / dper na sgyu ma mkhan gyis(P, D: gyis ṅags daṅ sman gyi mthus rdo daṅ śiṅ las rta daṅ[D: 176a] glaṅ po la sogs pa snaṅ ba(D: daṅ, added) sṅags daṅ sman gyi mthu chad(D: tshad) nas rta daṅ glaṅ poḥi dbyibs med de mi snaṅ bar gyur na(ḥ: rta daṅ, added) klaṅ po la sogs paḥi dbyibs kyi rgyu las snaṅ ba rñed de rta daṅ klaṅ po ni mi mthoṅ gi rdo daṅ śiṅ bu mthoṅ bar ḥgyur ro źes bya baḥi don to // (/ (P: 195b2−4)

이처럼 所取와 能取의 둘이 존재하지 않는 것으로 이해한다면, 아라야식이 依他起性으로 轉依할 때, 둘과 떠나는 방식으로 圓成實性(완성되는 것)을 지각한다. 예를 들면 밧줄을 뱀으로 보는 것을 떠날 때 밧줄을 보는 것과 같다.214)

이처럼 所取와 能取의 둘은 존재하지 않는 것으로 이해한다면 아라야식이 依他起性으로 전의할 때, 둘을 여의는 존재방식으로서 圓成實性을 지각한다. 예들 들면 밧줄을 뱀으로 보는 것을 떠날 때, 밧줄을 보는 것과 같다고 하였다.

계속해서 안혜는 세친의 주석인 "이처럼 轉變에 있어서 둘의 미란이 존재하지 않기 때문에 虛妄分別의 진실의 의미가 지각된다."는 것에 대해 다음과 같이 풀이한다.

아라야<식>이 전의할 때, 依他起性에 所取와 能取의 둘의 미란은 존재하지 않는다. 能取와 所取를 떠날 때 그때에 世間後得淸淨世間智에 의해 虛妄分別인 依他起性의 의미를 잘못 없이 고찰한다. 어떻게 고찰하는가 하면 둘을 떠난 相으로서 관찰하고 보는 것이다.215)

즉 아라야<식>이 전의할 때, 依他起性에 있어서 所取와 能取의 둘의 미란은 존재하지 않는다. 所取와 能取를 떠날 때, 바로 그때 세간후득청정세간지에 의해 虛妄分別인 依他起性의 의미를 잘못 없이 고찰하는 것이다. 이처럼 세친과 안혜의 주

---

214) / de bźin śin tu gnas gyur na / med par rtogs pa dmigs par ḥgyur(tathāśrayaparāvṛttav asatkalpasya labhyate / 17cd /) // źes bya ba la / de źin du nam gzuṅ ba daṅ ḥdsin pa gñis med par rtogs na kun gźi rnam par śes pa gźan dbaṅ gi mtshan ñid gnas gyur na gñis daṅ bral baḥi rnam par yoṅs su grub paḥi mtshan ñid dmigs par ḥgyur te / dper na thag pa la sbrul du mthaṅ ba bral na thag pa mthoṅ ba bźin no // (P: 195b4−5)

215) gnas gyur na yaṅdag pa ma yin paḥi kun tu rtog(P: rtogs) paḥi don yaṅ dag par dmigs so(tathāśrayaparāvṛttau dvayabhrāntyabhāvād abhūtaparikalpasya bhūto'rtha upalabhyate) // źes bya ba la / nam kun gźi gnas gyur na(P: nas) gźan dbaṅ la gzuṅ ba daṅ ḥdsin paḥi nor ba gñis med par ḥgyur te / gzuṅ ḥdsin daṅ bral na(D: nas) deḥi tshe daṅ pa ḥjig rten paḥi ye śe rgyab nas thob pas yaṅ dag pa ma yin par kun tu rtog(P: rtogs) pa gźan gyi dbaṅ gi don ma nor bar rtogs par ḥgyur ro śes bya baḥi don to / ji ltar rtogs śe na / gñis daṅ bral baḥi mtshan ñid du rtogs śin mthoṅ bar ḥgyur ro źes bya don to // (P: 195b5−7)

석에는 큰 차이가 없다.

무성도 세친의 주석인 "이처럼 전의에 있어서 둘의 미란이 존재하지 않기 때문에 虛妄分別의 진실의 의미가 지각된다."는 것에 대해 다음과 같이 주석하였다.

둘의 미란이 존재하지 않기 때문에 圓成實性을 지각한다. 그것(圓成實性)을 볼 때 무전도인 무분별후득지에 의해 依他起性이 둘을 떠나는 것을 본다. 이처럼 그것의 진실의 의미가 지각되어 둘의 미란을 떠나는 것에 의해서도, 또한 유가행자가 전의하게 된다.216)

계속해서 제19게송에 대해 살펴보자.

그것(코끼리 등)의 형상은 그곳(虛妄分別)에 존재한다. 그러나 그것의 실체217)는 존재하지 않는다. 따라서 마술에 관련하여 有와 無가 규정된다.218)

세친은 제19게송에 대해 이해하기 쉽다고 하여 주석하지 않았다. 따라서 먼저 안혜의 주석을 살펴보자. 제19게송 전체에 대해 안혜는 다음과 같이 주석하였다.

"그것(tad)"이라는 단어는 마술의 말과 코끼리의 형상으로서 현현하는 원인인 흙덩어리와 나뭇조각에 대해서 말하는 것이다. 흙덩어리와 나뭇조각에 말과 코끼리 등의 형상으로서 미란의 현현은 존재하기 때문에 마술 등에 존재(유)한다고 설하였다. 이처

---

216) / de bźin du gnas gźan du gyur na gñis su ḥkhrul pa med paḥi phyir yaṅ dag pa ma yin paḥi kun tu rtog paḥi don yaṅ dag pa dmigs so(tathāśrayaparāvṛttau dvayabhrāntyabhāvād abhūtaparikalpasya bhūto'rtha upalabhyate) // źes bya ni gñis su ḥkhrul pa med paḥi phyir yoṅs su grub paḥi ṅo bo ñid dmigs par ḥgyur ro // de mthoṅ na phyin ci ma log pa rnam par mi rtog paḥi rjes su thob paḥi ye śes kyis(D: kyi) [P: 96a] gźan gyi dbaṅ gi ṅo bo ñid gñis daṅ bral ba mthoṅ ste / de ltar na deḥi don yaṅ dag pa dmigs par ḥgyur la / gñis su ḥkhrul pa daṅ bral pas kyaṅ rnal ḥbyor paḥi gnas gźan du ḥgyur ro // (P: 95b7 – 96a1)

217) 한역: 有體

218) tan nimitte yathā loko hy abhrāntaḥ kāmataś caret /
parāvṛttāv aparyastaḥ kāmācārī tathā yatiḥ // 11 – 18 //

럼 미란으로서의 현현만이 존재하지만, 말과 코끼리의 실체는 존재하지 않기 때문에 無라고 설하였다.219)

무성은 세친이 19게송에 대해 이해하기 쉽기 때문에 주석하지 않은 이유를 설명하는 형태로 다음과 같이 주석하고 있다. 이 부분은 '『大乘莊嚴經論』과 『中邊分別論』 제3장 「眞實品」의 三性說 연구'에서 이미 인용하였지만, 다시 한 번 더 인용한다.

마술에 의해 나타난 코끼리 등의 모습(rūpa)은 그 자체, 즉 코끼리 등의 모습만으로 현현하는 그 코끼리 등의 모습은 코끼리의 실체로서는 결코 존재하지 않는다. 한편 마음과 심소의 모든 전도는 코끼리 등의 형상만으로 존재하기 때문에, 유와 무가 설해졌다. 그 형상만으로 존재하는 것에는 진실의 의미로는 무라고 말하는 것과 같다. 盧妄分別에 있어 둘의 미란인 색 등이 所取와 能取로 현현하는 그것이 有이다. 예를 들면 <코끼리 등은 마술에 의해 만들어진 것이라고> 마술을 이해하면 코끼리 등은 현현하지 않기 때문에 코끼리 등은 무라고 말하는 것과 같이, 무분별지를 얻으면 둘은 현현하지 않기 때문에 무라고 말한다.

---

219) / de yi(P: deḥi) rgyu las ji lta bur // ḥjig rten ma nor ḥdod bźin spyod(tannimitte yathā loko hy abhrātaḥ kāmataś caret / 18ab /) // ces bya ba la / deḥi sgras ni rta daṅ glaṅ poḥi byad gzugs su snaṅ ba la bya ste / deḥi rgyu ni rdo daṅ śin bu la sogs paḥo // dper na rdo daṅ śin bu las rta daṅ glaṅ poḥi byad gzugs su snaṅ baḥi byad gzugs rnams mi snaṅ bar gyur na deḥi rgyu[P: 196a] rdo daṅ śin bu la ḥjig rten pa rnams ma nor bar spyod pa daṅ / ḥdod bźin spyod do /
/ ma nor bar spyod pa ni rta daṅ glaṅ po lta bur nor ba ma mthoṅ gi rdo daṅ śin ñid du ma nor bar mthoṅ baḥi phyir // ḥdod bźin spyod pa ni de dag chags pa daṅ ḥjigs pa med par(P: ḥjigs) paḥi pyod paḥi phyir ro //
de bźin śin tu gyur na yaṅ / ma log(P: thog) rnal ḥbyor ḥdod bźin spyod(parāvṛttav aparyastaḥ kāmacārī thāiḥ / 18cd /)
// ces bya ba la / de daṅ ḥdra bar gźan dbaṅ gnas gyur te / gzuṅ ḥdsin[D: 176b] gñis spaṅs na phyin ci ma log pa la gnas paḥi rnal ḥbyor pa rnams ma log par spyod pa daṅ ḥdod(P, D: de) bźin spyod do // ji ltar ma log par pyod ce na / gzuṅ ba daṅ ḥdsin paḥi ḥkhrul pa ma mthoṅ
bas na ma nor bar(P: omit) spyod do // ji ltar ḥdod bźin spyod ce na / de phan chad chags pa daṅ ḥjigs pa med par spyod paḥi phyir ro /// (Peking: 195a8−196a4)

다음은 제20게송에 대해 살펴보자.

> 여기에 有는 無가 아니다. 또한 無는 有가 아니다.
> 마술 등에 있어서 有와 無는 無差別이라고 규정된다.[220]

이에 대해 세친은 다음과 같이 주석하였다.

> "여기에 有는 無가 아니다."는 것은 그것의 형상은 有인 그것은 無가 아니다.
> "또한 無는 有가 아니다."는 것은 코끼리 등의 無(비존재)인 그것은 有가 아니다.
> "마술 등에 있어서 有와 無는 無差別이라고 규정된다." 왜냐하면 여기에 있어서 그것의 형상의 有인 것이 바로 코끼리 등의 無이다. 코끼리 등의 無인 것은 바로 형상의 有이다.[221]

안혜도 이 게송에 대해 자세하게 주석하고 있다.

> "여기에 有는 무가 아니다."는 것에서 有(bhāva)라는 말은 말과 코끼리가 현현하는 원인인 흙덩어리와 나뭇조각을 말하는 것이고, 흙덩어리와 나뭇조각으로부터 말과 코끼리의 형상으로서의 현현은 단지 미란으로서는 無가 아니기 때문에 無가 아니다.
> "또한 無는 有가 아니다."는 것은, 이처럼 단지 미란으로서는 현현하지만, 말과 코끼리의 존재성(有性)은 無이다. 따라서 말과 코끼리의 존재성(有性)으로서는 有가 아니다.
> "마술 등에 있어서 有와 無는 無差別이라고 규정된다."는 (중략) 단지 미란의 有(존재)로 존재하는 바로 그것을 관찰할 때 승의에 있어서 코끼리 등의 자성으로는 존재하지 않기 때문에 유와 무의 둘은 무차별이고, 그것은 같은 의미이다. 또한 코끼리 등의 무성에 있어서 단지 미란으로서 현현하는 것은 무가 아니고 유이기 때문이고, 유와 무의 둘은 또한 무차별이고 그것은 같은 의미이다.

---

220) na bhāvas tatra cābhāvo nābhāvo bhāva eva ca /
bhāvābhāvāviśeṣaś ca māyādiṣu vidhīyate // 11−20

221) *na bhāvas tatra cābhāvo* yas tadākṛtibhāvo nāsau na bhāvaḥ / *nābhāvo bhāva eva ca* yo hastitvādyabhāvo nāsau na bhāvaḥ / tayoś ca bhāvābhāvayor *aviśeṣo māyādiṣu vidhīyate /* ya eva hi tatra tadākṛtibhāvaḥ sa eva hastitvādyabhāvaḥ / ya eva hastitvādyabhāvaḥ sa eva tadākṛtibhāvaḥ //

계속해서 안혜는 세친의 주석을 다시 주석하고 있다.

"<유는> 무가 아니다. 그것은 무이다."222)는 것 <중에서> "유는 무가 아니다."는 것은 단지 미란으로서 존재하기 때문이다. 단지 미란으로만 존재하는 것에 있어서 코끼리 등의 자성은 무이기 때문에 그것은 무이다. 그것은 유가 아니라는 의미이다. "여기에 있어서 그것의 형상의 有인 것이 바로 코끼리 등의 無이다."는 것에 대해, 유와 무는 무차별이다. 단지 코끼리 등의 미란의 현현으로서 존재하는 것, 바로 그것에 있어 코끼리 등의 자성은 무이기 때문에 유와 무는 같은 의미이다.

코끼리 등의 無인 것은 바로 형상의 有이라는 것은 승의로서 코끼리 등이 현현하지만, 코끼리의 <자>성 등의 존재하지 않는(무) 바로 그것에 단지 미란으로서의 현현의 유가 존재하기 때문에, 무와 유는 같은 의미이다.

무성은 세친의 주석을 복주하지 않고, 단지 본 게송만을 주석하고 있다.

"여기에 有는 無가 아니다."라는 것은 마술<에 의해> 코끼리의 형상의 유(존재)가 무라고 인정되지 않는다. <왜냐하면> 단지 虛妄分別로 존재하기 때문이다.

"또한 無는 有가 아니다."라는 것은 어리석은 자들에 의해 실재하는 것으로 분별된 코끼리 등은 무이다. 그것은 勝義로서 관찰하면 유가 아니고, 무이다.

계속해서 무성은 3句·4句(마술 등에 있어서 유와 무는 무차별이라고 규정된다), 즉 '유와 무의 무차별'에 대해 『中邊分別論』을 인용하고, 또한 출처를 알 수 없는 경전을 인용하는 것으로 주석을 대신하고 있다.

"따라서 획득과 비획득은 평등성이라고 알아야 한다.223) 따라서 유와 무는 무차별이

---

222) 이 부분은 세친의 주석에는 없는 것이다.
223) / tasmāt ca samatā jñeyā nopalambhopalambhayoh /
　　(Madhyāntavibhāga-bhāṣya, 1-7cd)

라고 본다. 예를 들어 오취온을 보지 않을 때 그때에 자아가 존재하는 것을 본다. 자아가 존재하지 않는 것을 볼 때 그때에 <오취>온을 보는 것과 같다.”224)

이상으로 제15-제20게송의 내용을 세친, 안혜, 무성의 주석을 중심으로 살펴보았는데, 마술의 비유로서 나타낸 三性說의 내용을 정리하면 대략 다음과 같다.

依他起性은 虛妄分別이다. 이 虛妄分別은 마술, 즉 코끼리 등의 미란의 원인(인상)이 되는 나뭇조각과 흙덩어리 등이 마술의 주문에 의해 코끼리 등으로 顯現하는 것에 비유하였다. 遍計所執性은 虛妄分別에 所取와 能取로 顯現한 미란이다. 이것은 마술에 의해 만들어진 코끼리 등에 비유하였다. 圓成實性은 勝義諦이다. 이것은 마술에 의해 만들어진 코끼리 등이 존재하지 않는 것에 비유한 것이다. 그리고 轉依하여 虛妄分別의 진실한 모습이 지각된다. 즉 마술에 의해 만들어진 코끼리 등이 사라질 때에 나뭇조각이나 흙덩어리가 지각되는 것에 비유하였다. 또한 依他起性인 虛妄分別에 二取로서 현현하는 존재(有)와 二取의 자성으로서는 비존재(無)는 무차별이라는 것은 마술에 의해 만들어진 코끼리 등의 형상의 존재와 코끼리 등의 자성(실체)은 비존재의 무차별에 비유되었다.

그런데 안혜와 세친 사이에는 삼성에 대해 약간의 차이가 있어 보인다. 물론 양자는 둘 다 현현한 형상의 존재(유)를 인정하고 있다. 안혜 주석의 특징은 형상 그 자체는 허망한 것이기 때문에 形相이 현현하는 것과 형상을 자성(실체)으로서 집착하는 것에 질석인 자이는 없고 형상을 포함한 현현 그 자체를 遍計所執性이라고 보았다. 즉 흙덩어리나 나무조각으로부터 코끼리 등이 현현하는 것처럼 현현한 형상 그 자체는 본래의 모습이 아닌 허망한 것이다. 그리고 虛妄分別인 依他起性에 형상의 현현(遍計所執性)이 없어진 상태를 圓成實性이라고 하였다.

한편 세친의 입장은 다음과 같이 정리할 수 있다. 즉 형상 그 자체는 분별의 의지처이지 허망한 것이 아니다. 즉 현현한 형상을 자성으로 분별하는 것이 虛妄分別(依他起性)이다. 그리고 현현한 형상을 자성이라고 집착하는 것이 遍計所執性이며,

---

224) 출처는 알 수 없지만, 경전으로부터 인용한 것 같다.

圓成實性은 현현한 형상을 자성으로 집착하는 것을 떠난 상태이다. 따라서 안혜와 세친의 차이는 현현한 형상인 코끼리 등이 허망한 것인가, 아닌가에 있다고 할 것이다.

6. 맺는말

　지금까지 나타난 『大乘莊嚴經論』 제11장 「求法品」의 三性說에 대해서 간략하게 정리하겠다.

　遍計所執性이란 虛妄分別에서 언어의 대상이 되는 것, 언어의 대상이 현현하는 것, 언어에 관계하여 대상을 구성하는 잠재적인 힘(습기)이라고 하여, 언어와의 관계 속에서 遍計所執性을 파악하고 있다. 그런데 『大乘莊嚴經論』에서는 언어의 대상이 되는 것(因相)과 대상이 현현(분별)하는 것을 구별하여 파악하였으며, 게다가 언어에 관계하여 대상을 구성하는 잠재적인 힘을 遍計所執性이라고 한 것은 『大乘莊嚴經論』의 특징이라고 생각된다. 그리고 마술의 비유로 나타내면, 마술에 의해 만들어진 코끼리 등의 顯現이 遍計所執性이다.

　依他起性은 虛妄分別이다. 이 虛妄分別은 반드시 언어와 관계한 遍計所執性을 포함하고 있다. 따라서 依他起性은 遍計所執性의 所依라고 생각된다. 마술의 비유로 설명하면 코끼리 등으로 현현하고 있는 돌덩어리나 나뭇조각 등이 依他起性이다.

　圓成實性은 진여와 무분별이다. 虛妄分別, 다시 말해 遍計所執性을 떠나는 것이 圓成實性이다. 마술의 비유로 설명하면 코끼리 등의 현현이 사라지는 것이 圓成實性이다.

三性說과 唯識無境

『大乘莊嚴經論』의 唯識無境에 대해 살펴보기 전에 먼저 『唯識三十頌』과 『中邊分別論』에 나타난 유심무경에 대해 간단하게 살펴보겠다. 그리고 『攝大乘論』에서는 『大乘莊嚴經論』을 인용하여 唯識無境을 논증하고 있는데, 『攝大乘論』에 인용된 부분을 중심으로 『大乘莊嚴經論』의 唯識無境에 대해 기술하겠다. 특히 『大乘莊嚴經論』 제11장 「求法品」 제34게송과 제35게송에는 唯識無境에 대해 체계적으로 기술하고 있다. 따라서 세친, 안혜, 무성의 주석을 통해 唯識無境과 그들의 주석 태도에 대해 살펴보고자 한다.

이미 앞에서 언급하였지만, 무성의 저작으로는 『攝大乘論』에 대한 주석서인 『攝大乘論釋』과 『大乘莊嚴經論』에 대한 주석서인 『大乘莊嚴經論廣註』가 현존한다. 그러나 양 주석서 모두 산스크리트본은 현존하지 않으며, 『攝大乘論釋』은 티베트본과 한역이 전해지고 있고, 『大乘莊嚴經論廣註』는 오직 티베트역만이 현존한다.

또한 여기서는 三性說을 설하고 있는 『攝大乘論』 제2장 「所知相」과 그 주석서인 무성의 『攝大乘論釋』, 『大乘莊嚴經論』에서 三性說을 기술하고 있는 제11장 「求法品」과 이것에 대한 주석서인 무성의 『大乘莊嚴經論廣註』를 중심으로 무성의 三性說에 대한 입장을 기술하고자 한다.

더불어 무성의 주석을 통하여 무성이라는 인물에 대해 고찰하고자 한다. 왜냐하면 그의 연대나 학풍에 대해 확정된 것이 없기 때문이다. 그리고 현재 학계에서 논란이 되고 있는 무성의 사상적인 입장도 唯識無境의 관점에서 살펴보고자 한다.

宇井은『攝大乘論研究』에서,『攝大乘論』내에서『大乘莊嚴經論』의 내용을 인용한 곳을 상세하게 기술하였다. 그리고 무성이 陳那(Dignāga, 480-540)·護法(Dharmapāla, 530-561)의 계통이라는 관점에서『攝大乘論釋』의 사상적 특징을 밝히고 있다. 그러면서도 티베트 번역본에 대한 연구를 통해 삼분설(所取·能取·自證分) 등 호법의 선구사상이라고 보이는 학설이 현장에 의해 첨가한 것이라는 점도 인정한다.

반면 袴谷[1970][225]은 무성의 주석서『攝大乘論釋』을『大乘莊嚴經論廣註』및『大乘莊嚴經論復註』와 비교하여 "무성은 진나·호법의 계통, 이른바 유상유식학파가 아니다."라고 하였고, 片野道雄[1973][226]도 袴谷와 동일한 의견을 제시하고 있다.[227]

그러나 勝呂信靜[1989]는 "6·7세기까지의 유가행파에서는 사제관계의 인맥상의 계통은 존재하여도 사상계통, 학파라는 것은 존재하지 않았다."(pp.398-401)고 주장한다. 따라서 이 문제에 대해 성급하게 결론을 내리는 것은 무리라고 생각한다.

1.『唯識三十頌』과『中邊分別論』에 나타난 唯識無境

유식사상은, 존재하는 것은 오직 識(vijñapti)뿐이며[228] 외부의 대상(artha)은 실재하지 않는다는 것을 주장한다. 따라서 오직 識(vijñapti)만 있을 뿐 대상은 없다는

---

225) 袴谷憲昭,「『MS』に對するAsvabhāva 註釋の特徵」,『印度學佛教學研究』第19卷 第1號, 1970.
226) 片野道雄,「無性の學流について」,『大谷大學佛教學報』第28號, 1973.
227) 島律도 다음의 논문에서 같은 입장을 제시하였다.(島律現淳,『同朋大學論叢』第16號,「無性の 唯識思想における立場」, 1992, pp.167-176)
228) 유식사상의 초기 단계에서부터 'vijñapti-mātra(唯識)'이라는 개념이 사용된 것은 아니다. 초기 유식에서는 'vijñapti-mātra'보다 'citta-mātra(唯心)'가 일반적으로 사용되었다.

이른바 '唯識無境'의 논증은 유식사상에 있어서 가장 중요한 테마였다.

유식사상의 여러 논서에서 唯識無境의 논증229)을 서술하고 있지만, 특히 체계적으로 서술하고 있는 곳은 무착의 『攝大乘論』,230) 세친의 『唯識三十頌』과 『唯識二十頌釋』231)이다. 여기서는 가장 완성된 형태인 세친의 『唯識三十頌』에 나타난 唯識無境의 논증을 간단히 살펴보고 본론의 주제로 돌아가겠다. 『唯識三十頌』의 제17게송에서는 다음과 같이 기술하고 있다.

> 인식작용(識)의 變容形態(vijñāna-pariṇāma)232)라는 것이 思考(忘分別)이다. 그런데 그것에(인식작용의 변용형태) 의하여 思考된 것(객관세계: 五蘊, 12處, 18界)은 존재하지 않는다. 따라서 <세계에 존재하는> 이 모든 것은 唯識(vijñapti-mātra)233)에 지나지 않는다.234)

만약에 모든 존재는 단지 유식이라고 하고 이것 이외에 창조하는 神(作者)도, 창조하기 위한 수단(作具)도 없다고 한다면, 어떻게 하여 다른 것의 힘에 지배받지 않는 근본식(아라야식)으로부터 창조하는 수단이 존재하지 않음에도 불구하고 망분별

---

229) 유식학파에서는 唯識無境을 논증할 때 두 가지의 근거를 제시한다. 첫째는 聖敎(Āgama), 즉 경전을 인용하는 방법이다. 둘째는 道理(Yukti), 즉 인간세계 내에 존재하는 논리로서 논증하는 방식이다. 여기에서의 논리는 물론 불교사상체계 내에서의 논리이다. 본 연구에서 취급하는 것은 道理의 입장으로서의 논증이다. 聖敎(Āgama)와 道理(Yukti)의 입장에서 체계적으로 논증하고 있는 논서는 무착의 『攝大乘論』이다. 그리고 道理(Yukti)의 입장에서 가장 논리적으로 전개된 논서는 세친의 『唯識三十論頌』과 『唯識二十頌釋』(Viṃśatikā-vijñapti-mātratā-siddhiḥ)이다.
230) La, Ⅱ, 5-14.
231) 여기서는 서두에 『十地經』을 인용하여 聖敎에서의 근거를 제시한 후에 외계실재론을 주장하는 설일체유부(Sarvāsti-vādin), 경량부(Sautrāntika), 바이쉐시카(Vaiśeṣika)를 비판하여 唯識無境의 입장을 밝히고 있다.
232) 한역에서는 '識轉變'이라고 하며, 또는 '識의 變化', '변화하면서 생성하는 識'라고도 번역가능하다.
233) 唯識無境, 唯識은 같은 의미로 사용한다.
234) vijñānapariṇāmo 'yaṃ vikalpo yad vikalpyate /
　　 tena tan nāsti tenedaṃ sarvaṃ vijñaptimātrakam // Triṃśikā-vijñapti-kārika 17 //

(思考)이 생기하는가? 이 의문에 대하여 제18게송과 제19게송에서는 아라야식235)의 존재방식을 통하여 唯識無境의 논증을 서술하고 있다.

> <아라야>식(ālaya-vijñāna)은 <세계 내에 존재하는> 모든 것의 종(種子·bīja)이다. <그것(인식작용)의> 變容形態(轉變)는 상호에게 영향을 미치고 있고, 각각의 존재방식을 취하고, 그리고 그것(인식작용의 변용형태)에 의하여 갖가지의 思考가 생긴다.236)

요약하면 아라야식이 갖가지의 思考를 만들어 낸다고 할 수 있다.237)

> 행위(karma)에 의하여 초래된 잠재적 능력(vāsanā 習氣)은, <인식주체(所取)와 인식의 객체(能取)에 대한> 두 종류의 고집(집착)에 의해 초래된 잠재적 능력과 함께, 선행하는 變化的成熟態(異熟·vipāka)가 다하였을 때(전부 다 떨어졌을 때), 그것과는 다른 변용적 성숙태(이숙)를 생기시킨다.238)

즉 아라야식(ālaya-vijñāna)은 별도의 아라야식을 만들어 낸다고 해석할 수 있는 것이다.239)

---

235) 『唯識三十頌』의 아라야식에 대해서는 2게송 3句에서 5게송 1句를 참조바람.

236) sarvabījaṃ hi vijñānaṃ pariṇāmas tathā thatā /
yāty anyonyavaśād yena vikalpaḥ sa sa jāyate // Triṃśikā-vijñapti-kārikā 18 //

237) 안혜의 주석을 요약하면 다음과 같다. 모든 <미혹의 존재를 있게끔 하는> 가능성을 가진 아라야식이 존재한다. 아라야식과 7종의 現轉識(마나스식, 육식)은 변화하고 생성하여 갈 때 서로에게 원인이 되기도 하고, 동시에 결과도 되기도 하며 활동하고 전개하여 간다. 이와 같이 전개하여 가는 것에 의하여 그때그때에 망분별(사고)이 생기는 것이다.

238) karmaṇo vāsanā grāhadvayavāsanayā saha /
kṣīṇe pūrvavipāko 'nyad vipākaṃ janayanti tat // Triṃśikā-vijñapti-kārik 19 //

239) 안혜의 주석을 요약하면 다음과 같다. 과거의 생에서 모든 행위가 축척한 잠재력에 기인하여 현재의 생에 활동 가능하게 된 미혹의 존재의 근본으로 성숙한 果報로서의 아라야식이 다하였을 때(전부 다 떨어졌을 때)에 미래의 생에 미혹한 존재의 근본으로 성숙하는 과보로서의 아라야식이 생성한다. 즉 좋은 과보를 초래하기도 하고, 나쁜 과보를 초래하기도 하고, 아직 정하여지지 않은 선정의 단계의 과보를 초래하는 행위의 축적인 잠재력은 인식의 주체(주관)와 인식의 객체(객관)의 두 종류의 집착으로 축척해 온 잠재력과 협력하여 새로운 미래의 생에 미혹한 존재의 근본에 성숙하는 과보로서의 아라

이상과 같이『唯識三十頌』은 아라야식과의 관계 속에서 唯識無境의 논증을 서술하고 있다. 이것은 아라야식이 種子(bīja)로부터 세계 내의 모든 존재가 생기한다는 것을 주장하므로, 唯識無境의 논증 근거가 된다. 그렇다면 아라야식과의 관계 속에서 唯識無境을 논증하는 것은『唯識三十頌』이전의 논서에서는 발견할 수 없을까?[240]

유식계의 최초의 경전으로 분류되는『解深密經』의「分別瑜伽品」[241]에 '유식(Sanskrit: vijñaptimātra, Tibet: rnam par rig pa tsam)'이라는 단어가 최초로 등장한다.[242] 그리고 앞에서 이미 언급하였지만,『中邊分別論』1장 제3게송에는 아라야식이 존재하는 모든 사물을 생성시키는 활동을 한다고 하여, 다음과 같이 표현하고 있다.

> 識(vijñāna 인식작용)이 일어날 때 그것은 對象(외경)과 衆生(유정)과 <自>我와 識(vijñapti 了別)으로서 顯現[243]한다. 그러나 그것의 대상<들>(식(vijñāna)의 네 가지의 현현)은 존재하지 않는다. 그것들(4가지의 대상들)이 존재하지 않기 때문에 그것(vijñāna)도 또한 존재하지 않는다.[244]

세친은 주석에서 우리들의 인식작용을 나타내는 顯現(pratibhāsa or ābhāsa)에 내재하는 허망성에 기초하여 대상(외경)의 비존재를 논증하고 있다. 또한 이것은 아라야식이 모든 존재를 생성하는 활동을 한다는 것을 4종류로 분류하여 정리한 것이므

야식을 생성시키다.『大乘佛典15 世親論集』(東京: 中央公論社, 1991), pp.135-157 참조.

240) 勝呂信靜는 아래의 논문에서 세친 이전의 논서(經을 포함하여)에서는 아라야식의 관계 속에서 唯識無境을 논증하는 것을 발견할 수 없다는 입장이다.(勝呂信靜,「アーラヤ識 說と唯識無境」,『佛教學』第16號, 1983)

241) P: 29卷 13, 5-7.

242) 『解深密經』에서 최초로「vijñapti-mātra(唯識)」이라는 개념이 등장한다는 학자들의 의견에 대해서는 舟橋尙哉(「唯識思想の成立について - 唯心から唯識 -」,『佛教學セミナー』第49號, 大谷大學佛教學會, 1989)를 참조하기 바람.

243) pratibhāsa or ābhāsa or prabhāsa(있는 것처럼 보이게 하는 것)은 '識이 대상으로 顯現하다.' '識이 일어나다.'의 의미이다. 현현(顯現)에 대해서는 上田義文(「彌勒·無着·世親におけるpratibhāsaの意味」,『干潟博士古稀記念論文集』, 1994)을 참조하기 바람.

244) / artha-satvātma-vijñapti-pratibhāsam prajāyate / vijñānaṃ na asti ca asyārthas tad-abhāvāt tad apy asat // 1-3 // (Madhyāntavibhāga-bhāṣya, by Nagao, p.18)

로, 여기에 아라야식이 전제되고 있는 것은 명확하다. 따라서 유식(vijñapti-mātra) 또는 唯心(citta-mātra)이 외부의 모든 대상의 부정을 전제로 하는 것이고, 유식이라는 단어에서 識(vijñapti)이 아라야식을 가리키는 것이므로 無境이라는 개념이 등장하지 않는다. 따라서 세친 이전의 논서에서 唯識無境의 논증이 아라야식과의 관계 속에서 논증되지 않았다고 하는 勝呂信靜[1983]의 주장은 무리가 있다고 생각한다.

2. 『大乘莊嚴經論』과 『攝大乘論』의 인용구에 관한 비교연구

勝呂信靜는 그의 저서[1990][245]에서, 『攝大乘論』(La, 2-9)에 『大乘莊嚴經論』의 제11게송과 제24게송이 인용되어 있는 것에 주목하여, 상세하게 두 논서 사이의 唯識無境에 대한 인용구문을 기술하고 있다. 그리고 두 게송이 唯識無境을 전제로 하고 있지만 『大乘莊嚴經論』의 제24게송이 '둘(所取·能取)의 부정'을 중요한 과제로 삼고 있는 반면 『攝大乘論』(La, 2-9)에는 '둘(所取·能取)의 부정'에 대한 설명이 없다고 주장하였다. 勝呂信靜의 주장에 대해 논자는 전적으로 지지를 보낼 수 없다. 따라서 여기서는 『大乘莊嚴經論』의 제24게송과 『攝大乘論』에서 '둘(所取·能取)의 부정'이 중요한 과제인가를 밝히고자 한다. 먼저 제24게송[246]에 대한 세친의 주석부터 살펴보자.

색의 미란의 원인(因)이 되는 識(認識), 그것이 色識(五根·五境)이라고 인정된다. 색의 미란은 색을 가지지 않은 식이다. 색식이 존재하지 않기 때문에, 다른 한쪽(他方)

---

245) pp.398-401.

246) bhrānter nimittaṃ bhrāntiś ca rūpavijñaptir iṣyate / arūpiṇī ca vijñaptir abhāvāt syān na cetarā // 11-24 // (迷亂의 원인(因)과 미란은 色識과 색을 가지고 있지 않은 식(非有色識)이라고 인정된다. 존재하지 않기 때문에 다른 것도 존재하지 않는다.)

의 색을 가지지 않는 식도 존재하지 않는다. 원인인 <색신>이 존재하지 않기 때문에 <결과인 색을 가지고 있지 않은 식(非有色識)도 존재하지 않는다.>247)

안혜는 제24게송 1句·2句에 대해 다음과 같이 주석하였다.

범부들의 識(vijñapti)은 두 종류로서 생기한다고 인정된다. 즉 미란의 인과 미란이다. 미란의 인이란 眼根에서 身根까지의 五根, 色에서 觸에 이르러는 五境이다. 이것들의 일체는 최초에도 미란인 인식(vijñāna)에서 현현하고, 나중에도 또한 미란인 心의 원인(因)이 되기 때문에 미란의 인을 色識이라고 인정된다.
"미란"이란 이것들의 <오>근과 <오>경에 대하여 '이것과 이것은 이와 같다.'라고 분별하는 眼識 등이고, 미란을 비유색식(arūpiṇī vijñapti)이라고 인정된다는 의미이다.248)

또 계속해서 제24게송 3句와 4句에 대해서 안혜는 다음과 같이 주석하였다.

이처럼 오근과 오경은 존재하지 않기 때문에 다른 한쪽도 존재하지 않는다. <오>근과 <오>경에 의지하고 있는 소연(대상)의 모든 인식도 또한 비존재이다. 왜냐하면 所取와 能取의 비존재는 논리적으로 타당하지 않기 때문이다.
"색의 미란의 원인(因)이 되는 識(認識), 그것이 색신(오근·오경)이라고 인정된다."

---

247) rūpabhrānter yā nimitta−vijñaptiḥ sā rūpa−vijñaptir iṣyate rūpākhyā / sā tu[L: p.61, 1] rūpa−bhrāntir arūpiṇī vijñaptiḥ / abhāvād rūpa−vijñapter itarāpi na syād arūpiṇī vijñaptiḥ / kāraṇābhāvāt //

248) / nor bahi rgyu ni nor ba daṅ // gzugs kyi rnam par rig par ḥdod // gzugs med pa yi(P: paḥi) rnam par rig / (bhrānter nimittaṃ bhrāntiś ca rūpavijñaptir iṣyate / arpiṇī ca vijñaptir // 24ab //) // ces bya ba la / byis pa rnams kyi rnam par rig pa ni rnam pa[D: 178b] gñis su ḥjug par ḥdod de / nor bahi rgyu daṅ nor baḥo // de la nor bahi rgyu ni mig gi dbaṅ po nas lus kyi dbaṅ poḥi bar du dbaṅ po lṅa daṅ / gzugs nas reg byaḥi bar du yul lṅa P: omit la byaḥo // de dag thams cad daṅ po yaṅ rnam par śes pa ḥkhrul pa la snaṅla / phyis kyaṅ sems ḥkhrul paḥi rgyu byed paḥi phyir te / nor bahi rgyu la ni gzugs kyi rnam par rig pa śes bya bar ḥdod do // nor ba ni dbaṅ po daṅ yul de dag la ḥdi daṅ ḥdi ḥdra źes gcod par byed paḥi mig la sogs paḥi rnam par źes pa la bya ste / nor ba la ni gzugs med paḥi rnam par rig pa yin par ḥdod do źes bya baḥi don to // (P: 197b5−8)

라는 것 중에 '색'이란 오근과 오경이다. 이것들은 또한 식(vijñāna, 인식)으로부터 생기하기 때문에 색의 미란의 인(因)은 5종류라고 알아야 한다. 식(vijñapti)으로부터 오근과 오경이 현현하는 것을 색식이라고 인정된다는 의미이다.

"색의 미란, 그것은 색을 가지지 않은 식(비유색식)이다."에서 '색의 미란'이란 '이것은 푸른색이다. 이것은 황색이다.'라고 분별하는 안식 등이라고 알아야 하며, 그것이 비유색식이라는 의미이다.

'원인(因)이 존재하지 않기 때문에'라는 것은 종자가 없기 때문에 결과가 생기하지 않는 것과 같이 모든 식의 생기의 원인은 오근과 오경이고, 오근과 오경이 생기하지 않으면 모든 식(vijñāna)도 생기하지 않는다는 의미이다.249)

안혜의 주석을 요약하면 미란의 원인(색식)은 오근과 오경이고, 미란(비유색식)은 안식 등이다. 그는 원인인 오근과 오경이 존재하지 않기 때문에 결과인 안식도 존재하지 않는다고 논증한다. 즉 안혜는 제24게송에 대해 둘의 부정을 통하여 唯識無境을 기술하고 있음을 알 수 있다.

---

249) / dṅos po med phyir gźan med ḥgyur(abhāvāt syān na cetarā // 24cd /) /// źes bya ba la / de ltar dbaṅ po lṅa daṅ yul lṅaḥi dṅos(P, D: dbaṅ) po med par gyur na gźan yaṅ med par[P: 198b]ḥgyur te / dbaṅ po daṅ yul la brten(P: rten) cin dmigs paḥi rnam par źes pa rnams kyaṅ med par ḥgyur ro // ciḥi phyir źe na / gzuṅ ba med pa P: omit daṅ ḥdsin pa med pa ni(P, D: mi) rigs paḥi phyir ro /
/ gzugs su nor baḥi rgyu rnam par rig pa de ni gzugs kyi rnam par rig pa gzugs źes bya bar ḥdod do(rūpabhrānter yā nimittavijñaptiḥ sā rūpavijñaptir iṣyate rūpākhyā /) źes bya ba la / gzugs kyi sgras ni dbaṅ po lṅa daṅ yul lṅa la bya ste / de dag kyaṅ rnam par śes pa las byuṅ bas na gzugs su nor baḥi rgyu(P, D: rgyur) ni rnam pa lṅar rig par byaḥo // rnam par rig pa las dbaṅ po lṅa daṅ yul lṅar snaṅ ba la ni gzugs kyi rnam par rig pa źes bya bar ḥdod do źes bya baḥi don to // gzugs su nor ba de yaṅ rnam par rig pa gzugs med pa ste(sā tu rūpabhrāntir arūpiṇi vijñaptiḥ) / źes(D: de ñid ces) bya ba la / gzugs su nor ba ḥdi ni snon po ḥdi ni ser po źes rtogs paḥi mig la sogs paḥi rnam par śes pa la bya ste / de ni rnam par rig pa gzugs med do źes bya baḥi don to/
/ rgyu med paḥi phyir ro(kāraṇabhāvāt) / źes bya ba la / sa bon med na ḥbras bu mi skye ba bźin du rnam par śes pa rnams skye baḥi rgyu ni yul lṅa daṅ dbaṅ po lṅa yin te / yul lṅa daṅ dbaṅ po lṅa med par ḥgyur(D: gyur) na rnam par śes pa rnams kyaṅ mi ḥbyuṅ ṇo źes baḥi don to // (P: 197a8 − 197b5)

이것에 대해 무성은 다음과 같이 주석하고 있다.

"迷亂의 원인(因)과 미란"이란, 어리석은 자에게는 이 식(vijñapti)이 두 종류로서 생기한다. 즉 미란의 인과 미란이다. 이 중에서 미란의 인이란 색식이라고 인정된다. 색이란 말에 의하여 명칭, 색 등의 <오>온이 포섭된다. 즉 어리석은 자들은 무시이래의 습관에 의하여 무아인 색 등의 <오>취온을 자아라고 생각한다. 이처럼 어리석은 자들에 의하여 분별된 눈, 색 등의 것은 존재하지 않지만, 무시이래의 습관에 의하여 어리석은 자들에게 虛妄分別이 눈, 색 등으로 현현하는, 이 색식이 미란의 인이다.

한편 그 안식 등은 <어떤 것에 대하여> '이것은……이다.'라고 파악하는 形相을 일으키는 것이고, 이 색을 가지지 않는 식(비유색식)은 미란의 본질이다. 미란의 인이고, 의지인 색으로서 현현하는 그 식은 존재하지 않기 때문에, 다른 한쪽의 안식 등의 비유색식도 존재하지 않는 것이다.

"인이 존재하지 않기 때문에"라는 것 중에 인이란 명칭과 색 등이고, 그 인이 존재하지 않기 때문에 果라는 안식 등도 존재하지 않는 것이다.250)

무성의 주석을 요약하면, <원>인이란 명칭과 색 등이고, 그 원인이 존재하지 않

---

250) [D: 87b5] / ḥkhrul paḥi rgyu daṅ ḥkhrul pa(bhrānter nimittaṃ bhrātiś ca / 24a) /// źes bya ba ni byis pa rnams(P: rnams, omit) kyi rnam par rig pa ḥdi ni rnam pa gñis su ḥbyuṅ ste / ḥdi lta ste ḥkhrul paḥi rgyu daṅ / ḥkhrul paḥo // de la ḥkhrul paḥi rgyu ni gzugs kyi rnam par rig pa yin par ḥdod de / gzugs źes smos pas ni mig daṅ gzugs la sogs pa gzugs kyi phuṅ po bsduḥo // ḥdi lta ste byis pa rnams ni thog ma med paḥi dus nas goms pas bdag med bźin du gzugs la sogs pa ñe bar len paḥi phuṅ po rnams bdag ñid du snaṅ ṅo // de ltar byis pas kun brtags pa mig daṅ gzugs la sogs …… ñid du snaṅ ba gzugs kyi rnam par rig pa ḥdi ni ḥkhrul paḥi rgyu yin no // mig gi rnam par śes pa la sogs pa de ni ḥdi yin no źes ḥdsin paḥi rnam par rig pa(P, D: ḥjug pa) gaṅ yin pa gzugs can ma yin paḥi rnam par rig pa [D: 88a, Ta: 175] ḥdi ni ḥkhrul paḥi ṅo bo ñid yin no……(P: de ni ḥdi yin no źes ḥdsin paḥi rnam paḥi rnam par ḥjug pa gaṅ yin pa gzugs can ma yin paḥi rnam par rig pa ḥdi ni ḥkhrul paḥi ṅo bo ñid yin no /) /// ḥkhrul paḥi rgyur gyur ciṅ gźir gyur pa gzugs su snaṅ baḥi rnam par rig pa de med paḥi phyir cig śes mig gi rnam par śes pa la sogs pa gzugs can ma yin pa rnam par rig pa yaṅ med par ḥgyur ro //
/ rgyu med paḥi phyir ro(kāraṇābhāvāt / 24)d / źes bya ba la / rgyu ni miṅ daṅ gzugs la sogs pa ste / rgyu de med paḥi phyir ḥbras bur(P: bu) gyur paḥi rnam par rig par mig gi rnam par śes pa la sogs pa yaṅ med par ḥgyur ro // (P: 97b5－98a3)

기 때문에 결과인 안식 등도 존재하지 않는다. 즉 무성도 '둘의 부정'을 통해 唯識無境을 설하고 있다. 단지 안혜의 주석과 무성의 주석의 차이는, 무성이 색식에 <五取>蘊을 추가한 것뿐이다. 특히『攝大乘論』에서도 唯識無境의 도리를 설명하는 곳에서『大乘莊嚴經論』의 제24게송이 인용되어 있는데, 무성은 주석서인『攝大乘論釋』에서도 '둘의 부정'을 唯識無境의 중요한 과제로서 주석하고 있다.

그러나 안혜에 있어서는 '無所取와 無能取라는 2취의 단어가 등장하므로 오근·오경을 所取, 모든 식을 能取에 적용시킬 수 있다. 그렇지만 "오근·오경은 인식(vijñāna)으로부터 생기하기 때문에 색의 미란의 因이고, 식으로부터 오근·오경이 현현하는 것이 색식이다."고 주석하기 때문에 안혜의 경우도 '둘의 부정'이라고 할 수 있다.

『大乘莊嚴經論』의 제24게송은『攝大乘論』의 2－9251)에 인용되어 있는데, 이 인용문에 대해 무성은 다음과 같이 주석한다.

미란의 원인은 색으로서 현현하는 식이라고 승인된다. 미란은 색을 가지지 않는 식(비유색식)으로서 승인된다. 따라서 만약 색으로 현현하는 유색의 식이 없다면, 색을 가지지 않는 식(비유색식)도 없게 된다. 대상(viṣaya)이 없이 대상<에 관한 지식>이 있다는 것은 타당하지 않다.252)

---

251) ḥkhrul paḥi rgyu daṅ ḥkhrul pa ni // gzugs kyi rnam par rig pa daṅ / rnam rig gzugs can min par ḥdod // med par gyur **na** cig os med / (Mahāyāna－saṃgraha, 2－9).
그러나『攝大乘論』의 티베트역을 보면,『大乘莊嚴經論』의 티베트역과 3句는 순서가 다르지만, 4句는 'na'를 삽입하고 있다. 무성은 'na'를 조건(gal te……na)으로서 번역하고 있다. 勝呂信靜[1990]도 'na'를 조건으로 해석하고 있다.
/ ḥkhrul paḥi rgyu daṅ ḥkhrul pa ni // gzugs kyi rnam par rig pa daṅ // guzgs can min rnam(P: nam) rig par ḥdod // med **phyir** cig śos kyaṅ med ḥgyur / 11－24 //

252) / ḥkhrul paḥi rgyu ni gzugs su snaṅ baḥi rnam par rig par ḥdod do / ḥkhrul pa ni gzugs can ma yin paḥi rnam par rig par ḥdod do // de bas na gal te gzugs su snaṅ pa gzugs can gyi rnam par rig pa med du zin na ḥkhrul pa gzugs can ma yin paḥi rnam par rig pa yaṅ med par ḥgyur te / yul med paḥi yul can ni mi ruṅ ṅo // (D: 223a2).

이처럼 무성은 본 게송에 따라 미란과 미란의 인과의 상호 관계를 기술하고 있지만, 『攝大乘論』의 전후 내용을 살펴보면 명백하게 唯識無境을 기술하고 있고, 그의 주석서 『攝大乘論釋』에서도 본 게송을 충실히 반영하고 있다. 특히 『大乘莊嚴經論』의 저자를 미륵, 『攝大乘論』의 저자를 무착이라고 가정한다면, 무착이 미륵의 문장을 인용할 때 미륵의 생각과 다른 의미로서 인용하지 않았을 것이다.

3. 『大乘莊嚴經論』의 唯識無境

『大乘莊嚴經論』의 제11장(산스크리트本) 제34게송과 제35게송은 명확한 형태로 唯識無境을 전개하고 있다. 논자는 먼저 안혜와 무성253)의 양 주석서를 참고로 하여 『大乘莊嚴經論』에서의 唯識無境을 밝히고, 안혜와 무성의 사상적 입장과 주석의 태도를 밝히고자 한다. 그리고 『攝大乘論』의 주석서인 무성의 『攝大乘論釋』 제2장(jñeya-lakṣaṇa 所知相)과 『大乘莊嚴經論』의 唯識無境에 대해 비교하여 기술하고자 한다.

---

253) 학자들 사이에 안혜를 무상유식학파(Nirākāravijñāna-vādin)로 분류하는 것에 대해서는 이론이 없는 것 같다. 그런데 무성은 지금까지 중국문헌에 의하여 유상유식학파(Sakāravijñāna-vādin)로 간주되었다. 그러나 최근의 티베트 문헌을 중심으로 한 연구가 진행되어 일본학자들 사이에 반론이 제기되었다. 즉 무성은 유상유식학파가 아니라 안혜와 같은 무상유식학파에 속하는 인물 또는 동일 계통의 인물로 간주하는 논문이 발표되었다. 이들 학자의 주장을 구체적으로 기술할 수 없으므로 대표적인 학자의 이름과 논문만을 소개한다.

   袴谷憲昭, 「玄奘譯 攝大乘論釋について」, 『印佛研』 第18卷 第1號, 1969, pp.140-141
       「『MS』に對するAsvabhāva 註釋の特徵」, 『印佛研』 第19卷 第1號, 1970, pp.444-439.
   島律現淳, 「無性の唯識思想における立場」, 『同朋大學論叢』 第二十六號, 1972, pp.167-176.
   片野道雄, 「無性の學流について」, 『大谷大學佛教學報』 第28號, 1973, pp.67-80.
       『唯識思想の研究』(京都: 文榮堂書店, 1978).

1) 「求法品」 제34게송의 唯識無境

'唯識性(vijñapti-mātratā)을 탐구하는 것'에 관한 다음의 두 게송을 보자.
제34게송에서

> 마음(citta)[254]은 둘로서 顯現한다.(1句) 貪 등의 顯現도, 信 등의 顯現도, 이와 같다
> 고 인정된다.(2·3句) 그것 이외의 다른 염오법과 善法은 존재하지 않는다.(4句)[255]

라고 하였다. 세친은 이것에 대해 다음과 같이 주석한다.

> <唯>心이야말로 둘(二)로서 顯現한다고 인정된다. 즉 所取(파악되는 것)의 현현(顯
> 現)과 能取(파악하는 것)의 顯現이다. 이와 같이 貪 등의 雜染의 顯現도, 信 등의 善法
> 의 顯現도 그것과 같다고 인정된다. 그러나 그것의 顯現으로부터 다른 貪 등을 특질로
> 하는 雜染法은 존재하지 않는다. 또한 信 등을 특질로 하는 善<法>도 존재하지 않는
> 다. 둘(二)의 顯現으로부터 다른 二(所取·能取)의 特質이 존재하지 않는 것과 같다.[256]

『大乘莊嚴經論』에서는 '유식성(vijñaptimātratā)'이라는 제목으로 제34게송과 제35
게송을 시작하고 있다. 따라서 두 게송은 唯識無境에 관한 내용임에 틀림없다. 그런
데 제34게송과 제35게송에서는 유식(vijñaptimātra)이라는 용어 대신에 심(citta)이라
는 개념을 사용하고 있다.

계속해서 'vijñaptimātratā(唯識性)'[257]에 대한 안혜의 주석을 살펴보자.

---

254) citta(心)의 어원에 대해서는 兵藤一夫, 「心(citta)の語義解釋」, 『佛教學セミナー』 第36
　　　號, 1982를 참조.
255) cittaṃ dvayaprabhāsaṃ rāgādyābhāsam iṣyate tadvat /
　　　śraddhādyābhāsaṃ na tadanyo dharmaḥ kliṣṭakuśalo 'sti / 11-34 /
256) / cittamātram eva dvayapratibhāsam iṣyate grāhya-pratibhāsaṃ grāhakapratibhāsaṃ ca / tathā
　　　rāgādi-kleśābhāsaṃ tad eva iṣyate / śraddhādikuśaladharmābhāsaṃ vā / na tu tadābhāsād
　　　anyaḥ kliṣṭo dharmo 'sti rāg'ādilakṣaṇaḥ kuśalo vā śraddh'ādilakṣaṇaḥ / yathā dvaya-
　　　pratibhāsād anyo na dvayalakṣaṇaḥ // L, p.63.20-23 //

唯識이라고 하는 말(語)은 모든 心所(마음의 작용, caitta)도 포섭하는 것(gzuṅ)이고, 唯(mātra)라는 말(語)은 마음과 마음의 작용뿐이고, 외부의 色 등의 것은 존재하지 않는다고 배제하는 것이다. 어떤 유심론자(sems tsam du smar ba kha cig)는 "유식이라는 것은 마음(心)뿐이고, 마음(心)으로부터 배제된 心所法과 외부의 모든 대상은 존재하지 않고, 양자는 존재하지 않는다."고 한다. 일체의 三界는 마음(心)과 마음의 작용(心所)뿐이고,258) 외부의 法(사물)은 존재하지 않는다고 이해하고, 알아야만 한다고 二偈(34, 35게송)에 의하여 말해지고 있다.259)

여기서 안혜는 우선 유식이라는 것에 대하여 두 가지의 주장이 존재함을 밝히고 있다. 첫째는 안혜 자신의 의견이다. 즉 유식이라는 것은 심(citta)260)과 심소(caitta)

---

257) 『大乘莊嚴經論釋』(티베트역), 『大乘莊嚴經論復註』, 『大乘莊嚴經論廣註』에서는 'vijñaptimātratā'의 티베트역을 'rnam par rig pa tsam'라고 하였다. 'vijñaptimātratā'의 티베트역에 해당되는 것은 'rnam par rig pa tsam ñid'라고 생각된다. 티베트인 왜 'vijñaptimātratā'을 'rnam par rig pa tsam'로 번역하였는지 알 수 없다. 또한 『唯識三十論頌』의 티베트역에도 'vijñaptimātratā'의 번역어를 'rnam par rig pa tsam'로 하고 있다. 'vijñaptimātratā'와 'vijñaptimātra'의 차이점에 대해서는 勝呂信靜의 「唯識と法性」(『佛敎における法の硏究』, 春秋社, p.261)을 참조하라.

258) 삼계(三界)가 유식이라는 표현은 『十地經』에 나타나 있다.
/ tasyaivam / cittam mātram idaṃ yad idaṃ traidhātukam / yāny api imāni dvādaśabhavāṃgāni tathāgatena prabhedaśo vyākhyātani tāny api sarvāṇy eka−citta samāśritāni //
(Daśabhūmikasūtra, ed J. Rahder[1926], p.49.10), (Daśabhūmīśvaro nāmo mahāyānasūtra, ed R. Kondo [1962] p.98.8)
또한 『唯識二十頌釋』에는 『十地經』을 인용하고 있다.
/ citta−mātraṃ bho jinaputrā yad uta traidhātukam iti sūtrāt /
(Viṃśatikā−vijñapti−mātratā−siddhiḥ, ed Lévi, p.3.1−2 //

259) *rnam par rig pa tsam* gyi sgras ni sems las byuṅ ba rnams kyaṅ gzuṅ *ste / tsam* gyi sgras ni sems daṅ sems las byuṅ ba tsam du zad kyi phyiḥi gzugs la sogs paḥi gzugs yod pa ma yin par ḥgog go // sems tsam du smra ba kha cig ni rnam par rig pa tsam źes bya bas sems tsam du kyi / sems las ma gtogs par sems las byuṅ baḥi chos daṅ phyiḥi yul rnams med kyaṅ med par ḥdod do // ḥdiḥi skabs su ni de gñi ga la bya bar ḥdod do // khams gsum thams cad ni sems daṅ sems las byuṅ ba tsam du zad kyi phyiḥi chos med do źes par bya ba la tshigs su bcad pa gñis kyis bstan to źes bya baḥi don to /// (P: 204a2−4)

260) 漢譯은 心王

만 존재하고, 외부의 대상(artha)인 색(rūpa) 등은 존재하지 않는다는 것을 의미한다는 것이다.

둘째는 어떤 유심론자(sems tsam du smar ba kha cig)의 "유식이라는 것은 마음(心)뿐이고, 마음(心)으로부터 배제된 마음의 작용(心所法)과 외부의 모든 대상은 존재하지 않고, 양자(심소와 대상)는 존재하지 않는다."라는 의견이다. 즉 이 유심론자(sems tsam du smar ba kha cig)는 마음(citta)의 존재만을 인정하고, 마음의 작용(心所)과 외부 대상의 존재를 부정하고 있다. 그리고 안혜는 "일체의 三界는 마음과 마음의 작용뿐이고 외부의 法(사물)은 존재하지 않는다."라고 하여 전자의 입장을 안혜 자신이 지지하고 있음을 밝히고 있다.

무성261)도 제34게송에서 등장하는 'mātra(唯)'라는 개념에 대해 다음과 같이 주석을 하고 있다.

唯(mātra)라는 말(語)은 대상을 배제하기 위함이다. 마음(心)만이 포섭되는 것이

---

261) 무성(無性)의 연대에 대해서는 아직 불확실하다. 논자는 잠정적으로 片野道雄의 주장을 지지한다. 그러나 무성의 연대 확정에 관한 자료로서『大乘莊嚴經論廣註』에 나타난 것을 제시하고자 한다. 무성은 제5게송의 주석 중에 유명한 산스크리트 문법학자인 바르트리하리(Bhartṛhari)의 「Vakyapadīya」를 인용하고 있다.

"bha dri ha ris(Bhartṛhari)에 의하여 <다음과 같이 말하여졌다.>"
"천(天), 지(地), 풍(風), 태양(太陽), 해(海), 천(川), 방향(方向)은 외부에 상정(想定)된 사람(人) 마음(心)의 실재(實在)의 부분(部分)이다."(dyauḥ kṣamā vāyur ādityaḥ sāgarāḥ sarito diśaḥ / antaḥkaraṇatattvasya bhāgā bahiravasthitāḥ // 3−7−41 // 297 // The Vākyapadīya of Bhartṛhari //)

이상과 같이 무성은 「Vākyapadīya」를 인용하고 있으므로 Bhartṛhari보다는 연대가 내려가는 것은 확실하다. 그러나 현재 Bhartṛhari의 연대가 확정된 상태가 아니기 때문에 무성의 연대 확정에 결정적인 단서를 제공하지는 못한다. 또한 35게송에 대한 무성의 주석 중에 다음과 같은 표현이 있다.
"다음과 같이 선생(ācārya)에 의하여 以前에(ṣal sna nas kyis) <다음과 같이 설하여졌다.> 유식에 있어서 心은 다른(他) 心에 의한 所緣으로서 존재하는 것은 아니다."(/ ji skad du slob dpon gyi źal sna nas kyis / rnam par rig pa tsam las sems kyaṅ sems gźan gyis dmigs par yod pa ma yin no źes bśad pa lta buḥo /)
그런데 이 주석 속에서 무성이 '선생(ācārya)'이라고 하는 인물이 누구인지를 밝혀낸다면 무성의 연대확정에 결정적인 단서를 제공할 것이다.

아니다. 그 마음(心)도 여기에 있어서 相應을 가지고 있다고 보아야 한다고 말하고 있으므로 여기서는 마음의 작용(心所)도 포섭된다.262)

이처럼 무성도 안혜와 같이 유식이라는 것은 마음과 마음의 작용을 포함하는 것으로 주석하고 있다. 또한 무성은 『攝大乘論』에서 『十地經』의 "이 三界는 唯心이다."라는 인용문에 대해 주석서인 『攝大乘論釋』에서 '유심(citta-mātra)'의 의미에 대해 다음과 같이 주석한다.

　　唯心 云云이라고 하는 것 중에서 마음(心)이란 식(vijñāna)과 동의<어>이다. 그리고 唯(mātra)라는 말에 의하여 대상(外境)이 배제된다. 이것(대상)이 존재하지 않으므로 能取(grāhaka, 파악하는 것)도 배제된다. <能取·所取의 둘은> 분별된 것이기 때문이다. 이 <마음은> 마음의 작용(심소) 없이는 생기하지 않기 때문에, 諸心所는 배제되지 않는다. 예를 들면 "<어떤 이가> 諸心所가 없이는 어떠한 때에도 마음(心)은 결코 생기하지 않는다." 云云이라고 설하여 있는 것과 같다.263)

여기서 보듯이 무성은 心(citta)을 識(vijñāna)의 동의어로 사용하고 있다. 그는 『攝大乘論』의 주석에서도 심(citta)을 식(vijñāna)과 동일한 개념으로 사용하고 있다.

이상의 내용에서 확인할 수 있듯이 안혜와 무성 양자는, 유식은 마음(心)·마음의 작용(心所)을 포함하지만 대상은 배제된다고 주석하고 있다. 따라서 이 두 사람은 같은 입장을 가진 유식론자임을 추측할 수 있다.

그런데 안혜의 주석 중에서 특히 주목되는 것은 '어떤 유식론자'의 의견이다. 이 인용문을 보면 안혜가 활약하는 시대에 안혜와 다른 생각을 가진 '유식론자'가 존재

---

262) tsam źes smos pa ni don dgag paḥi ched yin no // sems ḥbaḥ źig gzuṅ ba ni ma yin te / sems de yaṅ ḥdir mtshuṅs par ltan pa daṅ bcas par blta bar byaḥo źes bya baḥi phyir ḥdir ni sems las byuṅ ba rnams kyaṅ gzuṅ ṅo // (P: 99b5-6)

263) // sems tsam źes bya ba la sogs pa la sems ni rnam par rig pa daṅ don gcig go // tsam gyi sgras ni don sel bar byed de / de med pas ḥdsin pa yaṅ sel te / brtags paḥi phyir ro // de sems las ḥbyuṅ ba med par mi ḥbyuṅ baḥi phyir sems las / byuṅ ba rnams ni mi [P: 271a] dgag ste / ji skad du sems las byuṅ ba rnams med par sems nam yaṅ mi ḥbyuṅ po źes bya ba la sogs pa gsuṅs pa lta buḥo //(P: 270b7-271a1)

하고 있었다는 것을 추측할 수 있다. 이 '어떤 유식론자'가 어떤 사람 또는 학파인지 단정할 수는 없지만, 규기의 말264)을 신용한다면 십대논사 중의 하나로 추측 가능하다. 게송(kārikā)의 주석을 보면 보다 분명하게 드러날지도 모른다.

계속해서 게송에 대한 안혜의 주석을 살펴보기로 하겠다.

> 마음(心)은 둘로서 顯現한다.(cittaṃ dvayaprabhāsaṃ)

이것에 대해 안혜는 다음과 같이 주석한다.

> 여기서 심이라는 말은 아라야(ālaya) 등의 識(인식작용 vijñāna)과 모든 心所에 관한 것이다. 심과 심소로부터 所取와 能取의 둘로서 현현하지만, 심 이외의 것은 존재하지 않는다는 의미이다. 또한 唯心이 所取(파악되는 것)와 能取(파악하는 것)로서 현현하지만, 그것(心)으로부터 배제된 심소와 所取·能取는 존재하지 않는다.265)

여기서 우선 안혜는 심(citta)을 아라야식, 마나스식(마나스라고 불리는 인식작용, manas-nāma-vijñāna), 육식(대상 영역의 인식작용)의 동의어266)로서 주석하고 있고, 또한 심이 심소를 동반하는 것이라고 주석하고 있다. 이처럼 심과 심소를 상응하는 것으로 보는 견해가 안혜 자신의 입장이라고 생각된다. 이것은 위에서 언급한 '어떤 유식론자'의 의견, 즉 심과 심소를 동일시하는 입장과 다르다.

---

264) 『成唯識論述記』 권1(大正藏 43, 231 이하).

265) / *sems ni gñis su rab tu snaṅ* // *źes* bya ba la / *sems* kyi sgras ni kun gźi la sogs pa rnam par śes pa daṅ sems las byuṅ ba rnams la bya ste / sems daṅ sems las byuṅ ba las gzuṅ ba daṅ ḥdsin pa gñis su snaṅ bar zad kyi / sems las sogs śig na med do źes bya baḥi don to // yaṅ na sems ñid du gzuṅ ḥdsin du snaṅ bar zad kyi / de las ma gtogs par sems las byuṅ ba daṅ / gzuṅ ḥdsin med do źes baḥi don to // (P: 204a5-6)

266) 心이 아라야식, 마나스식(마나스라고 불리는 인식작용), 육식(인식대상의 인식작용)과 동의어로 취급한 것은 초기유식의 문헌에는 보이지 않지만, 『唯識二十頌釋』에는 나타나 있다. 안혜의 주석도 이것을 근거로 삼고 있다고 볼 수 있다.
/ cittaṃ mano vijñānaṃ vijñāptiś ceti paryāyaḥ / tac ca cittam atra sasaṃyogaprayogam abhipretam // Viṃśatika ed Lévi, p.12. 12-13

그러나 여기서 주목하고 싶은 것은 안혜의 주석 태도이다. 위의 주석을 보면 알수 있는 것과 같이, 그는 '어떤 유식론자'의 의견을 배척하지 않고 자신의 해석 속에 포함시키려는 의도를 가지고 있다. 그리고 또 하나의 중요한 점은 심(citta)을 아라야식으로 대체하고 있다는 것이다. 이것은 세친과 무성에 있어서는 보이지 않는 태도이다. 원문에 대한 충실한 주석의 관점에서 본다면 세친과 무성의 주석이 바른 태도라고 볼 수 있다. 그러나 원문 자체의 의미상으로 보면 心을 아라야식으로 주석하는 것이 타당하다고 본다.

무성은 세친의 주석인 "이 唯心은 所取로서의 顯現과 能取로서의 顯現의 둘(二)의 현현이 인정된다."(cittamātram eva dvayapratibhāsam iṣyate grāhya−pratibhāsaṃ grāhakapratibhāsaṃ ca)에 대해 단지 "대상(外境)은 존재하지 않는다."(phyi rol gyi don med do // P: 99b6−7 //)라는 것으로 끝을 맺고 있다. 그러나 위에서도 언급하였지만, 안혜의 입장과 다른 점은 발견할 수 없다. 입장의 다른 점이 발견되지 않는 다는 것은 곧 동일한 입장이라고 볼 수 있다.

이와 같은 주석의 태도는 『攝大乘論釋』에서도 발견할 수 있다. 제34게송 2句·3句·4句에 대한 안혜의 주석은 "貪 등의 雜染과 信 등의 善法은 心의 현현이고, 心을 떠난 그 어떤 것도 所緣의 대상과 같은 것으로는 존재하지 않는다."라고 요약될 수 있다. 즉 심을 떠난 별개의 실체적 존재로서 심소는 존재하지 않지만, 심과 상응하여 심소의 특질을 가진 것으로는 존재한다고 인정하고 있다. 이것이 안혜의 입장이라고 생각한다.

계속해서 안혜는 '어떤 유식론자'의 "오직 심으로부터 잡념과 선 등의 심소가 현현하지만, 심소가 그 자체 특질을 가지고 존재하지 않는다."[267]라는 견해를 소개하

---

267) / dad pa la sogs par snaṅ yaṅ // źes bya ba la / dad pa la sogs pa dge baḥi chos rnams kyaṅ sems ñid la snaṅ bar ḥdod do źes bya baḥi don to /
/ ñon moṅs dge chos yod ma yin // źes bya ba la / sems ñid las ḥdod chags la sogs paḥi ñon moṅs pa daṅ / dad pa la sogs pa dge baḥi chos kyaṅ sems la snaṅ bar zad kyi sems las ma gtogs [P: 204b]pa logs śig na dmigs paḥi yul lta bur yod pa ma yin no źes bya baḥi don to // sems las byuṅ ba rnams daṅ ldan paḥi mtshan [D: 184b] ñid du

고 있다.268) 무성도 안혜와 같이 심소의 실재를 인정하지 않고 있지만, 심과 상응하
여 심소가 존재한다는 것을 밝히고 있다. 그러므로 안혜의 입장과 동일하다고 볼
수 있다.

2) 「求法品」 제35게송의 唯識無境

계속해서 제35게송을 살펴보자.

이와 같이 심은 갖가지의 현현을 가지고(1句), 갖가지의 形象(ākāra)을 가지고 생기
한다.(2句)269) 그곳에 있어서(心) 현현은 존재와 비존재이다.(3句) 때문에 제법은 존재
하지 않는다.(4句)270)

세친은 다음과 같이 주석한다.

---

ni sems las byuṅ ba rnams med pa ma yin par ḥdod do // rnam par rig pa tsam du
sgra ba gñis pa ltar na ni sems ñid las ñon moṅs pa daṅ / dge ba la sogs pa sems la
byuṅ ba lta bur snaṅ gi sems las ma gtogs par sems las byuṅ ba yod par mi ḥdod do
źes bya baḥi don to / (P: 204a7－204b2)

268) 이 문제에 관한 『成唯識論』의 언급은 片野道雄의 논문[1973]을 참조.
269) 『攝大乘論』의 道理(yukti)로서 유식성(唯識無境)을 논증하는 곳에는 다음과 같은 동일한
표현이 있다.
/ sna tshogs cig car ḥbyuṅ bas ni sna tshogs kyi rnam par ḥbyuṅ baḥi phyir te // La, Ⅱ－
11 //
무성은 『攝大乘論釋』에서 다음과 같이 주석한다.
/ sna tshogs kyi rnam par ḥbyuṅ baḥi phyir te źes bya ba ni ri moḥi gdiṅ ba la sogs
pa la sna tshogs kyi rnam paḥi rnam par śes pa gcig kho na cha gcig ni gzuṅ ba daṅ
/ cha gcig ni ḥdsin par cig car ḥbyuṅ ṅo / gaṅ dag deḥi skye ba rim [P: 274a] gyis
ḥbyuṅ bar ḥdod pa de dag gi ltar na gźi chen po la yaṅ ñin gcig tu yaṅ sna tshogs
kyi blo ḥbyuṅ bar mi ḥgyur ro // (Peking: 273b7－274a1)
270) [L, p.63, 23]iti cittaṃ citrābhāsaṃ citrākāraṃ pravartate //
tatrābhāso bhāvābhāvo na tu dharmāṇāṃ tataḥ // 11－35 //

여기에서 심이야말로 실제로 갖가지 현현을 가지고 생기한다. 즉 貪의 현현을 가지고, 瞋의 현현을 가지고, 또는 그것 이외의 법(모든 사물)으로서의 현현을 가진다. 동시에 갖가지의 형상을 가지고 信과 勤 등의 형상을 생기한다. 잡념(kliṣṭa－kuśala)이나 선 등의 단계의 심에서의 현현은 존재와 비존재이다. 그러나 모든 선(kuśala)과 모든 잡념의 諸法은 그 현현을 떠나서 있는 것이 아니다. 그 특질이 비존재이기 때문이다.271)

계속해서 안혜는 게송(kārikā)에 대해 구체적으로 어떻게 주석하였는지 살펴보기로 하자.

안혜는 먼저 게송(1句)272)에 대하여

아라야<식>이야말로 갖가지의 形象으로서 현현한다. 즉 貪으로서의 현현, 癡로서의 현현, 瞋으로서의 현현, 不善(akuśala)과 無記(avyākṛta)로서 현현한다는 의미이다.

라고 주석하고, 또 (2句)273)에 대해서

심이야말로 동시에 신과 근면과 지혜와 정(定) 등과 같이 현현한다는 의미이다.

라고 주석하였다. 여기서 심을 아라야식으로 바꾼 것 이외에는 세친의 주석과 다른 점이 전혀 발견되지 않는다. 그는 또 3句와 4句274)에 대하여 다음과 같이 주석한다.

심으로부터 貪 등이 현현하고, 信 등이 현현한다. 또한 현현하는 것으로서만 존재하기 때문에 존재한다고 하였다. 그러나 현현으로 존재할 뿐, 貪과 信 등의 자성(svabhāva)

---

271) tatra cittam eva vastutaś citrābhāsaṃ [L: p.64,1]pravartate / paryāyeṇa rāgābhāsaṃ vā dveṣābhāsaṃ vā / tadanyadharmābhāsaṃ vā / citrākāraṃ ca yugapat śraddha [vīraya] ādyākāram [pravartate] / bhāso bhāvābhāvaḥ kliṣṭa－kuśalāvasthe cetasi / na tu dharmāṇāṃ kliṣṭānāṃ vā kuśalānāṃ tatpratibhāsa－vyatirekeṇa tal lakṣaṇābhāvāt //
272) / iti cittaṃ citrābhāsaṃ / a /
273) / citrākāraṃ pravartate / b /
274) / tatrābhāso bhāva ābhāvo / c // na tu dharmāṇāṃ tataḥ / d /

으로는 존재하지 않기 때문에 존재하지 않는다고 하였다.275)

이와 같이 貪 등과 信 등은 顯現으로서만 존재하지만, 자성이 없기 때문에 타의존적(他依存的)인 것이므로(연기적인 존재이기 때문에), 이러한 법의 자성(svabhāva)은 존재하지 않는다. 또는 현현한 것만으로 나타나더라도 법의 자성(svabhāva)은 존재하지 않는다는 의미이다.276)

한편 세친의 주석277)에 대하여 무성은 다음과 같이 주석한다.

심과 심소로서의 현현만이 존재하기 때문에 '존재한다.'고 하였다. 그것(citta)으로부터 배제된 다른 것의 所取와 能取로 이루어진 諸法(모든 사물)은 존재하지 않기 때문에 '존재하지 않는다.'고 하였다(非存在). '심소(마음의 작용)의 존재를 인정하지 않는 자들'도 이 二偈(34, 35게송)에 의하여 쉽게 이해할 수 있을 것이다.278)

이 무성의 주석에서 주목하고 싶은 것은 '심소의 존재를 인정하지 않는 자들'이라는 표현이다. 구체적으로는 언급하지 않았지만, 잠정적인 결론으로서 세친·안혜·무성에서의 唯心이라는 것은 심과 심소의 현현으로 존재한다. 그러나 소취와 능취

---

275) / snaṅ ba dṅos daṅ źes bya la / sems las ḥdod chags la sogs par snaṅ ba daṅ / dad pa la sogs par snaṅ ba yaṅ snaṅ ba tsam du yod pas na snaṅ ba tsam gyi dṅos por ni yod pa źes byaḥo /
/ dṅos med pa źes bya ba la / snaṅ ba tsam du yod kyaṅ ḥdod chags daṅ dad pa la sogs paḥi raṅ bźin yod pa ma yin pas na dṅos po med pa źes byaḥo / (Peking: 204b4−5)
276) / deḥi phyir de la chos kyi min // źes bya ba la / de ltar ḥdod chags la sogs pa daṅ / dad pa la sogs pa snaṅ ba tsam du yod kyi dṅos po med pas na gźan dbaṅ de la chos de dag gi raṅ bźin yod pa ma yin paḥam / snaṅ ba tsam de la snaṅ yaṅ chos kyi raṅ bźin yod pa ma yin no źes bya baḥi tha tshigs go / (P: 204b6−7)
277) / bhāso bhāvābhāvaḥ kliṣṭa−kuśalāvasthe cetasi /
278) / ñon moṅs ba daṅ dge baḥi gnas skabs kyi sems la snaṅ ba yod pa daṅ / med pa źes bya ba ni sems daṅ sems las byuṅ bar snaṅ ba [P: 100b] ñid yod pas yod paḥo / de las ma gtogs pa gźan gzuṅ ba daṅ ḥdsin par gyur paḥi chos dag med pas na med paḥo // gaṅ dag se las byuṅ ba yod par mi ḥdod pa de dag gi ltar na ni tshigs su bcad pa dag gis don go bar zad do // (P: 100a8−100b2)

로 이루어진 대상은 존재하지 않는다. 따라서 심이라는 것은 심소를 포함하지만, 대상은 배제된다는 것이다. 안혜와 무성의 이와 같은 입장은 『成唯識論』의 造論에서 언급한 "或執離心無別心所"라는 입장과 동일하다고 생각한다.

그리고 당시에 심소의 존재를 인정하지 않는 것을 주장한 학파 또는 인물이 존재하고 있다는 것을 확인할 수 있다. 위에서도 언급했듯이 심소의 부정을 주장한 사람은 십대논사 중의 한 사람일 것이라고 추측된다.

그러면 제35게송에 대한 무성의 주석 속에 나타난 심소의 존재를 인정하지 않는 사람 또는 학파는 어떤 계통의 학자들인가? 지금의 단계로서는 알 수 없다. 그러나 片野道雄[1973]는

> 『成唯識論』의 입장279)은 그 造論의 意趣 속에서 서술하고 있는 것과 같이, 그것은 무성, 안혜의 입장과는 다르고, 그 학설을 세우는 경향으로서, 심·심소를 별도의 事體로서 설정하는 心心所別體說을 입장으로 하는 경향이 현저하다. 그것은 諸識의 활동의 모든 分位를 有的으로 설정하는 有相系唯識(sākāra-vijñāna-vādin)을 唱導하는 입장에 의한 것이라고 이해된다.

라고 하여, 호법 계통을 심심소별체설의 입장에 있다고 규정하고 있다. 가타노 미치오에 따르면, 안혜와 호법은 동시대의 인물이므로, 안혜가 지적한 '어떤 유식론자'는 호법이거나 그의 제자 戒賢(Śilabhadra·529-645)을 가리킬 가능성은 상당히 희박하다. 또한 무성(7세기경)도 안혜와 같은 입장에서 『大乘莊嚴經論』을 주석하고 있어, 무성이 가리키는 '심소의 존재를 인정하지 않는 자들'이 유상유식학파라고 할 수 있는 가능성은 배제된다.

결론적으로 정리하여 보면 다음과 같이 두 가지 점을 지적할 수 있다.

---

279) 『成唯識論』에는 당시에 "或執離心無別心所(어떤 자는 마음을 떠나 마음의 작용(心所)은 별도로 존재하지 않다고 집착한다)"라는 주장이 존재했다는 것을 밝히고 있다. 실제로 1. 어떤 자는 심소는 없다고 주장 2. 어떤 자는 3-4개의 심소가 있다고 주장(경량부와 각천(覺天) 등), 즉 경량부는 마음을 떠나 마음의 작용(심소)은 오직 3개(수·상·사)뿐이라고 하였다.) 3. 세친은 51개의 심소가 있다고 주장하였다.

첫째, 『大乘莊嚴經論』의 作者를 미륵, 『大乘莊嚴經論釋』의 作者를 세친이라고
가정한다면, 미륵·세친·안혜·무성은 심이 심소와 상응하여(유식) 대상을 부정하
고 있다는 입장에 서 있다. 이것은 단지 논자의 추측에 불과하지만, 안혜와 무성이
동일한 계통의 사람으로 생각한 일본학자들의 의견이 상당한 타당성을 가지게 됨을
나타내는 것이기도 하다. 그러나 안혜와 무성이 언급한 '어떤 유식론자', '심소의 존
재를 인정하지 않는 자들'이 누구인지 밝혀지지 않는 한 무성을 안혜와 동일 학파,
즉 무상유식학파로 규정하는 것은 무리가 있다고 생각된다. 그러나 적어도 사상적
으로 의견을 공유하고 있었다는 점은 부인할 수 없다고 생각한다. 왜냐하면 『大乘
莊嚴經論』을 주석함에 있어서 두 사람은 사실상 거의 같은 입장을 견지하고 있기
때문이다.

둘째, 세친과 무성은 주석 중에 심(citta)을 아라야식(마나스식, 육식을 포함하여)
으로 표현하지 않았지만, 안혜는 심을 아라야식으로 표현하고 있다. 또한 안혜는 『大
乘莊嚴經論』 내의 다른 곳에서 나타나는 심도 반드시 아라야식으로 주석(표현)하고
있다. 세친과 무성의 주석이 본문에 대한 충실한 주석이라고 할 수 있지만, 의미상
으로는 안혜의 주석이 타당하다고 생각된다.

4. 『攝大乘論』의 唯識無境

『攝大乘論』 2-2에서 무성은 『十地經』의 "이 삼계는 유심이다."[280)는 인용문에
대해 다음과 같이 주석하고 있다.

---

280) / tasyaivaṃ bhavati / cittam idaṃ yad idaṃ traidhātukam /
　　　(Daśabhūmikasūtra, ed. N. rahder[1926], p.49.10)
　　　/ cittamātraṃ bho jinaputrā yad uta traidhukam /
　　　(Viṃśatikā－vijñapti－mātratā－siddhiḥ, ed. Lévi. p.3.1－2)

유심이라는 것 중에 심은 식(vijñāpti)과 같은 의미이다. 단지(mātra)라는 말은 대상을 배제하는 것이다. 그것(don)이 존재하지 않는 것에 의하여 能取도 배제된다. <能取와 所取의 둘은> 분별된 것이기 때문이다. 그것(심)은 심소 없이는 생기하지 않기 때문에 모든 심소는 배제되지 않는다. 예를 들면 모든 심소 없이는 결코 심은 생기하지 않는 다고 말하고 있는 것과 같다.

멸진정에 들어간 자의 마음은 어떤가 하면, 이것은 근본 가르침(宗)에서는 과실이 되는 것이다. 우리들에게 있어서 그곳에 마음이 있을 때 상응관계를 가진 것으로 존재 한다. 그것(심)이 없을 때에는 상응관계를 가진 것으로 존재하지 않는다.281)

무성은 '心'을 '識'으로 대체시키고 있고, 유식이라는 의미는 단지 대상을 배제한 다고 주석하고 있다. 즉 심은 심소 없이는 생기하지 않기 때문에 모든 심소는 배제 되지 않는다는 것이다. 또한 여기서도 『大乘莊嚴經論復註』와 『大乘莊嚴經論廣註』 은 동일한 입장이라고 생각한다. 『攝大乘論』 제2장 「所知相」(L, 2-11, p.29)에는 『大 乘莊嚴經論』의 제34게송과 제35게송을 기초로 유식성을 세우기 위해 다음과 같이 기술하고 있다.

(1) 단지 그것뿐(tanmātra)에 의하여(단지 그것으로) 대상은 없기 때문이다.
(2) 둘에 의하여 식(vijñāpti)은 상(nimitta)과 견(darśana)을 가지기 때문이다.
(3) 갖가지의 것이 동시에 생기하는 것에 의한 것은 갖가지의 형상으로서 생기하기

---

281) / sems tsam źes bya ba la sogs pa la sems ni rnam par rig pa daṅ don gcig go // tsam gyi sgras ni don sel bar byed de / de med pas ḥdsin pa yaṅ sel te / brtags paḥi phyir ro // de sems las ḥbyuṅ ba med par mi ḥbyuṅ baḥi phyir sems las / byuṅ ba rnams ni mi(P: 271a) dgag ste / ji skad du sems las byuṅ ba rnams med par sems nam yaṅ mi ḥbyuṅ po źes bya ba la sogs pa gsuṅs pa lta buḥo // ḥgog paḥi sñoms par ḥjug pa gaṅ yin pa deḥi sems ji lta bu źe na / ḥdi ni phyogs can la ñes par ḥgyur ro / kho bo cag la ni de na sem gaṅyod pa de mtshuṅs par ldan pa daṅbcas par yod do // gaṅ med pa de ni mtshuṅs par ldan pa daṅ bcas su med de // (D: 221b1, P: 270b8-271a3)
이와 같이 주석하고 있으므로 안혜와 무성은 같은 입장에서 唯識無境을 해석하고 있 다고 추측된다.
또한 『唯識二十論』도 같은 입장이라고 생각된다.(/ tac ca cittam atra sasaṃprayogam abhipretam / mātraśabdo´rthapratiṣedhārtham // L, p.3.2-3 //)

때문이다.282)

이것에 대해 무성은 다음과 같이 주석하고 있다.

"단지 그것뿐(tanmātra)"이라는 것은 대상이 없다는 의미이고, "대상이 없기 때문에"라고 <본 게송에> 나타나 있기 때문이다. 이처럼 "단지뿐(mātra)"이라는 말에 의하여 대상을 배제하는 의미가 설하여져 있다. 대상 이 없다고 이처럼 聖敎에도 설하여져 있다(현장 역에는 생략). (중략)

"둘283)에 의한다."라고 말하는 것은 相과 見이고,284) 그 둘을 하나로 하는 것은 상과 견을 가지는 식(識)이다. 식의 상(nimitta)에 의하여 상을 가지기 때문이다. 안식 등은 각각의 대상을 식으로 현현하는 견(darśana)에 의하여 견(darśana)285)을 가지는 것이다. 또는 所取(주관)의 부분이 상(nimitta)이고, 能取(주관)가 견(darśana), <즉> 둘이다.

"갖가지의 형상으로서 생기하기 때문에"라는 것은 그림이 <있는 카페트 등에 대하여 갖가지의 형상286)에 대한> 하나의 인식(vijñāna)이야말로 일부분은 所取(객관), 일부분이 能取(주관)로서 동시에 일어난다.287)

---

282) (1). de tsam du zad pas don med paḥi phyir ro /

(2). sna kyis rnam par rig pa rgyu mthan daṇ / lta ba daṇbcas paḥi phyir ro /

(3). sna tshogs cig car ḥbyuṇ bas ni sna tshogs kyi rnam par ḥbyuṇ baḥi phyir te /

283) 현장역: 二性

284) Peking에 의한 해석임.

285) 현장 역: 見分

286) 현장 역에는 생략되어 있음.

287) / de tsam du zad pas źes(D: 223b) bya ba ni don med ces bya baḥi tha tshig ste / don med paḥi phyir ro źes ḥbyuṅ baḥi phyir ro / de ltar na tsam smos pas ni don dgag paḥi don bśad pa yin no // ji ltar don med pa de ltar luṅ gis kyaṅbstan to / rigs pa ni kha cig ni bśad zin kha cig ni ḥchad par ḥgyur ro //
gñis kyis źes bya ba la sogs pa ni rgyu mtshan daṅ lta ba ni rgyu mtshan daṅ lta ba dag go // de gñis daṅltan cig pa ni rnam par rig pa rgyu mtshan daṅ lta ba daṅbcas pa ste / mig la sogs pa źes bya ba nas lus kyi rnam par rig pa la thug pa rnams so // bdag ñid ji lta ba bźin du gźugs la sogs par snaṅ baḥi rnam par rig paḥi rgyu mtshan gyis ni rgyu mtshan daṅ bcas paḥo / mig gi rnam par śes pa la sogs pa yul so sor rnam par rig par snaṅ baḥi lta bas ni lta ba daṅ bcas paḥo / yaṅ na gzuṅ baḥi cha ni rgyu mtshan / ḥdsin paḥi cha ni lta ba ste gñis so /

『大乘莊嚴經論』(『大乘莊嚴經論釋』)에서는 유심이야말로 二取로서 현현하는 것으로 존재하지만, 2취는 虛妄分別로서 부정된다. 그러나 『攝大乘論』에서는 이분(상분과 견분)이 부정되지 않는다. 무성도 이분을 부정적인 것으로 주석하고 있지 않다. 이것은 무성이 호법계통의 "2취는 실유하는 것이다."는 입장을 나타낸 것인지, 아니면 단지 『攝大乘論』의 본 게송에 따라서 주석하였는지 이 문장만으로는 명백하지 않다. 논자는 후자의 입장이라고 생각한다. 그 이유로 두 가지 점을 지적하고 싶다.

첫째는 『攝大乘論』에서는 2취라는 말 대신에 이분(상분과 견분)을 사용하고 있지만, 이것은 勝呂信靜[1982]이

> 『攝大乘論』에서 2취 대신에 相見槪念을 사용하였지만, 아마도 의도적인 것이고, 그것은 실재론적인 주관과 객관에 대하여 순수하게 관념론적인 주관·객관의 의미를 나타내기 위함이다. 또한 迷界의 인식에 대하여 迷悟에 제약되지 않는 중성의 인식을 나타내기 위한 것이라고 추정된다. 그리고 이것을 계기로 드디어 2취의 개념 그 자체도 미오(迷悟)에 중성적이고 관념론적인 주관·객관의 의미를 나타내게 된 것같이 생각된다.

라고 기술하고 있는 것처럼, 미륵의 저작인 『大乘莊嚴經論』, 『中邊分別論』에서는 "2취는 부정하는 것이다."라고 하는 반면 『攝大乘論』에서는 2취(또는 이분)의 부정보다 2취의 중성을 강조하고 있기 때문이다. 이것은 『攝大乘論』에서 기술하고 있는, 이른바 '染淨二分依他性'에도 적용된다. 즉 依他起性은 염오(遍計所執性)에서 청정(圓成實性)으로도 전환되는 중성적인 것이다.

두 번째는 유식론자(무착, 세친, 안혜)가 본 게송을 주석할 때 충실하게 주석했다고 생각되기 때문이다. 무성도 마찬가지라고 생각한다. 따라서 무성은 호법에 가까

/ sna tshogs kyi rnam par ḥbyuṅ baḥi phyir te źes bya ba ni ri moḥi gdiṅ ba la sogs pa la sna tshogs kyi rnam paḥi rnam par śes pa gcig kho na cha gcig ni gzuṅ ba daṅ / cha gcig ni ḥdsin par cig car ḥbyuṅ ṅo / gaṅ dag deḥi skye ba rim(p: 274a) gyis ḥbyuṅ bar ḥdod pa de dag gi ltar na gźi chen po la yaṅ ñin gcig tu yaṅ sna tshogs kyi blo ḥbyuṅ bar mi ḥgyur ro / (P: 273b3−8)

운 인물이 아니라고 추측된다.

이처럼 『大乘莊嚴經論復註』와 『攝大乘論釋』, 『大乘莊嚴經論廣註』의 주석을 비교하여 보면 세친, 안혜, 무성 사이에는 다른 점이 발견되지 않는다. 따라서 세 사람은 동일 계열이라고 생각된다. 그러나 勝呂信靜[1992]가 기술하고 있는 것처럼 안혜와 무성이 활동한 시대는 같은 생각을 가진 사람, 즉 학파가 성립하지 않았다고 볼 수 있으므로 3명을 같은 학파로 인정하기는 어렵다고 생각한다.

Ⅳ 결 론

　본 연구는 초기유식논서인 『大乘莊嚴經論』 제11장 「求法品」에 나타난 삼성설을 규명하기 위하여 쓰였다. 필자는 『大乘莊嚴經論』의 三性說을 규명하기 위해 선행작업으로 먼저 제11장 「求法品」의 산스크리트 텍스트와 주석서인 세친의 『大乘莊嚴經論釋』(티베트역 포함), 안혜의 『大乘莊嚴經論復註』, 무성의 『大乘莊嚴經論廣註』의 텍스트 교정본을 작성하여 부록으로 첨부하였다.

　본론에서 이미 기술하였지만, 이 연구는 전체가 세 부분으로 구성되어 있다.

　Ⅰ(서론)에서는 연구의 목적 및 방법, 그리고 본 연구의 기초 자료가 되는 『大乘莊嚴經論』 제11장 「求法品」의 산스크리트 텍스트와 주석서인 세친의 『大乘莊嚴經論釋』, 안혜의 『大乘莊嚴經論復註』, 무성의 『大乘莊嚴經論廣註』에 대한 텍스트 교정에 대해 기술하였다. 또한 三性說에 대한 예비적 고찰로서 三性說에 대한 대략적인 정의, 三性說에 문헌과 선행 연구에 대해 기술하였다.

　Ⅱ(본론)에서는 『大乘莊嚴經論』에 나타난 三性說에 대해 기술하였다.

　먼저 1에서는 『大乘莊嚴經論』의 章의 구분 및 저자, 『菩薩地』의 저자·章의 구성, 『菩薩地』와 『大乘莊嚴經論』의 관련성에 대해 기술하였다.

　『大乘莊嚴經論』은 다른 초기유식론서보다 章 구분에 있어 많은 문제의 소지를 안고 있기 때문에 산스크리트본, 한역본, 티베트역본을 비교하여 약간의 차이점을 지적하였다. 『大乘莊嚴經論』의 저자 문제에 대해서는 선학자들의 의견을 4가지로 요약 정리하였다.

(1) 『大乘莊嚴經論』의 저자는 미륵이고, 『大乘莊嚴經論釋』의 저자는 세친이다.
(2) 『大乘莊嚴經論釋』의 저자는 무착이다.
(3) 『大乘莊嚴經論釋』의 저자는 세친이다.
(4) 『大乘莊嚴經論』의 게송의 作者는 미륵이고(보살의 대표), 주도적인 편집자는 무착이다. 『大乘莊嚴經論釋』의 저자는 세친이다.

필자는 이 중에서 네 번째 입장, 즉 게송의 작자는 미륵, 주도적 편찬은 무착, 주석본은 세친 저작이라는 勝呂信靜의 입장에 동조하였다.

또한 『菩薩地』와 『大乘莊嚴經論』은 장의 제목이나 항목에 있어 매우 유사하다는 것이 선행연구에서 이미 알려져 있다. 선행의 문제에 대해서는 한역 전승을 채택한 일본학자는 일반적으로 『瑜伽論』의 『菩薩地』가 앞서 성립하였다고 인정하고 있는 반면 티베트 문헌을 중시한 서구의 학자들은 『大乘莊嚴經論』이 먼저 성립하였다고 주장하여 양자의 입장이 다르다. 양서의 성립연대를 결정하는 문헌자료는 현존하지 않지만, 『菩薩地』가 『大乘莊嚴經論』보다 먼저 성립하였다는 전제에서 일본 학자들의 견해를 정리하였다.

2에서는 『大乘莊嚴經論』과 『中邊分別論』에 나타난 三性說에 대해 기술하였다. 특히 『中邊分別論』의 제1장 「相品」과 제3장 「眞實品」을 중심으로 三性說을 고찰하였는데, 주석본인 安慧의 『中邊分別論復註』과 『大乘莊嚴經論』의 주석서인 안혜의 『大乘莊嚴經論復註』를 비교·검토하면서 안혜의 三性說에 대한 입장을 살펴보았다.

『中邊分別論』의 제1장 「相品」에서는 '三性說을 虛妄分別'의 특질로 해석하였다. 즉 "虛妄分別은 존재한다. 虛妄分別에 있어서 二取는 존재하지 않는다. 그러나 虛妄分別에 있어 空性은 존재한다. 空性에도 虛妄分別은 존재한다."라는 주제이다. 여기서는 依他起性인 虛妄分別에 遍計所執性인 二取는 본질적으로 존재하지 않지

만, 둘의 顯現으로는 존재하며, 그 존재와 비존재를 떠난 것이 圓成實性이라는 제1
게송을 중심으로 살펴보았다. 이것을 정리하면 다음과 같다.

1. 虛妄分別은 존재한다.
2. 能取와 所取는 존재하지 않는다.
3. 空性은 존재한다.
4. 虛妄分別은 空性 속에 존재한다.
5. 空性은 虛妄分別 속에 존재한다.

즉 虛妄分別(依他起性)＝空性(圓成實性)이 성립하는 것이다.

두 번째는 "虛妄分別은 다른 인연에 의하기 때문에 依他起性이다. 그 동일한 것이
所取와 能取의 본질로서 자성은 존재하지 않지만, <所取와 能取로서> 현현하기 때문
에 遍計所執性이다. <또한> 그 동일한 것이 所取와 能取를 떠난 것이 완성된 것이다.
이처럼 虛妄分別 중에 三性은 포섭되는 것이다."라는 안혜의 주석을 중심으로 虛妄分
別의 섭상에 대해 살펴보았다. 이로써 『攝大乘論』 중의 「二分의 依他起性」이 三性說
중에서 중심적인 역할을 담당하고 있는 것처럼, 『中邊分別論』에서도 虛妄分別인 依
他起性이 三性說 중에서 중요한 역할을 차지하고 있다는 것을 알 수 있다.

「眞實品」에 나타난 三性說에 대해서는 "無를 본질로 하기 때문에, 또한 迷亂性
이 아니기 때문에, 遍計所執性은 비존재이다. 所取와 能取 등은 所取와 能取 등이
라고 분별된 언어표현의 의지처이기 때문에 有性이다. 所取와 能取 등의 본질로서
는 無性이기 때문에 진실로서는 有性이 아니다." 依他起性은 미란(bhrānti)이라고
기술하였는데, 마술(虛妄分別, 依他起性)의 힘에 의해 말과 코끼리 등으로서 현현하
는 것은 존재하지만, 말과 코끼리 등의 실체는 존재하지 않는다는 것이다. 따라서
依他起性은 미란(bhrānti)이다. 그리고 圓成實性은 "유(존재)와 무(비존재)의 진실이
다."라는 안혜의 주석을 중심으로 살펴보았다. 여기서 안혜는 『中邊分別論』의 입장
을 기초로 하여 三性說을 존재론적으로 설명하고 있다. 요컨대 안혜는 依他起性이

존재하기는 하지만 **實有**하는 것이 아니고, 둘의 현현으로 존재한다고 기술하고 있다.

3에서는 『大乘莊嚴經論』 제11장 「求法品」 '相을 구하는 게송(36, 38, 39, 40, 41, 42게송)'에 나타난 三性說에 대해 안혜의 『大乘莊嚴經論復註』와 무성의 『大乘莊嚴經論廣註』를 중심으로 기술하였다.

우선 제36게송의 주석에서 안혜는 '<능>상(lakṣaṇa)'을 삼성(Tri–svabhāva)이라고 정의하고 있다. 제36게송에 정의된 세 개의 상(相)을 『攝大乘論』의 조직에 적용시켜 보면 소상은 아라야식의 설명인 제1장 「所知依」, 능상은 三性說을 설명한 제2장 「소지상(所知相」, 시상은 유식의 깨달음에 들어가는 단계를 설명한 제3장 「입소지상(入所知相)」에 해당된다. 그러나 『大乘莊嚴經論』에서의 三相(3개의 상)에 대한 설명은 다른 초기 유식논서인 『攝大乘論』이나 『唯識三十頌』에 비해 조직적으로 기술되어 있지 않다.

제38게송에 정의된 '遍計所執性'에 대한 세친의 주석을 정리하여 보면 다음과 같다.

1. 언어(의언)에 관계하여 대상을 구성하는 인상(소연)–대상으로서 현현하고 있는, 항아리나 의복(언어표현이 뛰어난 자)
2. 언어에 관계하여 대상을 구성하는 잠재적인 힘(습기)–언어에 관계하여 대상을 구성하는 원인이 되기 때문이다.
3. 그 잠재력으로부터 대상이 현현하는 것–현현하는 그 자체가 현현하는 대상(언어표현이 뛰어나지 않은 자).

또한 안혜의 주석을 요약 정리하면 다음과 같다.

1. 언어표현처럼 대상을 구상(想)하는 것의 因相이다. 즉 언어표현(vyavahāra)에 통달한 자들은 항아리와 의복 등의 대해서 "이것은 항아리이고, 이것은 의복이다."고 분별하는 것이다. 이 분별의 대상인 항아리와 의복 등이 遍計所執性이다.
2. 그 <언어표현>처럼 대상을 구상(想)하는 것의 습기이다. 언어표현처럼 대상을

구상(想)하는 것이 생기하는 원인이 되기 때문에, 習氣도 遍計所執性이다.

3. 그 습기로부터 대상이 현현하는 것이다. 즉 언어표현에 통달하지 않은 자는 '목은 좁고, 배는 둥근 것'을 보고 이름(명칭)과 결합하지 않기 때문에 "이것은 무엇인가?"라고 분별한다. 그 분별하는 것이 遍計所執性이다.

또한 무성도 "이와 같이 언설에 통달한 자, 또는 언설에 통달하지 않은 자에 의하여 분별된 항아리 등의 것과 因相으로부터, 즉 습기로부터라고 하는, 그것들이 遍計所執性이라고 알아야만 한다."라고 하였다. 이처럼 『大乘莊嚴經論』에서의 三性說에 대한 세친, 안혜, 무성의 주석에는 차이가 없다.

그리고 일반적으로 잘 알려진 사실이지만, 遍計所執性이 언어와의 관계 속에서 설명되고 있다는 것이다. 제39게송에서는 명칭과 대상과의 현현을 명칭과 대상이 존재한다는 양자의 분별이 遍計所執性이라는 것을 주석을 통해서 확인하였다.

제40게송에서는 依他起性에 대해 설명하는데, 依他起性은 所取와 能取를 가진 虛妄分別이라고 하였다. 이와 같은 설명 방법은 『大乘莊嚴經論』이 『攝大乘論』(『攝大乘論釋』), 『中邊分別論』과 깊은 관계가 있다는 것을 나타낸다.

제41게송에서는 圓成實性에 대해 설명하는데, 圓成實性은 眞如·空性·法界이지만, 이것을 4가지 관점에서 설명한 것을 고찰하였다.

그리고 『大乘莊嚴經論』본 게송에서는 三性說이라는 말이 확실하게 등장하지 않지만, 세친·안혜·무성 등에 의해 三性說로서 확실하게 주석되고 있는 제13게송(법의 진실을 탐구하는)의 三性說과 제15게송에서 제20게송 사이를 중심으로 三性說에 대해 기술하였다. 안혜는 三性說에 대해 "遍計所執性은 所取와 能取를 떠나 있지만, 所取와 能取처럼 현현하는 것이고, 依他起性은 밧줄을 뱀으로 분별하는 것처럼 所取와 能取와 같이 분별하는 원인이 되는 것이다. 그리고 圓成實性은 所取와 能取가 없기 때문에 언어로 표현할 수 없는 것이다."라고 규정하고 있다. 다시 말해 미란의 의지처인 依他起性에 所取와 能取의 현현인 遍計所執性이 존재하지 않는 것이 圓成實性이라고 정의하였다.

Ⅲ에서는 唯識無境과 三性說을 관련시켜 기술하였다. 먼저 『唯識三十頌』과 『中邊分別論』에 나타난 唯識無境에 대해 기술하였으며, 계속해서 『大乘莊嚴經論』의 제34게송과 제35게송을 중심으로 唯識無境에 대해 기술하였다. 특히 논자는 『攝大乘論』에 대한 무성의 주석인 『攝大乘論釋』과 『大乘莊嚴經論』에 대한 무성의 주석서인 『大乘莊嚴經論廣註』를 비교하여, 무성 당시에 심심소동체설을 주장하는 논사들이 실재했다는 것을 문헌적으로 확인하였다. 또한 세친·안혜·무성에서의 唯心이라는 것은 심과 심소를 포함하지만, 대상은 배제된다는 것이다. 안혜와 무성의 이와 같은 입장은 『成唯識論』의 造論에서 언급한 "或執離心無別心所(어떤 자는 마음을 떠나 마음의 작용(心所)은 별도로 존재하지 않다)"라는 입장과 동일하다고 생각한다. 따라서 무성은 호법계통과는 사상적으로 다른 입장을 가졌다고 추측할 있다.

그리고 본 연구의 주제와는 그다지 관련이 없지만, 무성 연대에 관한 새로운 자료를 제시하였다. 무성은 주석 중에 유명한 산스크리트 문법학자인 바르트리하리(Bhartṛhari)의 「Vakyapadīya」를 인용하고 있다. 따라서 그가 Bhartṛhari보다 후대의 인물이라는 것은 확실하다. 그러나 현재 Bhartṛhari의 연대가 확정된 상태가 아니기 때문에 무성의 연대 확정에 결정적인 단서를 제공하지는 못한다. 그러나 대략적인 연대 측정은 가능하다고 생각한다. 또한 제35게송에 대한 무성의 주석 중에 다음과 같은 표현이 있다. "다음과 같이 선생(ācārya)에 의하여 이전(以前)에(şal sña nas kyis) <다음과 같이 설하여졌다.> 유식에 있어서 심은 다른(他) 심에 의한 소연(所緣)으로서 존재하는 것은 아니다."(/ji skad du slob dpon gyi źal sna nas kyis / rnam par rig pa tsam las sems kyaṅ sems gźan gyis dmigs par yod pa ma yin no źes bśad pa lta buḥo /) 이 주석 속에서 무성이 '선생(ācārya)'이라고 하는 인물이 누구인지를 밝혀낸다면 무성의 연대확정에 결정적인 단서가 밝혀질 것이다.

특히 필자는 『大乘莊嚴經論復註』, 『攝大乘論釋』, 『大乘莊嚴經論廣註』의 주석을 비교하여 무성이 호법보다 안혜와 사상적으로 가까운 인물이라는 것을 밝혔다. 따라서 세친, 안혜, 무성으로 이어지는 하나의 학파를 형성하였다고 보기는 어렵지만, 세친－안혜－무성의 사상적 계보는 성립한다고 생각한다.

<참고문헌>

<원전류>

Ⅰ. Mahāyāna—sūtrālaṃkāra

Mahāyāna—sūtrālaṃkāra, ed Lévi, 1907, Paris.

Mahāyāna—sūtrālaṃkāra of Buddhist Sanskrit Texts 13, ed S. Bagchi, 1970, Darbhaṅga.

Mahāyāna—sūtrālaṃkāra by Acārya Asaṅga, Bauddha bharati Seris 19, ed S. D. D
    Shastri, 1985, Varanasi.

大乘莊嚴經論寫本, 龍谷大學圖書館所藏, A, B本.

Mahāyānasūtrālaṃkāra by Asaṅga(Bibliotheca Indo—Buddhica Series 94), ed S. V.
    Limaye, 1991, Delhi.

『大正藏』 31권, 「大乘莊嚴經論」, 無着菩薩造, pp.589—663.

Ⅱ. Theg pa chen poḥi mdo sdeḥi rgyan gyi(źes bya ba in D) tshig
    leḥur byas Mahāyānasūtrālaṃkāra[nāma, by D]—kārikā)

Peking, No.5521, Otani, A: Maitreyanātha(Byams mgon po), Tr: Śakyasiṅha, Dpal brtegs, etc.
Derge, No.4020, Tokyo.

Ⅲ. Mdo sdeḥi rgyan gyi bśad pa(Sūtrālaṃkāra—bhāṣya)

Peking, No.5527, Otani, A: Vasubandhu, Tr: Śakyasiṅha, Dpal brtegs, etc.
Derge, No.4026, Tokyo.

IV. Mdo sde rgyan gyi ḥgrel bśad(Sūtrālaṃkāra—vṛtti—bhāṣya)

Peking, No.5531, Vol.108, Otani, A: Blo gros brtan pa
  (Sthiramati), Tr: Municandra, Bkra śis, pp.199—327.
Derge, No.4034, Tokyo, sems tsam Vol.3 &4.
Dharmaparyeṣti or chos yoṅs su tshol baḥi skabs by Osamu ḥayasima, Bulletin of
  Faculty Educatin Nagasaki University[1977, 1978], No.26 · 27, Nagasaki Japan.

V. Theg pa chen poḥi mdo sde rgyan gyi rgya cher śad (Mahāyānasūtrālaṃkāra—ṭīkā)

Peking, No.5530, Vol.108, Otani, A: Ṅo bo ñid med pa(Asvabhāva), Tr: Mahājana, Blo
  ldan śes rab, pp.138—193.
Derge, No.4029, Tokyo, sems tsam Vol.2, pp.39—51.

VI. Mdo sde[ḥi] rgyan gyi tshigs su bcad pa daṅ po daṅ gñis kyi bśad Mahāyāsūtrālaṃkārādiślokadvaya—vyākhyāna)

Peking, No.5532, Vol.109, Otani, A: Parahitabhadra, Tr: Parahitabhadra, ṅźan nu mchog,
  1—12b5.

Ⅶ. Mdo sde[ḥi] rgyan gyi don bsdus pa(Sūtrālaṃkāra－piṇḍārtha)

Peking, No.5532, Vol.109, Otani, A: Jñānāśrī, Tr: chos kyi brtson ḥgrus
「解深密經」, 『大正藏』 16권 玄奘 譯.
É. Lamotte. Saṃdhinirmocana－sūtra, Paris(1935).

Ⅷ. 『中邊分別論』

Nagao, G. Madhyāntavibhāga－bhāṣya, Kyoto suzuki research foundation, (1964).
Yamaguchi, S. Madhyāntavibhāgaṭīkā, Nagoya: Keimeikwai(1934).
『中邊分別論』, 『大正藏』 31권 彌勒菩薩說, 玄奘 譯.
『中邊分別論』, 『大正藏』 31권 天親菩薩造, 眞諦 譯.
『辨中邊論』, 『大正藏』 31권 世親菩薩造, 玄奘 譯.

Ⅸ. 『攝大乘論』

1. Theg pa chen po bsdus pa(Mahāyāna－saṃgraha, 攝大乘論)
   a. Peking, No.5549, Otani, A: Thogs med(Asaṅga), Tr: Jinamitra, śīlendrabo
      dhi, Ye śes sde, 112. pp.215 (1)－233 (51a1)
   b. Derge, No.4048, Tokyo, A: Thogs med(Asaṅga), Tr: Jinamitra, śīlendrabod
      hi, Ye śe sde, Ri 1b1－43a7.
   c. É. Lamotte. La Somme du Grand Vehicule d Asaṅga(Mahāyāna－saṃgraha)
2. Theg pa chen po bsdus paḥi ḥgrel pa(Mahāyāna－saṃgraha－bhāṣya, 攝大乘論釋)
   a. Peking, No.5551, Otani, A: Dbhig gñen(Vasubandhu), Tr: Dīpaṃkaraśrīj Jāna, Tshul
      khrims rgyal ba) 112, pp.272(141b2)－307(228b5)
   b. Derge, No.4050, Tokyo, Ri 121b1－190a7
3. Theg pa chen po bsdus paḥi bśad sbyar(Mahāyāna－saṃgrahopanibandhana, 攝大乘論釋)
   a. peking, No.5552, Otani, A: Go bo ñid(Asvabhāva), Tr: Jinamitra, śīlen drabodhi, Ye

śes sde, pp.1(232b5)－43(339b1)

  b. Derge, No.4051, Tokyo, Ri 190b1－296a7

4. 『攝大乘論釋』, 『大正藏』 31, No.1598, pp.380a－449b, 無性造, 玄奘

＜단행본 및 논문류＞

권오민 지음, 『有部阿毘達磨와 經量部 哲學의 研究』, 경서원, 서울(1994).

  〃   지음, 『아비달마불교』, 민족사, 서울(2003).

  〃   지음, 『인도철학과 불교』, 민족사, 서울(2004).

박인성 지음, 『유식삼십송석』, 민족사, 서울(2000).

박인성 역, 『중과 변을 구별하기』, 주민, 서울(2005).

李萬 지음, 『韓國唯識思想史』, 藏經閣, 서울(2000).

  〃   옮김, 『認識과 超越』, 民族社, 서울(1991).

  〃   지음, 「唯識思想」, 『佛敎思想의 理解』, 불지사, 서울(1997).

  〃   「元曉의 中邊分別論疏에 관한 研究」, 『元曉學研究』 제4집(1999).

이지수 옮김, 『유식입문』, 시공사, 서울(1997).

이거룡 옮김, 『인도철학사Ⅱ』, 라다크리슈난(Radhakrishnan) 지음, 한길사, 서울 (1996).

이종철 지음, 『世親思想の 研究』－釋軌論を中心として－, 山喜房, 東京(2001).

妙柱 譯, 『唯識哲學』, 경서원, 서울(1989).

정승석 옮김, 『유식의 구조』, 民族社, 서울(1989).

鄭柄朝 옮김, 『불교의 심층심리』(佛敎の深層心理, 太田久紀著), 현암사, 서울(1985).

정호영역, 『인도사상의 역사』(동경대학인도학 · 불교학연구실), 민족사, 서울(1988).

한자경, 『唯識無境』, 예문서원, 서울(2000).

김명우, 「大乘莊嚴經論에 있어서의 唯識無境의 논증」, 『정토학 연구』, 제3집, 서울(2000).

  〃   「大乘莊嚴經論의 三性說(1)」, 『전통문화의 현대적 조명』, 동아대 석당전통문화
      연구원, 세종출판사, 부산(2002).

  〃   「大乘莊嚴經論의 三性說 연구」, 『정토학 연구』, 제6집, 서울(2003).

  〃   「초기유식논서의 저자와 성립 및 장의 구성에 관한 연구」, 『정토학 연구』, 제7집,
      서울(2004).

김명우 편역, 『반야바라밀다심경』(般若心經講義, 高神覺勝 著), 빛과 글, 서울(2002).

김성철, 「초기유가행파의 무분별지 연구」, 동국대학교 박사학위논문(2004).

Boquit. A. Trisvabhāva, Lund Studies in African and Asian Religions, Stockholm(1994).

Hayasima. O. Dharmaparyeṣṭy－adhikāra, HumSci. Bull. Fac. Nagasaki, No.27 (1980).

Nagao. G. Index to Asaṅga's Mahāyānasaṃgraha, part one·two, The International Institute for Buddhist Studies, Tokyo(1994).

  Index to the Mahāyāna－sūtrālaṃkāka, part one two, Nippon Gakujutsu Shinko－kai, Tokyo(1958).

S. Lévi. Sthiramati: Vijñaptimātrāsiddhi(Viṃśatikā, Triṃśikā), Paris(1925).

Dasgupta A. history of Indian Philosophy Ⅰ, Ⅱ, Ⅲ, Ⅳ, Ⅴ, Cambridge University Press(1996).

Erich Frauwallner. history of Indian Philosophy Ⅰ, Ⅱ, Motillal Banarsidass (1973).

Alex Wayman. Analysis of the śravakabhūmi manuscript, Berkeley, Los Angeles(1961).

  The Sacittikā and acittikā bhūmi and the Pratyekabuddhabhūmi(1960).

L. schmithauen. ālayavijñana－On the origin and the early development of centra of yogācāra philosohy, Tokyo(1987).

U. Wogihara. Bodhisattvabhūmi, Tokyo, 1971(repr).

荒井裕明外, 『新國譯大藏經 大乘莊嚴經論』, 瑜伽·唯識部12, 大藏出版社, 東京(1993).

荒牧典俊, 「三性說ノート(1)」, 『東洋學術研究』 15－1, 東京(1976).

  「三性說ノート(2)」, 『東洋學術研究』 15－2, 東京(1976).

  「攝大乘論の依他起性」, 『インド學試論集』 Nos.4－5, 京都大學印度·佛教學會(1963).

岩田諦靜, 「『中邊分別論』における三性說について」, 『法華文化研究』 15號, 法華文化研究所(1989).

  「三性說におけるlakṣaṇa, svabhāva, niḥsvabhāvaについて」, 『印佛研』 26－2(1977).

  『初期唯識思想研究』, 大東出版社, 東京(1981).

宇井伯壽, 「史的人物としての彌勒及び無着著述」, 『印度哲學研究』 第一, 岩波書店, 東京(1924).

  『大乘莊嚴經論研究』, 岩波書店, 東京(1967).

『攝大乘論の硏究』, 岩波書店, 東京(1938).

『瑜伽論硏究』, 岩波書店, 東京(1958).

『唯識三十頌釋論』, 岩波書店, 東京(1979).

『四釋對照唯識二十論硏究』, 岩波書店, 東京(1979).

『國譯一切經』, 瑜伽部 十二卷, 大東出版社, 東京(1982).

上田義文, 『攝大乘論講讀』, 春秋社, 東京(1985).

『世親唯識の硏究』, 春秋社, 東京(1987).

「Vijñānapariṇāmaの意味」, 『鈴木學術財團 硏究年報』2(1965).

「彌勒・無着・世親におけるPratibhāsaの意味」, 『干潟博士古稀記念論文集』(1965).

「識に關する二つの見解一能變と能緣」, 『結城敎授頌壽紀念佛敎思想史論集』(1964).

江島惠敎, 『中觀思想の展開』, 春秋社, 東京(1980).

「佛敎思想論(강의 노트)」, (1996).

沖本克己, 「菩薩善戒經について」, 『印佛硏』22-1, 373-378.

太田久紀, 『凡夫が凡夫に呼びかける唯識』, 大法輪閣, 東京(1985).

『唯識三十訟要講』, 中山書房佛書林, 東京(1995).

『成唯識論要講』, 第1・2・3・4卷, 中山書房佛書林, 東京(1999-200).

勝又俊敎, 『唯識思想と密敎』, 春秋社, 東京(1988).

小谷信千代, 「『大乘莊嚴論』の著者について」, 『日本西藏學會會報』第二十四 號(1981).

『大乘莊嚴經論の硏究』, 文榮堂, 京都(1982).

片野道雄, 「無性の學流について」, 『大谷大學佛敎學報』第28號(1973).

武內紹晃, 『瑜伽行唯識學の硏究』, 百華苑, 京都(1979).

竹村牧男, 「彌勒論書の三性說 － 識の相分等との關連性において － 」, 『哲學・思想論集』 第十五號, pp.155-189.

『唯識三性說の硏究』, 春秋社, 東京(1995).

「唯識說における言語問題」, 『佛敎學』第20號, 東京(1986).

「彌勒論書の三性說」, 『筑波大學 哲學・思想論集』第15號, 筑波(1997).

下川邊季由, 「無性造『大乘經莊嚴廣註』和譯(1) － 求法品第13-33頌 － 」, 『大崎學報』第137號, 立正大學佛敎學會(1994).

「無性造『大乘經莊嚴廣註』和譯(2) － 求法品第34-52頌 － 」, 『大崎學報』 第

138號, 立正大學佛敎學會(1995).

　　　「世親における唯識の概念」, 『仏敎學』 第28号(1993).

　　　「宇井譯『大乘莊嚴經論』の問題点」, 『佛敎學論集』 No.10, 立正大學大學院　佛敎學研究會(1972).

　　　「三性論小論」, 『大崎學報』 第133号, 立正大學佛敎學會(1980).

勝呂信靜, 「瑜伽論　攝決擇分における五事・三性說」, 『立正大學院紀要』 No.1(1985).

　　　「『瑜伽論』攝決擇分における五事・三性說(續篇)」, 『野村耀昌博士　古稀　記念論集・佛敎史佛敎學論集』, 春秋社(1987).

　　　『初期唯識思想の研究』, 春秋社, 東京(1990).

　　　「瑜伽論の成立に關する私見」, 『大崎學報』 第129號, 東京(1976).

　　　「二取・二分論」, 『法華文化研究』 第8號, 東京(1982).

　　　「唯識學派の「開祖」について」, 『仏敎學』 第21号(1987).

　　　「アーラや識說と唯識無境」, 『仏敎學』 第16号, 仏敎學研究會(1983).

西藏文獻研究會, 『西藏文獻による仏敎思想研究』, 東京(1981).

田中順昭, 「三性說の二形態」, 『日本佛敎學會年報』 第21号, 東京(1958).

富貴原章信, 『唯識の研究』, 富貴原章信仏敎學選集第2券, 國書刊行會(1988).

長尾雅人, 「唯識義としての三性說」, 『鈴木學術財團研究年報』, 東京(1967).

　　　『中觀と唯識』, 岩波書店, 東京(1978).

　　　『攝大乘論　和譯と注解　上・下』, 講談社, 東京(1982).

　　　『大乘佛典15世親論集』, 中央公論社, 東京(1991).

　　　『大乘佛典』世界の名著　2, 中央公論社, 東京(1993).

仲野良俊, 『仏敎における意識と心理』, 法藏館, 京都(1985).

　　　『深層意識の解明』, 法藏館, 京都(1985).

野澤靜證, 「梵文『大乘莊嚴經論』にあらはれたる三性說管見法品

　　　(dharmaparyeṣty‐adhikāraḥ)　第十一を中心としてー」, 『大谷學會』 第十九卷　第三號, pp.41‐80(1938).

　　　「智吉祥造『莊嚴經論總義』に就て」, 『佛敎研究』, 2‐1.

服部正明外, 『岩波講座・東洋思想　インド思想Ⅰ, Ⅱ, Ⅲ』, 岩波書店, 東京(1998).

服部正明外, 『岩波講座・東洋思想　インド佛敎Ⅰ, Ⅱ, Ⅲ』, 岩波書店, 東京(1998).

早島 理,「菩薩道の哲學」,『南都佛教』第三十号, 京都(1973).

干潟龍祥,「世親年代再考」,『宮本正尊教授還暦記念印度學佛教學論集』(1954).

兵藤一夫,「三性說における唯識無境の意義(1)」,『大谷學報』69－4(1990).

　　　　「三性說における唯識無境の意義(2)」,『大谷學報』第七十卷 第四號, pp.1－23(1991).

　　「心(citta))の語義解釋」,『仏教學セミナー』第36号(1982).

平川彰,『インド佛教史』上, 春秋社, 東京(1974).

　　　『インド佛教史』下, 春秋社, 東京(1979).

　　　『講座 大乘佛教4・如來藏思想』, 春秋社, 東京(1982).

　　　『講座 大乘佛教 唯識思想8』, 春秋社, 東京(1985).

　　　(李萬 옮김,『講座大乘佛教 8 唯識思想』)

山口益,『山口益佛教學文集 上・下』, 春秋社, 東京(1976).

　　　『中邊分別論釋疏』, 鈴木學術財團, 東京(1969).

　　『漢藏弁中邊論』, 鈴木學術財團, 東京(1969).

山口益外,『世親唯識原典解明』, 法藏館, 京都(1980).

衛藤卽應,『國譯一切經 瑜伽部 8』, 大東出版社, 東京(1993).

葉阿月,『唯識思想の研究』, 東方研究會, 東京(1975).

加藤精神,「瑜伽師地論 解題」,『國譯一切經』, 瑜伽部1, P.7－8(1984).

深浦正文,『唯識學研究 上・下』, 永全文昌堂, 京都(1954).

岡野守也,『唯識のすすめ』, NHK 放送出版社, 東京(1998).

橫山紘一,『唯識思想入門』, 第三文明社, 東京(1992).

　　　　「唯識思想における認識作用の一考察」,『東方學』第46輯(1973).

　　　　「無二の思想的發展について」,『宗教研究』第56券 254 第3輯(1982).

　　　　「五思想よりみた 彌勒の著作－瑜伽論の著者を 中心に－」,『宗教研究』208 號(1971).

　　　　「彌勒作論書の著者問題」,『印佛研』19－1, p.132－133(1970).

　　　　『唯識 わが心の構造』, 春秋社, 東京(2001).

向井 亮,「アサンがにおける大乘思想の形成と空觀」,『宗教研究』227号(1976).

　　　　「瑜伽論の成立とアサンがの年代」,『印佛研』29－2, 680－686(1981).

袴谷憲昭,「初期唯識文獻研究に關する方法論的な覺え書」,『三藏集』제4집(1978).

「『攝大乘論』に對するAsvabhāva　註釋の特徵」, 『印佛研』第19券　第1号　(1970).

「『大乘莊嚴經論』散文箇所の著者問題について」, 『駒澤大學仏敎學部論集』　第3號(1973).

『唯識思想論考』, 大藏出版, 東京(2001).

氏家昭夫, 「唯識三性說について」, 『密敎文化』第85號, 高野山(1968).

舟橋尙哉, 「中邊分別論の諸問題」, 『大谷學報』第52卷　第4號, 京都(1977).

「大乘莊嚴經論の原典考ー求法品を中心としてー」, 『佛敎學セミナー』第27号　(1978).

管原泰典, 「初期唯識思想に於ける三性說の展開」, 『文化』第四十八卷　제3・4號, pp.338-315 (1985).

聲聞地硏究會, 梵文聲聞地(1-13), 『大正大學佛敎年報』3-16.

龍谷大學佛敎學會編, 『唯識思想の硏究』, 京都(1987).

<사전류>

中村元, 『佛敎語大辭典』, 東京書籍, 東京(1981).

萩原雲來, 『梵和大辭典』, 講談社, 東京(1975).

高埼直道外, 『佛敎・インド思想辭典』, 春秋社, 東京(1987).

世界聖典刊行協會, 『望月大辭典』, 東京(1975).

水野弘元, 『新・佛典解題辭典』, 春秋社, 東京(1971).

諸橋轍次, 『大漢和辭典』, 大修館書店, 東京(1968).

Monier Williams 「A Sanskrit-English Dictionary」, Lodon, The University of Oxford Press(1899).

Chandra Das, Tibetan-English Dictinary(1963).

Lokesh Chandra, Tibetan-Sanskrit Dictinary(1990).

張台寧, 『藏漢大辭典 上・下』, 民族印刷, 北京(1993).

榊亮三郎編著, 『Mahā-Vyutpatti梵藏漢和四譯對照　飜譯名義大集』, 國書刊行會, 京都 (1986).

水野弘元, 『パーリ語辭典』, 春秋社, 東京(1981).

松長有慶外, 『梵語佛典の硏究』, 平樂寺書店, 京都(1990).

塚本善隆外, 『望月佛敎大辭典』, 世界聖典刊行協會, 東京(1980).

Mahāyāna－sūtrālaMkāra by Maitreya

SūtrālaMkāra－bhāSya by Vasubandhu

SūtrālaMkāra－vRtti－bhāSya by Sthiramti

Mahāyāna－sūtrālaMkāra－Tīkā by Asvabhāva

Dharma－paryeSTy－adhikAra

ekAdaCo'dhikAraH

A Synopsis of The DharmaparyeSTi

	kA	VrttibhASya (P)	TIkA (P)
1. AlaMbanaparyeSTi(所縁의 探求)		172b2 87a4	
1-1. CrutacintAbhAvanAmayIprajJAlaMbana	kA 1	172b6	87a5
1-2. sUtrAbhidharmavinayacaturvidhArtha	kA 2	175b8	
1-2-1. sUtracaturvidhArtha	kA 3ab	176a5	88b1
1-2-2. ahbidharmacaturvidhArtha	kA 3cd	176b5	88b7
1-2-3. vinayacaturvidhArtha	kA 4	177a1	88b7
2. AlambanalAbhaparyeSTii(所縁을 얻는 것의探求)		179a2	89b5
2-1. AdhyAtmabAhyadvayAlaMbanalAbha	kA 5	179a6	86
2-2. dharmAlaMbanalAbha	kA 6, 7ab	180a8	90b6
2-3. adhyAtmabAhyadvayadharmAlaMbanalAbhabhAva	kA 7cd	181a4	91a7
3. ManaskAraparyeSTi(作意의 探求)	kA 8-12	181a6	91b1
4. DharmatattvaparyeSTi(法真実의 探求)		193a4	94b2
4-1. trisvabhAvatatva	kA 13	193a8	94b5
4-2. dharmadharmatAbhinnatva	kA 14	194a1	94b6
5. Tatve mAyopamaparyeSTi(真実에 관한 환상(幻)譬喩의 探求)			

ABBREVIATIONS

P = Peking editon

D = Derge editin

MSA = MahAyAna − sUtrAlaMkAra

SABh = SUtrAlaMkAra − bhASya

SAVBh = SUtrAlaMkAra − vRtti − bhASya

MSAT = MahAyAna − sUtrAlaMkAra − TIkA

N = Index of the MahAyAnasUtrAlAMkAra, part one, by G, Nagao

Ta = Taiwan of Derge

H = Hayasima Osamu, **DHARMAPARYESTI** or chos yoGs su tshol baHi skabs

T = Tibet

S = sanskrit

L = MahAyAnasUtrAlaMkAra, ed. Lévi, Paris, 1907.

MAV = MadhyAntavibhAga   see MAVBh

MAVBh = MadhyAntavibhAga − bhASya, ed. by N. M. Nagao, Tokyo, 1964.

MAVT = MadhyAntavibhAga − TikA, ed S. by. Yamaguchi, Nagoya, 1934.

A Table Romanization

ka	kha	ga	Ga
ja	cha	ja	Ja
ta	tha	da	na
pa	pha	ba	ma
tsa	tsha	dsa	wa
Za	za	ha	ya
ra	la	Ca	sa
ha	a		

Dharma−paryeSTy−adhikAra

ekAdaCo'dhikAraH

kArikA

<5>   AlaMbanalAbhaparyeSTau trayaH ClokAH[L: p. 55, 9]

AlaMbanaM mato dharmaH

adhyAtmaM bAhyakaM [dvayaM/

lAbho dvayor dvayArthena

dvayoCcAnupalaMbhataH][1) // 11−5 //

bhASya

/ dharmAlaMbanaM yo deCitaH / kAyAdikaM cAdhyAtmikaM bAhyamAdh−

yAtmikabAhyaM ca / tatra grAhakabhUtaM kAy'Adikam AdhyAtmikaM grAhyabhUtaM

bAhyaM tayor eva tathatA dvayaM / tatra dvayor AdhyAtmika−bAhyayor

AlaMbanayor dvayArthena lAbho yathAkramaM / yadi grAhyArthAd grAhakArthm−

abhinnaM paCyati grAhakArthAc ca grAhyarthaM dvayasya punaH samastasyA−

dhyAtmika−bAhyAlaMbanasya tathatAyA lAbhas tayor eva dvayor anupalaMbhAd

veditavyaH //

---

1) by N

bhASya(T)

<5>[P: 177a1, D: 165a7] / dmigs pa rJed pa yoGs su tshol ba tshigs su bCad pa gsum mo // dmigs pa chos daG naG daG ni // phyi daṅ gJis ni yin par Hdod // don gJis kyis ni gJis po rJed // gJis po dag ni mi dmigs pas // *dmigs pa chos ni bCad pa gaG yin paHo* // lus la sogs pa ni naG daG phyiHo // de la Hdsin par gyur paHi lus la sogs pa ni naG ste dmigs pa chos so // gzuG bar gyur ba ni phyiHo // de dag Jid kyi de bZin Jid gJis so // de la naG daG phyiHi dmigs pa gJis ni don gJis kyis go rim bZin du rJed de / gal te gzuG baHi don las Hdsin paHi don tha mi dad par mthoG ba Ham / Hdsin paHi don las gzuG baHi don tha mi dad par mthoG naHo // phyi naG gi dmigs pa gJis po thams cad kyi de bZin Jid rJed pa ni de gJis Jid mi dmigs pa las rigs par byaHo //

VRtti – bhASya

// *dmigs pa rJed pa yoGs su tshol ba la tshigs su bcad pa gsum ste* [2)]Zes bya ba la / *dmigs pa rJed pa*(AlaMbanalAbha) ni dmigs pa mGon sum du gyur pa [D:160] ste / dmigs pa yoGs su tshol baHi skabs kyi rjes la dmigs pa rJed paHi skabs bCad par Hbrel pa ci yod ce na / goG du bCad pa ltar dmigs paHi yul btsal te yul rJed na gtan la phab na deHi Hog tu dmigs paHi yul mGon sum du gyur[3)] pas na dmigs pa yoGs su tshol baHi skabs kyi rjes la dmigs pa rJed pa yoGs su tshol baHi skabs bCad par Hbrel to // de la dmigs paHi yul yaG rnam pa bZi ste / chos la dmigs pa daG / naG la

---

2) AlaMbanalAbhaparyeSTau trayaH ClokAH
3) P: Hgyur

dmigs pa daG / phyi la dmigs pa daG / phyi naG gJis thams cad kyi de bZin

Jid la dmigs paHo /

/ *chos la dmigs par Hdod pa ste*[4] // Zes bya ba la / de la *chos* Zes bya baHi

sgra ni gsuG rab yaG lag bcu gJis la bya ste / de dag kyaG Ces rab rnam

pa gsum gyi dmigs par bya baHi yul du Hdod do Zes bya baHi don to // yaG

na *chos* Zes bya ba ni theg pa chen poHi mdo sde rnams la bya ste / deHaG

byaG chub sems dpaH dbaG po rnon po rnams kyis[5] dmigs par bya ba yin

par Hdod kyi thams cad kyi dmigs par bya baHi yul ni ma yin no // yaG na

chos ni kun nas Jon moGs pa daG rnam par byaG baHi chos gJis la bya

ste / chos de dag Jid skye Zin Hjig paHi raG bZin can du zad kyi de las na

gtogs paHi bdag daG naG na[6] byed pa skyes bu gaG yaG med do Zes bya

baHi don to /

/ *naG daG*[7] Zes bya ba la / gzugs kyi phuG po daG tshor ba daG Hdu

Ces[P.179b] daG Hdu byed daG rnam par Ces paHi phuG po la naG Zes byaHo

// yaG na[8] Hdsin par gyur pa mig gi skye mched nas yid kyi skye bar la

naG[9] Zes byaHo /

/ *phyi daG*[10] Zes bya ba la gzugs nas chos kyi skye mched kyi bar gyi yul

drug gzuG bar gyur pa la phyi Zes byaHo /

---

4) AlaMbanaM mato dharmaH

5) D: kyi

6) AsvabhAva: gyi instead of na

7) adhyAtman

8) P: naG ni instead of yaG na

9) by H, P, D: Hdsin pa

10) bAhykam

/ de la chos la dmigs pa daG por bstan kyaG chos la dmigs pa rJed pa bCad pa maG bas na[11]phyis tshigs bcad gJis pa daG gsum pas rgyas par Hchad kyi / naG gi dmigs pa rJed pa daG[12] phyiHi dmigs pa rJed pa daG phyi naG thams cad kyi de bZin Jid kyi dmigs pa rJed pa bCad pa JuG bas na de dag gi dmigs pa rJed pa daG por bCad par bya ste /

/ de bas na *gJis kaHi*[13] Zes bya ba la sogs pa smos te / phyi naG gJis kyi de bZin Jid rnam pa gJis la *gJis ka* Zes [D:161a] bya ste / nam phyiHi de bZin Jid mGon sum du gyur na phyiHi dmigs pa rJed pa daG / nam naG gi de bZin Jid mGon sum du gyur na naG gi dmigs pa rJed pa Zes[14] byaHo /

/ rgyu gaG gis phyir naG gi de bZin Jid mGon sum du Hgyur Ze na / deHi phyir *don gJis kyis ni gJis ka*[15] *rJed*[16] // ces bya ba smos te / don gJis kyis ni phyi naG gJis kyi de bZin Jid kyi dmigs pa rJed par Hgyur te / don gJis kyis ni gzuG baHi don daG Hdsin paHi don tha dad pa ma yin par mthoG ba daG / Hdsin paHi don las gzuG baHi don tha dad pa ma yin par mthoG baHo /

/ de la gal te Hdsin pa ste / sems las gzuG ba ste phyiHi yul rnams logs Cig na yod pa ma yin par mthoG nas sems tsam du mthoG nas gzuG baHi gyeG ba spaGs pas phyiHi dmigs pa rJed pa Zes bya ste / Hdi ni bzod paHi

---

11) P: omit
12) D: des
13) dvayam
14) P: rJed ces
15) D: kaHi
16) lAbho dvayor dvayArthena / 5 − c /

dus naHo /

/ gal te gzuG ba ste / phyiHi yul las[17] Hdsin pa ste / naG gi sems tha dad pa

ma yin pa mthoG ste / phyiHi yul med pa bZin du naG gi sems kyaG med

do Zes khoG du chud nas[18] Hdsin pa la gyeG ba spaGs pas naG gi dmigs pa

rJed pa Zes bya ste Hdi ni Hjig rten gyi chos mchog gi dus naHo /

/ phyi daG naG gJis kaHi de bZin Jid rJed par ji ltar Hgyur Ze na / deHi

phyir / *gJis po dag ni mi dmigs pa*[19] Zes bya ba [P:80a] smos te / gaG gi[20]

chos kyi dbyiGs thams cad du Hgro baHi mtshan Jid du rtogs nas snaG ba

gzuG ba yaG mi dmigs Hdsin pa[21] yaG mi dmigs par Hgyur te / gJis su med

paHi ye Ces la gnas par gyur na phyi naG thams cad kyi de bZin Jid kyi

dmigs pa rJed pa Zes bya ste / Hdi ni sa daG poHi dus naHo // drod daG spyi

boHi tshe na ni phyi naG gi de bZin Jid mGon sum du ma gyur pas dmigs

pa rJed par mi bCad do /

/ *lus la sogs pa ni phyi naG ste*[22] Zes bya ba la / lus te[23] phuG po lGa la

ni naG Zes bya / gzugs la sogs paHi yul drug la ni phyi Zes byaHo /

/ *de gJis kyi de bZin Jid la de gJis so*[24] Zes bya ba la / phyi naG gJis kyi

de bZin Jid rnam pa gJis la gJis kaHi Zes bya ste / phyiHi de bZin Jid[25]

---

17) D: la
18) P: na
19) dvayoC cAnupalalaMbhataH / 5 − d /
20) D: naG gi
21) P: paHi
22) kAyAdikaM cAdhyAtmikaM
23) P: ste
24) tayor eva tathatA dvayaM

daG naG gi de bZin Jid do /

/ smos pa te[26) stoG pa Jid ni ro gcig par zad na ni[27) ciHi phyir rnam pa gJis su gZag[28) ce na / lan du [D: 161b] de bZin Jid la[29) rnam pa gJis su dbye ba med mod kyi / phyi naG gi chos chos can rnam pa gJis su tha dad pas chos Jid kyaG rnam pa gJis su gZag ste[30) / dper na bum paHi nam mkhaH daG / gnas khaG gi nam mkhaH Zes bya ba la sogs pa bZin no / / *gzuG baHi don nas Hdsin paHi don tha dad ma yin par mthoG ba daG[31)* Zes bya ba la / rnam par Zes pa Jid gJis lta bur rnam par snaG ste / gzuG baHi phyiHi yul la ma gtogs par Hdsin pa Zes bya ba mig la sogs pa naG gi skye mched byis pas btags pa lta bur logs Cig na yod pa ma yin te / yul daG Hdra bar sems kyaG med par mthoG na naG gi dmigs pa rJed pa Zes bya ste / Hdi ni Hjig rten gyi chos kyi mchog gi dus naHo /

/ *Hdsin[32) paHi don las gzuG baHi don tha dad pa ma yin par mthoG baHo[33)* Zes bya ba la / sems Jid gzugs la sogs paHi don du snaG bar zad kyi sems las ma gtogs[34) paHi don gZan yod pa ma yin no Zes mthoG na / phyiHi dmigs pa rJed pa Zes bya ste / Hdi bzod paHi dus naHo /

---

25) P: omit
26) P: omit
27) P: omit
28) P: bZag
29) D: omit
30) P: bZag
31) yadi grAhyArthAd grAhakArthaM abhinnam paCyati /
32) P, D: Hjig rten
33) abhinnaM paCyati grAhakArthAc ca grAhyArtham...... /
34) P: rtogs

TĪkA

35) // chos kyi dmigs pa yoGs su tshol baHi skabs kyi Hogs tu dmigs pa rJed

pa yoGs su tshol ba ste / dmigs pa Jes par bzuG nas deHi Hog tu ji[36] ltar

Hdi rJed par Hgyur Zes dmigs pa rJed pa yoGs su tshol baHi skabs yin no //

de la *dmigs pa* ni rnam pa bZi ste / *dmigs pa chos ni bCad pa gaG yin

paHo*[37] //Zes bya ba ni theg pa chen poHi chos mdoHi sde daG / dbyaGs kyi

bsJad paHi sde la [D:80b] sogs pa ste / de ni byaG chub sems dpaH Ces rab

rnon poHi dmigs pa yin gyi thams cad kyi ni ma yin pa Jid do //

lus la sogs pa ni naG ste[38] Zes bya ba ni dmigs pa gJis paHo // sogs pa[39]

Zes smos pa ni tshor ba daG sems daG chos rnams bsduHo // yaG na *dmigs

pa chos so* Zes smos pa ni skye ba na yaG kun nas Jon moGs pa daG /

rnam par byaG baHi chos rnams kho na skye la Hgag pa na yaG[40] Hgag[41] gi

gZan naG gi byed paHi skyes bu ni HgaH yaG med do Zes bya ba yin no //

de la naG gi dmigs pa Hdsin par gyur ba[42]ni dbaG poHi gzugs can mig la

sogs pa daG yid do //

phyi rol gyi dmigs pa gzuG ba[43]ni Hdsin paHi spyod yul gyi don Jid dam /

---

35) D: 80b6, P.89b5, Ta.159

36) P: di

37) AlaMbanaM mato dharmaH

38) kAyA'Adikam AdhyAtmikam

39) D: stsogs pa

40) P: yid

41) P: Hgig

42) AdhyAtmikaM grAhakabhUta

43) grAhyabhUtaM bAhyaM

gzugs la sogs pa ste gsum pa yin no // *G phyi de dag Jid kyi de bZin Jid gJis* ni dmigs pa bZi ba yin te / Hdi ni tshigs su bcad pa las // *dmigs pa chos daG naG daG ni // phyi daG gJis ni yin par Hdod //* ces dmigs pa rnam pa bZi bCad pa gaG yin pa rnam par phye ba yin no //

de la naG gi dmigs pa la sogs pa ni Hdsin pa la sogs paHi bye brag gis tsa baHi gZuG Jid las Cin tu rnam par phyi bar yaG zad na *dmigs pa de dag Jid de bZin Jid gJis so* Zes bya ba de bZin Jid la ni tha dad pa yod pa ma yin no Ze na / naG gi la sogs paHi dbye bas de bZin Jid kyi dmigs pa dad par rnam par gZag ste / dper na bum paHi nam mkhaH daG gnas khaG gi nam mkhaH Zes bya ba daG Hdra bar chos can gyi bye brag gis tha dad par rnam par gZag gi raG gi Go bos ni ma yin no // de la chos kyi dmigs pa daG por bstan pa daG de ni brjod[44] par bya ba maG baHi phyir tshigs[45] su bcad pa gJis pa daG gsum pa dag gis rgyas par ...... Hchad par......[46] Hgyur ro // naG gi dmigs pa la sogs pa ni brjod par bya ba JuG pas[47] de dag gi dmigs pa rJed pa daG po brjod do //

de la naG daG phyiHi dmigs pa gJis ni don gJis kyis go rims[48] bZin du rJed de / gal te gzuG baHi don las Hdsin paHi don tha mi dad par mthoG ba Ham[49] / Zes bya ba ji ltar tha mi dad par mthoG [D: 81a, Ta: 161] Ze na /

---

44) D: brGod
45) P: tshig
46) P: omit
47) D: ba
48) P: rim
49) tatra dvayor AdhyAtmika−bAhyayor AlaMbanayor dvayArthena lAbho yathAkramaM /

gJis su[50] snaG ba Hdi yaG rnam par Ces pa kho na snaG bar[51] zad kyi

dmigs pa[52] gzuGs la sogs pa rnam par Ces pa las ma gtogs par raG gi Go

bor gJis su yoGs su grub pas grub pa ni med do Zes bya ba sbyar te /

bha dri ha ris(P: ri) *(BhartRhari)*[53] *ji skad du // nam mkhaH sa rluG Ji ma*

daG // rgya mtsho rluG[54] *daG phyogs rnams[P: 90a] ni // naG gi Ces paHi Go*

bo yi // cha las phyi rol lta bur Hdug[55] *// ces bCad pa lta bu yin no //*

Hdsin paHi don las gzuG baHi don tha mi dad par mthoG naHo[56] *// Z*es bya

ba ni gzuG ba daG Hdsin pa ni rnam par Ces pa kho nar zad kyi rnam

par Ces pa las ma gtogs pa byis pas kun brtags pa mig la sogs pa Hdsin

paHi don ni yod pa ma yin no Zes bya ba ste / deHi phyir don du snaG ba

thams cad sems kho na yin par btaHi / don sems las gZan par ni mi btaHo

/ deHi tshe ni HdiHi gzuG ba la rnapar gyeG ba spaGs la Hdsin paHi rnam

par rtog pa HbaH Zig bsdus[57] te // de ni bzod paHi gnas skabs yin no // de

nas myur du bar chad med paHi tiG Ge Hdsin thob ste / de ni HdiHi Hjig

rten paHi chos kyi mchog gi gnas skabs yin no // de ltar na naG daG phyiHi

dmigs pa thob pa yin no //

---

    yadi grAhyarthAd grAhakArtham − abhinnaM paCyati

50) P: su, omit

51) P: rnam par

52) P: dmigs daG

53) P: ri

54) P: rliG

55) dyauH kSamA vAyurAdityaH sAgarAH sarito diCaH / antaHkaraNatattvasya bhAgA bahiravasthitAH

    // 3 − 7 − 41 // 297 // The VAkyapadIya of BhartRhari

56) abhinnaM paCyati grAhakArthAc ca grAhyarthaM

57) P: lus

phyi daG naG gi dmigs pa gJis po thams cad kyi de bZin Jid rJed pa ni

gzuG ba daG Hdsin pa de gJis Jid mi dmigs pa las rig par byaHo[58) *| Zes pa*

ni ji skad du /

/ de nas de ni Hjig rten las Hdas paHi ye Ces bla na[59) med paHo[60) // rnam

par mi rtog ye Ces[61) dri ma med Hdsin pa gJis daG bral ba Hthob //[62)

/ ces Hchad par[63) Hgyur ba lta bu yin no // naG daG phyi daG phyi naG gi

de bZin Jid kyi[64) dmigs par rJed pa bCad Zin to //

kArikA

<6> manojalpair yathoktArtha − prasannasya pradhAraNAt /

arthakhyAnasya jalpAc ca nAmni sthAnAc ca cetasaH // 11 − 6 //

<7> dharmAlaMbanalAbhaH syAt[L: p.56, 1] tribhir jJAnaiH Crut'AdibhiH /

trividhAlaMbanalAbhaC ca pUrvoktas tat samACritaH // 11 − 7 //

bhASya

dharm'AlaMbanalAbhaH punas tribhir jJAnair bhavati CrutacintAbhAvanAmayaiH /

---

58) dvayasya punaH samastasyAdhyArmika − bAhyAlaMbanasya tathatAyA lAbhas tayor eva
   dvayor anupalaMbhAd veditavyaH /
59) P: omit
60) P: pa
61) P: omit
62) dvayagrAhavisaMyuktaM lokottaramanuttaraM / nirvikalpaM malApetaM jJAnaM sa lobhate
   punaH // 14 − 28 // by Lévi, p.93
63) P: ces bya bar
64) P: kyis

tatra samAhitena cetasA manojalpair yathoktArthaprasannasya tat pradhAraNAt /

Crutamayena jJAnena tal lAbhaH [/]manojalpair iti saMkalpaiH /

prasannasye ity adhimuktasya niCcitasya / pradhAraNAd iti pravicayAt /

jalpAdartha − khyAnasya pradhAraNAc cintAmayena tal lAbhaH / yadi manojalpAd

evAyam arthaH khyAtIti paCyati nAnyan manojalpAd yathoktaM dvayAlaM −

banalAbhe / cittasya nAmni sthAnAt bhAvanAmayena jJAnena tal lAbho veditavyo

dvayAnupalaMbhAd yathoktaM dvay'AlaMbanalAbhe / ata eva ca sa pUrvoktas

trividh'AlaMbanalAbho dharmAlaMbanalAbhasaMniCrito veditavyaH // [L: p.56, 11]

bhASya(T)

<6> [P: 177b1, D: 165b3]

/ yid kyi [65] *brjod pas bCad bZin don // rab dag don du snaG ba ni // brjod las yin*

par rab Hdsin phyir // sems ni miG la gnas pa phyir //

<7> thos la sogs paHi Ces gsum gyis // chos kyi dmigs pa rJed par Hgyur // dmigs

pa rnam pa gsum rJed pa // sGar bCad de la yaG daG brten //

chos la[66]dmigs pa rJed pa ni // thos pa daG bsam pa daG // bsgom pa las byuG

baHi Ces pa gsum gyis Hgyur ro // de la mJam par gCag[67] paHi sems kyis yid kyi

brjod pa dag gis ji skad bCad paHi don la rab tu daG ba de Hdsin paHi phyir // thos

pa las byuG baHi Ces pas de rJed de // yid kyi brjod pa dag gis Zes bya ba ni yaG

dag par rtog pa dag gis so // rab tu daG ba ni mos pa ste Ges paHo / rab tu Hdsin

paHi phyir Zes bya ba ni rab tu rnam par [P: 178a] Hbyed paHi phyir ro // don du

---

65) P: kyis
66) P: pa
67) P: bZaG

snaG ba ni brjod pa las yin par rab tu Hdsin paHi phyir bsams pa las byuG baHi

Ces pas de rJed de // gal te yid kyi⁶⁸⁾ brjod pa kho na las don Hdi snaG gi // dmigs

pa gJis rJed pa las ji skad bCad pa ltar yid kyi brjod pa las gZan pa ni ma yin no

// Zes bya bar mthoG naHo // sems miG la gnas paHi phyir bsgoms pa las byuG baHi

Ces pas de rJed par rig par bya ste / gJis [D: 166a] mi dmigs pas rJed pa las ji

skad bCad pa ltar gJis mi dmigs paHi phyir ro // de Jid kyi phyir dmigs pa rnam

pa gsum rJed pa sGar bCad pa de ni chos kyi dmigs pa rJed pa la yaG dag par

brten pa yin par rig par byaHo //

VRtti — bhASya

*/phyi daG naG daG phyi naG thams cad kyi de bZin Jid dmigs pa*⁶⁹⁾ *rJed*

pa bstan nas da ni ji ltar na chos la dmigs pa rJed par Hgyur ba de

bstan te / [P.180b] deHi phyir / *chos la dmigs pa rJed pa ni // thos pa la*

*sogs pa*⁷⁰⁾ *Ces rab gsum gyis* ⁷¹⁾Zes bya ba la sogs pa smos te / chos ni

gsuG rab yan lag bcu gJis la sogs paHo // chos de dag la dmigs pa rJed de

/ don mGon du Hgyur ba yaG don rnam pa gsum gyis Hgyur te / thos paHi

Ces rab daG / bsam paHi Ces rab daG / bsgom paHi Ces rab gsum gyis mGon

sum du Hgyur ro /

/ thos paHi Ces rab kyis ji ltar mGon sum du Hgyur ba bstan paHi phyir /

*yid kyi rtog pas bCad pa bZin // dad pa la ni rab Hdsin phyir*⁷²⁾ / Zes smos

---

68) P: kyis
69) P: la
70) P: pa, omit
71) dharmAlaMbanalAbhaH syAt tribhir jJAnaiH CrutAdibhiH / 7 — ab /
72) manojalpair yathoktArthaprasannasya pradhAraNAt / 6 — ab //

te / rna baHi rnam par Ces pa ni rnam par mi rtog pa yin pas des don rtogs par mi nus pas na yid kyi rtog pa Zes bya bas rna baHi rnam par Ces paHi rjes las byuG ba rnam par rtog pa daG bcas paHi yid kyi rnam par Ces pa la yid kyi rtog pa Zes byaHo // gaG gi tshe sems gyeG pa med par chos Jan pa daG / sems rtse gcig pas chos Jan pa daG / rna blags pa te chos Jan pa daG / mJam par gZag[73] paHi sems kyis chos [D.162a] Jan pa na / *mkhan po daG slob dpon* gyis chos thams cad sems las byuG Go Zes bCad pa bZin du dad pa daG mos pas de bZin du Hdsin te / miG daG tshig daG yi ge la sogs pa Hdi de dag thams cad sems snaG bar zad do Zes Jan paHi bye brag byed ciG yid ches par gyur na thos paHi Ces rab kyis chos la dmigs pa rJed pa Zes bayHo /

/ sems kyi Ces rab kyis ji ltar dmigs pa bstan paHi phyir / *rtog pa las ni don snaG daG*[74] / Zes bya ba smos te / gaG gi tshe sems pa[75] la Zugs pa na[76] yid kyi rtog pa Jid las don gyi dGos po Hdi dag snaG bar[77] zad kyi yid rtog pa ma gtogs[78] par don Hdi dag tha dad par[79] logs na yod pa ma yin no Zes mthoG ba deHi[80] tshe thos paHi[81] Ces rab kyis[82] chos la dmigs pa rJed

---

73) P: bZag
74) arthakhyAnasya jAlpAc ca /
75) P: pa, omit
76) P: ni
77) P: rnam par instead of snaG bar
78) D: rtogs
79) D: pas
80) P: baHi instead of ba deHi
81) P: pa
82) P: kyis

pa Zes bya ste / goG du phyi daG naG gi dmigs pa rJed paHi skabs su bCad

pa ltar na gzuG baHi don las Hdsin paHi don tha dad pa ma yin par mthoG

ba daG Hdsin paHi don las[83] gzuG baHi don tha dad pa ma yin par mthoG

na / sems paHi Ces rab kyis chos la dmigs [P.181a] pa rJed pa gZag[84] go /

/ bsgom paHi Ces rab kyis chos la dmigs pa ji ltar rJed pa bstan paHi

phyir / *sems kyis miG la*[85] *gnas pas so*[86] // Zes smos te / *sems kyis*[87] Zes bya

ba ni bsgom[88] paHi Ces rab kyis Zes bya baHi don to // miG gi sgras ni tshor

ba la sogs pa gzugs med paHi phuG po la bya ste / gaG gi tshe gzuG ba

daG Hdsin pa gJis mi dmigs par gyur nas dmigs su med paHi de bZin Jid

tsam las gnas par gyur na *miG la gnas pa* Zes bya ste / de ltar gyur na

bsgom paHi Ces rab kyis chos la dmigs pa rJed pa Zes byaHo // de yaG goG

du phyi naG thams cad kyi de bZin Jid rtogs paHi gJis su med paHi dmigs

pa rJed pa ltar rJed na bsgom[89] paHi Ces rab kyis chos la dmigs pa rJed

par gZag[90] go /

<7> / *dmigs pa rnam pa gsum rJed sGar smras pa*[91] *de la gnas paHo*[92] /

Zes bya ba la / chos la dmigs pa rJed pa daG / naG gi dmigs pa rJed pa

---

83) P: la
84) P: bZag
85) P: mi las instead of miN la
86) nAmni sthAnAc ca cetasaH
87) P: kyi
88) P: bsgoms
89) P: bsgoms
90) P: bZag
91) P: pa, omit
92) trividhAlaMbanalAbhaC ca pUrvoktas tat samACritaH / 7 — cd

daG / phyiHi dmigs pa rJed pa[93])daG / phyi naG thams cad kyi de bZin Jid
kyi dmigs pa rJed pa HbyuG bas na sGar smras paHi phyi naG gi dmigs pa
rJed pa la sogs pa rJed pa[94)] rnam gsum bCad [D.162b] pa yaG chos la
dmigs pa rJed pa kho na las HbyuG bas na de dag kyaG chos la dmigs pa
rJed [95)]pa la gnas Cin brten to Zes baHi don to /

TIkA

(P: 90b6)da ni chos kyi dmigs pa ji ltar rJed pa de bZin du skabs daG
sbyar ro // de la mJam par gZag[96)] paHi sems kyis Zes bya ba ni sems
rnam par gyeG bas ma yin pa ste / gaG gi tshe chos dag Jan pa na sems
rtse gcig pas Jan paHo // sems mJam par gZag[97)] pa Jid ni Hdir rna gtod
pa yin no /

/ yid kyi brjod pa dag gis Zes bya ba ni yag dag par rtog pa [D: 81b] dag
gis te / rna baHi rnam par Ces pa rnam par rtog pa med pas ni don Ges
par Hdsin par byed nus pa ma yin gyi / rna baHi rnam par Ces paHi rjes la
yid kyi brjod pa rnam par rtog pa daG bcas pa dag gis mdo daG dbyaGs
kyis bsJed paHi sGe la sogs paHi chos kyi don ji skad [P:91a]bCad pa Ges
par Hdsin par byed do // de ltar na re Zig thos pa las byaG baHi Ces pas
chos[98)] kyi dmigs pa rJed pa yin no /

---

93) P: rJed pa Jid
94) P: rJed pa, omit
95) P: rJed la
96) P: bZag
97) P: bZag

*/ dmigs pa gJis rJed pa las ji skad bCad pa ltar yid kyi brjod pa las gZan
pa ni ma yin no Zes bya bar mthoG naHo*[99] *// Zes bya ba ni gal te gzuG
baHi don las Hdsin paHi don tha midad par mthoG ba Ham*[100]*Zes bya ba
yin no // Hdi skad du chos Hchad pa na sems kho na miG gi tshogs daG
tshig gi tshogs daG*[101] *yi geHi tshogs Jid du snaG gi / sems las*[102] *ma gtogs
pa don gZan ni yod pa ma yin no // Zes bya bar mthoG naHo Zes bya bar
bCad par Hgyur te / de ltar na bsam*[103] *pa las byuG baHi Ces pas chos kyi
dbyiGs kyi dmigs pa rJed pa yin no //*

sems ni miG la gnas paHi phyir bsgoms pa las byuG baHi Ces[104] *pas*[105]*Zes
bya ba la / miG ni gzugs can ma yin paHi phuG po bZiHo // de la ji ltar gnas
Ce na / miG gi de bZin Jid la gnas paHi phyir miG la gnas pa yin te / chos
daG chos can dag tha mi dad paHi phyir ro // de Jid kyi phyir mjug thogs
su bsgoms*[106]*pa las byuG baHi Ces pas de rJed par rig par byaHo*[107]*Zes
bCad do /*

/gJis mi dmigs pas rJed pa las[108] *ji skad bCad pa ltar gJis mi dmigs*

---

98) D: chas
99) paCyati nAnyan manojalpAd yathoktaM dvayAlaMbanalAbhe
100) yadi grAyArthAd grAhakArtham abhinnaM paCyati
101) P: tshig gi tshogs daG, omit
102) P: la
103) P: bsams
104) P: ye, added, between baHi and Ces
105) cittasya nAmni sthAnAt bhAvanAmayaena
106) P: bsgom
107) anantaraM cittasya nAmni sthAnAt bhAvAmayena jJAnena tal lAbho veditavyo
108) P: rJed pas

paHi phyir ro[109)]Zes bya ba ni sGar phyi naG gi dmigs pa gJis po thams cad kyi de bZin Jid rJed pa ni gzuG ba daG Hdsin pa de gJis Jid mi dmigs pa las rig par byaHo // Zes gJis kaHi[110)] dmigs pa rJed pa lta bu bCad pa yin te / de ltar na bsgoms pa las byuG baHi Ces pas chos kyi dmigs pa rJed par byaHo /

/ de Jid kyi phyir *dmigs pa rnam pa gsum rJed pa sGar bCad pa de ni chos kyi dmigs rJed pa las yaG dag par rten pa yin par rig par byaHo*[111)] // Zes bya ba ni chos kyi dmigs pa rJed pa kho nas naG gi dmigs [D: 82a]pa la sogs pa sGar bCad paHi dmigs pa rnam pa gsum rJed par Hgyur ro // de Jid kyi phyir chos kyi dmigs pa rJed pa ni dmigs pa rJed [P: 91b]pa thams cad kyi naG na gtso bo yin la gsum pa ni de la brten pa yin no //

kArikA

<13> [L: p.58, 15]dharmatattvaparyeSTau dvau Clokau

> tattvaM yat satataM dvayena rahitaM bhrAnteC ca saMniCrayaH
>
> CakyaM naiva ca sarvathAbhilapituM yac cAprapaJcAtmakaM /
>
> jJeyaM heyam atho viCodhyam amalaM yac ca prakRtyA mataM
>
> yasyAkACa — suvarNa — vAri — sadRCI kleCAd viCuddhir matA // 11 − 13 //

---

109) dvayAnupalaMbhAd yathoktaM dvayAlaMbanalAbhe
110) D: gJigHi
111) ata eva ca sa pUrvoktas trividhAlaMbanalAbho dharmAlaMbanalAbhasaMniCrito veditavyaH

bhASya

/ satataM dvayena rahitaM tattvaM parikalpitaH svabhAvo grAhyagrAhakalak−

SaNenAtyantam asattvAt / *bhrAnteH saMniCrayaH* paratantras tena tat parikalpanAt /

anabhilApyam aprapaJcAtmakaM ca pariniSpannaH svabhAvaH / tatra tattvaM

prathamaM parijJeyaM dvitlyaM praheyaM tRtlyaM viCodhyaM cAgantukamalAd

viCuddhaM ca prakRtyA yasya prakRtyA *viCuddhasyAkACa−suvarNa−vAri−sadRCl*

kleCAd viCuddhiH / na hy AkAC'AdIni prakrtyA aCuddhAni / na cAgantukamalA−

pagamAd eSAM viCuddhir neSyata iti //

bhASya(T)

<13>[P: 180b1, D: 168a2]

/ chos kyi de kho **na** Jid kyi don yoGs **su** tshol ba la tshigs su bcad pa gJis so /

/ rtag tu gJis bral Hkhrul paHi rten gaG yin daG gaG Cig rnam kun tu // brjod par

nus ma yin CiG spros pa med paHi[112] bdag Jid de kho na // Ces bya spaG bya raG

bZin dri med .hdod gaG rnam par sbyaG bya ste / de ni nam mkhaHs gser daG chu

ltar Jon moGs pa las rnam dag Hdod /

/ de kho na Jid rtag tu gJis daG bral ba ni kun brtags paHi Go bo Jid yin te /

gzuG ba daG Hdsin paHi mtshan Jid du gtan med phyir ro // *Hkhrul paHi rten* ni

gZan gyi dbaG ste / des der kun tu rtog paHi phyir ro // *brjod tu med ciG spros pa*

med paHi bdag Jid ni yoGs su grub paHi Go bo Jid do // de la de kho na Jid daG

po ni *yoGs su Ces par bya ba yin no* // gJis pa ni *spaG bar bya ba yin no* // gsum

pa ni *glo bur gyi drim las rnam sbyaG bar bya ba yin te* / raG bZin kyis[113] rnam

---

112) P: med pa, omit

113) P: kyi

par dag go / raG bZin gyis rnam par dag pa gaG yin pa de ni *nam mkhaHs daG gser daG chu daG*[114)]*lta bur Jon moGs pa las rnam par dag pa yin de* / nam HkhaH la sogs pa ni raG bZin gyis[115)]ma dag pa yaG ma yin la // de dag glo bur gyi drim daG bral baHi sgo nas rnam par dag par mi Hdod pa yaG ma yin no //

VRtti — bhASya

[116)]*/chos la de kho na Jid kyi don yoGs su tshol ba la tshigs su bcad pa gJis so*[117)]Zes bya ba la chos ni rnam pa gJis te / kun nas Jon moGs paHi chos daG / rnam par byaG baHi chos so // chos de dag gi de kho na Jid ni chos de dag gi mtshan Jid phyin ci ma log paHi raG bZin te / de yaG kun brtags[118)] kyi raG bZin daG / gZan dbaG gi raG bZin daG / yoGs su grub paHi raG bZin no // chos de dag kyaG Hjig rten las Hdas paHi ye Ces thob pas ni khoG du chud do // yid la byed pa[119)] tshol baHi skabs bCad paHi rjes la chos la de kho na Jid kyi don yoNs su tshol baHi skabs bCad par Hbrel ba ci yod ce na / yid la byed pa Zes bya ba la / rtse gcigs pa Zes bya ba daG / tiG Ge Hdsin ces bya ba daG / mJam par gZag[120)] pa rnams ni don gcig ste / mdo las sems mJam par gZag[121)] pa [122)]thob na de kho na Jid khoG du

---

114) D: daG, omit
115) P: gyi
116) P: 193a4, D:173b4
117) dharmatattvaparyeSTau dvau Clokau
118) D: btags
119) P: paHi
120) P: bZag
121) P: bZag
122) P: thob par gZag pa. D:omit

chud par Hgyur ro Zes HbyuG bas yid la byed baHi skabs kyi rjes la de

kho naHi skabs bCad par Hbrel to //

VRtti−bhASya

<13> *de Jid gaG ni gJis kyis rtag tu spaGs*[123]Zes bya ba la / gaG zag [P:

193b]daG chos[D:174a] la bdag med paHi raG bZin stoG pa Jid la de Jid ces

byaHo // stoG ba Jid so soHi skye bo nas Hphags paHi dus na yaG gzuG ba

daG Hdsin pa daG bral ba yin pas rtag tu gJis kyis spaGs Zes bya ste / de

ltar rtag tu gzuG Hdsin daG bral ba[124] yaG / gzuG Hdsin lta bur snaG ba Hdi

ni kun brtags [125] kyi mtshan Jid to // Zes bya baHi don to //

nor paHi gnas[126]Zes bya ba la nor paHi gnas ni gZan gyi dbaG gi mtshan

Jid de thag pa la sbrul du rtog pa bZin du gzaG dbaG de[127] gzuG daG

Hdsin lta bur rtogs[128] paHi rgyu byed paHi phyir nor paHi gnas Zes byaHo //

gzaG dbaG gis gzuG Hdsin lta bur rtogs pas so(tena tatparikalpanAt) //

spros pa med par[129] *rnam pa kun tu brjod*[130] *mi nus*[131]Zes bya ba la

spros pa med ciG brjod par mi nus pa ni yoGs su grub paHi raG bZin te /

---

123) tattvaM yat satataM dvayena rahitaM(13a)
124) D: omit
125) P: rtags
126) bhrAnteC ca saMniCrayaH(13a)
127) D: ste
128) p: rtog
129) P: pa
130) P, D: spyod,H:brjod
131) CakyaM naiva ca sarvathAbhilapitaM yac cAprapaJcAtmakaM(13b)

yoGs su grub pa gzuG Hdsin gyi chos med pas na spros pa med paHo // yoGs

su grub pa de miG daG tshig daG yi ges Hdi HdraHo Zes tha sJad[132] du mi

ruG bas na rnam pa kun tu brjod mi nus Zes byaHo //

Ces bya [133]Zes bya ba la / daG po kun brtags kyi mtshan Jid ni Ces par

bya ba yin te[134] / ji ltar Ces par bya ba[135]Ze na / kun brtags kyi chos Hdi

dag ni ri boG gi[136]rva bZin du yod pa ma yin no Zes Ces par byaHo[137] //

spaGs pa[138]Zes bya ba la / gJis pa gZan dbaG gi mtshan Jid ni spaG bar

Zes bya ba yin[139] te / gZan dbaG la yod paHi gzuG Hdsin gyi dri ma sbyaG

dgos paHi phyir ro //

rnam sbyaG[140] *raG bZin dri ma med par rig*[141]ces bya ba la / gsum pa yoGs

su grub paHi mtshan Jid ni rnam par sbyaG pa[142]yin par rig par bya ste /

yoGs su grub pa Jid kyi raG bZin Jid rnam par dag ciG dri ma med pa

yin yaG glo bur gyi dri ma sbyaG bar mi bya ba yin te / sbyaG dgos baHi

phyir ro // de ltar yoGs su grub paHi raG bZin gyis rnam par dag pa yin

yaG glo bur gyi dri ma sbyaG dgos paHi rnam pa gsum bstan baHi phyir /

---

132) P: bsJad
133) jJneyaM(13c)
134) P: sbaG par bya ba ma yin te
135) D: ba,omit
136) P: bi
137) D: byaHa
138) heyam(13c)
139) P, D: spaG bar bya ba ma yin
140) D: sbyaGs
141) atho viCodhyam amalaM yac ca prakRtyA mataM(13c)
142) D: sbyaGs pa

de ni nam mkhaH gser daG chu Hdra Jon moGs rnam dag Hdod[143)]ces bya ba

smos te / dper na nam mkhaH daG gser daG chu rnams raG bZin gyis dag

kyaG glo bur gyi dri ma sbrin daG sa [P: 194a]rdo daG rJog pa bsal dgos pa

de bZin du yoGs su grub paHi raG bZin kyis rnam[D:174b] par dag pa yin

mod kyi glo bur gyi dri ma sbyaG dgos so Zes bya baHi tha tshig go /

TIkA

[144)]/ yid la byed pa rJed paHi Hog tu chos kyi de kho na Jid kyi don yoGs

su tshol baHi skabs yin[145)] te / Hdi ltar sems rtse gcig pa Jid rJed pas chos

rnams kyi de kho na Jid rtogs par Hgyur ro // de kho na Jid[146)] mi bslu ba

daG / phyin ci ma log pa gaG yin paHo // de Hjig rten las Hdas paHi ye Ces

thob pas dmigs pa gaG yin pa de kho[147)] na Jid yin te / kun nas Jon moGs

pa daG rnam par byaG baHi chos thams cad kyi de kho na Jid　spyir

brtags pa yin no /

kun brtags paHi Go bo kyi de kho na Jid ni gJis daG bral ba yin la / gJis

su snaG ba Jid ni Hkhrul pa yin te / ji srid du Hdi Hkhrul pas dmigs pa de

srid du[148)] deHi yaG dag pa dmigs pa med do /

<13> *des der kun rtogs paHi phyir ro*[149)] // Zes bya ba ni gZan gyi dbaG gi

---

143) yasyAkACa − suvarNa − vAri − sadRCI kleCAd viCuddhir matA(13d)
144) P: 94b2, D: 84b6, Ta: 168
145) P: omit
146) D: kyi,added
147) P: ni, added,between de and kho
148) P: du,omit

Go bo Jid Hkhrul pas gJis po der kun rtog ste / thag pa la sbrul bZin no /

kArikA

<14> na khalu jagati tasmAd vidyate kiMcid anyaj

jagad api tad aCeSaM tatra saMmUDhabuddhi /

katham ayam abhirUDho loka − mohaprakAro

yad asadabhiniviSTaH sat samantAd vihAya // 11 − 14 //

bhASya

[L: p.59, 1] / na khalu tasmAd evaM lakSaNAd dharmadhAtoH kiMcid anyal

loke vidyate dharmatAyA dharmasyAbhinnatvAt / CeSaM gatArthaM //

bhASya(T)

<14>[P: 180b7, D: 168a6] / *Hgro ba dag na de las gZan yaG cuG zad yod min la*

// Hgro ba ma lus pa la yaG de la kun tu rmoGs paHi blo // yod pa kun nas spaGs

de med la mGon Zen gaG yin pa / Hjig rten rmoGs paHi rnam pa tshabs chen Hdi

go(MSA − Tib: ko)*ji lta bu /*

/ Hjig rten na chos kyi dbyiGs kyi mtshan Jid de lta bu las gZan ni cuG zad kyaG

med de / chos Jid daG chos tha mi dad paHi phyir ro // lhag ma ni don go bar zad do /

Vrtti − bhASya

<14> / *de las gZan ni Hjig rten dag ni ci yaG med*[150]*ces bya ba la* / deHi

---

149) tena tat parikalpanAt

sgras ni chos kyi dbyiGs stoG pa Jid la bya ste / stoG pa Jid las gZan paHi

chos stoG par ma Hdus paHi chos ni Hjig rten na gzugs la sogs pa gaG yaG

yod pa ma yin te / ciHi phyir Ze na / phyi naG gi chos thams cad la stoG

pas khyab paHi phyir ro //

Hgro ba ma lus pa yaG de la rmoGs paHi blo[151] Zes bya ba la / de ltar stoG

paHi mtshan Jid kyis chos thams cad la khyab pa la / stoG paHi chos tsam

Zig yod par zad kyi / de las lag pa gZan med na sems can thams cad kyaG

stoG paHi chos de la mgo rmoGs te / stoG paHi chos ma rtogs ma mthoG Go

Zes bya baHi don to //

ji ltar Hjig rten gti mug rnam pa Hdi[152] *mGon Hphel*[153]Zes bya ba la Hdi ni

Hjig rten du Go mtshar du bya ba ste / stoG pas kun tu khab[154] zin kyaG

stoG pa mi mthoG baHi gti mug daG ma rig pa Hdi Hkhor ba thog ma med

ba nas ji ltar rJed ciG[155] bskyed nas Hphel ba Zes bya baHi don to //

yod pa kun tu rnam spaGs med la mGon par chags[156] Zes bya la / de ltar

stoG pas kun tu khyab ste / stoG par ma Hdus pa med na yod paHi chos

stoG pa ni spaGs[157] te / ma mthoG la[158] med paHi chos gzugs la sogs pa ri

---

150) na khalu jagati tasmAd vidyate kiMcid anyaj(14a)
151) jagad api tad aCeSaM tatra saMmUDhabhuddhi(14b)
152) P: ni
153) katham ayam abhirUDho lokamohaprakAro(14c)
154) P: lya
155) P: ciHi
156) yad asadabhiniviSTaH sat samantAd vihAya(14d)
157) P, D: ma spaGs
158) H: ba

boG gi rwa bZin med pa yin Gon par chags CiG yod par Hdsin par byed do
// de ni Go mtshaG du bya ba yin no Zes bya baHi don // yaG na *mtshan Jid
gsum las* gZan paHi chos ni Hjig rten ci yaG med de / kun nas Jon moGs pa
daG / rnam par byaG baHi chos thams cad kyaG mtshan Jid gsum du Hdus
paHi phyir ro // de ltar mtshan Jid gsum tsam du sems can thams cad
kyaG de la rmoGs te / mtshan Jid gsum ma mthoG baHi gti mug Hdi lta bu[159]
ji ltar spel te bskyed na yod paHi chos mtshan Jid gsum ni ma mthoG la
med paHi chos gzuG ba daG Hdsin ba la ni chags par[P:194b] byed ces bya
baHi don to //

*chos kyi dbyiGs de lta buHi mtshan Jid las Hjig rten na gZan ci yaG med
de*[160]Zes bya ba la / chos kyi dbyiGs gzuG Hdsin daG bral ba la ni stoG ba
Jid las ma gtogs paHi chos[D: 175a] gzugs daG sgra la sogs pa ci yaG med
de / thams cad stoG pas kyab paHi phyir ro /

/ *chos Jid las*[161]*chos tha dad pa ma yin paHi phyir ro*[162]Zes bya ba la / ciHi
phyir stoG pas khyab ce na / chos Jid de stoG pa las[163] chos te / gzugs la
sogs pa logs CiG na[164] tha dad par yod pa ma yin pas na thams cad stoG
pas khyab ces bya baHi don to //

---

159) D: bur
160) na khalu tasmAd evaM lakaSaNAd dharmadhAtoH kiMcid anyal lake vidyate
161) P: la
162) dharmatAyA dharmasyAbhinnatvAt
163) P: pa las
164) D: tha sJad

<14>[P: 94b6, D: 85b2] *chos Jid daG chos tha mi dad paHi phyir ro*[165] //

Zes bya ba ni / gaG gi phyir chos kyi dbyiGs ni spyiHi rnam par chos thams cad kyi rjes su Zugs pa yin pa deHi phyir[166] / chos thams cad chos kyi dbyiGs las tha daG pa ma yin no /

yod pa kun nas spaGs te / med la mGon Zen gaG yin pa // Hjig rten rmoGs paHi rnam pa tshabs[167] *chen Hdi go ji lta bu*[168] // Zes bya ba la // yod pa kun nas spaGs te Zes bya ba ni chos kyi dbyiGs yod pa yin na Hjig rten gJis su Hdsin pas de la rmoGs nas chos kyi dbyiGs de spaGs te gzugs la sogs pa yod pa ma yin pa gZan kho na la mGon par Zen to // med pa ni byis pas kun brtags [P: 95a] paHi gzugs la sogs pa ste / Hjig rten ni thog ma med paHi dus nas gzugs la sogs pa Hdi dag yod pa las yaG dag pa Jid du snaG ba yin no // Zes de la rmoGs pas Hjug ciG de dag la yaG dag pa Jid du mGon bar Zen to /

yaG / [169]*Hgro ba dag na de las gZan yaG cuG zad yod min la*[170] // Zes bya ba ni Go bo Jid gsum las[171] te / Hgro ba na Go bo Jid gsum las[172] ma gtogs pa gZan ni cuG zad kyaG yod pa ma yin la / Hgro ba ma lus pa yaG

---

165) dharmatAyA dharmasyAbhinnatvAt
166) P: yin paHi phyir ro
167) P: tshab
168) katham ayam abhirUDho lokamohaprakAro yadasadabhiniviSTaH sat samantAd vihAya
169) by, D
170) na khalu jagati tasmAd vidyate kiMcid anyaj
171) P: omit
172) P: la

de la kun tu[173) rmoGs te phyin ci log tu Hdsin pa la mGon par Zen paHi

phyir ro //

kArikA

<15> tattve mAyopamaparyeSTau paJcadaCa ClokAH

    yathA mAyA tathA'bhUta − parikalpo nirucyate /

    yathA mAyAkRtaM tadvat dvayabhrAntir nirucyate // 11 − 15 //

bhASya

*yathA mAyA*mantra[by, N]parigRhItaM bhrAntinimittaM kASThaloST'AdikaM

tathA'bhUta − parikalpaH paratantraH svabhAvAkAro[by,N] veditavyaH / *yathA*

mAyAkRtaM tasyAM mAyAyAM hasty − aCva − suvarN'AdyAkRtis tadbhAvena

pratibhAsitA tathA tasminn abhUtaparikalpe *dvayabhrAntir* grAhyagrAhakatvena

pratibhAsitA parikalpita − svabhAv'AkArA veditavyA //

bhASya(T)

<15> [P: 180b8, D: 168a7]de kho[P: 181a] na Jid la sgyu ma lta bu yoGs su

tshol baHi tshigs su bcad pa bco lGaHo /

/ji ltar sgyu ma de bZin du // yaG dag ma yin kun rtog brjod // sgyu ma byas pa ji

lta bar // de bZin gJis su Hkhrul paHi brjod /

/ Hkhrul paHi rgyu mtshan CiG daG boG ba la sogs pa sgyu maHi sGags kyis btab pa

ji lta ba de bZin du yaG dag pa ma yin paHi kun tu rtogs pa gZan gyi dbaG gi Go

---

173) P: kiu tu, omit

bo Jid kyi rnam par rig par byaHo // *ji ltar* sgyu ma de la *sgyu byas pa* rta daG glaG po che daG gser la sogs paHi gzugs(P:gzugs, omit) deHi Go bor snaG ba de bZin du yaG dag pa ma yin paHi kun tu rtog pa de la *gJis su Hkhrul pa* gzuG ba daG Hdsin pa Jid du snaG ba kun brtags paHi Go bo Jid kyi rnam par rig par byaHo //

<introductin of 15verse>

[174] */ de kho na Gid la sgyu*[175] *ma lta bur yoGs su tshol baHi tshigs su bcad pa bco lGaHo*[176]Zes bya ba la / de kho na la tshol baHi skabs kyi rjes la / de kho na la sgyu ma lta bur yoGs su tshol baHi skabs bCad par Hbrel[177] pa ci yod ce na / de kho na Zes bya ba daG[178] / phyin ci ma log pa Zes bya ba daG / ma nor ba Zes bya ba dag don gcig ste / de yaG yaG dag pa ma yin pa daG / yaG dag pa ste rnam pa gJis so // de la yaG dag pa ma yin pa la yaG yaG dag pa ma yin pa Jid du mthoG ba daG yaG dag pa la yaG yaG dag pa Jid du mthoG ba[179]na de Jid la de[180]kho na Ces pa Zes byaHo // Hdi ltar goG du / *de Jid gaG ni rtag tu gJis kyis spaGs daG nor paHi gnas / spros pa med pa rnam pa kun tu brjod mi nus Zes byaHo*[181] // kun brtags daG gZan dbaG daG yoGs su grub paHi raG bZin gsum rim bZin du gJis daG bral ba

---

174) P: 194b, 3−8, D: 175a, 2−6
175) P: rgyu
176) tattve mAyopamaparyeSTau paJcadaCa ClokAH
177) D: Hbel
178) D: la
179) P: omit
180) D: omit
181) tattvaM yat satataM dvayena rahitaM bhrAnteC ca saMniCrayaH

daG / Hkhrul[182])paHi gnas daG / brjod du med ciG spros pa med paHi bdag Jid

du bCad de[183]) / de kho na rnam pa gsum po de la rnam pa gaG gis na sgyu

ma lta bur yin par brtag ciG btsal dgos par te[184])deHi phyir de kho na Jid

tshol baHi skabs kyi rjes la de kho na Jid la sgyu ma lta bur yoGs su

tshol baHi skabs bCad par Hbrel to // yaG na theg ba chen poHi mdo sde de

daG de dag gi naG nas chos thams cad ni sgyu ma lta buHo Zes bya bZad

de / ji ltar na chos thams cad sgyu ma lta bu yin par brtag ciG bcal baHi

phyir tshigs su bcad pa bco lGa rtsom[185])mo Ces bya baHi don to //

VRtti − bhASya

<15> // [186])*ji ltar sgyu ma de bZin du / yaG dag ma yin*[P: 195a] *kun rtog*

ste[187])*Zes bya ba la* / dper na sgyu ma mkhan gyis sGags daG sman gyis

yoGs su zin paHi mthu las sgyu maHi rta daG glaG po la sogs pa snaG baHi

rgyu rdo daG CiG la sogs pa lta bur ni yaG dag pa ma yin kun tu rtog ste /

sems daG sems las byuG ba rten ciG Hbrel te HbyuG[D: 175b] ba gZan dbaG

gi mtshan Jid yan par Hdod de ciHi phyir Ze na / sGags daG sman gyis zin

paHi rdo daG CiG bu[188]) yaG rta daG glaG por[189])snaG baHi rgyu byed pa de

---

182) D: Hkhru
183) D: de, omit
184) D: te, omit
185) P: rtse
186) P:194b8, D:175a6
187) yathA mAyA tathA'bhUtaparikalpito nirucyate(15ab)
188) D: bus
189) D: par

bZin du gZan dbaG yaG gzuG ba daG Hdsin pa lta bur snaG baHi rgyu byed

pas na rdo CiG gi tshul lta bur bltaHo //

ji ltar sgyu ma byas pa ltar / nor pa gJis[190]Zes bya ba la / dper na sgyu

ma mkhan gyis sman daG sGags kyi mthu[191]rdo daG CiG la sogs pa las

sgyu maHi gzugs rta daG klaG po la sogs pa sgyu maHi dbyibs sna tshogs

snaG ba ltar ni gZan dbaG la kun rtogs kyi mtshan Jid nor pa gJis su

snaG bar bltas te / nor pa gJis ni gzuG ba lta bur snaG ba daG / Hdsin pa

lta bur snaG baHo //

yaG dag pa[192] *ma yin paHi kun tu rtog pa la nor pa gJis te*[193]Zes bya ba

la / yaG dag ma yin kun rtog ni gZan gyi dbaG gi mtshan Jid do[194] / de la

nor pa gJis snaG ba ni kun brtags kyi mtshan Jid do Zes bya baHi don to //

TIkA

<15> [P: 95a3, D: 85a6]*de kho na Jid sgyu ma lta bu yoGs su tshol ba*[195]

Zes bya ba de kho na Jid ni yaG dag pa[196] Jid ma yin pa Ham yaG dag

pa Jid du HaG ruG / gaG gi Go bo Jid gaG yin par phyin ci ma log pa ste /

yaG dag pa Jid ma yin pa la yaG dag pa ma yin pa Jid du yoGs su Ces pa

---

190) yathA mAyAkRtaM tadvat dvayabhrAntir nirucyate(15cd)

191) D: mthus

192) P: omit

193) abhUtaparikalpe dvayabhrAntir

194) P: de

195) tattve mAyopamaparyeCtau paJcadaCa ClokAH

196) P: Jid,omit

gaG yin pa de yaG de kho na Jid yin no // yaG dag [D: 85b] pa la yaG dag pa Jid du yoGs su Ces pa gaG yin de yaG de kho na Jid yin te /

rtag tu gJis bral Hkhrul paHi rten gaG yin daG gaG Zig rnam kun tu //

brjod par nus ma yin ZiG spros pa med paHi bdag Jid de kho na // Zes

bCad ma thag pa yaG[197]*yin no*[198] // kun brtags pa daG gZan gyi dbaG daG yoGs su grub paHi Go bo Jid gsum ni kho rims[199] bZin du gJis daG bral ba daG / Hkhrul paHi rten daG brjod du med ciG spros pa med paHi bdag Jid du bstan te / Hdi ni kho rims bZin du de dag gi de kho na Jid yin no // Hdi ni de kho na Jid de la rnam pa gaG gi sgyu ma lta bu Jid yin pa deHi dbaG du byas pa yin te / gtsug lag gi mdo de daG de dag las kyaG chos rnams ni sgyu ma lta buHo Zes HbyuG Go //

/ de la Hkhrul paHi rgyu mtshan CiG daG boG ba la sogs pa sgyu maHi

sGags kyis[200] *btab pa ji lta ba de bZin tu yaG dag pa ma yin paHi kun tu*

rtog pa gZan gyi dbaG gi Go bo Jid rig par[P: 95b] *byaHo*[201]*Zes* bya ba ni sems daG sems las byuG ba rten ciG Hbrel bar HbyuG ba rnams la rig par bya ba ste / de dag ni CiG daG boG ba la sogs pa sgyu maHi sGags kyis btab pa lta bu yin par rig par bya la / gzugs la sogs pa ni sgyu ma byas

---

197) P: HaG

198) tatvaM yat satataM dvayena rahitaM bhranteC ca saMniCrayaH CakyaM naiva ca sarvathA'bhilapituM yac cAprapaJA'tmakaM(13ab)

199) P: rim

200) P: kyi

201) yathA mAyA mantraparigRhltaM kASThaloSThAdikaM tathA'bhutaparikalpaH paratantraH svabhAvAkAro veditavyaH

pa[202]) rta daG glaG po che la sogs pa lta bu yin par rig par byaHo /

kArikA

<16> yathA tasmin na tadbhAvaH paramArthas tatheSyate /

yathA tasyopalabdhis tu tathA saMvRti − satyatA // 11 − 16 //

bhASya

/ *yathA tasmin na tadbhAvo* mAyAkRte[203]) hastitvAdyabhAvas *tathA* tasmin

paratantre *paramArtha iSyate* parikalpitasya dvayalakSaNasyAbhAvaH / *yathA*

tasya mAyAkRtasya hastyAdibhAvenopalabdhis *tathA*' bhUta − parikalpasya *saMvRti −*

*satyato*palabdhiH //

bhASya(T)

<16> [P: 181a5, D: 168b3] / *ji ltar de la de med pa // de bZin du ni don dam*

Hdod // ji ltar de ni dmigs pa ltar // de bZin du ni kun rdsob Jid // ji ltar de la de

med de /

/ sgyu ma byas pa de la glaG po che la sogs pa med pa de bZin du gZan gyi dbaG

de la kun brtags pa gJis kyi mtshan Jid med pa la don dam par Hdod do // ji ltar

sgyu ma byas pa de glaG po che la sogs paHi Go bor dmigs pa de bZin du yaG

dag pa ma yin pa las kun brtag pa de kun rdsob kyi bten par dmigs so //

---

202) P: bya ba
203) by T, tasmin, added

VRtti − bhASya

<16> P: 195a5, D: 175b3 // *ji ltar de la de med bZin / de ltar dam paHi don*

tu Hdod[204]ces bya ba la / mdo ste dag gis[205] naG nas don dam paHi bden

pa daG / kun rdso ba kyi bden. pa Zes HbyuG ba bden pa gJis kyi mtshan

Jid dpyod[206] de / dper na sgyu maHi rta daG klaG po la sogs paHi dbyibs

rdo daG CiG la sogs[207] rgyu las rta daG klaG por snaG mod kyi / rdo daG CiG

de la rta daG klaG poHi raG bZin med pa de ltar gZan gyi dbaG gi mtsan

Jid la kun tu brtags[208] paHi raG bZin gzuG ba daG Hdsin pa gJis med de /

gzuG Hdsin daG bral nas yoGs su grub paHi mtshan Jid du gyur pa ni don

dam paHi bden pa [209] yin par Hdod do Zes bya baHi don te Hdis ni don

dam paHi bden paHi mtshan Jid bCad do //

ji ltar de dag dmigs pa bZin // de dag [210]*kun rdsob ba bden paHo*[211]*Z*es

bya ba la / [P: 195b]dper na sgyu maHi CiG daG / rdo las rto daG klaG po la

sogs paHi dbyibs sna tshogs snaG ba ltar gZan gyis dbaG gi mtshan Jid las /

kun brtags kyi mtshan Jid gzuG ba daG / Hdsin par snaG ba thams cad ni

kun rdso ba kyi bden pa yin no Zes bya baHi don to // Hdis ni kun rdso ba

kyi bden paHi mtshan Jid bstan to //

---

204) yathA tasminn na tad bhAvaH paramArthas tatheSyate(16ab)
205) H: gi
206) D: spyod
207) P: las kyi
208) D: rtog
209) D: pa ma
210) P: dmigs pa bZin // de dag,omit
211) yathA tasyopalabdhis tu tathA saMvRti − satyatA(16cd)

TIkA

[P: 95b2, D: 85b7] */ji ltar de la de med pa ste / sgyu ma byas pa de la glaG po che la sogs pa med pa de bZin du gZan gyi dbaG de la kun brtags pa gJis kyi mtshan Jid med pa don dam par Hdod do*[212]Zes bya ba ni ji ltar thag pa la sbru la med par mthoG ba de bZin du gZan gyi dbaG gi Go bo Jid la gJis su[213] med par mthoG Go // gJis daG bral ba Jid mthoG bas gJis su Hkhrul pa daG bral baHo // gJis su Hkhrul pa daG bral baHi rnam pa can gyis[214] yoGs su grub baHi Go bo Jid mthoG bar Hgyur ro // gaG gi che Hjig rten las Hdas paHi rjes la thob pa dag Hjig rten pa phyin ci ma log pas gZan gyi dpaG de mthoG ba deHi tshe yaG gJis su Hkhrul pa de m i[215] HbyuG ba kho naHo /

/ji ltar sgyu ma byas pa de klaG po tshe la sogs paHi Go bor dmigs pa de bZin du yaG dag pa ma yin pa las kun brtags pa de kun rtshob kyi bden par dmigs so[216]Zes bya ba ni de ltar na de ni yaG[D: 86a, Ta: 171]dag pa ma yin pa Jid du snaG ba na kun nas Jon moGs paHi dmigs par Hgyur ro // gaG yaG de daG de las bden pa ni gJis te / kun rjo ba kyi bden pa daG / don dam paHi bden baHo Zes HbyuG ba de yaG dag pa ma yin paHi kun tu

---

212) yathA tasmin na tadbhAvo mAyAkrte [P, D is de la(tasmin)added] hastitvAdyabhAvas
  tathA tasmin paratantre paramArtha iSyate parikalpitasya dvayalakSaNasyAbhAvaH
213) P: su, omit
214) P: kyaG, added
215) P: ma
216) yathA tasya mAyAkRtasya hastyAdibhAvenopalabdhiH tathA'bhUtaparikalpasya saMvRti—
  satyatopalabdhiH

rtog paHi Go bo Jid kho na la de ltar rnam par gZag[217) go //

kArikA

<17> tadabhAve yathA vyaktis

tannimittasya labhyate /

tathACrayaparAvRttAv

asatkalpasya labhyate // 11 − 17 //

bhASya

yathA mAyAkRtasy*AbhAve* tasya *nimittasya* kASThAdikasya vyaktir bhUtArtho−

palabhyate tathACrayaparAvRttau dvayabhrAntyabhAvAd abhUtaparikalpasya

bhUto'rtha upalabhyate //

bhASya(T)

<17> [P: 181a6, D: 168b4] */ de med na ni de yi rgyu // gsal bar dmigs pa ji lta*

bar // de bZin gnas ni gZan gyur na // yaG dag ma yin rtog pa dmigs /
/ji ltar sgyu ma byas pa de *med* na deHi *rgyu* CiG la sogs paHi don yaG dag pa

gsal bar dmigs pa *de bZin du gnas gZan du gyur na* gJis su Hkhrul pa med paHi

phyir yaG dag pa ma yin paHi kun tu rtog paHi don yaG dag par dmigs so /

VRtti−bhASya

<17>*ji lta bur ni de med na / de yi rgyu yaG snaG bar byed*[218) ces bya ba

---

217) P: bZag

la / dper na sgyu ma mkhan gyis[219]sGags daG sman gyi mthus rdo daG CiG las rta daG[D:176a] glaG po la sogs pa snaG ba[220]sGags daG sman gyi mthu chad[221]nas rta daG glaG poHi dbyibs med de mi snaG bar gyur na [222] klaG po la sogs paHi dbyibs kyi rgyu las snaG ba rJed de rta daG klaG po ni mi mthoG gi rdo daG CiG bu mthoG bar Hgyur ro Zes bya baHi don to //

/ de bZin Cin tu gnas gyur na / med par rtogs pa dmigs par Hgyur[223] // Zes bya ba la / de Zin du nam gzuG ba daG Hdsin pa gJis med par rtogs na kun gZi rnam par Ces pa gZan dbaG gi mtshan Jid gnas gyur na gJis daG bral baHi rnam par yoGs su grub paHi mtshan Jid dmigs par Hgyur te / dper na thag pa la sbrul du mthaG ba bral na thag pa mthoG ba bZin no /

gnas gyur na yaG dag pa ma yin paHi kun tu rtog[224]paHi don yaG dag par dmigs so[225] Zes bya ba la / nam kun gZi gnas gyur na[226] gZan dbaG la gzuG ba daG Hdsin paHi nor ba gJis med par Hgyur te / gzuG Hdsin daG bral na[227] deHi tshe daG pa Hjig rten paHi ye Ce rgyab nas thob pas yaG dag pa ma yin par kun tu rtog[228]pa gZan gyi dbaG gi don ma nor bar rtogs

---

218) tadbhAve yathA vyaktis tannimittasya labhyate / 17ab /
219) P, D: gyi
220) D: daG, added
221) D: tshad
222) H: rta daG, added
223) tathACrayaparAvRttav asatkalpasya labhyate / 17cd /
224) P: rtogs
225) tathACrayaparAvRttau dvayabhrAntyabhAvAd abhUtaparikalpasya bhUto'rtha upalabhyate //
226) P: nas
227) D: nas
228) P: rtogs

par Hgyur ro Ces bya baHi don to / ji ltar rtogs Ce na / gJis daG bral baHi
mtshan Jid du rtogs Cin mthoG bar Hgyur ro Zes bya don to /

TIkA

[P: 95b7, D: 86a2] */ de bZin du gnas gZan du gyur na gJis su Hkhrul pa
med paHi phyir yaG dag pa ma yin paHi kun tu rtog paHi don yaG dag pa
dmigs so*[229)] Zes bya ni gJis su Hkhrul pa med paHi phyir yoGs su grub
paHi Go bo Jid dmigs par Hgyur ro // de mthoG na phyin ci ma log pa rnam
par mi rtog paHi rjes su thob paHi ye Ces kyis[230)] [P: 96a] gZan gyi dbaG
gi Go bo Jid gJis daG bral ba mthoG ste / de ltar na deHi don yaG dag pa
dmigs par Hgyur la / gJis su Hkhrul pa daG bral pas kyaG rnal Hbyor paHi
gnas gZan du Hgyur ro //

kArikA

<18> tan nimitte yathA loko hy abhrAntaH kAmataC caret /

    parAvRttAv aparyastaH kAmAcArI tathA yatiH // 11 − 18 //

bhASya

yathA tan nimitte kASThAdAv abhrAnto lokaH kAmataC carati svatantraH

tathA "CrayaparAvRttAv aparyasta AryaH kAmacArI bhavati svatantraH //

---

229) tathACrayaparAvRttau dvayabhrAntyabhAvAd abhUtaparikalpasya bhUto'rtha upalabhyate //
230) D: kyi

bhASya(T)

<18> [P: 181a8, D: 168b6]ji ltar Hjig rten ma Hkhrul pa // de yi rgyu la Hdod dgur spyod // de bZin sdom brtson ma Hkhrul pa / gnas gZan gyur la dgyes dgur spyod // ji ltar Hjig rten ma Hkhrul pa deHi rgyu CiG la sogs[P: 181b] pa la Hdod dgur raG dbaG du spyod pa de bZin du Hphags pa Hphrul ba mi mGaH ba(P: ba, omit)yaG gnas gZan du gyur pa la Hdod gur raG dbaG du spyod do //

VRtti−bhASya

<B> / de yi²³¹⁾rgyu las ji lta bur // Hjig rten ma nor Hdod bZin spyod²³²⁾ // ces bya ba la / deHi sgras ni rta daG glaG poHi byad gzugs su snaG ba la bya ste / deHi rgyu ni rdo daG Cin bu la sogs paHo // dper na rdo daG Cin bu las rta daG glaG poHi byad gzugs su snaG baHi byad gzugs rnams mi snaG bar gyur na deHi rgyu[P:196a] rdo daG Cin bu la Hjig rten pa rnams ma nor bar spyod pa daG / Hdod bZin spyod do /

/ ma nor bar spyod pa ni rta daG glaG po lta bur nor ba ma mthoG gi rdo daG Cin Jid du ma nor bar mthoG baHi phyir // Hdod bZin spyod pa ni de dag chags pa daG Hjigs pa med par²³³⁾ spyod paHi phyir ro //

de bZin Cin tu gyur na yaG / ma log²³⁴⁾ rnal Hbyor Hdod bZin spyod²³⁵⁾ // ces bya ba la / de daG Hdra bar gZan dbaG gnas gyur te / gzuG Hdsin [D: 176b]

---

231) P: deHi
232) tannimitte yathA loko hy abhrAtaH kAmataC caret / 18ab /
233) P: Hjigs paHi
234) P: thog
235) parAvRttav aparyastaH kAmacArI tathA yatiH / 18cd /

gJis spaGs na phyin ci ma log pa la gnas paHi rnal Hbyor pa rnams ma
log par spyod pa daG Hdod[236) bZin spyod do // ji ltar ma log par spyod ce
na / gzuG ba daG Hdsin paHi Hkhrul pa ma mthoG bas na ma nor bar[237)
spyod do // ji ltar Hdod bZin spyod ce na / de phan chad chags pa daG Hjigs
pa med par spyod paHi phyir ro //

kArikA

<19> tadAkRtiC ca tatrAsti tadbhAvaC ca na vidyate /

tasmAd astitvanAstitvaM

mAyAdiSu vidhIyate // 11 − 19 //

bhASya

[L: p.60, 1]eSa Cloko gatArthaH //

bhASya(T)

<19> [P: 181b1, D: 168b7] / de lta bu ni de la yod // de yi dGos po yod ma yin
// de ltas sgyu ma la sogs pa // yod daG med pa Jid du brjod // tshigs su bcad pa
HdiHi don go bar zad do //

VRtti − bhASya

<19> / de yi snaG ba de la yod / de yi dGos po med pa ste // de phyir sgyu

---

236) P, D: de
237) P: omit

ma la sogs la[238] */yod daG med par brjod pa yin*[239] // Zes bya ba la / *deHi*

sgra ni sgyu maHi rta daG glaG poHi dbyibs su snaG baHi rgyu rdo daG Cin

bu la bya ste / rdo daG Cin bu de la rta daG glaG po la sogs paHi byad

gzugs su Hkhrul pa snaG ba tsam ni med pa ma yin pas *sgyu ma la sogs*

pa la yod pa Zes brjod[240] de / de ltar Hkhrul par snaG ba tsam yod kyaG

rta daG glaG poHi dGos po Jid yod kyaG ma yin pas *med pa Ces brjod pa*[241]

yin no Ces bya baHi don to //

TIkA

[P: 96a2, D: 86a3] */de lta bu*[242] *ni de la yod / de yi*[243] *dGos po yod ma yin /*

de ltas sgyu ma la sogs la / yod daG med pa Jid du brjod[244] // *tshigs su*

bcad pa Hdi ni don go bar zad do // ji ltar don go Ze na / ji ltar sgyu ma

byas pa glaG po che la sogs paHi gzugs deHi Go bor te / glaG po che la sogs

pa gzugs Jid du snaG baHi glaG po cheHi gzugs de ni glaG po che Jid du

yod pa ma yin pa kho na yin la / sems daG sems las byuG baHi phyin ci

log[245] rnams ni glaG po che la sogs pa lta bu Jid du yod pas de lta bas

---

238) P, D: sgra la sogs pa la

239) tadakrtiC ca tatrAsti tadbhAvaC ca na vidyate / tasmAd astitvanAstitvaM mAyAdiSu vidhhI −
   yate // 19abcd //

240) P, D: Zes kyaG mi brjod

241) P, D: pa ma

242) D: ba

243) P: deHi

244) tadakrtiC ca tatrAsti tadbhAvaC ca na vidyate / tasmAd astitvanAstitvaM mAyAdiSu vidhhI −
   yate // 19abcd //

na yod pa Jid daG med pa Jid du brjod de / de lta bu Jid du yod pa la

yaG dag paHi don du ni med do Zes bya ba de bZin du / yaG dag pa ma

yin paHi kun tu rtog pa de la gJis su Hkhrul paHi gzugs la sogs pa gzuG

ba daG Hdsin pa Jid du snaG ba de ni yod do Zes byaHo // ji ltar sgyu ma

yoGs su Ces nas glaG po che la sogs pa mi snaG baHi phyir glaG po che la

sogs pa med do Zes bya ba de bZin du rnam par mi rtog paHi ye Ces thob

nas gJis po mi snaG baHi phyir med do Zes byaHo //

kArikA

<20> na bhAvas tatra cAbhAvo

　　　nAbhAvo bhAva eva ca /

　　　bhAvAbhAvAviCeSaC ca

　　　mAyAdiSu vidhIyate // 11 − 20 //

bhASya

na bhAvas tatra cAbhAvo yas tadAkRtibhAvo nAsau na bhAvaH / *nAbhAvo bhAva*

eva ca yo hastitvAdyabhAvo nAsau na bhAvaH / tayoC ca bhAvAbhAvayor *aviCeSo*

mAyAdiSu vidhIyate ya eva hi tatra tadAkRtibhAvaH sa eva hastitvAdyabhAvaH/ ya

eva hastitvAdyabhAvaH sa eva tadAkRtibhAvaH //

---

245) P: phyin ci ma log pa

bhASya(T)

<20> [P: 181b2, D: 168b7] / *de la yod pa med pa yin // med pa yod pa* [P: 169a]
Jid ma yin // sgyu ma dag la sogs pa la // yod med khyad par med paHaG brjod /
/ *de la yod pa* ni med pa yin te / de lta bur yod pa gaG yin pa de ni med pa ma
yin no // *med pa ni yod pa Jid ma yin te* / glaG po tshe la sogs par med pa gaG
yin pa de ni yod pa ma yin no // *sgyu ma la sogs pa yod pa daG med pa de dag
khyad par med pa yaG brjod de* // de la de ltar yod pa gaG yin pa de Jid glaG po
che la sogs par med pa yin la // glaG po che la sogs pa med pa gaG yin pa de Jid
de lta bur yod pa ma yin pa so //

VRtti − bhASya

<20> / *dGos po de la dGos med min*[246] // Zes bya ba la dGos poHi sgras ni
rta daG glaG po snaG bar byed paHi rgyu rdo daG Cin bu la bya ste / rdo
daG Cin bu las rta daG glaG poHi dbyibs su snaG ba Hkhrul pa tsam du
med pa ma yin pas na *dGos med min* Zes byaHo /

/ *dGos med dGos po Jid ma yin*[247] // Ces bya ba la / de ltar Hkhrul pa tsam
du ni[248] snaG yaG rta daG glaG poHi dGos po Jid med de / de bas na rta daG
glaG poHi dGos po Jid du ni[249] *yod pa ma yin no* Zes bya baHi don to //

dGos daG dGos med bye brag med // *sgyu*[250] *la sogs pa brjod pa yin*[251] // Zes

---

246) na bhAvas tatra cAbhAvo / 20a /
247) nAbhAva bhAva eva ca / 20b /
248) P: omit
249) D: omit
250) P, D: rgyu
251) bhAvAbhAvAviCeSaC ca mAyAdiSu vidhIyate / 20cd /

bya ba la / de ltar Hkhrul pa tsam du ni yod kyi dGos po Jid med pas na

dGos po daG dGos po med pa gJis bye brag med cin don gcig par

sgyu[P:196b] ma la sogs pa brjod pa yin te / ji ltar[252]Ze na / gaG Hkhrul

paHi dGos po tsam du yod pa de Jid la brtags na don dam par ba laG la

sogs paHi raG bZin du med pa yin pas yod pa daG med pa gJis bye brag

med de don gcig par brjod pa daG / gaG ba laG la sogs paHi dGos po med

pa Jid la Hkhrul pa tsam du snaG baHi dGos po med pa[253]ma yin te / yod

pas na dGos po med pa daG dGos po gJis su yaG bye brag med de don

gcig go /

*dGos med ma yin de ma yin //*Zes bya ba la / dGos po med pa ma yin pa

ni Hkhrul pa tsam

du yod paHi phyir te / Hkhrul pa tsam du yod pa de la yaG ba laG la sogs

paHi raG bZin Jid med pas de ma yin pa[254]Zes bya ste / de dGos por [255]yod

pa ma yin no Zes bya[D: 177a] baHi don to /

/ de la de lta bur snaG ba la sogs pa yod pa gaG yin pa de Jid ba Jid ba laG la

*sogs paHi dGos po med pa Jid do[256]*Zes bya ba la[257]dGos po daG dGos po

med pa gJis bye brag med par ston to // ba laG[258]la sogs par Hkhrul pa

tsam du snaG bar yod pa gaG yin pa de Jid la ba laG la sogs paHi raG

---

252) D: lta

253) P: pas

254) P: omit

255) P: de dGos por yod pa ma instead of de dGos por ma

256) ya eva hi tatra tadAkRtibhAvaH sa eva hastitvAdyabhAvaH

257) D: baHi

258) P, D: rta daG glaG po

bZin med pas na / dGos po med pa gJis don gcig go Zes bya baHi don to /

ba laG la sogs pa med pa gaG[259] *yin pa de Jid de lta buHi snaG bar yod*

paHo[260] Zes bya ba la don dam par ba laG la sogs par snaG yaG ba laG la

sogs paHi dGos po med pa de Jid la Hkhrul pa tsam du snaG baHi dGos po

yod pas na de dGos po med pa daG dGos po gJis su don gcig go Zes bya

baHi don to /

TIkA

[P: 96a6, D: 86a7] */ de la yod pa med pa yin*[261] */ Zes bya ba ni sgyu ma la*[262]

glaG po che lta bu yod pa ni med par mi Hdod do // yaG dag pa ma yin pa

kun rtog pa Jid du yod paHi phyir ro /

/ [D: 86b, Ta: 172]med pa yod pa Jid ma yin[263] // Zes bya ba ni byas pa

rnams kyis yaG dag pa Jid du kun brtags paHi glaG po che la sogs pa

med pa gaG yin pa de ni don dam par dpyad na yod pa Jid ma yin no //

Ho na ci Ze na med pa yin no[264] /

/ sgyu ma dag la sogs pa la // yod med khyad par med pa HaG brjod[265] //

ces bya ba ba ni de la de lta bu yod pa ste / glaG po che lta bu yod pa

---

259) P, D: ste

260) ya eva hastitvAdyabhAvaH sa eva tadAkRtibhAvaH

261) na bhAvas tatra cAbhAvo / 20a /

262) D: maHi

263) nAbhAvo bhAva eva ca / 20b /

264) P: med pa yin no, omit

265) bhAvAbhAvAviCeCas ca mAyAdiSu vihIyate / 20cd /

[P: 96b] gaG yin pa de Jid glaG po che la sogs pa med pa yin no // de la Hdra ba tsam daG Hkhrul ba tsam yod kyi / yaG dag pa Jid du glaG po che yod pa ni ma yin pas gaG gi che de ltar Ces pa deHi tshe glaG po cher Hdsin pa ldog ste / glaG po che lta bu tsam du snaG ba gaG yin pa de Jid glaG po che med pa yin no // de ltar na Hdi mJam pa Jid du Hgyur te /

dbus daG mthaH rnam par Hbyed pa las ji skad du /

/ de yi phyir na dmigs pa daG // mi dmigs mJam par Ces par bya[266] *//*

/ Zes bCad pa lta bu yin no // rim pa Hdis na yod pa daG med pa dag khyad par med par mthoG ste / dper na gaGi tshe kho na Je bar len paHi phuG po ltar ma mthoG ba de kho naHi tshe bdag yod par lta ba la / gaG gi tshe kho na bdag med par mthoG ba deHi tshe kho na phuG po tsam du lta ba daG HdraHo //

kArikA

<21> tathA dvayAbhatAtrAsti(by T:dvayAbhAsAsti)tadbhAvaC ca na vidyate /

tasmAd astitva − nAstitvaM rUp'AdiSu vidhIyate // 11 − 21 //

bhASya

tathA 'trAbhUta − parikalpe dvayAbhAsatAsti dvayabhAvaC ca nAsti / *tasmAd*

astitva − nAstitvaM rUp'AdiSu vidhIyate 'bhUta − parikalpasvabhAveSu //

---

266) tasmAt ca samatA jJeya nopalambhopalambhayoH / MVB 1 − 7cd, by,Gadjin.Nagao, p.20

bhASya(T)

<21> [P: 181b5, D: 169a2] / *de bZin* gJis snaG de la yod // de yi dGos po yod ma
yin // de ltar gzugs la sogs pa la // yod daG med pa Jid du brjod //
de bZin du yaG dag pa ma yin paHi kun tu rtog pa Hdi la gJis su snaG ba ni yod
do // gJis kyi dGos po ni med do // *de lta bas na* yaG dag pa ma yin paHi kun tu
rtog paHi Go bo Jid gzugs la sogs pa la yod pa daG med pa Jid brjod do //

VRtti — bhASya

<21> / *de bZin gJis snaG de la yod // de yi dGos po med pa ste // de phyir*
yod daG med par ni // gzugs la sogs pa brjod paHo[267] // Zes bya ba la / dper
na sgyu maHi rgyu Cin daG rdo ba la rta daG glaG po tsam du Hkhrul par
snaG ba yod pa de bZin du yaG yaG dag pa ma yin paHi kun rtog pa gZan
gyi dbaG gi mtshan Jid de la gzugs la sogs paHi gzuG ba daG Hdsin pa
gJis su snaG ba Hkhrul pa tsam du kun rdsob tu yod pa Zes bya ste / de
bas na gzugs la sogs pa la yaG yod par yaG brjod do // deHi phyir *dbus daG*
mthaH rnam par Hbyed pa las kyaG // yaG dag ma yin kun rtogs yod[268] /
/ ces bCad de / gzuG ba daG Hdsin pa gJis kun rdsob tu yod ces bya baHi
don to // de ltar gzuG Hdsin gJis Hkhrul par snaG ba tsam du kun rdsob tu
yod kyaG don dam par na gzuG baHi dGos po daG Hdsin paHi dGos po Jid
med de / de bas na gzugs la sogs pa la med pa Zes brjod do // de bas na

---

267) tathA dvayAbhatAtrAsti tadbhAvaC ca na vidyate / tasmAd astitvanAstitvaM rUpAdiSu
   vidhIyate // 21abcd //
268) abhUtaparikalpito'sti / MVB, 1 — 1a /

dbus daG mthaH rnam par Hbyed pa las kyaG // gJis po de na yod ma yin[269] /

/ Zes bCad de / don dam par na gzuG Hdsin gJis med do Zes bya baHi don to

// yaG na ni mi mthun paHi phyogs thams cad bsal ba spros pa thams cad

daG bral ba rnam par ni rtog paHi ye Ces thob paHi dus na pas yoGs su

brtags paHi gzugs la sogs paHi chos med par mthoG ste / de bas na deHi

dGos[P: 177b] po med pa Ces brjod do /

TIkA

[P: 96b4, D: 86b5] / de ltas gzugs la sogs pa la / yod daG med pa Jid du

brjod[270] // Ces bya ba ni yaG dag pa ma yin paHi kun tu rtog paHi Go bo

Jid la kun rdsob tu gzugs la sogs pa yod pa Jid du brjod par bya ste /

dbus daG mthaH rnam par Hbyed pa las ji sked du /

/ yaG dag ma yin kun rtog yod // de la gJis po yod ma yin //[271]

Zes bCad pa lta bu ste / de la ni gJis po gzuG ba daG Hdsin pa kun rdsob

tu yod kyi / don dam par ni ma yin no // gaG gi tshe rnam par mi rtog

paHi ye Ces mi mthuG paHi phyogs bsal ZiG[272] spros pa thams cad daG bral

bas byis pas kun brtags paHi gzugs la sogs pa chos su gzuG ba[273] med

par mthoG ba deHi tshe med do Zes byaHo //

---

269) dvayan tatra na vidyate / MVB, 1 – 1b /
270) tasmAd astitva – nAstitvaM rUpAdiSu vidhIyate / 21cd /
271) abhUtaparikalpao 'sti dvayaM tatra na vidyate / MVB, 1 – 1ab /
272) P: ciG
273) P: bzuG ba

kArikA

<22> na bhAvas tatra cAbhAvo nAbhAvo bhAva eva ca /

bhAvAbhAvAviCeSaC ca rUpAdiSu vidhIyate // 11 − 22 //

bhASya

na bhAvas tatra cAbhAvaH / yA dvayAbhAsatA / *nAbhAvo bhAva eva ca* / yA

dvayatA − nAstitA / *bhAvAbhAvAviCeSaC ca rUp'AdiSu vidhIyate* / ya eva hi

dvayAbhAsatAyA bhAvaH sa eva dvayasyAbhAva iti //

bhASya(T)

<22> [P: 181b6, D: 169a4] */de la yod pa med pa yin // med la*[274] *yod pa Jid*

ma yin // gzugs la sogs pa dag pa[275] *la ni // yod med khyad par che baHaG brjod /*

/ de la yod pa Jid ni med pa ma yin te // gJis su snaG ba gaG yin paHo *// med pa*

Jid ni yod pa ma yin te // gJis kyi dGos po med pa Jid gaG yin paHo *// gzugs la*

sogs pa la yod pa daG med pa khyad par med pa yaG brjod de // gJis po snaG bar

yod pa gaG yin pa de Jid gJis kyi dGos [P: 1821] por med pa ma yin pas so //

VRtti − bhASya

<22> */ dGos po de la dGos med min*[276] // Zes bya ba la / dGos poHi sgra ni

gZan dbaG la bya ste / gZan la gzuG ba daG Hdsin pa lta bur snaG ba

---

274) D: pa

275) D: pa,omit

276) na bhAvas tatra cAbhAvo / 22a /

Hkhrul pa tsam du med pa ma yin pas *dGos med min* Zes byaHo /

/*dGos med dGos po Jid ma yin*[277] / Zes bya ba la / gzuG ba daG[278] Hdsin pa[279] Hkhrul pa tsam du snaG bar yod pa de yaG gzuG Hdsin gyi raG bZin du grub pa med pas dGos med ces bya ste / de ltar dGos po med pas na gzuG ba daG Hdsin pa gJis dGos po Jid du *yod pa ni ma yin no* Zes bya baHi don to /

/*dGos daG dGos med bye brag med / gzugs la sogs pa brjod pa yin*[280] // Zes bya ba la / de ltar snaG ba tsam du ni yod la[281]raG bZin ni med pas na gzugs la sogs paHi dGos po daG dGos po med pa gJis bye brag med cin don gcig par brjod de / ji lta Ze na // kun rdzob paHi dGos po tsam du yod pa de Jid don dam par raG bZin med pa daG don dam par raG bZin med pa Jid la yaG kun rdsob tu Hkhrul[282] pa tsam du dGos po yod pas na dGos po daG dGos po med pa don gcig go /

/*gJis por snaG bar yod pa gaG yin*[P: 197b] *pa de Jid gJis po med paHo*[283] Zes[284] bya ba la / *gJis por snaG ba* ni yaG dag pa ma yin paHi kun tu rtog pa ste / gzuG Hdsin gJis su snaG baHi[285] phyir ro // yaG dag pa ma yin paHi

---

277) nAbhAvo bhAva eva ca / 22b /
278) P: omit
279) H: by added
280) bhAvAbhAvAviCeSa ca rUpAdiSu vidhIyate / 22cd /
281) D: pa daG
282) D: grub
283) ya eva hi dvayAbhAvsatAyA bhAvaH sa eva dvayasyAbhAva iti
284) P: omit
285) P, D: spaGs paHi

kun tu rtog pa de la gaG gi tshe na miG daG gzugs la sogs pa gJis daG

bral baHi sems daG sems las byuG baHi raG bZin tsam du Ces pa deHi tshe

na gJis su Hdsin pa las log par Hgyur nas gJis med paHi sems daG sems

las byuG[286])ba tsam du Hgyur te / *de ltar na gJis por snaG ba yod pa gaG*

yin pa de Jid gJis po med pa Zes byaHo[287]) // ciHi phyir Ze[288])na gcig tu yod

pa kho nar yaG chad par mi bCad / med pa kho nar yaG chad par mi bCad do[289])

KArikA

<23> samAropApavAdAnta –

pratiSedhArtham iSyate /

hInayAnena yAnasya

pratiSedhArtham eva ca // 11 – 23 //

bhASya

kim arthaM punar ayaM bhAvAbhAvayor aikAntikatvam aviCeSaC ceSyate /

yathAkramaM / *samAropApavAdAnta – pratiSedhArtham iSyate hInayAna – gamana –*

pratiSedhArthaM ca / abhAvasya hy abhAvatvaM viditvA samAropaM na karoti /

bhAvasya bhAvatvaM viditvApavAdaM na karoti / tayoC cAviCeSaM viditvA na

bhAvAd udvijate tasmAn na hInayAnena niryAti //

---

286) P, D: mthoG
287) ya eva hi dvayAbhAvsatAyA bhAvaH sa eva dvayasyAbhAva iti
288) D: omit
289) P, D: de

bhASya(T)

<23> [P: 182a1, D: 169a5] / *sgro Hdogs pa daG skur ba yi // mthaH rnams dgag par bya phyir daG // theg pa dman pas Hgro bdag // dgaG par bya phyir Hdod pa yin /* / ciHi phyir yod pa daG med pa daG gciG tu chad pa daG khyad par med pa Hdir yaG Hdod ce na go rim bZin du *sgro Hdogs daG // skur ba Hdebs paHi mthaH dgaG paHi phyir daG / theg pa dman pas Hgro ba dgaG paHi phyir Hdod pa yin te /* med pa la med pa Jid du rig nas skur ba Hdebs par mi byed do // de gJis khyad par med pa Jid du rig nas yod pas yid HbyuG bar mi Hgyur te / de lta bas na theg pa dman pas des par mi HbyuG Go //

VRtti — bhASya

<23> [/]gJis su[D: su,omit] bye brag med par yaG ciHi phyir mi bZad ce na // deHi[P: ciHi] phyir /

/ *sgro btags pa daG skur Hdebs mthaH // dgag paHi phyir ni Hdod pa yin // theg pa chuG bas Hgro ba yaG // dgag paHi phyir ni de Jid do*[290] // Zes bya ba smos te / yod pa daG med pa gcig tu chad par bCad pa daG / bye brag med par bCad pa ni go rims [291] bZin du rnam pa gsum[292] [D: 178a] dgag paHi phyir bCad de (1)sgro Hdogs paHi mthaH dgag pa daG / (2)skur pa Hdebs paHi mthaH dgag pa daG / (3)theg pa chuG dus dbyuG ba dgag paHi phyir ro /

---

290) samAropApavAdAnta — pratiSedhArtham iSyate / hInayAnena yAnasya pratiSedhArtam eva ca // 23abcd //

291) P: rim

292) P: gsam

(1)de la mos pa spyod paHi sa bzod paHi dus na rnam par Ces pa Jid
rnam pa gJis su snaG bar zad kyi rnam par Ces pa las ma gtogs paHi
phyiHi don med par khoG du chud de / deHi tshe dGos po med pa la dGos
po med par rig nas sgro mi Hdogs paHi...... phyir sgro Hdogs paHi......293)
mthaH bkag go /

(2) / mos pa spyod paHi sa drod daG rtse moHi dus na gzuG ba daG Hdsin
pa gJis Hkhrul par snaG ba tsam du yod par khoG du chud pas kun rdzob
kyi dGos po la kun rdsob tsam du yod par rig ste med do Zes bya294)skur
ba mi Hdebs paHi...... phyir skur Hdebs paHi......295) mthaH bkag go /

(3) / yod pa daG med pa gJis khyad par med par khoG du chud pas Jan
thos kyi mya Jan las Hdas par mi Hjug ste / de bas na Jan thos kyi theg
pas296) HbyuG ba bkag go // ji lta Ze na / [P: 198a] Jan thos   rnams ni
gzugs la sogs paHi dGos po yod par rtog ciG deHi sgo nas sdug bsGal gyis
skrag pas // skye ba daG Hjig paHi rnam par bsgoms297)paHi sgo nas skyo
bar byed do // skyo nas Hdod chags daG bral bar byed do // de nas Hkhor ba
las HbyuG ste / mya Jan las Hdas pa la Hjug par byed do // byaG chub sems
ba dpaH rnams kyis ni gaG gZan gyi dbaG gi mthan Jid la298)rnam pa gJis
su snaG ba tsam du yod par bCad pa de Jid rnam par Ces pa las ma

---

293) D: omit
294) D: bya, omit
295) by,H
296) D: pa
297) P: bsgom
298) P, D: las

gtogs par gzugs la sogs pa kun brtags kyi chos yod pa ma yon par bCad

p a de Jid rdsob tu Hkhrul par snaG ba tsam du yod par khoG du chud

pas Hkhor bar skyo ba med do // Hkhor bar[299]mi skyo na Jan thos ltar

mgoHi thod la me bsad paHi tshul du brtson Hgrus myur nas mya Jan la

s[300] Hdas pa la[301] mi Hjug ste / de bs na gJis khyad par med par rtogs

pas ni Jan thos kyi theg pas HbyuG ba la[302]bkag pa yin no /

TIkA

[P: 96b7, D: 86b7] <22> <23> */med pa ni yod pa Jid ma yin te / gJis kyi

dGos po med pa Jid gaG yin paHo[303]* Zes bya ba ni gJis kyi dGos po med

pa gaG yin ba de ni don dam par yod pa Jid ma yin [D: 87a, Ta: 173] no

// Ho na ci Ze na / med pa yin no[304] /

/ gJis po snaG bar Hgyur ba gaG yin pa de Jid gJis kyi dGos por med pa

yin pas so[305] Zes bya ba la / gJis po snaG ba ni yaG dag pa ma yin paHi

kun tu rtog paHi Go bo Jid yin no[306] // gaG [P: s97a] gi tshe yaG dag pa

ma yin paIi kun tu rtog pa ste / mig daG gzugs la sogs pa gJis daG bral

ZiG sems daG sems las byuG baHi Go bo Jid du Ces pa deHi tshe Hdi gJis su

---

299) P: ba
300) D: las,omit
301) P: par
302) P, D: las
303) nAbhAvas bhAva eva ca / yA dvayatA − nAstitA / 22, bhASya /
304) P, D: med pa ma yin no
305) ya eva hi dvayAbhAsatAyA bhAvaH sa eva dvayasyAbhAva / 22, bhASya /
306) P, D: Go bo Jid ma yin no

Hdsin pa ldog ciG / Hdi la sems daG sems las byuG bar snaG ba Jid du Hgyur te / de ltar na gJis po snaG ba gaG yin pa de Jid gJis kyi[307] dGos po med pa yin pas yod pa daG med pa dag mJam pa Jid du Hgyur ro /

[P: 97a2, D: 87a3]<23−bhASya> / *theg pa dman pas Hgro ba dgag paHi phyir*[308] Zes bya ba la / theg pa dman pas Hgro ba ni theg pa dman pas Hgro baHo // theg pa dman pas Hgro ba de dgag paHi phyir yod pa daG med pa dag kyaG khyad par med par bsgom pa yin te / yod pa daG med par khyad par med pa Jid du rig nas yod pas yid HbyuG bar mi Hgyur ro //

/ ji ltar na sgro Hdogs pa bkag pa yin / ji ltar na skur pa Hdebs pa bkag pa yin no // ji ltar na yod pa daG med pa dag khyad par med par bsgom pa yin te /

/ *de la yod pa med pa ma*[309] *yin*[310] Zes bya ba ni gJis su snaG ba gaG yin pa ste / gJis su snaG ba yod pa gaG yin pa de ni med pa ma yin no // Ho na ci Ze na / de ni yod pa kho na Ho // de ltar bzod paHi gnas skabs na rnam par Ces pa Hdi Jid gJis su snaG bar rab tu HbyuG gi / phyi rol gyi don ni med do Zes phyi rol gyi don rnam par Hjig pas[311] sems tsam du rtogs par Hgyur te / …… deHi tshe yod pa la yod par rig nas……[312] skur pa Hdebs par mi byed do //

---

307) P, D: kyis
308) hInayAna − gammana − pratiSedhArthaM ca / 23bhASya /
309) P, D: omit
310) na bhAvas tatra cAbhAvo / 22a /
311) D: rig pas
312) P: deHi tshe yod par rig nas

/ med pa yod pa Jid ma yin[313] // Ces bya ba ni kun brtags pa gJis kyi dGos

po med pa Jid gaG yin pa ste / med pa ni yod pa Jid ma yin no // Ho na Ze

na / de ni rtag tu med pa kho na yin[314] te / de ltar na med pa la med par

rig nas sgro Hdogs par mi byed do /

/ ji ltar na de dag khyad par med pa yin Ze na / gZan gyi dbaG gi gJis su

snaG ba gaG yin [D: 87b, Ta: 174] pa de Jid rnam par Ces pa las ma(P:

mi) gtogs [P: 79b] paHi phyi rol gyi gzugs la sogs pa yod pa Jid du kun

brtags paHi bdag Jid kyis med pa yin la / phyi rol gyi gzugs la sogs pa

kun brtags paHi bdag Jid kyis med pa gaG yin pa de Jid rnam par rig pa

tsam yin te /

/ de ltar na mthoG ba de ni byis pas kun brtags pa yod pa la mGon par

Zen pa las yid HbyuG bar mi Hgyur ro // Jan thos ni gzugs la sogs pa la

yod pa Jid du kun rtags nas / Hdi dag la skye ba daG Hjig pas sdug bsGal

gyi raG bZin yin par dmigs pa na Hkhor baHi Go bo Jid las yid HbyuG bar

Hgyur ro // yid HbyuG na Hdod chags daG bral bas deHi phyir Jan thos kyi

theg pas Ges par HbyuG gi / byaG chub sems dpaH ni ji skad bCad paHi

tshul Hdis yod pa daG med pa dag khyad par med[315] par rig nas Hkhor

ba las yid HbyuG bar mi Hgyur ro // yid mi HbyuG na Jan thos mgo daG gos

la me Hbar ba ltar byed pa bZin du mya Gan las Hdas pa la gZol bar mi

Hgyur bas deHi phyir Jan thos kyi theg pas Ges par mi HbyuG Go //

---

313) nAbhAvao bhAva eva ca / 22b /
314) P: min
315) P: omit

kArikA

<24> bhrAnter nimittaM bhrAntiC ca rUpavijJaptir iSyate /

arUpiNI ca vijJaptir abhAvAt syAn na cetarA // 11 − 24 //

rUpabhrAnter yA nimitta − vijJaptiH sA rUpa − vijJaptir iSyate rUpAkhyA / sA

tu[L: p.61, 1] rUpa − bhrAntir arUpiNI vijJaptiH / abhAvAd rUpa − vijJapter itarApi

na syAd arUpiNI vijJaptiH / kAraNAbhAvAt //

bhASya(T)

<24> [P: 182a4, D: 169b1] */Hkhrul paHi rgyu daG Hkhrul pa ni // gzugs kyi rnam*

par rig pa daG // guzgs can min rnam(P: nam)*rig par Hdod // med phyir cig Cos kyaG*

med Hgyur /

/ gzugs su Hkhrul paHi rgyu rnam par rig pa gaG yin de ni gzugs kyi rnam par rig

pa yin la / gzugs su Hkhrul pa gaG yin pa de ni gzugs can ma yin paHi rnam par

rig pa yin par Hdod do // gzugs kyi rnam par rig pa med paHi phyir cig Cos gzugs

can ma yin paHi rnam par rig pa yaG med de / rgyu med paHi phyir ro //

VRtti − bhASya

<24> */ nor baHi rgyu ni nor ba daG // gzugs kyi rnam par rig par Hdod //*

gzugs med pa yi[316] *rnam par rig*[317] // ces bya ba la / byis pa rnams kyi

rnam par rig pa ni rnam pa[D: 178b] gJis su Hjug par Hdod de / *nor baHi*

rgyu daG *nor ba*Ho // de la nor baHi rgyu ni mig gi dbaG po nas lus kyi

---

316) P: paHi

317) / bhrAnter nimittaM bhrAntiC ca rUpavijJaptir iSyate / arUpiNI ca vijJaptir // 24ab //

dbaG poHi bar du dbaG po lGa daG / gzugs nas reg byaHi bar du yul lGa³¹⁸⁾ la byaHo // de dag thams cad daG po yaG rnam par Ces pa Hkhrul pa la snaG la / phyis kyaG sems Hkhrul paHi rgyu byed paHi phyir te / nor baHi rgyu la ni gzugs kyi rnam par rig pa Ces bya bar Hdod do // *nor ba* ni dbaG po daG yul de dag la Hdi daG Hdi Hdra Zes gcod par byed paHi mig la sogs paHi rnam par Zes pa la bya ste / nor ba la ni gzugs med paHi rnam par rig pa yin par Hdod do Zes bya baHi don to /

*/ dGos po med phyir gZan med Hgyur*³¹⁹⁾ // Zes bya ba la / de ltar dbaG po lGa daG yul lGaHi dGos³²⁰⁾ po med par gyur na gZan yaG med par [P: 198b]Hgyur te / dbaG po daG yul la brten³²¹⁾cin dmigs paHi rnam par Zes pa rnams kyaG med par Hgyur ro // ciHi phyir Ze na / gzuG ba med pa³²²⁾ daG Hdsin pa med pa ni³²³⁾ rigs paHi phyir ro /

*/ gzugs su nor baHi rgyu rnam par rig pa de ni gzugs kyi rnam par rig pa gzugs Zes bya bar Hdod do*³²⁴⁾ Zes bya ba la / *gzugs* kyi sgras ni dbaG po lGa daG yul lGa la bya ste / de dag kyaG rnam par Ces pa las byuG bas na gzugs su nor baHi rgyu³²⁵⁾ ni rnam pa lGar rig par byaHo // rnam par rig pa las dbaG po lGa daG yul lGar snaG ba la ni gzugs kyi rnam par rig

---

318) P: omit
319) abhAvAt syAn na cetarA // 24cd //
320) P, D: dbaG
321) P: rten
322) P: omit
323) P, D: mi
324) rUpabhrAnter yA nimittavijJaptiH sA rUpavijJaptir iSyate rUpAkhyA /
325) P, D: rgyur

pa Zes bya bar Hdod do Zes bya baHi don to /

/ *gzugs su nor ba de yaG rnam par rig pa gzugs med pa ste*[326) *Zes*[327) bya

ba la / *gzugs su nor ba Hdi* ni sGon po Hdi ni ser po Zes rtogs paHi mig la

sogs paHi rnam par Ces pa la bya ste / de ni rnam par rig pa gzugs med

do Zes bya baHi don to /

/ *rgyu med paHi phyir ro*[328) Zes bya ba la / sa bon med na Hbras bu mi

skye ba bZin du rnam par Ces pa rnams skye baHi rgyu ni yul lGa daG

dbaG po lGa yin te / yul lGa daG dbaG po lGa med par Hgyur[329) na rnam

par Ces pa rnams kyaG mi HbyuG Go Zes baHi don to /

TIkA

[P: 97b5, D: 87b5] / *Hkhrul paHi rgyu daG Hkhrul pa*[330) // Zes bya ba ni byis

pa rnams[331) kyi rnam par rig pa Hdi ni rnam pa gJis su HbyuG ste / Hdi

lta ste *Hkhrul paHi rgyu daG* / *Hkhrul pa*Ho // de la *Hkhrul paHi rgyu* ni

gzugs kyi rnam par rig pa yin par Hdod de / *gzugs* Zes smos pas ni mig

daG gzugs la sogs pa gzugs kyi phuG po bsduHo // Hdi lta ste byis pa

rnams ni thog ma med paHi dus nas goms pas bdag med bZin du gzugs

la sogs pa Je bar len paHi phuG po rnams bdag Jid du snaG Go // de ltar

---

326) sA tu rUpabhrAntir arUpiNi vijJaptiH /
327) D: de Jid ces
328) kAraNabhAvAt /
329) D: gyur
330) bhrAnter nimittaM bhrAtiC ca / 24a /
331) P: rnams, omit

byis pas kun brtags pa mig daG gzugs la sogs ...... Jid du snaG ba gzugs
kyi rnam par rig pa Hdi ni Hkhrul paHi rgyu yin no // mig gi rnam par Ces
pa la sogs pa de ni Hdi yin no Zes Hdsin paHi rnam par rig pa[332] gaG yin
pa gzugs can ma yin paHi rnam par rig pa [D: 88a, Ta: 175] Hdi ni
Hkhrul paHi Go bo Jid yin no......[333] // Hkhrul paHi rgyur gyur ciG gZir gyur
pa gzugs su snaG baHi rnam par rig pa de med paHi phyir cig Ces mig gi
rnam par Ces pa la sogs pa gzugs can ma yin pa rnam par rig pa yaG
med par Hgyur ro //

rgyu med paHi phyir ro[334] Zes bya ba la / rgyu ni miG daG gzugs la sogs
pa ste / rgyu de med paHi phyir Hbras bur[335] gyur paHi rnam par rig par
mig gi rnam par Ces pa la sogs pa yaG med par Hgyur ro /

<h2 style="text-align:center">kArikA</h2>

<25> mAyAhastyAkRtigrAha − bhrAnter dvayam udAhRtaM /

dvayaM tatra yathA nAsti dvayaM caivopalabhyate // 11 − 25 //

<h2 style="text-align:center">bhASya</h2>

/ mAyAhastyAkRtigrAha − bhrAntito dvayam udAhRtaM / grAhyaM grAhakaM ca

tatra yathA nAsti dvayaM caivopalabhyate /

---

332) P, D: Hjug pa
333) P: de ni Hdi yin no Zes Hdsin paHi rnam paHi rnam par Hjug pa gaG yin pa gzugs
     can ma yin paHi rnam par rig pa Hdi ni Hkhrul paHi Go bo Jid yin no //
334) kAraNAbhAvAt / 24d /
335) P: bu

bhASya(T)

<25> [P: 182a6, D: 169b2] / *sgyu maHi glaG poHi gzugs Hdsin pa // Hkhrul phyir gJis su brjod pa ste // de la ji bZin gJis med kyaG // gJis po dag tu Je bar dmigs* / / sgyu maHi glaG po cheHi gzugs Hdsin paHi Hkhrul pa las gzuG ba daG / Hdsin pa gJis su brjod de / de la gJis po ji lta bar med kyaG gJis su rnam par dmigs so //

VRtti−bhASya

<25> / gal te mig la sogs paHi dbaG po yaG med gzugs la sogs paHi yul yaG med / de dag med pas rnam par Ces pa rnams kyaG med pa yaG yin na / ciHi phyir[D: 179a] yul daG dbaG po daG rnam par Ces pa lta bur snaG ba mJam pa la / gzuG ba daG Hdsin paHi dGos po med kyaG gzuG ba daG Hdsin pa lta bur snaG ba srid pa Hjig rten du grags paHi dpe daG gsuG rab las HbyuG baHi dpe bstan te /

/ Hjig rten du grags paHi dpe bstan[336] paHi phyir / *sgyu maHi glaG poHi byad gzugs Hdsin pa yi // nor baHi phyir ni gJis su bCad pa yin[337]* // Zes bya ba la sogs pa smos te / sgyu maHi Cin daG rdo ba las sgyu maHi glaG po daG rta la sogs paHi byad gzugs snaG ba glaG po daG rta la sogs paHi raG bZin du yod pa ma yin pa las snaG bas na nor ba Zes bya ste / de ltar nor baHi phyir na gJis su bCad de / gzuG bar bCad pa[P: 199a] daG Hdsin par bSad paHo /

/ ji ltar gzuG bar bCad ce na / deHi phyir / *ji ltar gJis po de na med pa la //*

---

336) P: brtan
337) mAyaahastyAkRtigrAhabhrAnter dvayam udAhRtam / 25ab /

gJis po de dag Je bar dmigs pa yin[338] // Zes bya ba smos te / dper na rta

daG glaG por[339] snaG baHi rgyu rdo daG Cin la gzuG ba daG Hdsin pa gJis

med kyaG gzuG ba daG Hdsin par dmigs Cin snaG ste / de na rta daG glaG

po la sogs par snaG ba ni gzuG baHo // ma rig pas khebs paHi byis pa

rnams bdag cag gis[340] rta daG glaG po Hdi dag mthoG Go sJam du sems

pa ni Hdsin paHo /

TIkA

[P: 98a3, D: 88a2] *| de la gJis po ji lta bar med kyaG gJis su yaG dmigs*

so[341] Zes bya ba ni sgyu maHi glaG po cheHi gzugs su Hkhrul pa la[342] yaG

dag pa Jid du glaG po che la sogs pa gzuG ba daG Hdsin pa med mod kyi /

Hon kyaG byis pa ma rig pas ldoGs pa rnams glaG po cheHi gzugs su

Hkhrul paHi sgo nas Hdi dag ni glaG po che la sogs paHo // bdag ni Hdi dag

Hdsin paHo Zes bya bar gJis su mGon par Zen to //

kArikA

<26> biMba − saMkalikAgrAha − bhrAnter dvayam udAhRtaM /

    dvayaM tatra yathA nAsti dvayaM caivopalabhyate // 11 − 26 //

---

338) dvayaM tatra yathA nAsti dvayaM caivopalabhyate / 25cd /
339) D: po de
340) P: gi
341) dvayaM tatra yathA nAsti dvayaM cAiva upalabhyate
342) P: la, omit

bhASya

/ pratibiMba – saMkalikAM ca manasi kurvataH tadgrAhabhrAnter dvayam udAhRtaM pUrvavat //

bhASya(T)

<26> keG rus kyis[343] ni gzugs Hdsin pa // Hkhrul phyir gJis su brjod pa ste // de la ji bZin gJis med kyaG // gJis po dag tu Je bar dmigs //

 keG rus kyi gzugs brJad yid [P: 182b] la byed paHi der Hdsin pa yaG Hkhrul pa las gJis su[344] brjod de sGa ma bZin no //

VRtti – bhASya

<26> / gsuG rab kyi dpe[345] bstan paHi phyir / *keG[346] rus gzugs brJan Hdsin pa ni // nor phyir gJis su bCad pa ste[347]* // Zes bya ba la sogs pa smos te / las daG po paHi rnal Hbyor pa dur khrod la sogs par soG nas keG rus la brtags paHo // de ltar ji ltar brtags pa bZin du bsgoms pa daG tiG Ge Hdsin gyi dus na keG rus la sogs pa sems kyi gzugs brJan sems la snaG go // keG rus kyi gzugs brJan yod pa ma yin pa la snaG bas na nor ba Zes bya ste / de ltar *nor ba yin paHi phyir gJis su bCad de* / gzuG bar bCad pa daG Hdsin paHo /

---

343) D: kyi
344) P: gJisu
345) P: dpes
346) D: geG
347) bimbasaMkalikAgrAhabhrAnter dvayam udAhRtam / 26ab /

/ ji ltar gJis su bCad ce na / deHi phyir / *ji ltar de na gJis med la // gJis su*
Je bar dmigs pa bZin[348] // Zes bya smos te / dper na keG rus kyi gzugs
brJan snaG baHi gnas na[349] gzuG ba daG Hdsin pa gJis med kyaG gzuG ba
daG Hdsin pa gJis su Je bar dmigs [D: 179b] Cin snaG ste / keG rus kyi
gzugs brJan ni gzuG baHo // de la dmigs par byed par byed paHi rnam par
Ces pa ni Hdsin paHo // de daG Hdra bar gZan dbaG la gzuG ba daG Hdsin pa
gJis snaG ba gzuG Hdsin gyi dGos por yod pa ma yin yaG gzuG ba daG
Hdsin pa gJis su snaG Go[350] Zes bya baHi don to /

TIkA

[P: 98a5, D: 88a4] / keG rus kyi ni gzugs Hdsin pa // Hkhrul phyir gJis su
brjod pa ste[351] // Zes bya ba ni tiG Ge Hdsin gyi gnas skabs las daG po paHi
rnal Hbyor can rus paHi keG rus sgom par byed paHi tiG Ge Hdsin gyi me
loG la keG rus kyi[352] gzugs brJan snaG la / keG rus kyi gzugs su Hkhrul pa
de las gzuG ba daG Hdsin pa gJis su brjod do // de la ni yaG dag pa Jid du
na rus paHi keG rus kyaG med la de med na Hdsin pa yaG med moG kyi /
Hon kyaG de bZin du yaG snaG Go /

---

348) dvayaM tatra yathA nAsti dvayaM caivopalabhyate / 26cd /
349) D: nas
350) P: omit
351) biMba − saMkalikAgrAha − bhrAnter dvayam udAhRtaM // 26ab //
352) P: kyis

kArikA

<27> tathAbhAvAt tathA'bhAvAd bhAvAbhAvAviCeSataH /

sadasanto 'tha mAyAbhA ye dharmA bhrAntilakSaNAH // 11 − 27 //

bhASya

ye dharmA bhrAntilakSaNA vipakSasvabhAvAs te sadasanto mAyopamAC ca /
kiM kAraNaM / santas tathAbhAvAd abhUtaparikalpatvena / asantas tathA 'bhAvAt
grAhyagrAhakatvena / tayoC ca bhAvAbhAvayor aviCiSTatvAt santo 'pyasanto'pi
mAyApi caivaM − lakSaNA / tasmAn mAyopamAH //

bhASya(T)

<27>[P: 282b1, D: 169b4] / *Hkhrul paHi mtshan Jid chos gaG yin // de bZin yod
daG de bZin med // yod med khyad par med paHi phyir // yod daG med daG sgyu ma
Hdra /*
/ *Hkhrul paHi mtshan Jid kyi chos* mi mthun paHi phogs kyi Go bo Jid gaG dag
yin pa de dag ni yod pa daG med pa daG sgyu ma lta bu yin no // ciHi phyir Ze na
/ yaG dag pa ma yin paHi kun tu rtog pa Jid du de bZin yod paHi phyir yod pa
yin no // gzuG ba daG Hdsin pa Jid du de bZin med paHi phyir med pa yin no // yod
pa daG med paHi de dag khyad par med paHi phyir / yod pa yaG ma yin la med pa
yaG ma yin no // sgyu maHi mtshan Jid kyaG de daG Hdra ste // de lta bas na sgyu
ma lta bu yin no //

VRtti−bhASya

<27> / chos gaG nor baHi mthan Jid ni // de bZin yod daG med paHi phyir //
yod med bye brag med na // yod daG med pa sgyu ma Hdra[353] // Zes bya ba
la / chos ni rnam pa gJis te mi mthun paHi phyogs Hdod chags la sogs pa
kun nas Jon moGs paHi chos daG / gJen poHi[354] phyogs dad [355]pa [P:199b]
la sogs pa rnam par byaG baHi chos so // Hdod chags la sogs pa kun nas
Jon moGs paHi chos kyaG gzuG ba daG Hdsin paHi Go bor yod pa ma yin
par yod pa lta bur snaG bas na nor baHi mtshan Jid ces bya ste / mi
mthun paHi phyogs kyi chos de dag ni yod pa[356] yaG sgyu maHi yod pa
daG Hdra ste / med pa yaG sgyu maHi med pa daG Hdra la / yod med bye
brag med pa yaG sgyu maHi yod med bye brag med pa daG Hdra bas na
yod pa daG med pa sgyu ma daG Hdra baHi phyir chos de thams cad sgyu
ma daG Hdra Zes byaHo /

/ ji ltar yod pa sgyu ma[357] daG Hdra Ze na | dper na sgyu ma rta daG glaG
por Hdra bar snaG ba tsam du Hkhrul par med pa ma yin te / yod bZin du
gzuG ba daG Hdsin par snaG ba de dag kyaG snaG ba tsam du Hkhrul par
med pa ma yin te / yod pas na yod pa yaG sgyu ma daG Hdra ba yin no /
/ ji ltar med pa sgyu ma daG Hdra Ze na / ji ltar sgyu maHi rta daG glaG

---

353) tathA bhAvAt tathA 'bhAvd bhAvAbhAvAviCeSataH sadasanto 'tha mAyAbhA ye dharmA
    bhrAntilakSaNaH // 27abcd //

354) P: paHi

355) D: tha dad

356) P, D: par

357) P: sgyu ma, omit

po Hdra bar snaG yaG rta Jid kyi raG bZin med[358] pa de bZin du gzuG ba daG Hdsin pa lta bur snaG ba de dag snaG yaG gzuG baHi raG bZin daG Hdsin paHi raG bZin Jid du grub par med pas na med pa yaG sgyu ma lta buHo /

/ yod med bye brag med pa ji ltar sgyu ma lta bur Ze na / dper na sgyu maHi rta daG glaG por sna G ba tsam du yod [359]kyaG rta daG glaG poHi raG bZin Jid med pas yod pa daG med pa bye brag med pa daG / gaG na glaG po daG[360] rtaHi raG bZin med pa de na rta daG glaG por snaG ba tsam yod pas yod pa daG med par bye brag med do / de daG Hdra bar gzuG ba daG Hdsin pa snaG tsam du yod pas na gzuG Hdsin gyi raG bZin med [D:180a] pas yod pa daG med pa bye brag med pa daG / gzuG Hdsin raG bZin med pa la / snaG ba tsam yod pas med pa yod pa bye brag med de / de bas na yod pa daG med pa bye brag med pa yaG sgyu ma lta bur rig par byaHo Zes bya baHi don to /

yod pa daG med pa de gJis kyi bye brag med pas na ....yod pa yaG ma yin med pa yaG[361]... m*a yin no* Zes bya ba la / snaG ba tsam du yod kyaG raG bZin med paHi phyir yod pa yaG ma yin no // raG bZin med kyaG snaG ba tsam du yod pas na med pa yaG ma yin no Zes bya baHi don to /

---

358) D: bZin daG
359) D: zad
360) D: omit
361) D: med pa yaG ma yin yod pa yaG

TIkA

[P: 98a7, D: 88a5] */yod pa daG med pa de dag kyaG khyad par med paHi phyir ro // yaG yod pa yaG yin la med pa yaG ma yin no // sgyu maHi mtshan Jid kyaG de daG Hdra ste / de lta*[362] *bas na sgyu ma lta bu yin no*[363] Zes bya ba ni de la glaG po cheHi gzugs yod pa gaG yin pa de Jid glaG [P:98b]po che Jid la sogs par med pa yin la / glaG po che Jid la sogs par med pa gaG yin pa de Jid glaG po cheHi gzugs su yod pa yin no // de lta bas na sgyu ma la yod pa daG med pa Jid du khyad par med de / sgyu ma la yod pa Jid gaG yin pa de ni kun rdsob duHo // med pa Jid gaG yin pa de Jid don dam par ro // sgyu ma la yod pa daG med pa dag khyad par med par bCad pa ji lta bar [D:88b,Ta:176] gzugs la sogs paHi chos rnams la yaG de daG Hdra ste /

/ji skad du / de bZin gJis[364] *snaG de la yod // de yi dGos po yod ma yin // de ltas gzugs la sogs pa ...... la / yod daG med pa Jid du brjod // ces bCad pa ......* [365] *lta bu yin no*[366] //

/ yaG dag ma yin paHi kun tu rtog paHi Go bo Jid de la rnam par Ces paHi gJis su snaG ba gaG yin pa de ni de la yod la / rnam par Ces pa snaG ba gsal

---

362) P: lta, omit

363) tayor ca bhAvAbhAvayor aviCiSTavAt santo'py asnto'pi mAyA'pi caivaM lakSaNA tasmAn mAyopamAH

364) P, D: Jid

365) P. omit

366) / tathA dvayAbhatAtrAsti tadbhAvaC ca na vidyate / tasmAd astitva−nAstitvaM rUp'AdiSu vidhIyate // 11−21abcd //

de yaG dag pa Jid du gzugs la sogs paHi don gyis gJis kyi Go bo gaG yin pa de ni de la med do // yaG dag pa ma yin paHi kun tu rtog pa de la gJis su snaG pa gaG yin pa de Jid gJis med pa yin la gJis ...... med pa gaG yin pa de Jid gJis su snaG ba ...... 367) yin te / de ltar na yod pa daG med pa dag khyad par med pa yin no // de lta bas na chos Hdi dag sgyu ma bZin du yod pa Jid daG med pa Jid yin pas deHi phyir sgyu ma lta bu brjod do //

kArikA

<28> tathA'bhAvAt tathA'bhAvAt

tathA'bhAvAd alakSaNAH /

mAyopamAC ca nirdiSTA

ye dharmAH prAtipAkSikAH // 11 − 28 //

bhASya

ye 'pi prAtipAkSikA dharmA buddhenopadiSTAH smRtyupasthAnAdayas te 'py *alakSaNA mAyAC ca nirdiSTAH* / kiM kAraNaM / *tathA 'bhAvAd* yathA bAlair gRhyante / *tathA 'bhAvAd* yathA deCitAH / *tathA 'bhAvAd* yathA sandarCitA buddhena garbhAvakramaNa − janmAbhiniSkramaNAbhisaMbodhyAdayaH / evam alakSaNA avidyamAnAC ca [tathAbhAvaH]368) khyAti tasmAn mAyopamAH //

---

367) P: omit

368) by, T

bhASya(T)

<28>[P: 182b4, D: 169b7] / gJen poHi chos ni gaG yin pa // de bZin med daG de bZin yod // de bZin med phyir mtshan Jid med // sgyu ma daG yaG Hdra bar bstan / / gJen paHi chos dran pa Je bar gZag pa la sogs pa saGs rgyas kyis[369] bstan pa gaG dag yin pa de [D: 170a]dag kyaG mtshan Jid med pa daG / sgyu ma lta bur bstan to // ciHi phyir Ze na // ji ltar byas pa rnams kyis[370] bzuG ba de bZin med paHi phyir daG / ji ltar bCad pa de ltar med paHi[371] phyir daG / ji ltar bcom ltan Hdas kyis lhums su Hzug pa daG / bltams pa daG / mGon par HbyuG ba daG / mGon par rdsogs par byaG chub pa la sogs pa kun tu bstan pa

te / de ltar na mtshan med pa yin no // yod pa ma yin yaG yod pa lta bur snaG ste / de lta bas na sgyu ma lta bu yin no

VRtti—bhASya

<28> / de ltar [P: 200a] mi mthun paHi phyogs rnams sgyu ma lta bur bstan nas gJen poHi chos rnams kyaG sgyu ma lta bur bstan paHi phyir / gJen poHi chos ni gaG yin pa // de bZin med daG med[372] paHi phyir // de bZin med pas mtshan ma med // sgyu ma Hdra bar bstan pa yin[373] // Zes bya ba la sogs pa smos te / deHi gJen poHi chos ni rnam pa gsum ste / bsgrub par bya baHi chos dran pa Je bar gZag pa la sogs pa byaG chub

---

369) P: kyi
370) P: kyi
371) med pa instead of yod pa
372) P: me
373) tathA ’bhAvAt ’bhAvAt tathA ’bhAvas alakSaNaH / mAyopamAC ca nirdiSTA ye dharmAH
   prAtipakSikAH // 28 //

kyi phyogs sum cu rtsa bdun daG / bCad par bya baHi chos gsuG rab yan

lag bcu gJis gaG / Hthob par bya baHi chos mGal du Hjug pa la sogs pa ste

// chos de dag kyaG mtshan Jid med ciG sgyu ma daG Hdra bar bstan to

Zes bya baHi don to /

/ ciHi phyir Ze na / bsgrub par bya baHi byaG chub kyi phyogs kyi chos

sum cu rtsa bdun yaG ji ltar byis pas gzuG ba daG Hdsin pa lta bur

brtags pa ltar yod pa ma yin paHi phyir sgyu ma lta bu ste / de bZin me

d[374]) daG Zes bya ba daG sbyar ro /

/ bCad par bya baHi chos gsuG rab yan lag bsu gJis kyaG ji ltar bcom ldan

Hdas kyis miG daG tshig daG yi geHi tshul du bCad pa ltar yod pa ma yin

pas sgyu ma lta bu ste / de ni *med paHi phyir* Zes bya ba daG sbyar ro /

/ Hthob par bya baHi chos saGs rgyas kyi mGal du Hjug pa daG / mGon par

rdsogs par byaG chub pa daG / mya Gan las Hdas pa la sogs pa bstan pa

yaG ji ltar bstan pa bZin du yod pa ma yin pas na sgyu ma lta bu ste /

de ni de bZin *med pa*s Zes bya ba daG sbyar te / de chos de dag mtshan

Jid med ciG raG bZin yod pa yaG ma yin par snaG bas na sgyu ma lta bu

yin[375]) no[376]) Zes bya baHi don to /

/ ...... gal te kun nas Jon moGs paHi phyogs kyaG sgyu ma lta bu yin la /

rnam par byaG baHi phyogs kyaG sgyu ma lta bu yin na rnam par byaG

baHi phyogs sgyu ma lta bus kun nas Jon moGs paHi phyogs sgyu ma lta

---

374) P: me

375) P, D: ma yin

376) P: omit

bur ji ltar spaG sJam pa la / deHi phyir / *dpeHi don du tshigs su bcad pa
Zes* [377])bya ba smos te / kun nas Jon moGs paHi phyogs sgyu ma lta bu yin
yaG rnam par byaG baHi phyogs sgyu ma lta bus spaG du ruG bar dpes[378])
bstan to Zes bya baHi don to......./

kArikA

<29>   mAyArAjeva cAnyena

       mAyArAjJA parAjitaH /

       ye sarvadharmAn paCyanti

       nirmAnAs te jinAtmajAH // 11 − 29 //

bhASya

[L: p.62, 1]ye prAtipakSikA dharmAs te mAyArAjasthAnIyAH saMkleCaprahANe
vyavadAnAdhipatyAt / ye 'pi sAMkleCikA dharmAs te 'pi rAjasthAnIyAM saMkleCa−
nirvRttAv AdhipattyAt / atas taiH prAtipakSikaiH saMkleCaparAjayo mAyA rAjJeva
rAjJaH parAjayo draSTavyaH / taj jJAnAc ca bodhisattvA nirmAnA bhavanti
ubhayapakSe //

bhASya(T)

<29>[P: 182b7, D: 170a2] / sgyu maHi rgyal po sgyu ma yin // rgyal po gZan gyis
pham pa ltar // gaG dag gyis ni chos mthoG baHi // rgyal sras de daG Ga rgyal med /

---

377) aupamyArthe ClokaH
378) D: dpe

/ gJen poHi chos gaG dag yin pa de dag ni sgyu maHi rgyal po [P: 183a] lta bu ste / kun nas Jon moGs pa spaG bar bya baHi phyir // rnam par byaG ba la dbaG byed paHi phyir ro // kun nas Jon moGs pa gaG dag yin pa de dag kyaG dpeHi don gyis rgyal po lta bu yin te // kun nas Jon moGs pa Hgrub pa la dbaG byed paHi phyir ro // deHi phyir gJen po de dag gis kun nas Jon moGs pa pham par byed pa ni / rgyal pos rgyal po Hbebs pa lta bur blta bar bya ste / de Ces pas phyoGs gJis ka la byaG chub sems dpaH rnams Ga rgyal med par Hgyur ro //

VRtti − bhASya

<29> / ji ltar sgyu maHi rgyal po dag / sgyu maHi rgyal po gZan gyis pha m[379] // gaG gis chos kun mthoG ba yi[380] // rgyal sras de dag Ga rgyal me d[381] // Zes[382] bya ba la / dper na sgyu maHi rgyal po[383] mthu chuG du la la Zig Hkhor daG bcas te gnas HgaH Zig na Hdug pa la[384] sgyu maHi rgyal po mthu daG ldan pa Hkhor daG bcas pa la la Zig gis gnas Hgal Zig na Hdug pas sgyu maHi rgyal po mthu chuG du pham[385] ste / pham[386] par byas nas gnas nas bton pa de bZin du kun gZi rnam par Ces pa ni gnas lta bu ste / de na mig la sogs paHi rnam par Ces pa Jon moGs pa daG bcas

---

379) P: phab

380) P: baHi

381) mAyArAjeva cAnyena mAyArAjJa parAjitaH / ye sarvadharmAn paCyanti nirmAnas te jinAtmajAH //

382) P: ces

383) D: poHi

384) P, D: las

385) P: phab

386) P: phab

pa gnas[387]) pa ni sgyu maHi rgyal po lta bu ste / ciHi phyir Ze na / rgyal po

dbaG daG ldan pa de bZin du de dag kyaG kun nas Jon moGs paHi chos

gZan skye ba la dbaG bas na rgyal po lta buHo // kun nas Jon moGs pa daG

ldan paHi sems las byuG ba ni sgyu maHi rgyal poHi Hkhor lta buHo // kun

gZi rnam par Ces pa la dad pa la sogs paHi dge ba daG ldan paHi rnam

par Ces pa rnams sgyu maHi rgyal po lta bu la / deHi Hkhor gyi sems las

byuG ba rnams ni sgyu maHi rgyal poHi Hkhor lta bu ste / kun gZi la yod

paHi Jon moGs pa[388]) rnams dge baHi phyogs kyis[389]) spaGs pa[390]) ni sgyu

maHi rgyal po gcig gis gcig pham[391]) par byas pa yin[392]) no Zes byaG chub

sems dpaH gaG gis khoG du chud paHi byaG chub dpaH de ni chos gJis la

Ga rgyal med de / kun nas Jon moGs paHi phyogs la yaG Ga rgyal med la /

rnam par byaG baHi phyogs la yaG Ga rgyal med do // ji ltar Ga rgyal med

ce na / bdag gis rnam par byaG baHi phyogs Hdi bsgoms pas kun nas Jon

moGs paHi phyogs Hdi spaGs so Zes mi sems paHi phyir ro /

TIkA

[P: 98b8, D: 88b3] */kun nas Jon moGs pa Hgrub pa la dbaG byed paHi*

phyir[393]) ro Zes bya ba ni kun nas Jon moGs paHi chos rnams kun tu

---

387) D: na gnas
388) P: paHi
389) H, added, P, D:omit
390) P: paHi
391) P: cig Hpham
392) D: pa lta bu yin

spyod pa daG ltan ba yin na kun nas Jon moGs pa rnams yaG daG yaG du
Hgrub par Hgyur bas so /

kArikA

<30>   aupamyArthe ClokaH

mAyAsvapna − marIci − biMba − sadRCAH prodbhAsaCrutkopamA

vijJeyodakacandrabiMbasadRCA nirmANatulyAH punaH /

SaT SaT dvau ca punaC ca SaT dvayamatA ekaikaC ca trayaH

saMskArAH khalu tatra tatra kathitA buddhair vibuddhottamaiH // 11
− 30 //

bhASya

yat tu uktaM bhagavatA mAyopamA dharmA yAvan nirmANopamA iti / tatra
mAyopamA dharmAH SaD AdhyAtmikAny AyatanAni / asaty AtmajIvAditve tathAprak −
hyAnAt / *svapnopamAH* Sad bAhyAny AyatanAni tad upabhogasyAvastukatvAt /
marIcikopamau dvau dharmau cittaM caitasikAC ca bhrAntikaratvAt /
pratibimbopamAH punaH SaD eva AdhyAtmikAny AyatanAni pUrvakarma −
pratibiMbatvAt / *pratibhAsopamAH* SaD eva bAhyAny AyatanAny AdhyAtmikAnA −
mAyatanAnAM chAyAbhUtatvAt tadAdhipattyotpattitaH / *SaTdvayaM* matAH Sad
dvayamatAH / *pratiCrutkopamA* deCanAdharmAH / *udakacandrabiMbopamAH* samAdhi −
saMniCritA dharmAH samAdher udakasthAnIyatvAd acchatayA / *nirmANopamAH*

---

393) saMkleCa − nirvRttAvAdhipatyAt

saMcintyabhavopapattiparigrahe 'saMkliSTa − sarvakriyAprayogatvAt //

bhASya(T)

<30>[P: 183a3, D: 170a5] / dpeHi don du tshigs su bCad pa / (P, D: 29bhASya)

saGs rgyas rnams saGs rgyas mchog rnams gyis de daG de las Hdus byas dag //
gsuGs pa sgyu ma rmi lam smig rgyu gzugs brJan daG Hdra mig yor daG / brag cha
lta bu daG ni chu zlaHi gzugs Hdra sprul daG Hdra Ces bya // drug daG drug daG[394]
gJis daG drug tshan gJis[395]*daG gsum po re re Hdod /*

/ gaG du bcom ldan Hdas kyis chos rnams ni sgyu ma lta buHo // Ces bya ba nas
sgrul pa lta buHo // Ces bya baHi bar gsuGs pa de la *chos rnams sgyu ma lta bu* ni
naG gi skye mched drug ste / bdag daG srog la sogs pa med bZin du de ltar snaG
baHi phyir ro // *rmi lam lta bu* ni phyeHi skye mched drug ste / de Je bar spyad
paHi dGos por med paHi phyir ro // *smig rgyu lta bu* ni sems daG sems las byuG
baHi chos gJis te / Hkhrul par byed paHi [D: 170b] phyir ro // yaG *gzugs brJan lta*
bu ni naG gi skye[396]mched drug kho na ste sGon gyi las kyi gzugs brJan yin paHi
phyir ro // *mig yor lta bu* ni naG gi skye mched rnams kyi grib ma lta bu yin paHi
phyir / phyiHi skye mched drug kho na ste / deHi dbaG gis HbyuG bas so // *drug tshan*
gJis su Hdod pa ni drug tshan gJis su Hdod pa yin no // brag ca lta bu ni bCad
paHi chos rnams so // *chu zlaHi gzugs lta bu* ni tiG Ge Hdsin la brten paHi chos
rnams te / *tiG* [P: 183b] *Ge Hdsin* ni daG ba Jid kyis[397] chu lta bu yin paHi phyir
ro // *sprul pa lta bu* ni bsams bZin du srid par skye ba yoGs su len pa yin te / bya
ba thams cad la kun nas Jon moGs pa med par sbyor baHi phyir ro //

---

394) P: daG, omit
395) P: mtshan Jid
396) P: skya
397) P: kyi

VRtti – bhASya

<30> / *sgyu maHi rmi lam smig rgyu gzugs brJan mig yor* [D: 181a] *brag ca bZin // chu yi*[398] *zla baHi gzugs Hdra sprul daG mtshuGs par Zes par bya // drug daG drug daG gJis daG drug gJis gsum yaG re rer Hdod // mkhyen mchog saGs rgyas rnams kyis*[399] *Hdu byed de dag gsuGs* [400] // Zes bya ba la / Hjig rten paHi mkhas pa daG Jan thos daG raG saGs rgyas [P: 201a] rnams kyi Ces pas de bZin gCegs pa mkhyen pa Hphyags pas na saGs rgyas ni mkhyen mchog ces bya ste / mkhyen mchog saGs rgyas rnams kyis naG gi skye mched drug daG / phyiHi skye mched drug daG / sems daG sems las byuG ba gJis daG / drug gJis ste / naG gi skye mched drug daG / phyi Hi skye mched drug daG gsum ni bCad paHi chos daG / tiG Ge Hdsin la gnas paHi chos daG / bsams bZin du srid pa Hdsin pa gsum ste / Hdu byed de dag ni sgyu ma lta bu yin no Zes bya ba nas[401] sprul pa daG mtshuGs pa yin no Zes bCad do // de yaG Hdu byed de dag daG dpe re res sbyar te bstan to Zes bya baHi don to /

(1) / de la mig gi skye mched nas yid kyi skye mched kyi bar du [402] naG gi skye mched drug ni sgyu ma lta bu ste / ciHi phyir Ze na / sgyu maHi

---

398) P: chuHi

399) P: kyi

400) mAyAsvapnamArIcibimbasadRCAH prodbhAsaCrutkopamA vijJeyaodakacandrabimbasadRCA nirmANatulyAH punaH / Sat Sat dvau ca punaC ca Sat dvayamatA ekaikaCaC ca trayaH saMskArAH khalu tatra tatra kathitA buddhair vibuddhottamaiH // 30abcd //

401) P: baHi sa

402) H: yaG, added

glaG po daG mig la sogs pa bdag daG sems can daG[403] srog lta bur snaG

ba de bZin du naG gi skye mched drug la yaG bdag daG sems can daG

srog med mod kyi bdag daG sems can daG[404] srog lta bur snaG bas na

sgyu ma lta buHo /

(2) / gzugs nas chos kyi bar du phyiHi skye mched drug ni rmi lam lta bu

ste / ciHi phyir Ze na / rmi lam na snaG baHi gzugs daG sgra daG bud med

daG skyes pa la sogs pa rnam par Ces par kun tu loGs spyod paHi yul lta

bur snaG yaG yod pa ma yin pa de bZin du da ltar dGos su gzugs daG

sgra la sogs pa rnam par Ces paHi yul du snaG yaG yod pa ma yin paHi

phyir rmi lam lta buHo /

(3) / sems daG sems las byuG ba gJis ni smig rgyu lta bu ste / ji lta Ze na /

smig rgyu chur med kyaG chu lta bur nor bar byed pa de bZin du sJon

po daG ser po la sogs paHi dGos po Hdi dag yod pa ma yin kyaG sJon po

ser po lta bur nor bar Hdsin paHi smig rgyu lta buHo /

(4) / yaG mig gi skye mched nas yid[D: 181b] kyi skye mched kyi bar du

naG gi skye mched drug ni gzugs brJan lta bu ste / ciHi phyir Ze na / me

loG gi naG gi gzugs brJan yod pa ma yin yaG gzugs kyi dbaG gis me loG

gi naG duHaG gzugs brJan [P: 201b] snaG ba de bZin du da ltar gyi naG gi

skye mched drug po de dag kyaG tshe sGa maHi las kyi dbaG gis snaG bas

na gzugs brJan lta buHo /

(5) / yaG gzugs nas kyi bar du phyiHi skye mched drug ni mig yor lta bu

---

403) D: omit
404) D: omit

ste / mig yor Zes bya ba ni skabs Hdir grib ma la byaHo // ji lta Ze na /

gdugs daG lus la sogs paHi dbaG gis grib ma byuG ba de bZin du phyiHi

skye mched kayG naG gi skye mched kyi grib ma yin te / kun gZi rnam

par Ces pas ni mig la sogs pa405) naG gi skye mched drug HbyuG Go // de

las ni phyiHi skye mched drug snaG Zin HbyuG bas na phyiHi406) skye

mched drug ni mig yor lta buHo /

(6) / bCad paHi chos thams cad ni brag ca lta bu ste / ciHi phyir Ze na / brag

ca yaG sgraHi raG bZin du med mod kyi rna baHi spyod yul du Hgyur ZiG

rna bas mJan du yod pa daG Hdra bar ji sJed du de bZin gCegs pas chos

thams cad ji ltar bCad pa bZin du yod pa ma yin yaG rna baHi spyod yul

du Hgyur ZiG rna bas407) mJan du ruG baHi phyir brag ca lta buHo /

(7) / tiG Ge Hdsin la gnas paHi chos rnams ni chu zlaHi gzugs brJan lta bu

ste / ciHi phyir Ze na / chu daG saHi408) naG du zla baHi gzugs brJan snaG ba

daG Hdra bar tiG Ge Hdsin rtse gcig pa ni chu daG sa409) lta bu ste / de las

mthaH dag skye mched daG zil gyis410) gnon paHi skye mched rnams snaG

bas chuHi zla ba lta buHo /

(8) / bsams bZin du srid par Hdsin pa ni sprul pa lta bu ste / ciHi phyir Ze

na / dper na sprul pa gnas gcig nas gcig tu yaG chags pa daG Ze sdaG mi

---

405) P: pas
406) P: omit
407) P: baHi
408) P: baHi,D:sa paHi
409) P: ba, D: sa pa
410) P: gyi

skye[411]) ba de bZin byaG chub sems dpaH sems can gyi don du tshe gcig

nas gcig tu len ciG Hdsin kyaG chags pa daG Ze sdaG mi skye bas na sprul

pa lta buHo /

TIkA

[P: 98b7, D: 88b4] */mig yor lta bu ni naG gi skye mched rnams kyi grib

ma lta bu yin paHi phyir phyiHi skye mched drug kho na ste / deHi dbaG

gis HbyuG bas so* [412])Zes bya ba ni ji ltar gdugs la sogs paHi dbaG gis grib

ma HbyuG ba de bZin du naG gi skye mched gdugs lta bu rnams kyi dbaG

gis phyiHi skye mched kyi[413]) grib ma lta bu rnams HbyuG Go //

/brag ca lta bu ni bCad paHi chos rnams so[414]) Zes bya ba ni ji ltar brag

ca yod pa ma yin mod kyi / Hon kyaG grag pa ltar[P:99a] bZad paHi chos

rnams kyaG de daG HdraHo //

kArikA

<31>   jJyeyaparyeSTau ClokaH

abhUtakalpo na bhUto nAbhUto 'kalpa eva ca /

na kalpo nApi cAkalpaH sarvaM jJeyaM nirucyate // 11 − 31 //

---

411) D: bskyed
412) / pratibhAsopamAH SaDeva bAhyAnyAyatanAnyAdhyAtmikAnAm − AyatanAnAM chAyAbhUtatvAt
     tad AdhipattyotpattitaH /
413) P: kyi, omit
414) / pratiCrutkopamA deCanAdharmAH /

bhASya

abhUtakalpo yo na lokottarajJAnAnukUlaH kalpaH *na bhUto nAbhUto* yas
tadanukUlo yAvan nirvedhabhAgIyaH /

akalpastathatA lokottaraM ca jJAnaM / [L: p: 63,1] *na kalpo nApi cAkalpo*
lokottarapRSThalabdhaM laukikaM jJAnaM /

etAvac ca sarvaM jJeyaM //

bhASya(T)

<31>[P: 183b1, D: 170b3] / Ces bya yoGs su tshol baHi tshigs su bcad pa /
*/ yaG dag min rtog yaG dag min // yaG dag ma yin min mi rtog // rtog min mi rtog
ma yin pa // Ces bya thams cad yin par brjod /*
/ yaG dag pa ma yin paHi rtog pa ni Hjig rten las Hdas paHi ye Ces kyi rjes su
mthun pa ma yin paHi rnam par rtog pa gaG yin paHo // yaG dag pa yaG ma yin la
/ *yaG dag pa ma yin pa yaG ma yin pa* ni de rjes su mthun pa Ges par Hbyed paHi
cha daG mthun paHi bar gaG yin paHo / *mi rtog pa* ni de bZin Jid daG / Hjig rten las
Hdas paHi ye Ces so // rtog pa yaG ma yin mi rtog pa yaG ma yin pa ni Hjig rten
las Hdas paHi rjes las thob pa Hjig rten paHi ye Ces te / Ces bya thams cad ni de
tsham du zad do //

Vrtti — bhASya

<31> / *Ces bya*[415] *yoGs su baHi tshigs su bcad pa ste*[416] Zes bya ba la / Ces
byaHi rnam pa gJis te / Hjig rten gyi chos daG Hjig rten las. hdas paHi chos

---

415) D: byaHi
416) jJeyaparyeSTau ClokaH

te / chos gaG dag ni Hjig rten gyi chos / chos gaG dag ni Hjig rten las Hdas paHi chos yin pa brtags [D: 182a] pa la tshigs su bsad pa kyis[417] bstan to Zes bya baHi don to /

/ yaG dag min rtog [418]Zes bya ba la / yaG dag pa ma yin la kun tu rtog pa ni gaG[P:202a] chos kyi dbyiGs daG rnam par mi rtog paHi ye Ces Hthob pa daG[419] rjes su mthun pa ma yin paHi rtog pa ste / Hdod paHi khams nas srid paHi rtse mo man chad kyi sems can rnams kyi[420] gzuG ba daG Hdsin par kun tu rtog pa ni yaG dag pa ma yin par kun tu rtog pa Zes bya Ho /

/ yaG dag min yaG dag ma yin min[421] Zes bya ba la / yaG dag pa yaG ma yin yaG dag pa ma yin pa yaG ma yin paHi rtog pa ni so soHi[422] skye boHi dus na dam paHi chos Jan pa daG sems pa la sogs pa nas brtsams te mos pa spyod paHi sa Hjig rten gyi chos mchog man chad kyi[423] rtog pa la bya ste / deHi tshe na gzuG ba daG Hdsin paHi rtog pa yod pas na yaG dag pa ma yin pa Zes byaHo // chos kyi dbyiGs daG Hjig rten las Hdas paHi ye Ces rtogs par bya ba daG rjes su mthun Zin deHi rgyu lta bur gnas pas na yaG dag pa ma yin pa yaG ma yin pa[424] Zes byaHo /

---

417) P, D: gJis kyis
418) abhUtakalpo / 31a /
419) D: paHi
420) D: gyi
421) na bhUto nAbhUto / 31ab /
422) P: so so
423) D: gyi
424) P: omit

/mi rtog[425]) ces bya ba la mi rtog pa ni chos kyi dbyiGs de bZin Jid daG /

Hjig rten la Hdas paHi ye Ces rnam par mi rtog paHi ye Ces la bya ste / ciHi

phyir Ze na / de gJis la / gzuG ba daG Hdsin pa la sogs paHi rtog pa med

pas[426]) na mi rtog pa Zes byaHo /

/rtog min mi rtog pa ma yin[427]) // Zes bya ba la / rtog pa yaG ma yin mi

rtog pa yaG ma yin pa ni rnam par mi rtog paHi rjes las thob paHi dag

paHi Hjig rten paHi ye Ces la bya ste / ye Ces de la gzuG ba daG Hdsin pa

lta bur rtog pa med pas na *mi rtog pa* Zes bya ste / ciHi phyir Ze na /

rnam par mi rtog paHi ye Ces kyis ni chos kyi dbyiGs la dmigs[428]) te /

rnam par mi rtog paHi ye Ces la ni dag paHi Hjig rten paHi ye Ces kyis

dmigs pas na gzuG Hdsin du rtog pa med do // *mi rtog pa yaG ma yin pa*

ni chos rnams kyi raG daG spyiHi mtshan Jid ni chos thams cad la sgyu

ma daG smig rgyu lta bur rtog pa yod paHi phyir ro[429]) /

/thams cad Ces par bya Zes[430]) *brjod*[431]) // ces bya ba la / bZi po Hdi thams

cad ni Ces par bya baHi yul yin Zes brjod de / Ces par bya ba yaG de tsam

las lhag pa med [D: 182b] paHi phyir ro // de yaG[432]) dag pa ma yin par

[P: 202b] Ces par byaHo /

---

425) akalpa eva ca / 31b /

426) P: par

427) na kalpo nApi cAkalpaH / 31c /, P: rtog min mi rtog ma yin pa

428) D: rtogs

429) H: added

430) D: ste

431) sarvaM jJeyaM nirucyate / 31d /

432) P: de las yaG

kArikA

<32>   saMkleCavyavadAnaparyeSTau ClokadvayaM

svadhAtuto dvayAbhAsAH sAvidyAkleCavRttayaH /

vikalpAH saMpravartante dvayadravyavivarjitAH // 11 − 32 //

bhASya

svadhAtuta iti svabIjAdAlayavijJAnataH / *dvayAbhAsA* iti grAhyagrAhakAbhAsAH /

sahAvidyayA kleCaiC ca vRttir eSAM ta ime sAvidyAkleCavRttayaH / *dvayadravya −*

vivarjitA iti grAhyadravyeNa grAhaka − dravyeNa ca /

evaM kleCaH paryeSitavyaH //

bhASya(T)

<32>[P: 183b5, D: 170b5] / kun nas Jon moGs pa daG / rnam par byaG ba yoGs su
tshol ba la tshigs su bCad pa gJis te /
/ *raG gi khams la gJis snaG ZiG / ma rig Jon moGs lhan cig tu / Hjug paHi rnam
rtog raG HbyuG ste // rdsas gJis rnam par spaGs pa yin* [433] /
/ *raG gi khams las* Ces bya ba ni / raG gis bon kun gZiHi(P: gZi) rnam par Ces bya ba
las so // *gJis su snaG Ces bya ba* ni gzuG ba daG Hdsin par snaG baHo // ma rig pa daG
Jon moGs pa daG lhan cig Hjug pa Ces bya ba ni Hdi dag la ma rig pa daG Jon moGs
pa rnams daG lhan cig Hjug pa yod pas na Hdi dag [D: 171a] ni ma rig pa daG Jon
moGs pa daG lhan cig Hjug pa yin no // *rdsas gJis spaGs pa* ni / gzuG baHi rdsas daG
Hdsin paHi rdsas te / de ltar kun nas Jon moGs pa yoGs su btsal bar byaHo //

---

433) D: yi

VRtti－bhASya

<introductin of 32> / *kun nas Jon moGs pa daG rnam par yaG ba yoGs su tshol ba la tshigs su bcad pa gJis te*[434]) Zes bya ba la / Jon moGs pa daG las daG tshe gsum ni kun nas Jon moGs pa ste / ji ltar na kun nas Jon moGs par Hgyur / kun nas Jon moGs paHi mtshan Jid gaG yin pa brtag pa ni kun nas Jon moGs pa tshol ba Zes byaHo // Hphags paHi lam daG mya Gan las Hdas pa ni[435]) rnam par byaG ba ste / ji ltar na rnam par byaG ......bar Hgyur / rnam par byaG......[436]) baHi mtshan Jid gaG yin pa brtag pa ni rnam par byaG ba yoGs su tshol ba Zes bya ste / de gJis btsal ba la tshigs su bcad pa gJis kyis ston to Zes bya baHi don to /

<32> / *raG gi khams las gJis su snaG*[437]) // Zes bya ba la / khams sa bon daG rgyu Zes bya ba ni don gcig ste / kun gZi rnam par Ces pa gzuG ba daG Hdsin paHi bag chags daG bcas pa la[438]) ni raG gi khams Zes byaHo // gzuG Hdsin gyi bag chags las gzuG bar yaG snaG Hdsin par yaG snaG bas na gJis su snaG baHo /

/ *ma rig Jon moGs lhan cig Hjug*[439]) // ces bya ba la / gzuG ba daG Hdsin par snaG bar yaG ma zad kyi / gzuG ba daG Hdsin par snaG baHi dus na ma rig pa daG Jon moGs pa daG[440]) lhan cig HbyuG Zin snaG Go Zes bya baHi don

---

434) saMkleCavyavadAnaparyeSTau Clokadvayam
435) D: na
436) H: added
437) svadhUto dvayAbhAsAH / 32a /
438) D: omit
439) sAvidyAkleCavRttayaH / 32b /

to // Hjug ces bya baHi don ni de ltar snaG ba las Hkhor bar skyes Zes bya

baHi tha tshig go // de la ma rig pa ni ma rig pa Jid do // Jon moGs paHi

sgras ni[441] Hdod chags daG / khoG khro ba daG / Ga rgyal daG / ma rig pa

daG / lta ba daG / the tshom ste / Jon moGs pa drug la bya baHam / Hdod

chags daG / khoG khro ba daG / Ga rgyal daG / ma rig pa daG / Hjig tshogs su

lta ba daG / mthar Hdsin par lta ba daG / log par lta ba daG / lta ba bsJems

pa daG / tshul khrims daG / brtul Zugs bsJems pa daG / the tshom ste Jon

moGs pa bcu la byaHo /

/ Hdir Jon moGs pa smos kyi Je baHi Jon moGs pa ni dGos su[442] ma smos

kyaG Je baHi Jon moGs pa khro ba daG khon du Hdsin pa la sogs pa yaG

smos pa lta bur bstan to // Jon moGs pa drug daG bcuHi naG bu ma rig pa

yaG Hdus [P:203a] mod kyi ma rig pa bkar te logs Cig tu smos pa ni Jon

moGs [D: 183a] pa thams cad la dbaG byed par bstan paHi phyir te / rmoGs

pa med pa la ni Jon moGs pa mi skye rmoGs pa las Jon moGs pa las Jon

moGs pa HbyuG baHi phyir ro /

/ *rnam par rtog pa rab tu HbyuG*[443] // Zes bya ba la / gzugs daG sgra la

sogs pa lta bur gzuG ba daG Hdsin par rtog pa na ma rig pa daG / Jon

moGs pa daG / Je baHi Jon moGs pa daG lhan cig tu rtog pa HbyuG ba la

rnam par rtog pa rab tu HbyuG Zes bya ste / *raG gi khams las gJis su snaG*

---

440) D: omit
441) P: na
442) P: paHi Gos su
443) vikalpAH sampravartante / 32c /

ba[444] // Zes bya bas ni Ces byaHi sgrib pa la rtog pa bstan to // *ma rig Jon*

moGs lhan cig Hjug[445] // ces bya bas ni Jon moGs paHi sgrib pa la rtog pa

bstan to /

/ rdzas gJis gag ni rnam par spaGs[446] // Zes bya ba la / de ltar gzuG ba daG

Hdsin par snaG yaG rdzas gJis rnam par spaGs pa yin te / gzuG baHi raG

bZin yaG med Hdsin paHi raG bZin yaG med do Zes bya baHi don to // de ltar

Ces na kun nas Jon moGs paHi mtshan Jid yoGs su bstal ba yin no /

TIkA

[P: 99a1, D: 88b6] */Hdi dag la ma rig pa daG Jon moGs pa rnams daG lHan*

cig Hjug pa yod pas ni Hdi dag ni ma rig pa daG Jon moGs pa daG lHan

cig Hjug pa yin no[447] Zes bya ba la / ma rig pa ni ma rig pa Jid do / Jon

moGs pa ni Hdod chags la sogs pa ste drug gam bcuHo // ma rig pa logs Cig

tu smos pa ni dbaG byed paHi don te[448] / ma rmoGs pa la gZan mi HbyuG

baHi phyir ro // Jon moGs pa smos pas ni khro ba daG kho na du Hdsin pa

[D: 89a, Ta:177] la sogs pa Je baHi Jon moGs pa rnams kyaG bsdus par

rig par byaHo // gzugs daG sgro la sogs paHi rnam par rtog pa Hdi dag la

ma rig pa daG Jon moGs[449] pa daG Je baHi Jon moGs pa rnams daG lHan

---

444) svadhAtuto dvayAbhAsAH
445) sAvidyAkleCavRttayaH / 32d /
446) dvayadravyavivarjitAH / 32d /
447) shA'vidyayA kleCaiC ca vRttir eSAM ta ime sAvidyA − kleCa − vrttayaH
448) P: to
449) P: moG

cig Hjug pa yod pas na Hdi dag ni ma rig pa daG Jon moGs pa daG / lHan

cig Hjug pa yin te / rnam par rtog pa gaG(P: gaG, omit) daG gaG kun tu

HbyuG ba na kun gZi rnam par Ces pa la bag chags Hjog paHi bag chags

de Jid rnam par rtog pa de daG deHi rgyur Hgyur ro //

kArika

<33>   AlaMbana − viCeSAptiH svadhAtusthAna − yogataH /

         ta eva hy advayAbhAsA vartante carmakANDavat // 11 − 33 //

bhASya

AlaMbana − viCeSAptir iti yo dharm'AlaMbanalAbhaH pUrvam uktaH / *svadhAtusthA −*

nayogata iti *sva − dhAtur* vikalpanAM tathatA tatra *sthAnaM* nAmni sthAnAc

cetasaH / *yogata* ity abhyAsAt bhAvAnAmArgeNa / ta eva vikalpA advayAbhAsA

vartante parAvRttACrayasya / carmavat kANDavac ca / yathA hi kharatvApagamAt

tadeva carma mRdu bhavati / agnisantApanayA tadeva kANDaM Rju bhavati /

evaM CamathavipaCyanAbhAvanAbhyAM cetaH prajJAvimuktilAbhe parAvRttACrayasya

ta eva vikalpA na punar dvayAbhAsAH pravartante / ity evaM vyavadAnaM

paryeSitavyaM //

bhASya(T)

<33> [P: 184a, D: 171a1] / *dmigs paHi khyad par thob pa yi*(P:yis) // *raG gi*

dbyiGs la gnas ldan phyir // *de Jid gJis su snaG med par* // *Hjug ste pags* (**MSA(T):**

lpags)*daG mdaH bZin no* /

/ *dmigs paHi khyad par thoG pa Ces bya ba* ni chos kyi dmigs pa rJed pa gaG yin pa ste / de ni sGar bCad zin to // *raG gi dbyiGs la gnas ldan phyir* Zes bya ba la / *raG gi dbyiGs* ni rnam par rtog pa rnams kyi de bZin Jid do // de la *gnas pa* ni miG la sems gnas paHi phyir ro // *ldan paHi phyir* Zes bya ba ni sgoms pas sgom paHi lam daG Go // gnas yoGs su gyur paHi rnam par rtog pa de Jid gJis su snaG ba med par Hjug ste / pags pa daG mdaH bZin no // ji ltar pags pa de Jid kheGs pa daG bral bas mJen por Hgyur ba daG / mdaH de Jid mes bsros pa daG draG por Hgyur ba de bZin du Zi gnas daG lhag mthoG bsgoms pa dag gis sems daG Ces rab rnam par grol ba thob na gnas gZan du gyur pa la rnam par rtog pa de dag Jid yaG gJis su snaG bar mi Hjug ste / de ltar rnam par byaG ba yoGs su btshal bar byaHo //

VRtti−bhASya

<33> / *dmigs paHi khyad par thob pa yi*[450] // Zes bya ba la / gaG goG du *chos kyi dmigs pa thob pa*[451] bCad pa Jid dmigs paHi khyad par thob pa Zes bya ste / de yaG so soHi skye boHi dus nas Jan pa daG sems pa byed pa nas brtsams te / mos pa spyod paHi sa chos mchog man chad nas chos thams cad ni sems las gyur pa yin no Zes Ces pa ni dmigs paHi khyad par thob pa Zes bya ste / dmigs paHi khyad par thob paHi gaG zag gis Zes bya baHi tha tshig go /

/ *raG gi khams nas*[452] Zes bya ba ni sa daG po thob paHi las bstan te rnam par mi rtog paHi[453] ye Ces kyi raG gi khams daG rgyuHi chos kyi

---

450) AlambanaviCeSAptiH / 33a /
451) dharmAlambanalAbhaH / 7a /
452) svadhAtusthAnayogataH / 33b /
453) by H, P, D: rnam par rtog paHi

dbyiGs de bZin Jid de / chos kyi dbyiGs ni saGs rgyas kyi chos thams cad skye baHi rgyu byed paHi phyir khams Zes byaHo // de bas na *dbus daG mthaH rnam par Hbyed pa*[454], *daG mJon paHi chos bsdu ba*[455] las kyaG / *Jan thos daG raG saGs rgyas daG saGs rgyas kyi chos kyi rgyu thams cad HbyuG*

> *baHi rgyu byed pas na khams Zes byaHo* /

> Zes bCad do /

/ *gnas pa*[456] ni miG gi phuG po bZi la gnas pa ste / gzuG ba daG Hdsin pa gJis [P:203b] spaGs nas chos kyi dbyiGs kyi raG bZin du gJis su [D183b] med par gnas pa ni miG la gnas pa Zes byaHo // don du rnam par mi rtog paHi ye Ces rJed nas miG la gnas pa gZag[457] go /

/ *rnal Hbyor phyir* Zes bya ba[458] la rnal Hbyor ni goms par byed pa la bya ste / sa daG por rnam par mi rtog paHi ye Ces rJed nas sa gJis nas sa bcu man chad bsgom paHi lam na rnam par mi rtog paHi ye Ces de Jid la

---

454) Arya−dharma−hetutvAd dharmadhAturH / AryadharmANAn tadAlambana−prabhavatvAt / hetuarthao hy atra dhAtvarthaH / MAV1−15, by Nagao, pp.23−24 /

455) T: ciHi phyir chos kyi dbyiGs Zes bya Ze na / Jan thos daG raG saGs rgyas daG saGs rgyas kyi chos tham cad kyi rgyu yin paHi phyir ro / (P: 62b)
Skt: kim upAdAya tathatA dharmadhAtur ucyate sarveSaM CrAvakAnAM pratyekabuddhAnAM ca buddhaM dharmanimittACrayatAM upAdAya / (Abhidharmasamuccya of AsaGga, by Pradhan, p.13)
漢訳: 大乘阿毘達摩集論
「何故真如名為法界　一切声聞独覚諸佛妙法所依相故」(大正31. P.666a−b)

456) P: paHi

457) P: bZag

458) P, D: pa

bsgom paHam Zi gnas daG lhag mthoG zuG du Hbrel pa la bsgom pa ni rnal Hbyor ba Zes byaHo /

/de Jid gJis med snaG Hjug pa[459] // Zes bya ba la / de nas saGs rgyas kyi saHi dus na gnas gZan du gyur nas[460] rnam par mi rtog paHi sems de Jid rnam par rtog[461] pa daG bral te rnam par mi rtog par gyur nas gJis su med pa mGon sum du byas pa ni gJis med snaG Hjug pa Zes byaHo // des na sems rnam par grol ba daG Ces rab rnam par grol ba Hthob ste / de phan chad nams kyaG gJis su snaG ba la mi Hjug go /

/ dper na ci daG Hdra Ze na / dpe bstan paHi phyir */mdaH daG pags pa bZin duHo*[462] // Zes bya ba smos te / dper na mdaH mes bsregs nas[463] drod la bab par byas te / draG por bsraG ba de nams kyaG phyis yon por Hgyur ba daG / bgas pa kheGs pa chu daG mar la sogs pa bskus nas rtsis Zen par byas te / Hjam por byas na phyis kheGs CiG rtsub por mi Hgyur ba de bZin du Zi gnas ni chu daG snum lta buHo[464] // sGon Hdod chags daG Ze sdaG[465] la sogs pa la tshul bZin ma yin par rtogs pas[466] sems rtsub por byas pa bsgom[467] paHi lam na Zi gnas chu daG snum lta bur[468] bsgom pas sems

---

459) ta eva hy advayAbhAsA / 33c /
460) P: na
461) D: mi rtog
462) vartante carmakANaDavat / 33d /
463) D: na
464) P, D: bu
465) D: snaG
466) P: rtog pa
467) P: bsgoms
468) P: bu

gJen por byas te / saGs rgyas kyi sar sems rnam par grol ba thob na slar

tshul bZin ma yin pa yid la byed paHi rtog pa la Zugs na sems kheGs pa

daG rtsub po rnams su nams⁴⁶⁹⁾ kyaG mi Hgyur ro // sGon la sa daG poHi

tshe na yod pa daG med pa daG rtag pa daG mi rtog pa la sogs pa lta ba

Gan pas lta ba Gan pas lta ba yon po byas pa bsgom⁴⁷⁰⁾ paHi lam gyi dus

na lhag mthoG bsgom paHi mes lta ba Gan pa bsal te / lta ba draG por

byas nas saGs rgyas kyi sar Ces rab rnam par [P:204b] grol ba thob pa na

de phan chad nams kyaG lta ba Gan pa la Hjug par mi Hgyur ro Zes bya

baHi don to // rnam par byaG baHi [184a] mtshan Jid kyaG⁴⁷¹⁾ de ltar btsal

lo Zes bya baHi don to /

TIkA

[P: 99a5, D: 89a2] / de ni sGar bCad zin to⁴⁷²⁾ // Zes bya ba ni thos pa la

sogs paHi Ces pa gsum gyis / chos kyi dmigs pa rJed par Hgyur Zes bya ba

de lta bu la sogs paHi gZuG gis so /

/ raG gi dbyiGs ni rnam par mi rtog pa rnams kyi de bZin Jid do⁴⁷³⁾ Zes

bya baHi Hdi ni rnam par byaG baHi skabs kyis HoGs⁴⁷⁴⁾ ba yin pas raG gi

dbyiGs ni rnam par byaG ba tshul bZin rnam par rtog pa rnams kyi⁴⁷⁵⁾

---

469) P: rnams
470) P: bsgoms
471) D: omit
472) pUrvam uktaH
473) svadhAtur vikalpAnAM tathatA
474) P: HoG

chos kyi dbyiGs yin te / Hdi ni de bZin Jid kyi rnam graGs kyi miG yin no //

de bZin Jid kyi phyir *dbus daG mthaH rnam par Hbyed pa daG / chos moGs pa kun las bdus pa la sogs pa* las chos kyi byiGs kyi Ges paHi tshig *Jan thos daG / raG saGs rgyas daG / saGs rgyas kyi chos thams cad kyi rgyu mtshan Jid kyi phyir chos kyi dbyiGs Zes byaHo* Zes HbyuG Go //

/ *miG la sems gnas paHi phyir ro*[476] Zes bya ba la / miG ni gzugs can ma yin paHi phuG po bZi [P: 99b] ste / de la spyiHi rnam par gnas paHi phyir miG la gnas pa yin no // rnam par mi rtog paHi ye Ces rJed nas miG la gnas par Hgyur te / deHi phyir saGs rgyas kyi chos rnams rnam par byaG bar Hgyur ro /

/ *Zi gnas bsgom pa*[477] chu lta bus ni tshul bZin ma yin paHi rnam par rtog pa dag gis kheGs par byas paHi sems de mJen[478] por Hgyur ro //

/ *lHag mthoG bsgom*[479] *pa*[480] me loG lta bus ni las daG po paHi gnas skabs na lta ba Gan pa la sogs pas yon por gyur paHi Ces rab mdaH yon po lta bu gaG yin pa de mJam par gZag[481] paHi gnas skabs na lHag mthoG goms [D: 89b, Ta: 178]pas mdaH mes bsros pa bZin du draG por Hgyur ro // deHi phyir sems daG Ces rab Hdod chags daG ma rig paHi Jon moGs pa dag daG tshul bZin ma yin paHi rnam par rtog pa rnams las rnam par grol bar

---

475) P: kyis
476) nAmni sthAnAc cetasaH
477) Camatha－bhAvanA
478) D: gJen
479) P: bsgoms
480) vipaCayanA－bhAvanA
481) P: bZag

Hgyur ZiG / gnas yoGs su gyur pa la kheGs pa daG yon po Jid du byed paHi
rnam par rtog pa de dag Jid kyaG gJis su snaG bar mi Hjug go //

kArikA

<34>   vijJaptimAtratAparyeSTau dvau Clokau

cittaM dvayaprabhAsaM rAgAdyAbhAsam iSyate tadvat /

CraddhAdyAbhAsaM na tadanyo dharmaH kliSTakuCalo'sti / 34 /

bhASya

/ cittamAtram eva dvayapratibhAsam iSyate grAhya−pratibhAsaM grAhakapra−
tibhAsaM ca / tathA rAgAdi−kleCAbhAsaM tad eva iSyate / CraddhAdikuCalad−
harmAbhAsaM vA / na tu tadAbhAsAd anyaH kliSTo dharmo 'sti rAg'AdilakSaNaH
kuCalo vA Craddh'AdilakSaNaH / yathA dvaya−pratibhAsAd anyo na dvayalakSaNaH /

bhASya(T)

<34>[P: 184b5, D: 171a5] / rnam par rig pa tsam yoGs su tshol ba la tshigs su
bcad pa gJis te /
*sems ni gJis su snaG ba ste // de bZin chags sogs snaG baHam // dad la sogs par
snaG bar Hdod // Jon moGs dag chos yod ma yin /*
/ sems tsam po Hdi gzuG bar snaG ba daG / Hdsin par snaG ba daG / gJis su snaG bar
Hdod // de bZin du de Jid Hdod chags la sogs pa Jon moGs par snaG baHam / dad la
sogs pa dge ba chos su snaG bar Hdod la // de dag tu snaG ba las gZan pa kun nas
Jon moGs paHi chos Hdod chags la sogs paHi mtshan Jid dam / dge ba dad pa la

sogs paHi mtshan Jid ni med de / dper na [P: 184b] gJis su snaG ba las gZan pa gJis kyi mtshan Jid med pa bZin no //

VRtti – bhASya

<34> / rnam par rig tsam yoGs su bstal ba la tshigs su bcad pa gJis te[482] Zes bya ba la / rnam par rig pa tsam gyi sgras ni sems las byuG ba rnams kyaG gzuG ste / tsam gyi sgras ni sems daG[483] sems las byuG ba tsam du zad kyi phyiHi gzugs la sogs paHi gzugs yod pa ma yin par Hgog go // sems tsam du smra ba kha cig ni rnam par rig pa tsam Zes bya bas sems tsam du kyi / sems las ma gtogs par sems las byuG baHi chos daG phyiHi yul rnams med kyaG med par Hdod do // HdiHi skabs su ni[484] de gJi ga la bya bar Hdod do // khams gsum thams cad ni sems daG sems las byuG ba tsam du zad kyi phyiHi chos med do Zes par bya ba la tshigs su bcad pa gJis kyis bstan to Zes bya baHi don to /

/ sems ni gJis su rab tu snaG[485][486] // Zes bya ba la / sems kyi sgras ni kun gZi la sogs pa rnam par Ces pa daG sems las byuG ba rnams[487] la bya ste / sems daG sems las byuG ba las gzuG ba daG Hdsin pa gJis su snaG bar zad kyi / sems las sogs Cig na[488] med do Zes bya baHi don to // yaG na

---

482) vijJaptimAtratA paryeSTau dvau Clokau
483) D: sems daG, omit
484) D: omit
485) P: snaG ba
486) cittaM dvayaprabhAsaM / 34a /
487) P: rnam pa
488) P: omit

sems Jid du[489] gzuG Hdsin du snaG bar zad kyi / de las ma gtogs par[490]

sems las byuG ba daG / gzuG Hdsin med do Zes baHi don to /

/ de bZin chags la sogs pa snaG bar Hdod[491] // ces bya ba la / ji ltar gzuG

ba daG Hdsin pa sems las snaG ba de bZin du Hdod chags la sogs pa Jon

moGs paHi chos kyaG sems Jid la snaG bar Hdod do Zes bya baHi don to /

/ dad pa la sogs par snaG[492] *yaG*[493] // Zes bya ba la / dad pa la sogs pa dge

baHi chos rnams kyaG[494] sems Jid la snaG bar Hdod do Zes bya baHi don to /

/ Jon moGs dge chos yod[495] *ma yin*[496] // Zes bya ba la / sems[497] Jid las

Hdod chags la sogs paHi Jon moGs pa daG / dad pa la sogs pa dge baHi

chos kyaG sems la snaG bar zad kyi sems las[498] ma gtogs [P: 204b]pa logs

Cig na dmigs paHi yul lta bur yod pa ma yin no Zes bya baHi don to //

sems las byuG ba rnams daG ldan paHi mtshan [D: 184b] Jid du ni sems

las byuG ba rnams med pa ma yin par Hdod do // rnam par rig pa tsam

du sgra ba gJis pa ltar na ni sems Jid las Jon moGs pa daG / dge ba la

sogs pa sems la byuG ba lta bur snaG gi sems las ma gtogs par sems las

byuG ba yod par mi Hdod do Zes bya baHi don to /

---

489) D: omit

490) P: paHi

491) rAgAdyAbhAsam iSyate tadvat / 34b /

492) P: snaG ba

493) CraddhAdyAbhAsaM / 34c /

494) P: omit

495) P: yid

496) na tadanyo dharmaH kliSTakuCalo'sti / 34d /

497) D: sem

498) D: omit

TIkA

[P: 99b5, D: 89b2] */rnam par rig pa tsam yoGs su tshol ba*[499] Zes bya ba
la / *tsam* Zes smos pa ni don dgag paHi ched yin no // sems HbaH Zig gzuG ba
ni ma yin te / sems de yaG Hdir mtshuGs par ltan pa daG bcas par blta bar
byaHo Zes bya baHi phyir Hdir ni sems las byuG ba rnams kyaG gzuG Go //
*/ sems tsam po Hdi gzuG bar snaG ba daG Hdsin par snaG ba daG gJis su
snaG bar Hdod de*[500] / Zes bya ba ni phyi rol gyi don med do Zes bya baHi
tha tshig go /

*/ de bZin du de bZin Jid Hdod chags la sogs pa Jon moGs pa snaG ba Ham
dad pa la sogs pa dge*[501] *baHi chos su snaG bar Hdod la*[502]Zes bya ba ni
gaG gi tshe Hdod chags la dmigs pa Ham / dad pa la dmigs pa skye ba
deHi tshe sems de Jid de ltar snaG gi Hdod chags la sogs pa dmigs pa Jid
du yod pa ni ma yin la / sems la Hdod chags la sogs pa daG mtshuGs par
ltan par mi Hdod pa yaG[P: 100a] ma yin no /

*/ dper na gJis su snaG ba las gZan pa gJis kyi mtshan Jid med pa bZin
no*[503] Zes bya ba ni sems snaG ba las[504] ma gtogs pa mig daG / gzugs la
sogs pa gzuG ba daG Hdsin paHi mthsan Jid kyi don dmigs[505] pa Jid du

---

499) vijJaptimAtratA − paryeSti
500) cittamAtram eva dvaya−pratibhAsam iSyate grAhya−pratibhAsaM grAhaka−pratibhAsaM ca
501) D: Jon moGs pa snaG ba Ham, added, between la sogs pa and dge
502) tathA rAgAdi−kleCAbhAsaM tadeva iSyate [Craddha'Adi−kuCala−dharm'AbhAsaM vA] /
503) yathA dvaya−pratibhAsAd anyo na dvayalakSaNaH /
504) P: la
505) P: dam

med pa ltar Hdod chags la sogs pa yaG de daG HdraHo //

kArikA

<35>   iti cittaM citrAbhAsaM citrAkAraM pravartate //[506]

tatrAbhAso[507] bhAvAbhAvo na tu dharmANAM tataH[508] // 11 − 35 //

bhASya

tatra cittam eva vastutaC citrAbhAsaM [L: p.64,1]pravartate / paryAyeNa

rAgAbhAsaM vA dveSAbhAsaM vA / tadanyadharmAbhAsaM vA / citrAkAraM ca

yugapat Craddha[vIraya]AdyAkAraM [pravartate][509] / bhAso bhAvAbhAvaH kliSTa −

kuCalAvasthe cetasi / na tu dharmANAM kliSTAnAM vA kuCalAnAM tatpratibhAsa −

vyatirekeNa tal lakSaNAbhAvAt //

bhASya(T)

<35>[P: 184b1, D: 171a7] / *sems ni sna tshogs snaG ba daG / rnam pa sna tshogs*

can du [D: 171b] *Hjug // de la snaG ste yod daG med // de phyir chos kyi ma yin no /*

/ sems Hdi Jid rnam graGs kyis[510] Hdod chags su snaG baHam // Ze sdaG du snaG

baHam / de las gZan paHi chos su snaG ba sna tshogs su snaG ba daG / ciG car dad

pa daG brtson Hgrus la sogs paHi rnam pa ste / rnam pa sna tshogs can du Hjug go

---

506) by N
507) by N
508) by, N
509) by, T
510) P: kyi

// Jon moGs pa can daG dge baHi gnas skabs kyi sems la snaG ba yod paHam med pa ni Jon moGs pa can daG dge baHi chos rnams kyi ni ma yin te / der snaG ba las ma gtogs pa deHi mtshan Jid med paHi phyir ro /

VRtti−bhASya

<35> / sems Jid sna tshogs snaG ba ste[511] // Zes bya ba la / kun gZi Jid rnam pa sna tshogs su snaG ste / Hdod chags su snaG ba daG / gti mug tu snaG ba daG / Ze sdaG du snaG ba daG / mi dge ba daG / luG du ma bstan paHi chos su snaG Go Zes bya baHi don to /

/ sna tshogs pa yi[512] rnam par Hjug[513] // ces bya ba la / sems Jid dus[514] gcig tu dad pa daG / brtson Hgrus daG / Ces rab daG tiG Ge Hdsin la sogs pa[515][516] lta bur snaG Go Zes bya baHi don to /

/ snaG ba dGos daG Zes bya la[517] / sems las Hdod chags la sogs par snaG ba daG / dad pa la sogs par snaG ba yaG snaG ba tsam du yod pas na snaG ba tsam gyi dGos por ni yod pa Zes byaHo /

/ dGos[518] med pa[519] Zes bya ba la / snaG ba tsam du yod kyaG Hdod chags daG dad pa la sogs paHi raG bZin[520] yod pa ma yin pas na dGos po med

511) iti cittaM citrAbhAsaM / 35a /
512) P: paHi
513) citrAkAraM pravartate / 35b /
514) P: du
515) D: pa, omit
516) D: tiG Ge Hdsin, added
517) tatrAbhAso bhAva / 35c /
518) D: dGos po
519) tatrAbhAso bhAvAbhAvo / 35c /

pa Zes byaHo /

/deHi phyir de la chos kyi min*521)* // Zes bya ba la / de ltar Hdod chags la

sogs pa daG / dad pa la sogs pa snaG ba tsam du yod kyi dGos po med pas

na gZan dbaG de la chos de dag gi raG bZin yod pa ma yin paHam / snaG

ba tsam de la snaG yaG chos kyi raG bZin yod pa ma yin no Zes bya baHi*522)*

tha tshigs go /

TIkA

[P: 100a2, D: 89b6] /sems Hdi Jid rnam graGs kyis Hdod chags su snaG ba

Ham / Ze snaG du snaG ba Ham / de las gZan paHi chos su snaG ba sna

tshogs su snaG ba can du Hjug go*523)*Zes bya ba ni Hdi skad du bCad pa

yin te / Hdod chags la sogs paHi dmigs pas rnam graGs kyis Hdod chags la

sogs par snaG baHi sems skye*524)* ba gaG yin pa de ni sems Jid sems las

byuG ba rnams daG lHan cig skye ba yin gyi Hdod [D: 90a, Ta: 179] chags

la sogs pa ni ma yin no / ji ltar gzugs la sogs pa don gZan du gyur pa

dmigs pa Jid du yod pa ma yin pa ltar Hdod chags la sogs pa yaG de daG

Hdra ste / ji skad du *slob dpon* gyi Zal sna nas kyis /

rnam par rig pa tsam las sems kyaG sems gZan gyis dmigs par yod pa

---

520) P: raG bZin Jid

521) na tu dharmANAM tataH / 35d /

522) P: paHi instead of bya baHi

523) tatra cittam eva vastutac (vastutac, by Nagao) − citr'AbhAsaM pravartate paryena rAg'AbhAsaM

    vA dveC'AbhAsaM vA tad − anyadharm'AbhAsaM vA

524) P: skya

ma yin no

Zes bCad pa lta buHo /

/ *cig car dad pa daG brtson Hgrus la sogs paHi rnam pa ste / rnam pa sna tshogs can du Hjug go*[525]) Zes bya ba ni Hdi Jid kyis sems las byaG ba dag yod kyi de dag sel ba ni ma yin no Zes bya bar Zes te / sems las byuG ba dag yod na de dag gi rnam par skye bas rnam pa sna tshogs Jid srid kyi med par ni ma yin no // gal te sems kho na rnam graGs kyis skye bas na sems las byuG ba Zes bya bar Hgyur ro Ze na / sems las byuG ba dag[526]) med par gaG Zig cig car sna tshogs kyi rnam pa Jid du Hgyur ro // de lta bas na sems las byuG ba dag ni yod do //

/ *Jon moGs pa daG dge baHi gnas skabs kyi sems la snaG ba yod pa daG / med pa*[527]) Zes bya ba ni sems daG[528]) sems las byuG bar snaG ba [P: 100b] Jid yod pas yod paHo / de las[529]) ma gtogs pa gZan gzuG ba daG Hdsin par gyur paHi chos dag med pas na med paHo // gaG dag sems las byuG ba yod par mi Hdod pa de dag gi ltar na ni tshigs su bcad pa dag gis don go bar zad do //

kArikA

<36>   lakSaNa − paryeSTau ClokA aSTau / ekenoddeCaH CeSair nirdeCaH /

---

525) citr'AkAraM ca yugapat CraddhA − <vIraya, by T>Ady − AkAram <pravartate, by T>
526) D: bdag
527) bhAso bhAvAbhAvaH kliSTa − kusalAvasthe cetasi
528) P: sems daG, omit
529) P: las, omit

lakSyaM ca lakSaNaM caiva

lakSaNA ca prabhedataH /

anugrahArthaM sattvAnAM

saMbuddhaiH saMprakACitA // 11 — 36 //

bhASya

anenoddeCaH //

bhASya(T)

<36>[P: 184b4, D: 171a2] / mtshan Jid yoGs su tshol ba la tshigs su bcad pa
brgyad de // gcig gis ni bstan to // lhag ma rnams kyis ni bcad do /
/ saGs rgyas rnams kyis sems can la // phan gdags phyir ni mtshan gZi daG / mtshan
Jid daG ni mtshon pa dag // rab tu dbye bas[530]yaG dag bCad // Hdis ni bstan to /

VRtti — bhASya

<36> / *mtshan Jid yoGs su tshol ba la tshigs su bcad pa brgyad de* [531]Zes
bya ba la / Hdus byas daG Hdus ma byas kyi chos rnams kyi mtshan Jid
daG / zag pa daG bcas pa daG / zag pa med paHi chos rnams kyi mtshan Jid
gaG yin pa de brtag paHi phyir tshigs su bcad pa brgyad kyis ston to[532] //
chos de dag gi mtshan Jid kyaG mdor na mtshon bya[533] daG mtshan Jid

---

530) D: ba
531) lakSaNaparyeSTau Cloka aStau
532) D: te
533) P: cha

daG Mtshon byed daG gsum mo /

/gcig gis ni mdor [P: 205a]   bstan to // lhag mas ni bCad do534) // Zes bya

ba la / tshigs bcad brgyad las tshigs bcad daG pos ni chos rnams kyi

mtshan Jid mdor bstan to // tshigs [D: 185a]bcad lhag ma bdun gyis ni mdor

bstan paHi don de Jid rgyas par Zib tu Hchad do Zes bya baHi don to /

/mtshon bya daG ni mtshan Jid daG // mtshon byed rab tu dbye bas ni //

sems can rnams la phan gdags phyir // saGs rgyas rnams kyis rab tu bCad

//535) // ces bya ba la / mtshon bya536) rnam pa lGa ste / gzugs daG / sems

daG / sems las byuG ba daG / sems daG mi ldan paHi Hdu byed daG / Hdus ma

byas te Hdi ni Mtshan Jid gsum gyi gZi yin no /

 mtshan Jid rnam pa gsum ste / kun brtags daG / gZan dbaG daG / yoGs su

grub paHi mtshan Jid do /

 / mtshon byed537) rnam pa lGa ste / gZi daG / Hjog pa daG / snaG ba daG / me

loG daG / gnas so /

 / de gsum phye ste bstan na ni mthaH yas te mdo tsam du na rnam pa

gsum du gZag538)go // de la mtshon bya daG mtshan Jid gJis ni Ces par bya

baHi yul lta buHo // mtshon byed ni Ces par bya baHi ye Ces te / de bas na

Hog nas kyaG mtshon bya daG mtshan Jid gJis mtshon par byed ciG Ces

---

534) ekenoddeCaH CeSair nirdeCaH

535) lakSyaM ca lakSaNaM caiva lakSaNA ca prabhedataH / anugrahArthaM sattvAnAM saMbuddhaiH
    saMprakACitA // 36abcd //

536) D: cha

537) P, D: mtshan Jid

538) P: bZag

par byed pas na mtshon byed 539)ces byaHo Zes bCad do // mtshon bya daG

mtshan Jid daG mtshon byed gsum ni ciHi phyir bCad ce na / de gsum yaG

sems can la phan gdags par bya baHi phyir saGs rgyas kyis540) bCad do541)

Zes bya baHi tha tshig go /

TIkA

[P: 100b2, D: 90a5]<36>mtshan gZi ni mtshon bar bya ba yin pas na

mtshan gZiHo // mtshan Jid ni Go bo Jid gsum mo // de bas na mtshan gZi

daG mtshan Jid Hdi ni las lta bu yin la / mtshon pa ni byed pa po lta bu

yin te / Hdi ltar des mtshan gZi daG mtshan Jid de mtshon par byed do

Zes Hchad par Hgyur ro //

kArikA

<37>   sadRSTikaM ca yac cittaM

         tatrAvasthAvikAritA /

         lakSyam etatsamAsena

         hy apramANaM prabhedataH // 11 − 37 //

bhASya

tatra *cittaM* vijJAnaM rUpaM ca / *dRSTiCc*aitasikA dharmAH / *tatrAvasthA* citta −

---

539) tayA hi tallakSyaM lakSaNaM ca lakSyate / 11 − 43,bhASya /
540) P: kyi
541) D: de

viprayuktA dharmAH / *avikAritA* asaMskRtam AkAC'AdikaM tadvijJapter nityaM

tathApravRtteH / ity etat samAsena paJcavidhaM lakSyaM prabhedenA −

pramANaM //

bhASya(T)

<37>[P: 184b6, D: 171b3] / *sems ni lta bcas gaG yin daG // de yis*[542] *gnas skabs*
mi Hgyur ba / Hdi ni mdor na mtshan gZi ste // rab tu dbye ba[543] *tshad med do /*
/ de la *sems* ni rnam par Ces pa daG gzugs so // *lta ba* ni sems las byuG baHi chos
rnams so // *deHi gnas skabs* ni sems daG ldan pa ma yin paHi chos rnams so // *mi*
Hgyur ba ni nam HkhaH la sogs pa Hdus ma byas te / de daG deHi rnam par rig pa
rtag tu de bZin du Hjug paHi phyir ro // de ltar na mtshan gZi ni mdor bsdu na
rnam pa de lGa yin no // *rab tu dbye na ni*[544] *tshad med do //*

VRtti − bhASya

<37> / mtshon bya bstan paHi phyir / *sems gaG lta bar bcas pa da*G[545] // Zes
bya ba la sogs pa smos te / *sems* kyi sgras ni rnam par Ces pa daG gzugs
bstan pa yin no // ciHi phyir Ze na / sems Hdi rnam pa gJis su snaG ste /
gzuG bar snaG ba daG / Hdsin par snaG baHo // de la dbaG po lGa daG yul lGa
lta bur snaG ba ni gzuG bar snaG ba ste / des ni gzugs bstan to // Hdsin par
snaG ba ni mig gi rnam par Ces pa nas yid kyi rnam par Ces paHi bar du

---

542) D: yi
543) : na
544) P: ni, omit
545) sadRSTikaM ca yac cittaM / 37a /

rnam par Ces pa drug du snaG ste / des ni sems bstan to /

/ lta bar bcas*546)* Zes bya baHi *lta ba*Hi[P: 205b] sgras ni sems las byuG ba rnams la bya ste / sems las byuG ba rnams la ciHi phyir lta ba Zes bya Ze na / sems las byuG ba thams cad ni gsal Zin rgod paHi raG bZin yin pas lta ba Zes bya ste / Hdis ni sems las byuG [D: 185b] baHi chos bstan to /

/ *deHi gnas daG*547) Zes bya ba la / *deHi gnas* Zes bya ba la sems daG mi ldan paHi Hdu byed bstan te / sems daG mi ldan paHi Hdu byed rnams kyaG sems daG gzugs daG sems las byuG baHi gnas skabs las byuG548) bas na549) *deHi gnas* Ces550) byaHo // ji lta Ze na / sems daG551) gzugs daG sems las byuG ba gsum Hdus nas bsgribs te / sems daG sems las byuG baHi Hgog paHi gzugs las Hgog paHi sJoms par Hjug pa Zes bya ba daG / phuG po lGa skyes pa la skye ba Zes bya ba daG / gzugs kyi phuG po skra dkar la sogs paHi mtshan Jid du gZan du gyur pa la rga ba Zes bya ste / de ltar na de gsum gyi gnas la Hdu byed sems daG mi ldan par552) gdags par zad do /

/ *mi Hgyur ba*553) Zes bya ba la / *mi Hgyur ba* ni Hdus ma byas nam mkhaH daG so sor brtags paHi Hgog pa daG / ma brtags par Hgog pa daG / de bZin Jid la bya ste / Hdus ma byas la ciHi phyir mi Hgyur Zes bya Ze na / rnam

---

546) sadRSTikaM
547) tatrAvastha
548) P: HbyuG
549) P: ni
550) D: Zes
551) P, D: nam instead of sems daG
552) P: pa
553) avikAritA

par rig pa Jid las nam mkhaH la sogs paHi Hdus ma byas su snaG la /

sems la snaG baHi nam mkhaH la sogs pa la skye ba daG Hjig paHi mtshan

Jid du Hgyur ba med pas na Hdus ma byas la *Hgyur ba med pa* Zes byaHo /

/de ni mdor na mtshon bya yin // rab tu dbye ba tshad med do[554] // Zes

bya ba la / mdo tsam du na gzugs daG sems daG sems las byuG baHi chos

daG / sems daG mi ldan paHi Hdu byed daG / Hdus ma byas lGa ni mtshon

bya Zes bya ste / lGa po deHi mtshan Jid re re nas phye nas ni dpag tu

med pas tshad med pa Zes bya ste / lGa po de ni mtshan Jid rnam pa

gsum gyi gZi daG rten yin pas na mtshon bya Zes byaHo /

TIkA

[P: 100b3, D: 90a6] */sems ni ltar bcas gaG yin daG*[555] / Zes bya ba la / sems

Zes smos pas ni gJis su snaG baHi sems gzuG bar snaG ba daG / Hdsin par

snaG ba gzuG ba ste /

/de la sems ni rnam par Ces pa daG gzugs sogs[556] Zes bya[557] bas so /

/lta ba ni sems las byuG baHi chos rnams so[558] Zes bya ba ni gsal baHi

phyir thams cad lta ba yin par tha sJad gdags [D: 90b, Ta: 180] so //

/deHi rnam par rig pa rtag tu de bZin du Hjug paHi phyir ro[559] Zes bya ba

---

554) lakSyam etatsamAsena hy apramANaM prabhedataH / 37cd /
555) sadRSTikaM ca yac cittaM / 37a /
556) tatra cittaM vijJAnaM rUpaM ca /
557) P: HbyuG
558) dRSTir caitasikA dharmAH
559) tad vijJapter nityaM tatha pravRtteH

ni nam mkhaH la sogs paHi rnam par rig pa la Hgyur ba med pas rtag paHo /

kArikA

<38>   yathAjalpArtha − saMjJAyA

nimittaM tasya vAsanA /

tasmAd apyarthavikhyAnaM

parikalpita − lakSaNaM // 11 − 38 //

bhASya

lakSaNaM samAsena trividhaM parikalpitAdi − lakSaNaM / tatra parikalpita −
lakSaNaM trividhaM *yathAjalpArthasaMjJayA nimittaM tasya* jalpasya vAsanA
tasmAc ca vAsanAd yo' rthaH khyAti avyavahArakuCalAnAM vinApi yathAjal −
pArtha − saMjJayA / tatra yathA 'bhilApamarthasaMjJA caitasikI *yathAjalpArtha −
saMjJA /* tasyA yad AlaMbanaM tan nimittam / evam eva yac ca parikalpyate
yataC ca kAraNAd vAsanatas tadubhayaM parikalpita − lakSaNam atrAbhipretaM //

bhASya(T)

<38>[P: 1848, D: 171b5] / *ji ltar brjod don Hdu Ces kyi // rgyu mtshan de yes* [560)
bag chags daG // de las kyaG don snaG ba ni // kun brtags pa yi mtshan Jid do /
/ mtshan Jid ni mdor bsdu na rnam pa gsum ste / kun brtags la sogs [P: 185a]
paHi mtshan Jid do // de la kun brtags paHi mtshan Jid rnam pa gsum ste / *ji ltar
brjod paHi don gyi Hdu Ces kyi rgyu mtshan daG / brjod pa deHi bag chags daG / bag*

---

560) D: yi

chags de las kyaG tha sJad la mi mkhas pa rnams la brjod paHi don gyi Hdu Ces med par don du snaG ba gaG yin baHo // de la *brjod pa ji lta ba bZin du don du Hdu Ces pa sems las byuG ba* ni *ji ltar brjod paHi don gyi*[561] *Hdu Ces so*// [D: 172a] deHi dmigs pa gaG yin pa de ni rgyu mtshan yin no // de ltar na kun brtags par bya ba gaG yin pa daG / rgyu bag chags gaG las yin pa de gJi ga Hdir kun brtags paHi mtshan Jid du bZed do //

VRtti−bhASya

<38> / *mtshan Jid bstan paHi phyir* / *smra don ji bZin Hdus Ces kyi mtshan ma* //[562]Ces bya ba la sogs pa smos so // de la[563] mtshan Jid rnam pa gsum ste / kun brtags kyi mtshan Jid daG / gZan dbaG gi mtshan Jid daG / yoGs su grub paHi mtshan Jid do /

/ kun brtags kyi mtshan Jid kyaG rnam pa gsum mo /

/ de bum pa daG snam bu Zes brjod pa ni smra baHo // bum pa daG snam bu ni don to[564] /

/ ji bZin gyi Hdu Ces ni sems las byuG baHi chos te / Hdi ni bum pa Jid yin gyi Hdi ni snam[D.186] bu ma yin pa daG / Hdi ni sGon po Jid yin gyi ser po ma yin Zes rtog paHo // mtshan ma ni[565] Hdu Ces paHi yul du gyur pa bum pa daG snam bu daG ser po daG sGon po la sogs pa ste / yul gaG la

---

561) D: gyis

562) yathAjalpArtha−saMjJAyA nimittaM / 38a / ji ltar brjod paHi don kyi Hdus Ces kyi rgyu mtshan // by SABh //

563) P: des

564) P: no

565) P, D: maHi

brten nas Hdu Ces Hjug paHo // don du na tha[566] sJad la mkhas pa[567]
rnams bum pa[568] daG snam bu la sogs pa la Hdi ni bum Hdi ni snam bu
Zes rtog paHo[569] // rtog pa deHi yul bum pa daG snam bu la sogs pa la
kun brtags kyi mtshan Jid ces bya ste / Hdi ni brtags kyi mtshan Jid
rnam pa gcig go /

deHi bag chags [570] Zes bya ba la / smra don ji bZin gyi Hdu Ces kyi
mtshan ma la de Zes rtog ste[571] / deHi bag chags kun gZi la rlan[572] pa
yaG na ma Zig na smra don ji bZin gyi Hdu Ces HbyuG baHi rgyu byed pas
na bag chags la yaG kun brtags kyi mtshan Jid ces bya ste / Hdi ni kun
brtags kyi mtshan Jid rnam pa gJis paHo[573] /

/ de las kyaG ni don snaG ba // kun tu brtags paHi mtshan Jid do[574] // Zes
bya ba la / bag chags las nam tha sJad la mi mkhas pa byis pa rnams la
ske daG sdeG sdeG po lto zlum po Hdi la miG du bum pa Zes byaHo Zes
smra ba ji bZin paHi don gyi Hdu Ces med par yaG sems las bum pa lta
bur snaG la / bum pa Jid yin par ni mi Ces kyi bum pa mthoG na ni Hdi ci
Zig yin no sJam par rtog pa HbyuG na yaG kun brtags kyi mtshan Jid do //

---

566) P: tha ba
567) P: paHi
568) D:added, snam bu between rnams and bum pa
569) P, D: pa daG
570) tasya vAsanA / 38b /
571) P: to
572) P: brlan
573) D: so
574) tasmAd apyarthavikhyAnaM parikalpita — lakSaNaM / 38cd /

Hdi ni kun brtags kyi mtshan Jid rnam pa gsum paHo /

/ de tshigs bcad deHi don mdor bsdus na / gaG kun tu rtog pa daG / rgyu gaG las kun tu rtog pa gJis ka kun brtags kyi mtshan Jid[575] yin par ston to // gaG kun tu rtog ce na tha sJad la mkhas pas Hdi bum pa yin no Zes rtog pa daG / tha sJad la mi mkhas pas bum pa mthoG [P.206b] ba na Hdi ci Zig yin Zes rtog paHo // / rgyu gaG las kun tu rtog pa de ni deHi bag chags las kun tu rtog paHo /

/ smra ba ji bZin paHi don gyi Hdu Ces paHi mtshan ma daG [576] Zes bya ba la / smra ba ni bum pa daG snam bu Zes brjod paHo // ji bZin paHi don gyi Hdu Ces ni bum pa Zes bya baHi miG gi don ni lto zlum po ske sdeG sdeG po yin no[577] Zes miG daG don du Hbrel bar Ces Cin rtog ste / deHi mtshan ma ni Hdu Ces[D.186]deHi yul bum pa daG snam bu la sogs pa ste / Hdi ni kun brtags kyi mtshan Jid rnam pa gcig go /

/ smra ba deHi[578] bag chags daG [579] Zes bya ba la / smra baHi sa bon kun gZi la bsags te yod pa de yaG nam Zig na rnam par rtog paHi rgyu yin pas[580] na kun brtags Zes bya ste // Hdi ni kun brtags kyi mtshan Jid rnam pa gJis so /

/ bag chags de la doG gaG[581] Zes bya ba la / smra baHi bag chags kun gzi

---

575) P: Jid, omit.
576) yathAjalpArthasaMjJayA nimittaM
577) P: omit
578) D: de yi
579) tasya jalpasya vAsanA
580) P: par
581) tasmAc ca vAsanAd yo'rthaH khyAti

la bsags pa de las tha sJad mi mkhas pa rnams la bum pa daG snam bu
lta bur snaG ba yaG kun brtags Zes byaHo Zes bya baHi don to /

/ *gaG tha sJad la mi mkhas pa*[582] *rnams las*(?)[583]Zes bya ba las / bum
paHi sgra ni lto zlum[584] po la byaHo Zes bum paHi miG daG don du Hbrel
pa ni[585] mi Ces paHi byis pa Ced ma bye ba rnams ni tha sJad la mi
mkhas paHo Zes byaHo /

/ *smra ba ji bZin paHi don gyi Hdu Ces med par yaG snaG bar Hgyur ro* Zes
bya ba la / tha sJad la mi mkhas pa rnams la bum pa mthoG ba na Hdi
ni bum pa Jid yin gyi gZan ma yin no Zes brjod pa med par yaG bum pa
mthoG ba naHaG ci Zig yin no sJam du rtog pas yaG kun brtags kyi
mtshan Jid do Zes bya baHi don to /

/ *de la ji ltar brjod paHi don gyi Hdu Ces ni sems las byuG ba ste*[586] Zes
bya ba la / smra ba ji bZin paHi don gyi Hdu Ces Zes bya baHi don Hchad
de / bum pa daG snam bu la sogs par brjod paHi don[587] bum pa daG snam
buHi dGos po mthoG nas Hdi ni bum pa yin gyi snam bu ma yin no Zes
rtog pa ni sems las byuG baHi chos yin te / de ltar rtog pa ni sems las[588]
byuG baHi chos smra ba ji bZin paHi don gyi Hdu Ces Zes byaHo /

/ *deHi dmigs pa* [P.207a]*gaG yin pa ni*[589] *deHi mtshan maHo*[590] Zes bya ba

---

582) P: paHi
583) avyavahArakuCalAnAM
584) D: lto daG zlum
585) P: omit
586) tatra yathA 'bhilApamarthasaMjJA caitasikI
587) D: omit
588) P: omit

la / sems las byuG ba de dag gi yul bum pa daG snam bu daG ser po daG

sGon po la sogs pa la deHi mtshan ma Zes byaHo Zes bya baHi don to /

/de ltar rgyu bag chags las gaG yoGs su brtags pa de gJi ga kun tu

brtags paHi mtshan Jid du dgoGs so 591)Zes bya ba la / rgyu bag chags la

yaG kun brtags Zes bya ste / kun brtags kyi chos snaG baHi rgyu byed paHi

phyir ro592) // gaG tha sJad la mkhas pa rnams kyis bum paHo Zes brtags593)

pa daG / tha sJad la mi mkhas pa rnams kyis bum pa mthoG pa Hdi ni594)

ci Zig yin snam du rtog pa yaG kun brtags Zes bya ste / gzuG Hdsin du

rtog pa yod paHi phyir te / de ltar na rgyu bag chags daG / yoGs su brtags

pa daG gJi ga la kun brtags Zes byaHo /

TIkA

[P: 100b5, D: 90b1] */bag chags de las kyaG595)* Zes bya ba ni bag chags la

gnas paHi phyir596) brjod pa de la kyaG Zes bya baHi tha tshigs go /

/tha sJad la mi khams pa rnams la don du snaG ba gaG yin paHo597) // Zes

---

589) P: omit

590) / tasyA yad AlaMbanaM tannimittam /

591) evam eva yac ca parikalpyate yataC ca kAraNAd vAsanatas tadubhayaM parikalpita—
lakSaNam atrAbhipretaM //

592) D: omit

593) D: btags

594) P: omit

595) tasmAc ca vasanAd

596) P: phyir, omit

597) yo'rthaH khyAti avyavahAra—kuCalAnAm

bya ba ni byis pa chuG Gu rnams laHo /

brjod paHi don gyi Hdu Ces med par [598]Zes bya ba ni byis pa chuG Gu la

sogs pa la bum pa Zes bya baHi sgros ni brjod par bya baHi[599] don lto

yaGs pa daG / mgrin pa phra ba gaG yin pa brjod do Zes bya bar bye brag

tu rtogs pa de med de / brjod paHi don gyi Hdu Ces med bZin du ci Zig tu

rnam par rtog par byed do /

/ brjod pa ji lta ba bZin du don du Hdu Ces pa[600] bya ba ni bum pa la

sogs paHi moG par brjod pa ci Hdra ba de Hdra[601] baHi sems las byuG ba

mtshan mar Hdsin paHi bdag Jid ni Hdu Ces so // sems las byuG ba Zes

smos pas ni lhas byin / Zes bya ba lta bu mi gsal ba[602] yin no / Hdu Ces

deHi dmigs pa sGon po daG ser po daG skyes pa daG bud med la sogs pa

gaG yin pa de ni rgyu mtshan yin te / rgyu mtshan des Hdu Ces de Hjug go /

/ de ltar na tha sJad la mkhas pa Ham tha sJad la mi mkhas pas[603]

brtag par bya ba bum pa la sogs pa don gaG yin pa[604] daG rgyu gaG las

yin pa Zes bya ba ni bag chags gaG las yin pas te / de dag ni kun brtags

paHi mtshan Jid yin par rig par byaHo //

---

598) vinA'pi yathA jalpArtha − saMjJaya

599) P: byaHi instead of bya baHi

600) yathA'bhilApaM artha − saMjJA

601) P: ba de Hdra, omit

602) D: yid sal ba

603) P: pa

604) P: pa, omit

kArikA

<39>   yathAnAmArtham arthasya

nAmnaH prakhyAnatA ca yA /

asaMkalpa − nimittaM hi

parikalpita − lakSaNaM // 11 − 39 //

bhASya

aparaparyAyo yathA nAma ca arthaC ca *yathAnAmArtham* arthasya nAmnaC

ca prakhyAnatA *yathAnAmArtha − prakhyAnatA* / yadi yathAnAmArthaH khyAti

yathArthaM vA nAma ity etad abhUtaparikalpAlaMbanaM parikalpitalakSaNaM

etAvad dhi parikalpyate *tad uta nAma vA artho ve*ti //

bhASya(T)

<39>[P: 185a3, D: 172a1] */miG daG don ni ji lta bur // don daG min du snaG ba

gaG // yaG dag min rtog rgyu mtshan ni // kun brtags pa yi mtshan Jid do /

/ rnam graGs gZan yaG min daG don ji bZin par* ni miG daG don ji lta bar ro // *don

daG miG du snaG ba* ni don daG miG du snaG baHo // gal te miG ji lta bar don nam

// don ji lta bar miG du snaG na yaG dag pa ma yin paHi kun tu rtog paHi dmigs

pa Hdi ni kun brtags paHi mtshan Jid yin te / kun brtags par bya ba ni Hdi lta ste /

miG daG don Zes bya ba ni Hdi tsam du zad pas so /

VRtti − bhASya

<39> / kun brtags kyi rnam graGs gZan yaG bstan pa ni / *miG bZin du ni*

don rnams daG[605] // Zes bya ba la sogs pa smos te / bum pa daG snam bu la sogs paHi miG ji ltar brjod pa bZin du bum pa daG snam bu la sogs paHi don kyaG de bZin du yod do Zes rtogs[606] pa ni kun brtags kyi mtshan Jid do Zes bya baHi don to /

/ don bZin miG ni rab tu snaG[607] // Zes bya ba la / bum pa daG snam bu la sogs paHi don ji ltar gZag[608] pa bZin du bum pa daG snam buHi miG yaG yod do Zes rtog pa ni / don bZin miG ni rab tu snaG Zes bya ste / Hdi yaG kun brtags kyi mtshan Jid do Zes bya baHi don to /

/ yaG dag ma yin rtog paHi rgyu // kun tu brtags paHi mtshan Jid do[609] // Zes bya ba la / nam miG[610]gi sgo nas don yod par rtog pa na ni miG yaG dag pa ma yin paHi kun tu rtog paHi rgyu yin no // nam don gyi sgo nas miG yod par rtog na ni don yaG dag pa ma yin par kun tu rtog paHi rgyu yin te / de ltar miG yod par rtog pa daG / don yod par rtog pa ni kun brtags paHi mtshan Jid yin no Zes bya baHi don to /

/ miG daG don ji lta ba[611]*bZin du rtogs*[612]*pa ni miG daG don ji lta ba*[613] *bZin paHo*[614]*Zes bya ba la miG don ji lta ba*[615]*bZin paHi don ston to*[616] //

---

605) yathAnAmArtham / 39a /
606) D: rtog
607) arthasya nAmnaH prakhyAnatA ca yA / 39ab /
608) P: bZag
609) asaMkalpa−nimittaM hi parikalpita−lakSaNaM / 39cd /
610) P: mig
611) P: omit
612) P: rtog
613) P: omit
614) yathA nAma cArthaC ca yathAnAmArtham

miG ji bZin par don yaG de ltar yod par Hdsin pa ni miG ji bZin pa daG /

[P:207b] don ji Hdra bar miG yaG de ltar yod par Hdsin pa ni don ji[617] bZin pa[618] Zes byaHo /

/don daG miG du rab tu snaG ba ni miG don ji bZin par snaG ba yin te[619] Zes bya ba la / bum pa la sogs paHi don ji ltar yod pa bZin du miG yaG de ltar yod par rtog pa daG / miG ji ltar yod pa bZin du don yaG de ltar yod do Zes rtog pa ni miG daG[620] don bZin du snaG ba Zes byaHo /

/kun tu brtags paHi mtshan Jid ni Hdi tsam Zig yoGs su rtogs[621]pa ste / de ni don to[622] Zes bya ba la / kun brtags kyi chos kyaG mdor na Hdi tsam Zig tu zad de / yaG na ni miG yod par rtog yaG na ni don yod par[623] rtogs pa ste / so soHi skye bo rnams rtog na yaG de dag[624] gJis la rtog pa tsam du zad kyi de las gZan du brtag tu med pas na miG daG don gJis la kun brtags kyi mtshan Jid ces[625]byaHo Zes bya baHi don to /

---

615) P: omit

616) P: te

617) P: ci

618) D: omit

619) arthasya nAmnaC ca prakhyAnatA yathA nAmArtha−prakhyAnatA

620) P: omit

621) P: rtog

622) parikalpita−lakSaNaM etAvaddhi parikalpyate tad uta nAma vA artho veti

623) P: yaG na don par, D:miG ni don yod par

624) P, D: dag pa

625) P: Zes

TIkA

[P: 101a3, D: 90b6] *gal te miG ji ltar bar don du snaG Gam Zes bya ba la sogs pa* [626]ni gaG Zig don miG gi Go bo Jid kho na yin paHam / miG don gyi Go bo Jid kho na pa Ham / miG don gyi Go bo Jid yin par kun rtog par byed pa ste / gaG dag miG daG / don dag glo bur pa Jid yin par bsams[627] nas don miG gi raG bZin yin paHam / miG don gyi raG bZin yin par rtog par byed na[628] / ...... de yaG kun brtags paHi mthsan Jid do......[629] //

kArikA

40>   trividha − trividhAbhAso

         grAhya − grAhaka − lakSaNaH /

         abhUta − parikalpo hi

         paratantrasya lakSaNaM // 11 − 40 // [L: p.65,1]

bhASya

trividhas trividhaC cAbhAso 'syeti *trividhatrividhAbhAsaH* / tatra trividhAbhAsaH padAbhAso 'rthAbhAso dehAbhAsaC ca / punas trividhAbhAso mana − udgraha − vikalpAbhAsaH / mano yat kliSTaM sarvadA / udgrahaH paJca vijJAnakAyAH / vikalpo mano − vijJAnaM / tatra prathamas trividhAbhAso grAhyalakSaNaH / dvitIyo

---

626) yadi yatha nAmArtha khyati...... vA
627) D: bsal
628) P: do
629) P: omit

grAhaka–lakSaNaH / iti ayam abhUta–parikalpaH paratantrasya lakSaNaM //

bhASya(T)

<40>[P: 185a6, D: 172a3] / *rnam gsum rnam gsum snaG ba can // Hdsin daG gzuG baHi mtshan Jid de // yaG dag ma yin kun rtog ni // gZan gyi dbaG gi mtshan Jid do /*

/ Hdi la rnam pa gsum daG rnam pa gsum du snaG ba yod pas na / *rnam pa gsum daG rnam pa gsum du snaG ba can no //* de la rnam pa gsum du snaG ba ni gnas su snaG ba daG / don du snaG ba daG lus su snaG baHo // yaG rnam pa gsum du snaG baHi ni yid daG / .hdsin pa daG rnam par rtog par snaG ba ste / yid ni rtag tu Jon moGs pa can gaG yin paHo // Hdisn pa ni rnam par Ces pa lGaHi tshogs so // rtog [P: 185a] paHi yid kyi rnam par Ces paHo // de la rnam pa gsum du snaG ba daG po ni bzuG630) baHi mtshan Jid do // gJis pa ni Hdisn paHi mtshan631) Jid do / de ltar na yaG daG pa ma yin paHi kun tu rtog pa Hdi ni gZan gyi dbaG gi mtshan Jid yin no /

VRtti–bhA.ya

<40> / gZan gyi dbaG gi mtshan Jid bstan paHi phyir / *rnam gsum rnam gsum snaG ba ni // gzuG daG Hdsin paHi mtshan Jid de // yaG dag ma yin kun rtog ni // gZan gyi dbaG gi mtshan Jid do632) //* Zes bya ba smos te / rnam pa gsum du snaG ba daG / yaG rnam pa gsum du snaG ba ni *rnam*

---

630) D: gzuG
631) P: bdag
632) trividha–trividhAbhAso grAhya–grAhaka–lakSaNaH / abhUta–parikalpo hi paratantrasya lakSaNaM / 40abcd /

gsum rnam gsum snaG ba Zes byaHo // de la rnam gsum du snaG ba ni

gnas su snaG ba daG / don du snaG ba daG / lus su snaG baHo /

/ gnas su snaG ba ni kun gZi rnam par Ces pa snod lta bur snaG ba ste /

sa gZi chen por snaG baHo /

/ don du snaG ba ni gzugs nas chos kyi bar du yul drug du snaG baHo /

/ lus su snaG ba ni mig gi dbaG po nas yid kyi dbaG poHi bar du dbaG po

drug tu snaG ba te /

de bas na *laG kar gCegs pa* las kyaG /

lus daG loGs spyod gnas Hdra ba // sems tsam du ni nas bCad do /[633)]

/ Zes gsuGs so /

/ yaG rnam pa gsum du snaG ba ni yid du snaG ba daG / Hdsin par snaG

ba daG / rnam par rtog par snaG baHo /

/ de la yid ni Jon moGs paHi yid la bya ste / gaG Jon moGs pa[634)] gZi daG

rtag tu ldan pas kun gZi la bdag[635)]tu dmigs par byed paHo /

/ Hdsin pa ni mig gi rnam par Ces pa nas lus kyi rnam par Ces paHi bar

du rnam par Ces pa[P:208a] lGaHi tshogs la bya ste / so soHi yul Hdsin ciG

dmigs par byed paHi phyir Hdsin pa Zes byaHo /

/ rtog pa ni yid kyi rnam par Ces pa la bya ste / Hdi ni sJon po yin gyi

ser po ma yin no Zes gcod par byed paHi phyir ro /

/ de la gnas daG don daG lus snaG ba ni gzuG baHi mtshan Jid do // yid

---

633) dehabhogapratiSThAbhaM cittamAtraM vadAmy aham / LAS X − 487cd /
634) D: paHi
635) P: dag

daG Hdsin pa daG rtog par snaG ba ni Hdsin paHi mtshan Jid de de ltar gzuG ba daG Hdsin par yaG dag pa ma yin pa kun tu rtog pa ni kun gZi rnam par Ces pa la Hkhor ba daG bcas pa la gZan gyi dbaG gi mtshan Jid ces byaHo /

TIkA

[P: 101a5, D: 90b7] /gnas su snaG ba⁶³⁶⁾Zes bya ba ni sa la sogs par snaG ba ste / kun gZi rnam par Ces pa gnas kyi rnam par rig pa la der snaG ba Jid du ston to //

/ don du snaG ba ⁶³⁷⁾Zes bya ba ni [D: 91a, Ta: 181] gzugs la sogs pa yul rnams so /

/ lus su snaG ba ⁶³⁸⁾ni mig la sogs pa dbaG po rnams so /

kArikA

<41>   abhAvabhAvatA yA ca

bhAvAbhAvasamAnatA /

aCAntaCAntA 'kalpA ca

pariniSpanna − lakSaNaM // 11 − 41 //

---

636) padAbhAsa
637) arthAbhAsa
638) dehAbhAsa

bhASya

/ pariniSpanna−lakSaNaM punas tathatA sA hy abhAvatA ca sarvadharmANAM

parikalpitAnAM / bhAvatA[639] ca tadabhAvatvena bhAvAt / bhAvAbhAvasamAnatA

ca tayor bhAvAbhAvayor abhinnatvAt / aCAntA cAgAntukair upakleCaiH CAntA ca

prakRti−pariCuddhatvAt / avikalpA ca vikalpAgocaratvAt niSprapaJcatayA / etena

trividhaM lakSaNaM tathatAyAH paridIpitaM svalakSaNaM kleCavyavadAna−

lakSaNam avikalpa−lakSaNaM ca uktaM trividhaM lakSaNaM //

bhASya(T)

<41>[P: 185b, D: 172a6] / *med daG yod Jid gaG yin daG // yod daG med pa mJam*

pa Jid daG / ma Zi Zi daG rnam mi rtog // yoGs su grub paHi mtshan Jid do /

/ yoGs su grub paHi mtshan Jid ni // de bZin Jid yin te / de ni kun brtags paHi chos

thams cad kyi med pa Jid yin no // deHi med pa Jid du yod paHi phyir yod pa Jid

kyaG yin no // yod pa daG med pa de dag tha mi dad paHi phyir // yod pa daG med

pa mJam pa Jid kyaG yin no // Je baHi Jon moGs[D: 172b] paHi glo bur bdag g

i[640] ma Zi Jid kyaG yin no // raG bZin gyis rnam par dag paHi phyir Zi ba Jid kyaG

yin no // rnam par rtog pa ni spros pa med pas rnam par rtog paHi spyod yul ma

yin paHi phyir ro // Hdis ni de bZin Jid kyi mtsan Jid rnam pa gsum yoGs su bstan

te / raG gi mtsahn Jid daG / kun nas Jon moGs pa daG / rnam par byaG baHi mtshan

Jid daG / rnam par mi rtog paHi mtshan Jid do // mtshan Jid rnam pa gsum bCad

zin to //

---

639) by N, L: parikalpitA nabhAvatA
640) D: gis

VRtti - bhASya

<41> / *yoGs su grub paHi mtshan Jid bstan paHi phyir* // *dGos po med daG dGos po yod*[641] // ces bya ba la sogs pa smos te / chos kyi dbyiGs stoG pa Jid de bZin Jid kyi mtshan Jid[642]la [D: 188a] yoGs su grub pa Zes bya ste // yoGs su grub pa de la gzuG ba daG Hdsin paHi dGos po yod pa ma yin pas dGos po med pa Zes byaHo // gzuG Hdsin daG bral baHi stoG pa Jid med pa ma yin pas de dGos po yod pa Zes bya ste / de bas na dbus daG mthaH rnam par Hbyed pa las kyaG

/ *gJis po de na yod pa ma yin* // *stoG pa Jid ni de na yod* /[643]

/ ces bCad do //

/ *dGos daG dGos med mJam pa Jid*[644] // ces bya ba la / stoG pa Jid kyi dGos po yod pa la gzuG Hdsin gyi dGos po med pa yaG de na gnas la / gzuG Hdsin gyi dGos po med pa la stoG pa Jid yod pa de na gnas pas dGos po daG dGos po med pa mJam pa Zes bya ba ste / *dbus daG mthaH* las kyaG /

/ *stoG pa Jid ni de na yod* // *de na yaG ni de yod do* /[645]

/ Zes bCad do // *mdo sde rgyan* Hdi Jid kyi *saGs rgyas kyi thabs la Hjug paHi skabs* las kyaG /

/ *gaG gZun ba daG Hdsin pa gJis med pa de Jid yod paHi mchog ste* /

---

641) abhAvabhAvatA yA ca / 41a /

642) P: omit

643) abhUtaparikalpo'sti dvayan tatra na vidyate / MAV, 1−ab /

644) bhAvAbhAvasamAnatA / 41b /

645) CunyatA vidyate tv atra tasyAm api sA vidyate / MAV, 1−cd /

yoGs su grub paHi mtshan Jid du yod paHi phyir ro

Zes bCad do /

/ ma Zi ba daG Zi ba daG[646] // Zes bya ba la / stoG pa Jid glo bur gyi dri ma daG Hdres pas na ma Zi baHo // raG bZin gyis Hod gsal Zin dag paHi raG bZin yin pas[647] na Zi baHo /

/ rnam par mi rtog yoGs[648]*grub mtshan*[649] // Zes bya ba la / yoGs su grub pa de gzuG Hdsin[650]gyi spros pa kun daG bral ba yin[P: 208b] pas rtog ge ba rnams kyi yul du ma gyur paHi phyir / rnam par mi rtog pa Zes bya ste / yoGs su grub paHi mtshan Jid ni goG du bCad pa lta bu yin no Zes bya baHi don to /

/ mdor na yoGs su grub paHi mthsan Jid rnam pa gsum du bCad de / raG gi mtshan Jid daG / kun nas Jon moGs pa daG rnam par byaG baHi mtshan Jid daG / rnam par mi rtog paHi mtshan Jid do[651] // de la // *dGos po med daG dGos po yod // dGos daG dGos med mJam pa Jid*[652] // ces bya bas raG g i[653]mtshan Jid bstan to // *ma Zi ba daG Zi ba daG*[654] // Zes bya bas / kun nas Jon moGs pa daG rnam par byaG baHi mtshan Jid bstan te / ma Zi bas

---

646) aCAntaCAntA / 41c /

647) P: pa

648) P: yoGs su

649) 'kalpA ca pariniSpanna — lakSaNaM / 41d /

650) P: omit

651) svalakSaNaM kleCavyavadAna — lakSaNam avikalpa — lakSaNaM

652) abhAvabhAvatA yA ca bhAvAbhAvasamAnatA

653) P: gis

654) aCAntaCAntA

ni kun nas Jon moGs paHi mtshan Jid bCad Zi bas ni rnam par byaG baHi mtshan Jid bCad do //*rnam par mi rtog*[655] ces bya [D:188b]bas rnam par mi rtog paHi mtshan Jid bstan to /

TIkA

[P: 101a6, D: 91a1] /*yod pa daG med pa de dag tha mi dad paHi phyir yod pa daG med pa mJam pa Jid kyaG yin no*[656]*Z*es bya ba ba ni de bZin Jid ni saGs rgyas Jid yin pas ji skad du *saGs rgyas Jid la Hjug paHi thabs kyi skabs* nas /

   /*med pa gaG yin de Jid ni* /*yod pa yi ni dam pa yin* /

 /Zes bCad pa lta bu ste / kun brtags paHi mtshan Jid gJis po med pa gaG yin pa de Jid de bZin Jid yod pa yin la / de bZin Jid yod pa gaG yin pa de Jid kun brtags paHi mtshan Jid med pa yin no /

kArikA

<42>   niSyanda − dharmam AlaMbya

          yoniCo manasikriyA /

          cittasya dhAtau sthAnaM ca

          sadasattArtha − paCyanA // 11 − 42 //

lakSaNA punaH paJcavidhA yogabhUmiH / AdhAra AdhAnam AdarCa Aloka ACrayaC

---

655) 'kalpA ca pariniSpanna − lakSaNaM
656) bhAvAbhAvasamAnatA ca tayor bhAvAbhAvayor abhinnatvAt /

ca / tatr'AdhAro niSyandadharmo yo buddhenAdhigamo deCitaH sa tasyAdhigamasya niSpandhaH / AdhAnaM yoniCo manaskAraH / AdarCaH cittasya dhAtau sthAnaM samAdhir yad etat pUrvaM nAmni sthAnam uktaM / AlokaH sadasattvenAr—thadarCanaM lokottarA prajJA tayA sacca sato yathAbhUtaM paCyaty asaccAsataH // ACraya ACrayaparAvRttiH /

bhASya(T)

<42>[P: 185b6, D: 72b2] / rgyu mthun chos la dmigs nas ni // tshul bZin yid la byed pa daG / sems kyi dbyiGs la gnas pa daG // don yod pa daG med par mthoG / / mtshon pa ni rnal Hbyor gyis rnam pa lGa ste / gZi daG bskyed pa daG / me loG lta bu daG / snaG ba daG rten to // de la gZi ni rgyu mthun paHi chos te / saGs rgyas kyis[657] thugs su chud nas bCad pa gaG yin pa de ni thugs su chud pa deHi rgyu mthun pa yin no // bskyed pa[658]ni tshul bZin yid la byed paHo // me loG lta bu ni sems kyi dbyiGs la gnas paHi tiG Ge Hdsin te // goG du mig la gnas par bCad pa / gaG yin pa de Jid do // snaG ba ni don yod pa daG / med pa Jid du mthoG ba [P: 186a] Hjig rten las Hdas paHi Ces rab ste / gaG gis yod pa la yaG yod pa yaG dag pa ji lta ba bZin du mthoG la / med pa la yaG med pa yaG dag pa ji lta ba bZin du mthoG baHo // rten ni gnas gZan du gyur paHo /

VRtti—bhASya

<42> / da ni mtshon byed bCad par bya ste / de yaG gZi daG gZag pa daG me loG daG snaG ba daG gnas so // de la / *rgyu mthun chos la dmigs na* n

---

657) P: kyi
658) P: bskyed pa pa

i[659] // Zes bya ba la / gZi ni rgyu mthun paHi chos la dmigs pa ste / de la saGs rgyas rnams kyis gaG zag daG chos la bdag med par thugs su chud nas bCad paHi chos gsuG rab yan lag bcu gJis ni rgyu mthun paHi chos so Zes byaHo // so soHi skye boHi dus na gsuG rab yan lag bcu gJis la Jan pa daG sems pa daG sgom par byed pa ni rgyu mthun paHi chos la dmigs paHo /

/ tshul bZin yid la byed paHo[660] // Zes bya ba la / gZag pa ni mos pa spyod paHi sa gZi daG rigs rnam pa gsum pa daG rnam pa bZis drod kyi tshe na ni miG rnams sgyu ma yin par khoG du chud / rste moHi tshe na ni don rnams sgyu ma yin par khoG du chud bzod paHi dus na ni gzuG ba spaGs pa Hjig rten gyi chos mtshog gi dus na ni Hdsin pa spaGs paHi tshul bZin yid la byed pa la gZag pa Zes bya ste / des Hjig rten las Hdas paHi chos rtogs paHi bag chags sems la Hjog par byed paHi phyir /

/ sems kyi khams la gnas pa daG[661] / Zes bya ba la / me loG ni sems kyi khams la gnas pa ste / sa daG poHi dus na khams gsum sems tsam du[P:209a] rtog pa la gnas pa Jid la sems kyi khams la gnas pa Zes byaHo // de yaG gon du miG la gnas par bCad pa Jid la sems kyi khams la gnas pa Zes bya ste / sems kyi khams ni stoG pa Jid do // gzuG Hdsin spaGs paHi miG ni phuG po bZi gJis su med paHi mtshan Jid la gnas pa ni sems kyi khams la gnas Zes byaHo // de la ciHi phyir me loG Zes bya Ze na / me

---

659) niSyanda－dharmam AlaMbya

660) yoniCo manasikriyA

661) cittasya dhAtau sthAnaM ca

loG gi naG du gzugs brJan HbyuG ba daG Hdra bar ye Ces des Ces bya
thams cad phyin ci ma log par khoG du chud pas me loG Zes byaHo /

/ yod med don du mthoG baHo[662] // Zes bya ba la / snaG ba ni sa gJis nas
sa bcu man chad kyi Hjig rten las Hdas paHi ye Ces la bya ste / ye Ces gaG
gis yod paHi chos la yaG yod par mthoG / med paHi chos la yaG med par
mthoG ba la snaG ba Zes byaHo // de la gZan dbaG daG yoGs su grub pa ni
yod [D: 189a] par mthoG / kun brtags ni med par mthoG Go /

/ gnas ni saGs rgyas kyi sar gnas gZan du gyur par Hthob pa ste / gnas
gyur paHi mtshan Jid kyaG gon du gnas gZan du gyur pa bCad paHi skabs
su yul daG dbaG po la sogs pa gnas gyur na yon tan Hdi lta bu dag Hthob
par Hgyur ro

Zes bCad pa lta bur bltaHo /

/ de la gZi daG gZag pa daG me loG daG snaG ba ni rgyuHi mtshan Jid do //
gnas ni Hbras buHi mtshan Jid do // mdor na tshig de dag gis lam rnam
pa lGa bstan pa yin te / tshogs kyi lam daG / sbyor baHi lam daG / mthoG
baHi lam daG / bsgom paHi lam daG / mthar thug paHi lam mo // de la rgyu
mthun paHi chos la dmigs pas ni tshogs kyi khams la gnas pas ni mthoG
baHi lam bstan to / tshul bZin yid la byed pas ni sbyor baHi lam bstan to //
sems kyi khams la gnas pas ni mthoG baHi lam bstan to / yod med don du
mthoG bas ni bsgom paHi lam bstan to // gnas kyis mthar thug paHi lam
bstan to /

---

662) sadasattArtha − paCyanA

/mtshon pa rnam pa lGaHi rnal Hbyor gyis ste*663)* Zes bya ba la / Zi gnas daG lhag mthoG zuG du Hbrel par bsgom pa ni [P: 209b] rnal Hbyor ces bya ste / chos rnam pa lGa rnal Hbyor bsgom paHi rten daG gZi gyur pas na rnal Hbyor gyi sa Zes byaHo /

/ deHi thugs su chud paHi rgyu Hdra baHo 664)Zes bya ba la / saG rgyas kyis gaG zag daG chos la bdag med par thugs su chud pa ni rgyuHo // gsuG rab yan lag bcu gJis ni Hbras bu ste / thugs su chud pa daG gsuG rab yan lag bcu gJis bCad pa daG gJis su don mi mthun pa med pas na bCad paHi chos thams cad la rgyu mthun paHi chos Zes byaHo /

TIkA

[P: 101a8, D: 91a3] / rnal Hbyor gyis ni 665)Zi gnas daG lHag mthoG zuG du Hbrel baHi lam ste[P: 101b] / 666)de yaG rnam pa lGaHo /

/ me loG lta bu ni sems kyi dbyiGs la gnas paHi tiG Ge Hdsin te / goG du miG la gnas par bCad pa gaG yin pa Jid do 667)Zes bya ba goG du ji skad bCad ce na /

sems miG la gnas paHi phyir bsgoms pa las byuG baHi Ces pas de668) rJed par rig par bya ste / gJis mi dmigs pa669) rJed pa las ji skad bCad pa lta

---

663) lakSaNA punaH paJcavidhA yogabhUmiH /
664) tasyAdhigamasya niSpandhaH
665) yogabhUmiH
666) P: 101b
667) AdarCaH cittasya dhAtau sthAnaM samAdhir yad etat pUrvaM nAmni sthAnam uktaM /
668) P: de, omit

bur gJis mi dmigs paHi phyir ro

Zes bCad do[670] // gzuG ba daG Hdsin pa mi dmigs paHi phyir ro Zes bya

baHi tha tshig go // Hdi ni mthoG baHi lam gyi gnas skabs yin no /

/ *rten ni gnas gZan du gyur paHo[671]* Zes bya ba ni med na med pa[672]yin

paHi phyir rten smos kyi[673] / tshigs su bcad pa las ni rten smos pa med

do[674] /

kArikA

<43>   samatAgamanaM tasminn

AryagotraM hi nirmalaM /

samaM viCiSTamanyUnA −

nadhikaM lakSaNA matA // / 11 − 43 //

samatAgamanam anAsravadhAtau Aryagotre nadanyair AryaiH / tac ca nirmalam

AryagotraM buddhAnAM / samaM vimuktisamatayA CrAvakapratyekabuddhaiH /

viCiSTaM paMcabhir viCeSaiH / viCuddhi − viCeSeNa savAsana − kleCa − viCuddhitaH

/ pariCuddhi − viCeSeNa kSetra − pariCuddhitaH / kAyaviCeSeNa dharmakAyatayA /

saMbhoga − viCeSeNa parSanmaNDaleSv avicchinnadharma − saMbhoga − pravartanataH

---

669) P: las, added
670) P: de
671) ACraya ACrayaparAvRttiH
672) P: omit of med pa
673) P: kyis
674) D: de

/ karma−viCeSeNa ca tuSita−bhavana−vAs'AdinirmANaiH sattvArtha−kriyAnuSTh−

AnataH / na ca tasyonatvaM saMkleCa−pakSanirodhe nAdhikatvaM vyavadAna−

pakSotpAda ity eSA paMcavidhA yogabhUmir lakSaNA / tayA hi tal lakSyaM

lakSaNaM ca lakSyate //

VRtti−bhASya

<43> / *saGs rgyas kyi sar gnas gZan du gyur pa bCad paHi don bstan paHi*

phyir / de bas mJam pa Jid du gyur // Hphags rigs Cin tu dri med pa //

mtshuGs daG khyad par Hbri ba med // lhag pa ma yin mtshon pa Hdod[675]

// ces smos te / zag pa med paHi chos kyi dbyiGs rnam par dag pa la

Hphags paHi rigs Zes bya ste /

/ zag pa med paHi dbyiGs su Zugs pa na saGs rgyas thams cad daG sku

daG gsuG daG thugs mJam pa Jid thob pas na mJam pa Jid du gyur pa

Zes byaHo / [D: 189b]

/ deHi tshe Jon moGs pa daG Ces byaHi sgrib pa spaGs pas na dri ma med

pa Zes byaHo /

/ Jan thos daG raG saGs rgyas daG saGs rgyas rnams kyi rnam par grol

baHi sku la mi Hdra ba tha dad pa med pas na mtshuGs pa Zes byaHo /

/ khyad par rnam pa lGa ni rnam par dag paHi khyad par daG / yoGs su

dag paHi khyad par daG / chos kyi skuHi khyad par daG / loGs spyod kyi

---

675) samatAgamanaM tasminn AryagotraM hi nirmalaM / samaM viCiSTamanyUnA−nadhikaM
　　　lakSaNA matA //

khyad par daG / las kyi khyad par ro /

/ kun nas Jon moGs pa spaGs pa na chos kyi dbyiGs la Hgrib pa med pas na Hbri ba med pa Zes byaHo // rnam par byaG baHi phyogs skye ba na chos kyi dbyiGs la skye ba med pas na lhag pa ma yin pa Zes bya ste / zag pa med pAHi dbyiGs ni de lta buHi mtshan Jid yin par Hdod do Zes byA baHi don to // yaG na mJam pa Jid du gyur pa na dmigs par bya ba daG dmigs par byed pa gJis mJam pa Jid du gyur te [P: 210a] gzuG Hdsin gyi chos thams cad stoG par rtogs paHi phyir ro /

/ bag chags daG bcas paHi Jon moJs pa rnam par sbyaGs pas / rnam par dag paHi khyad par daG[676] Zes bya ba la / rnam par dag pa Jan thos pas khyad Zugs te / Hphags pa Jan thos rnams ni bag chags phra mo yaG ma spaGs pas gaG gi phyir dgra bcom pa thob kyaG spreHu mchoGs byed daG / sJon smad HtshoG ma byed pa las phyis dgra bcom pa thob paHi dus na yaG lhuG bzed kyi sa Gos la lta bu ste / de bZin gCegs pas ni Jon moGs paHi bag chags phra moHi yaG phra mo spaGs pas na rnam par dag pa khyad Zugs paHo /

/ saGs rgyas kyi ZiG yoGs su sbyaGs pas yoGs su dag paHi khyad par rnams daG[677] Zes bya ba la / Jan thos rnams kyis ni saGs rgyas kyi ZiG ma sbyaGs paHi phyir sa gZi Cel daG baDUrya la sogs pa lta bur ston mi nus kyi / de bZin gCegs pa rnams kyis ni saGs rgyas kyi ZG sbyaGs pas na Cel daG baDUrya la sogs pa lta bur ston nus paHi phyir yoGs su dag khyad Zugs so /

---

676) viCuddhi — viCeSeNa savAsana — kleCa — viCuddhitaH /
677) pariCuddhi — viCeSeNa kSetra — pariCuddhitaH /

/chos kyi skuHi khyad par daG⁶⁷⁸⁾ Zes bya ba la / Jan thos rnams kyis chos la bdag med pa ma rtogs pas rnam par grol baHi sku tsam yod par zad kyi chos kyi sku med do // de bZin gCegs pa rnams [D: 190a] kyis ni chos la bdag med par rtogs pas na chos kyi sku mGaH ste / de bas na chos kyi sku rJed par khyad Zugs so /

/Hkhor gyi dkyil Hkhor du rgyun mi Hchad par chos kyi loGs spyod la Hjug par byed pas loGs spyod kyi khyad par daG⁶⁷⁹⁾ Zes bya ba la / Jan thos rnams kyis ni rdsogs loGs spyod paHi skus byaG chub sems dpaH rnams kyi Hkhor gyi dkyil Hkhor du theg pa chen poHi chos kyi loGs spyod rgyun mi Hchad par byed par mi nus kyi / de bZin gCegs pas ni byaG chub sems dpaHi Hkhor gyi dkyil Hkhor du theg pa chen poHi chos kyi loGs spyod rgyun mi Hchad par byed pas na loGs spyod kyis khyad Zugs so /

/dgaH ldan gyi gnas na gnas pa la sogs pa sems can gyi don bya ba sgrub pas na las kyi khyad par [P: 210b] rnams so⁶⁸⁰⁾ Zes bya ba la / Hphags pa Jan thos dag gis sprul paHi skus dgaH ldan gyi pho braG na gnas pa daG / Ci Hpho bstan pa daG / mGon par saGs rgyas pa la sogs pa bstan ciG sems can gyi don sgrub mi nus kyi de bZin gCegs pa rnams kyis ni dgaH ldan na bZugs pa daG / lhums su gCegs pa daG mGon par saGs rgyas pa la sogs pa sprul pa sna tshogs bstan pas las kyi khyad par gyis khyad Zugs so /

/des ni mtshon bya daG mtshan Jid rtogs par Hgyur ro⁶⁸¹⁾ Zes bya ba la /

---

678) kAyaviCeSeNa dharmakAyatayA /
679) saMbhoga−viCeSeNa parSanmaNDaleSv avicchinnadharma−saMbhoga−pravartanataH /
680) karma−viCeSeNa ca tuSita−bhavana−vAs'AdinirmANaiH sattvArtha−kriyAnuSThAnataH /

rnal Hbyor paHi chos lGa po de dag la mthson byed ces bya ste / ciHi phyir

mtshon byed ces bya Ze na / Ces rab kyi mtshan Jid lGa po des mtshon

bya rnam pa lGa daG mtshan Jid rnam pa gsum Ces par byed pas na

mtshon Jid rnam pa gsum Ces par byed pas na mtshon byed ces byaHo /

TIkA

/ rnal Hbyor gyis thob pa Hdis na *mJam pa Jid du Hgyur ba la sogs pa*

yin no //[682]rnal Hbyor gyis des mtshan gZi lGa daG mtshan Jid de mtshon

par byed do // mtshon gZi de gaG Ze na / gzugs daG / sems daG / sems las

byuG ba daG / sems daG ltan pa ma yin paHi Hdu byed dag daG / Hdus ma

byas Zes bya ba rnam pa lGas bCad pa gaG yin paHo // mtshan Jid ni kun

brtags pa daG / gZan gyi dbaG du yoGs su yoGs su grub paHi mtshan Jid

rnams so // mtshon bya ni rnam pa lGa yin pas gZi daG skyed pa daG me

loG lta bu daG snaG ba [D: 91b, Ta: 182] daG rten gyi bye brag gis tha

dag pa lam rnam pa ltaHi Go bo Jid du rig par bya ste / tshogs daG sbyor

ba daG / mthoG ba daG / bsgom pa daG / mthar thug paHi lam gyi Go bo Jid

daG go rims bZin no // mtshon pa Ces rab kyi Go bo Jid des mtshon gZi daG

mtshan Jid de mtshon par byed de / thos pa daG bsams daG bsgoms pa la

sogs paHi rim gyis yaG dag par Ces par byed do Zes bya baHi don to //

/ *mJam pa Jid du Hgyur ba ni zag pa med paHi dbyiGs na*[683] Zes bya ba

---

681) tayA hi tal lakSyaM lakSaNaM ca lakSyate //
682) samatAgamanam
683) samatAgamanam anAsrava — dhatU

ni zag pa med paHi dbyiGs na dmigs par bya ba daG / dmigs par byed pa

mJam pa daG mJam paHi ye Ces thob paHi phyir Hgyur ro //

/ de Jid kyi phyir de Jid kyi phyir mjugs thogs su / Hphags rigs Cin tu dri

med pa 684)Zes bCad do / de ltar na rnal Hbyor gi sa rnam pa lta po Hdi

Zes bya ba ni mJam pa Jid du Hgyur ba la sogs pa daG bcas paHo /

[L, p.66. 1] / vimukti − paryeSTau SaT ClokAH /

kArIkA

/ padArthadehanirbhAsaparAvRttiranAsravaH /

dhAturbIjaparAvRtteh sa ca sarvatragACrayah // 11 − 44 //

kArIkA(T)

/ sa bon gZan du gyur paHi phyir // gnas don lus su snaG ba dag / gZan du gyur pa685)

zag med dbyiGs // de ni rten kun Hgro ba can //

bhASya

bIjaparAvRtter ity AlayavijJAnaparAvRttitaH / padArthadehanirbhAsAnAM vijJAnAnAM parAvRt−

tirnAsravo dhAturvimuktiH / sa ca sarvatragACrayah CrAvakapratyekabuddhagataH /

bhASya(T)

---

684) AryagotraM hi nirmalaM
685) D: pas

[P: 186a8]rnam par grol ba yoGs su tshol ba la tshigs su bcad pa drug ste /
sa bon gZan du gyur paHi phyir // gnas don lus su snaG ba dag / gZan du gyur pa
zag med dbyiGs // de ni rten kun Hgro ba can /
/ sa bon gZan gyur paHi phyir Zes bya ba ni kun gZi rnam par Ces pa gZan du
gyur paHi phyir ro /
/ gnas daG don daG lus su snaG baHi rnam par Ces pa rnam gZan du gyur pa ni
zag pa med paHi dbyiGs de / rnam par grol baHo // de ni rten kun tu Hgro ba can te
Jan thos daG raG saGs rgyas la mGaH ba yin no //

VRtti − bhASya

[P: 210b3, D: 190a5] / rnam par grol ba yoGs su tshol ba la tshigs su bcad pa
drug ste[686] Zes bya ba la /
Hphags paHi lam bsgoms[687] nas Jon moGs pa daG sdug bsGal spaGs te mya Gan las
Hdas pa mGon sum du byas pa ni rnam par grol ba Zes bya Ho // thabs gaG ji ltar
byas na mya Gan las hdas pa Hthob par Hgyur Zes brtags pa ni rnam par grol ba
yoGs su tshol ba Zes bya ste / rnam par grol ba btsal ba[688] tshigs su bcad pa drug
gis ston to Zes bya baHi don to /
/ gnas don lus ni snaG ba dag / Cin tu gyur ba zag[689] med paHi // dbyiGs daG sa
bon rab gyur phyir // de yaG [690]kun tu Hgro baHi gnas /
/ Zes bya ba la / sa bon rab [D: 190b]tu gyur ces bya baHi tshigs bcad rkaG pa
gsum gyis Hjug[691] nas / HbyuG bar sGar smos la je bCad par bya ste / Jon moGs pa

---

686) vimukti − paryeSTau SaT ClokAH
687) P: bsgom
688) D: tsam instead of bstal ba
689) P: thag
690) P: deHan
691) P: gyi mjug instead of gyis Hjug

daG Ces byaHi sgrib paHi bag chags daG bcas paHam / gzun ba daG Hdzin paHi paHi
bag chags daG bcas paHi kun gZi la sa bon Zes bya ste / kun gZi gzuG Hdzin gyi
dri ma daG bral bas gnas gZan du gyur na chos rnam pa gsum du yaG gnas gZan
du gyur[692] te / gsum po gaG Ze na / gnas su snaG ba daG / don du snaG ba daG / lus
su snaG baHo /

/ de la **gnas** ni snod kyi Hjig rten sa gZi chen po ste / de gnas gZan du gyur na
Gam[693] grog gam gyaGs[694] sa la sogs[P: 211a] pa thag thug[695] tu mi[696] snaG gi
Cel daG baiDUrya la sogs paHi sa gZi snaG bar Hgyur ro /

/ **don** ni gzugs nas chos kyi bar du yul drug la bya ste / de rnams gZan du gyur na[697]
saGs rgyas kyi saHi dus kyi tshe dpag bsam gyi CiG la sogs paHi loGs spyod sna
tshogs su snaG bar Hgyur ro /

/ **lus** ni mig gi dbaG po nas yid kyi dbaG poHi bar du dbaG po drug la bya ste /
dbaG po drug gnas gZan du gyur na dbaG po gcig gis kyaG dbaG po thams cad kyi
don byed nus pa daG / yon tan brgya rtsa bcu gJis Hthob pa daG / saGs rgyas kyi
sku lta bur snaG bar Hgyur ba daG /

/ de ltar chos rnam pa gsum gnas gZan du gyur paHi zag pa med paHi dbyiGs la
rnam par grol ba Zes bya ste / rnam par grol baHi gnas der ni Hphags pa Jan thos
kyaG Hjug la[698] raG saGs rgyas kyaG Hjug / byaG chub sems dpaH rnams kyaG Hjug
pas na deHaG kun tu Hgro baHi gnas Zes bya ste / rnam par grol baHi gnas su ni
theg pa gsum gyi gaG zag thams cad Hjug paHi phyir ro /

---

692) P: Hgyur
693) D: Gom
694) D: gyaG
695) P: thag
696) D: mi, omit
697) D: nas
698) P: la, moit

TIkA

[P: 102a2, D: 91b4] / sa bon gZan du gyur paHi phyir // gnas don lus su snaG ba dag // gZan du gyur pa zag med dbyiGs // de ni rten kun Hgro ba can[699] // Zes bya ba ni tshig su bcad pa Hdi las dbyiGs Zes bya baHi sgra rkaG pa gsum paHi daG po nas HbyuG ba zag pa med pa Zes bya baHi sgra rkaG pa gJis pa nas HbyuG ba daG lhan cig sbyar bar bya ste / ji skad du / gZan du gyur pa zag med dbyiGs Zes bCad pa yin no // gnas daG don daG lus su snaG baHi rnam par Ces pa rnams gZan du gyur pa[700] Zes bya ba la / gnas ni rten yin pas gnas smos pas rten du gyur pa sa la sogs pa bzuG ste[701] / de dag gZan las gyur pa Zes bya ba Hi tha tshig go // gzugs la sogs pa don gyi rnam par rig pa daG mig la sogs pa lus kyi rnam par rig pa gZan du gyur pa ni zag pa med paHi dbyiGs yin no //

kArika

[L, p. 66.8] / caturdhA vaCitAvRtter manasaC codgrahasya ca /
vikalpasyAvikalpe hi kSetre jJAne \`tha karmaNi // 11 − 45 //

kArIkA (T)

/ yid daG Hdzin daG rnam par rtog // gyur phyir rnam par mi rtog daG[702] // Zin[703] daG ye Ces las dag la // dbaG ni rnam pa bZi yin no /

---

699) / padArthadehanirbhAsaparAvRttiranAsravaH /
    dhAturbIjaparAvRtteh sa ca sarvatragACrayah // 44abcd //
700) padArthadehanirbhAsAnAM vijJAnAnAM parAvRttir
701) D: smos pas yul du gyur pa la sogs pa bzuG ste /
702) P: pa instead of daG
703) P: Zi

bhASya

manasaC codgrahasya ca vikalpsya cAvRtteH parAvRtter ity arthaH / caturdhA vaCitA bhavati yathAkramamavikalpe kSetre jJAnakarmaNoC ca /

bhASya(T)

[P: 186b2] / yid daG Hdsin daG rnam par rtog / gyur phyir rnam par mi rtog daG / ZiG daG Ces las dag la / dbaG ni rnam pa bZi yin no /

/ gyur paHi don ni yid daG Hdsin pa daG rnam par rtog pa bzlog pa ste // go rim bZin du rnam par mi rtog pa daG Zin daG ye Ces daG las dag la dbaG rnam pa bZi yin no /

VRtti − bhASya

/ rnam par grol ba rnam graGs gZan yaG bstan paHi phyir / yid[704] daG Cin tu Hdsin pa daG // rnam par rtog pa bzlog pa ni // dbaG yaG rnam pa bZir[705] gyur[706] te // mi rtog Zin[707] daG ye Ces las[708] // Zes smos to /

/ de la yid ni Jon moGs pa can gyi sems can gyi[709] sems las byuG ba bZi[710] daG ldan[711] pa rtag tu kun gZi[712] rnam par Ces pa la bdag tu lta ba Jon moGs paHi

---

704) P:Hdsin

705) P: gZir

706) P: Hgyur

707) P: Zi, D: bZi

708) / caturdhA vaCitAvRtter manasaC codgrahasya ca /
    vikalpsyAvikalpe hi kSetre jJAne `tha karmaNi // 45 //

709) D: sems can gyi, omit

710) P: gZi

711) P: lan

712) P: gZi, omit

yid la byaHo/

Cin tu Hdsin pa ni gzugs rig713) bya la dmigs par byed pa mig gi rnam par Ces pa
nas lus kyi rnam par[D: 191a]Ces paHi bar du rnam par Ces paHi tshogs lGa la bya
ste/

rnam par rtog pa ni714) Hdi ni sGon po yin ser po ma yin no Zes dpyod par byed
pa yid kyi rnam par Ces pa la bya ste/rnam par Ces pa de bdun bzlog nas gnas
gZan du gyur na dbaG rnam pa bZi daG ldan Zin dbaG rnam pa bZi Hthob par Hgyur
te/dbaG rnam pa bZi gaG Ze na/mi rtog pa la dbaG ba daG/Zin la dbaG ba daG[P:
211b]/ye Ces la dbaG ba daG/las la dbaG ba ste/rim bZin du sbyar ro//
de la yid715) gnas gZan du gyur na/mi rtog pa la dbaG bar Hgyur te/ciHi phyir Ze
na/Jon moGs paHi yid ma dag paHi dus na yaG kun gZi la dmigs la dag pa na
yaG rnam par mi rtog paHi ye Ces kho na la dmigs paHi phyir ro//de bas na goG
nas kvaG/yid kyaG gZan du gyur nas ni//Hbyor ba dam pa thob par Hgyur//Hbyor
baHi rjes Hjug ye Ces ni//rnam par rtog pa dri ma716) med//ces bCad do//
Hdsin pa gnas gZan du gyur na Zin la dbaG ba Hthob ste/ci dgar saGs rgyas kyi
ZiG Cel daG baiDUrya la sogs paHi kha dog tu ston paHi phyir ro//de bas na goG
nas kyaG/don bcas Hdsin pa gZan gyur pas//Hbyor ba dam pa thob par Hgyur//Zin
yaG Hdod bZin dag pa daG/loGs spyod Cin tu ston par Hgyur//Zes bCad do/
/rnam par rtog pa gnas gZan du gyur na ye Ces daG las gJis la dbaG thob par
Hgyur te/so so yaG dag par rig pa bZi daG ldan pas ye Ces la dbaG Hthob bo//
mGon par Ces pa lGaHi las la thogs717) med par Hjug pas las la dbaG thob bo//de
bas na goG du yaG/rnam rtog gZan du gyur na ni//Hbyor ba dam pa thob par

---

713) D: reg
714) D: ni, omit
715) D: yad
716) P: ma, omit
717) P: thog

Hgyur // ye Ces daG ni las kun tu[718) *// rtag tu thogs pa med paHo // Zes bCad do /*

TIkA

[P: 102a6, D: 91b6] / yid daG Hdsin daG rnam par rtog / gyur phyir Zes bya ba ni dbaG rnam pa bZi Hthob bo Ces bya bar sbyar ro // Jon moGs pa can gyi yid gZan du gyur na rnam par mi rtog pa gaG la dbaG thob ste / hdi ltar goG du / yid ni gZan du gyur ba na // Hbyor daG mthun sbyod mi rtog paHi // [D: 91a]ye Ces Cin tu dri med la // Hbyor ba dam pa thob par Hgyur // Zes bCad pa yin no // Hdsin pa gZan du gyur na Zin la dbaG Hbyor ba thob ste / Hdi ltar[719) *don bcas yid ni*[720) *gZan du*[721) *gyur ba na // ji ltar Hdod bZin loGs sbyod*[722) *dag // bstan phyir Zin ni dag pa la // Hbyor ba dam pa thob par Hgyur // Zes bCad*[723) *pa yin no // rnam par rtog pa ni yid kyi rnam par Ces paHo // de bZin du gyur na ye Ces daG las la dbaG ba Jid Hthob ste / ji skad du /*[724) *rnam rtog gZan du gyur na ni // dus rnams rtag tu ye Ces daG // las rnams kun la thog me la // Hbyor ba dam pa Hthob par Hgyur // Zes bCad pa lta bu yin no //*

kArIkA

[L, p.66.11]acalAditribhUmau ca vaCitA sA caturvidhA / dvidhaikasyAM tadanyasyAm ekaikA vaCitAmatA // 11 − 46 //

---

718) D: kyaG
719) D: Hdi ltar
720) D: Hjin pa
721) D: du, omit
722) P: spyod
723) P: Cad
724) P: / , omit

kArIkA *(T)*

dbaG[643) ni mi gyo la sogs paHi // sa gsum la ni rnam gZi ste // gcig la rnam gJis te las gZan // dbaG re re[644) ni Hdod pa yin //

bhASya

sA ceyamacalAdibhUmitraye caturdhA vaCitA veditavyA / ekasyAmacalAyA bhUmau dvividhA / avikalpe na cAnabhisaMskAranirvikalpatvAt / kSetre ca buddhakSetrapariCodhanAt / tadanyasyAM bhUmAvekaikA vaCitA sAdhumatyAM jJAnavaCitA pratisaMvidviCeSalAbhAt / dharmameghAyAM karmaNyabhijJAkarmaNAmavyAghAtAt /

bhASya *(T)*

[P:186b4] / dbaG de mi gyo la sogs paHi // sa gsum la ni rnam bZi ste // gcig la rnam gJis de las gZan // dbaG re re ni Hdod pa yin /

/ dbaG de yaG sa gyo ba la sogs pa gsum la rnam pa bZi rig par bya ste // sa mi gyo ba gcig la rnam pa gJis te // mGon par Hdu byed pa med par mi rtog paHi phyir rnam par mi rtog pa daG // saGs rgyas kyi ZiG yoG su dag paHi phyir ZiG la dbaG Go // de las gZan paHi sa la ni dbaG re re ste // legs paHi blo gros la ni so sor yaG dag par rig paHi kyad par thob paHi phyir ye Ces la dbaG Go // chos kyi sprin la ni mGon par Ces paHi las rnams la thog pa med paHi phyir las la dbaG Go //

VRtti – bhASya

/ de ltar rnam par Ces pa bdun las rnam par Ces pa gnas gyur na // dbaG gaG Hthob par Hgyur ba bstan nas / da ni sa gaG la dbaG gaG daG ldan pa bstan paHi phyir /

---

643) D: de, omit
644) D: ra, added

mi gyo la sogs pa gsum la//dbaG de[645] *ni rnam pa bZi ste//*[646] *Zes bya ba smos te/sa brgyad pa mi gyo ba daG/sa dgu pa legs paHi blo gros daG/sa bcu pa [***D: 191b***]chos kyi sprin gsum la dbaG rnam pa bZi daG ldan pa yin te Zes bya baHi don to*[647] */*

/gcig la rnam gJis de las gZan//dbaG ni re re Hdod pa yin[648] *//Zes bya ba la/sa mi gyo ba la mi rtog pa la dbaG ba daG/saGs rgyas kyi ZiG la dbaG ba ste/dbaG gJis daG ldan par Hdod la/sa legs paHi blo gros daG chos[P: 212a]kyi sprin gJis las ni*[649] *dbaG re re daG ldan par Hdod de/legs paHi blo gros la ni ye Ces la dbaG bar Hdod/chos kyi sprin la ni las la dbaG bar Hdod do//ji lta Ze na/sa brgyad kyi dus na rnam par mi rtog pa lhun gyis grub pa daG ldan pas mi rtog pa la dbaG ba daG/ci dgar saGs rgyas kyi ZiN Cel*[650] *daG baiDUrya la sogs paHi kha don tu ston pas saGs rgyas kyi ZiG la dbaG Go//sa dgu pa legs paHi blo gros la ni so so yaG dag par*[651] *rig pa bZiHi khyad par thob*[652] *paHi phyir ye Ces la dbaG Hthob ste/so so yaG dag par rig pa bZi ni/*

1. chos so so yaG dag par rig pa daG/

2. don so so yaG dag par rig pa daG

3. Ges paHi tshig so so yaG dag par rig pa daG

4. Spobs pa so so yaG dag par rig paHo

/1. de la phun po daG khams daG skye mched la sogs paHi chos rnams kyi miG thams cad phyin ci ma log par Ces pa ni chos so so yaG dag par rig paHo/

---

645) P, D: de, omit
646) *acalAditribhUmau ca vaCitA sA caturvidhA / 46ab /*
647) P: te
648) *dvidhaikasyAM tadanyasyAm ekaikA vaCitAmatA // 46cd //*
649) D: ni, omit
650) P: Cal
651) P: pa
652) P: Hthob

/2. chos rnams kyi raG daG spyiHi mtshan Jid Ces pa ni don so so yaG dag par rig pa Zes byaHo/

/3. sems can thams cad kyi sgra daG skad Ces pa ni Ges paHi tdhig so so yaG dag par rig pa Zes byaHo/

/4. chos gcig gi don bCad par brtsams te/stan gcig la Hdug nas Hkhor baHi mthaHi bar du miG daG tshig sna tshogs kyis bCad kyaG Ces rab la zad pa med pa ni spobs pa so so yaG dag par rig pa Zes byaHo/

sa bcu pa chos kyi sprin la ni las la dbaG Hthob ste/Hphrul gyi mig daG rna ba la sogs pa mGon par Ces paHi las byed pa la bar du gcod pa med ciG thogs[653] pa med par Hjug paHi phyir ro/

kArIkA

viditvA nairAtmayaM dvividham iha dhImAn bhavagataM

samaM tac ca jJAtvA praviCati sa tatvaM grahaNataH/

tatas tatra sthAnAn manasa iha na khyAti tad api

tadkhyAnaM muktiH parama upalambhasya vigamaH//11−47//

kArIkA(T)

blo daG ldan pas srid gtogs bdag med rnam pa gJi gaHaG[654] rig Hgyur la//de yaG mJam par Ces nas de ni Hdsin paHi sgo nas de Jid Hjug//de nas de la yid gnas phyir na de la de yaG mi snaG Go//de mi snaG ba grol ba yin te mchog to dmigs daG bral baHo//

---

653) P: thog
654) D: gJi ga HdeHaG

bhASya

/aparo vimuktiparyAyaH/dvividhaM nairAtmyaM viditvA bhavatrayagataM bodhisatvaH samaM tac ca jJAtvA dvividhanairAtmyaM parikalpitapudgalAbhAvAt parikalpita—dharmAbhAvAt na tu sarvathaivAbhAvtaH/tatvaM praviCati vijJaptimAtratAM grahaNato grahaNamAtram etad iti/tatas tatra tatvavijJaptimAtrasthAnAnmanasas tad api tatvaM na khyAti vijJaptimAtraM/tadkhyAnaM muktiH parama upalambhasya yo vigamaH pudgaladharmayoranupalambhAt //

bhASya(T)

[P: 186b7]/blo daG ldan pas sriG gtogs bdag med rnam pa gJis gGan rig Hgyur la//de yaG mJam par Ces nas de ni Hdsin paHi sgo nas de Jid Hjug//de nas de la yid gnas phyir na de la de yaG mi snaG Go//de mi snaG ba grol ba yin te mchog tu dmigs daG bral baHo//

rnam par grol baHi rnam graGs gZan yaG byaG chub sems dpas srid pa gsum du gtogs pa bdag med pa rnam pa[P: 187a]//gJis rig par gyur la//bdag med pa rnam pa gJis po de yaG kun brtags paHi gaG zag med pa bZin du//kun brtags paHi chos med par Ces paHiphyir//mJam par Ces nas te/rnam apr thams cad du med paHiphyir ni ma yin no/Hdi ni Hdsin pa tsam mo//Zes Hdsin paHi so nas de kho na Jid rnam par rig pa tsam la Hjug go//de nas de kho na Jid rnam pa rig pa tsam de la yid gnas paHi phyir//de kho na Jid rnam par rig pa tsam de yaG mi snaG Go//de mi snaG ba ni grol ba mchog tu dmigs pa daG bral ba gaG yin pa ste /gaG zag daG chos dag mi dmigs paHi phyir ro//

VRtti—bhASya

/rnam par grol baHi rnam graGs gZan yaG bstan paHi phyir//Hdi la blo ldan srid soN bdag med rnam gJis rig nas ni/655) /Zes bya ba la sogs pa smos te/bdag ces

bya baHi sgra kun tu brtags pahi gaG zag la yaG bya bar hdren [**D: 192a**]te/bdag

daG sems can daG srog daG gaG zag ces Hdogs paHi phyir ro//chos rnams kyi raG

bZin yaG bdag656) gi srar Hdogs te[*P: 212b*]me ni dro baHi raG bZin Zes bCad na dro

baHi bdag Jid ces bya baHi don to//Hdi la Zes bya ba ni Hkhor ba na du yod pahI

phuG po daG skye657) mched kyi don Hdi la Zes bya baHi don to//bdag med pa

gJis rig ces bya ba ni khams gsum du gtogs paHI chos rnams la ji ltar kun brtags

paHi gaG zag gi raG bZin du raG bZin daG bdag med paHi de bZin du kun tu brtags

paHi chos la yaG raG bZin daG bdag med par khoG du chud nas Zes bya baHi don

to//Hdis ni sgro Hdogs paHi mthaH la ma Zen par bstan to/

/de daG mtshuGs par Ces nas658) //Zes bya ba la/bdag med pa gJis su rtog pa yaG

de daG mtshuGs par rtogs te/mtshuGs pa Zes bya ba ni mthaH gJis daG bral baHi

lam rtogs Zes bya baHi don te659) /dbu maHi rtogs so Zes bya baHi don to//ji ltar

Ze na/kun tu brtags paHi gaG zag med pa daG/kun tu brtags paHi660) chos rnams

med ciG stoG pa Zes bya bar zad kyi rnam pa thams cad du med pa ni ma yin par

Ces te/gZan yaG yoGs su grub pa ni med pa ma yin par Ces par bya ste/Hdis ni

skur paHi mthaH ltuG ba daG bral bar bstan to//de ltar sgro Hdogd pa daG skur661)

paHi mthaH daG bral nas de Jid rab Hjug ces bya ste/kun brtags kyi gaG zag daG

kun brtags kyi chos mcd paHi scms mo662) mthoG ba ni de Jid la rab tu lIjug pa

Zes bya ste/Hdi yaG mos pa spyod paHi sa bZi las bzod paHi dus na rtogs te/deHi

---

655) viditvA nairAtmayaM dvividham iha dhImAn bhavagataM/47a/

656) D: dag

657) D: skyed

658) *samaM tac ca jJAtvA praviCati sa tatvaM grahaNataH/47b/*

659) P: to

660) P: paHi, omit

661) by H, pa daG skur, added.

662) P, D: po

tshe na gzuG baHi[663] *raG bZin med par khoG du chud par byed paHi phyir ro // de ltar bzod paHi dus na gzuG ba med par khoG du chud pas de kho naHi phyogs gcig la Zugs paHi tiG Ge Hdsin thob pa na de Jid la rab tu Hjug pa Zes btags so / Hdsin par te // Zes bya ba la[P: 213a]bzod paHI dus na gzugs la sogs pa*[664] *phyiHi dGos po ni[D: 192b]med kyi Hdsin paHImtshan Jid sems tsam du zad do Zes khoG du*[665] *chud pas na Hdsin pa tsam sems so /*

/ deHi[666] *phyir de la yid gnas phyir*[667] *// Zes bya ba la ni goG du bCad pa lta bur na bzod paHi dus na phyiHi yul mi dmigs kyi sems tsam la gnas pas de la yid gnas pa Zes byaHo /*

/ de la de mi snaG Zes bya ba la / bzod paHi dus na gzuG baHi chos phyiHi yul med par khoG du chud pa daG / Hjug rten gyi chos mchog gi dus na gzuG ba med na de la Hdsin par byed paHi sems kyaG med do Zessems tsam du Hdsin pa daG yaG bral te / de bas na de la mi snaG Zes byaHo /

/ de snaG med pa grol ba mchog tu dmigs pa[668] *daG bral baHo* [669]*Zes bya ba la / de na sa daG poHi dus na gzuG ba yaG mi*[670] *snaG Hdsin pa yaG mi snaG ste / gzuG Hdsin mi dmigs paHi ye Ces la gnas pa Jid grol ba Zes bya ste / ciHi phyir Ze na / mchog tu dmigs pa gaG zag tu dmigs pa daG chos su dmigs pa gJis daG bral baHi phyir grol ba yin no /*

de yaG mtshuGs par Ces pa ni Zes bya ba la / bdag med pa gJis su rtogs[671] *pa yaG*

---

663) P, D: bzod pa
664) P: paHi
665) P: du, omit
666) P: de
667) tatas tatra sthAnAn manasa iha na khyAti tad api / 47c /
668) P: pa, omit
669) tadkhyAnaM muktiH parama upalambhasya vigamaH // 47d /
670) P: med
671) P: rtog

thams cad nas thams cad du med par rtogs par ma zad kyi/mthaH gJis daG bral

baHi dbu maHi lam rtogs⁶⁷²⁾ pa ni mtshuGs par Ces pa⁶⁷³⁾ Zes byaHo/

/Hdsin pa ni Hdi ni Hdsin pa tsam mo sJam paHi Zes bya ba⁶⁷⁴⁾ la tsam gyi sgras

ni gzugs la sogs paHi don yod pa ma yin par Hgog ste/sems daG sems las byuG

ba tsam du zad kyi/de las gZan paHi gzugs la sogs paHiyul yod pa ma yin no Zes

rtogs pa ni Hdsin pa tsam du zad kyi/deHaG bzod paHi dus na rtogs so/

TĪkA

/bdag med pa rnam pa⁶⁷⁵⁾ gJis po de yaG mJam par Ces nas⁶⁷⁶⁾ Zes bya ba la/

bdag ces bya baHi sgro ni kun brtags paHi gaG zag la sogs pa la yaG blta bar

byaHo//chos rnams kyi Go bo Jid ka yaG blta bar bya ste/mi ni tsha baHi Go bo

Jid do Zes bya ba tsha baHi bdag Jid do Zes bya baHi tha tshig go//de ni ji ltar

kun brtags paHi gaG zag bdag med pa ltar kun brags chos bdag med par Ces bya te

/de ltar bdag med pa rnam pa gJis Ces so//Hdi ni Hdisn pa tsam mo⁶⁷⁷⁾ Zes bya

ba la/tsam Zes bya ba la/tsam Zes bya baHi sgro ni don gsal baHi phyir te/phyir

la don daG bral ba Hdsin pa tsam smas khas byuG ba tsam Zes bya baHi tha tshig

go//de kho na Jid rnam par rig pa tsam⁶⁷⁸⁾ Zes bya ba ni ji ltar rnam par rig pa

tsam Zes bya ba ni ji ltar rnam par rig patsam de kho na Jid yin Ze na/Hdi ltar

rnam par rig pa tsam Jid la Zugs na bzod paHi gnas skabs na gbruG baHi don

dmigs par Hgyur la/de yaG de kho naHi don gyi phyogs gcig la Zugs ba daG ltan

---

672) P: rtog

673) P: par

674) P: ba, omit

675) D: rnams instead of rnam pa

676) samaM tac ca jJAtvA dvividhanairAtmyaM

677) grahaNamAtram etad

678) tatvavijJAptimAtra

paHi tiG Ge Hdsin yin pas de kho na Jid Zes bya baHo //

kArIkA

/ AdhAre saMbhArAd AdhAne sati hi nAma − mAtraM paCyan /
paCyati hi nAma − mAtraM tat paCyams tshogs tac ca naiva
paCyati bhUyaH // 11 − 48 //

kArIkA(T)

/ tshogs gyis gZi daG bskyed yod na / miG tsam du ni mthoG bar Hgyur / miG tsam
mthoG ste der mthoG nas[679] // de yaG phyis ni mi mthoG Go //

bhASya

/ aparaparyAyaH / AdhAra iti Crutau saMbhArAd iti saMbhRtasaMbhArasya pUrva −
saMbhAralAbhAt / AdhAne satIti yoniComanaskAre nAmamAtraM paCyann ity abhitnApa −
mAtramartharahitaM / paCyati hi nAmamAtram iti vijJaptimAtraM nAma arUpiNaCcatvAraH
skandhA iti kRtvA tatpaCyaMs tad api bhUyo naiva paCyaty arthAbhAve tadvijJa −
ptyadarCanAd ity ayamanupalambho vimuktiH /

bhASya(T)

/ tshogs kyis gZi daG bskyed yod na / miG tsam du ni mthoG bar Hgyur // mi tsam
mthoG ste der mthoG na // de yaG phyis ni mi mthoG Go //
rnam graGs gZan yaG tshogs kyis Zes bya ba ni tshogs bsags paHi sGon tshogs kyi
stobs kyis so // gZi Zes bya ba ni thos paHo // bskyod pa yod na Zes bya ba ni //
tshul bZin yid la byed paHo // miG tsam du mthoG bar Hgyur ro // Zes bya ba ni

---

679) P, D: na

mGon par brjod pa tsam du ste don daG bral bar ro // miG tsam du mthoGste Zes bya ba ni rnam par rig pa tsam du ste / miG ni gzugs can ma yin paHi phuG po bZi yin paHi phyir ro // der mthoG na de yaG phyis mi mthoG ba Jid de / don med na deHi rnam par rig pa mi mthoG baHi phyir ro // debs na Hdi nimi dmigs paHi rnam par grol ba yin no //

VRtti − bhASya

/ rnam par grol baHi rnam graG gZan bstan paHi phyir / gZi daG tshogs daG gZag[680) yod na[681) // Zes bya ba la sogs pa smos[682) te / gZi yod pa daG tshogs yod pa daG gZag pa yod pa Zes bya baHi don to // de la tshe Hdir dge baHi bCes gJen la brten nas[P: 213b]dam paHi chos Jan pa daG / sems pa la sogs pa byed pa ni gZiHo[683) // tshe rabs[684) sGa mar mos pa spyod paHi sar bskal pa graGs med pa gcig tu gsod nams kyi tshogs bsags pa ni tshogs so // mos pa spyod paHi sa dag tu chos[D: 193a]thams cad mi rtag pa daG / sdug bsGal ba daG / stoG pa daG / bdag med par tshul bZin yid la byas pa ni gZag pa Zes bya ste / de gsum daG ldan pa ni[685) Zes bya baHi don to /

/ miG tsam du yaG mthoG bar Hgyur[686) // Zes bya ba la / de gsum daG ldan na drod daG rse moHi tshe na chos thams cad miG tsam du mthoG bar Hyur te / tshig tsam brjod pa tsam tha sJad tsam rnam par rtog pa tsam du zad par mthoG gis[687) chos

---

680) P: gZan
681) / AdhAre saMbhArAd AdhAne sati / 48a /
682) D: pa, omit
683) P: bZiHo
684) P: rab
685) D: ni, omit
686) hi nAma − mAtraM paCyan / 48b /
687) D: baHi instead of gis

rnams kyi raG bZin yod pa ma yin par mthoG Go Zes bya baHidon to/
/miG tsam du ni688) mthoG ba ste689) //Zes bya ba la/deHi Hog tu bzod paHi dus
na chos thams cad sems tsam du mthoG ste/miN gi phuG po bZi tsam du zad kyi
de las ma gtogs paHi gzugs la sogs paHi chos gaG yaG ma mthoG bas na miG tsam
du mthoG ba Zes bya ba ste690)/gzuG ba rnams deHi tshe spaGs paHi phyir/
/de mthoG de yaG mthoG mi Hgyur691) //Zes bya ba la/de nas Hjig rten gyi chos
mchog gi dus na bzod paHi tshe miG tsam du mthoG ba de yaG ma mthoG ste/
sems tsam du yod par Hdsin pa yaG deHi tshe spaGs paHi phyir te/gzuG ba med pa
yaG Hdsin pa692) yod par mi rigs693) par khoG du chud paHi phyir ro/de ltar gzuG
Hdsin gJis spaGs nas sa daG poHi tshe gzuG ba daG Hdsin pa gJis mi dmigs paHi
dmigs su med paHi ye Ces la gnas pa Jid rnam apr grol ba yin to694)/

TIkA

[P: 102b6, D: 92a7]/sdon gyi tshogs kyi stobs kyis so695) Zes bya ba ni tshe rabs
gZan dag la bsodnams daG ye Ces kyi tshogs yaG dag par bsgrubs pa gaG dag yod
pa yin baHo//[D: 92a]miG tsam du mthoG bar Hgyur ro696) //Zes bya ba ni mdon
par brjod pa tsam du ste Zes bya ba mGon par brjod pa ni yid kyi brjod pa tsam
Zes bya baHi don te/de Jid kyi phyir mjug thogs su don daG bral bar ro Zes bCad
do//don med na deHi rnam par rig pa mi mthoG baHi phyir ro697) //Zes bya ba ni

---

688) P: ni, omit
689) paCyati hi nAma−mAtraM
690) P: bya ba ste
691) tat paCyams tshogs tac ca naiva paCyati bhUyaH/
692) by H, Hdsin pa, added
693) P: rig
694) P, D: te
695) pUrvasaMbhAralAbhAt
696) nAmamAtraM paCyann

gzuG[P: 103a]baHi don med na Hdsin pa yaG mi mthoG bas so//

kArIkA

/cittam etat sadauSthulyam AtmadarCaNapACitam/
/pravartate nivRttis tu tad adhyAtmasthiter matA // 11 − 49 //

kArIkA (T)

[P: 17a2,D: 15a5]/sems ni gnas Gan len daG bcas//bdag ltaHi Zags pas zin par[698]
ni//rab tu Hjug par Hgyur te de//naG du gnas phyir ldog par Hdod//

bhASya

/aparaprakAraC cittam etat pravartate sadauSthulyaM janmasu/AtmadarCanapACitam iti
dauSthulyakAraNaM darCayati/dvividhentmadarCanena pACitamataH sadauSthulyam iti/
nivrttis tu tad adhyAtmasthiter iti tasya cittasya citta evAvasthAnAdAla−mbanAnu−
palambhataH/

bhASya (T)

[P: 187a6]/sems ni gnas Gan len daG bcas//bdag ltaHi Zags pas zin par ni//rab tu
Hjug par Hgyur te de//naG du gnas phyir ldog par Hdod/
/rnam graGs gZan yaG sems Hdi ni skye ba rnams su gnas Gan len daG bcas par
rab tu Hjug go//bdag tu lta baHi Zags bas brin pa Zes bya ba ni gnas Gan len gyi
rgyu ston te/bdag tu lta ba rnam pa gJis kyis zin pas na deHi phyir gnas Gan len
daG bcas ba yin no//de Gan du gnas paHi phyir ldog go//Zes bya ba ni sems de

---

697) arthAbhAve tadvijJaptyadarCanAd
698) P: pa

sems kho na la gnas[P: 187b] paHi phyir te / dmigs pa mi dmigs paHi phyir ro //

VRtti — bhASya

/ rnam par grol baHi rnam graGs gZan yaGbstan paHi phyir / sems Hdi gnas Gan len daG bcas // bdag tu lta baHi Zags pas zin // Hjug par Hgyur te ldog pa ni // de ni naG du gnas par Hdod699) // ces bya ba smos te / sems Hdi gnas gnas Gan len daG bcas pas na Hjug te Zes bya ba daG sbyar ro // de la sems kyi sgras ni kun gZi rnam par Ces pa la sogs pa sems daG sems las byuG baHi[P: 214a]chos la byaHo // gnas Gan len daG bcas pa700) Zes bya ba la gnas Gan len rnam pa gJis te / lus kyi gnas Gan len daG / sems kyi gnas Gan len to // de la lus kyi gnas Gan len ni srog gcod pa daG ma byin par len pa la sogs paHo // sems kyi701) gnas Gan len ni chags sems daG gnod sems[D: 193b]daG yod med du rtog pa la sogs paHo /

/ yaG na gnas Gan len rnam pa gJis te / Jon moJs paHi sgrib paHi bag chags daG Ces byaHi sgrib paHi bag chags so // bcas Zes bya ba ni bag chags de gJis daG ldan ZiG Hbrel Zes bya baHi don to / bdag tu lta baHi Zags pas zin // Zes702) bya bas gnas Gan len gyi rgyu bstan te / bdag tu lta ba ni gag zag la bdag tu lta ba daG703) / chos la bdag tu lta baHo // ci tsam ci tsam gaG zag la bdag yod pa daG / chos la bdag yod pa phyin ci log tu bltas pa de tsam du sems la Jon mogs paHi sgrib pa daG Ces byaHi sgrib paHi bag chags kyi gnas gan len704) sogs par Hgyur ro // ji srid du gnas Gan len gJis daG ma bral ba de srid du Hkhor bar Hjug par Hgyur te /

---

699) */ cittam etat sadauSthulyam AtmadarCaNapACitam /*
     / pravartate nivRttis tu tad adhyAtmasthiter matA // 49 //

700) P: pa, omit

701) D: gyi

702) P: ces

703) P: baHo instead of ba daG

704) P: len, omit

rgyun du Hkhor bar skye bar Hgyur te Zes bya baHi don to // khor ba log ste Hkhor
bar mi skye ba ni rnam par grol ba Zes byaHo // ji ltar Hkhor ba las ldog par Hgyur
Ze na / da ni nam sems naG du gnas par gyur pa na Hkhor ba las ldog par Hdod do
// sems naG du gnas pa yaG gzuG ba daG Hdsin pa gJis su rtogs pa spaGs nas gJis
su med paHi sems tsam la sems gnas te gzuG ba yaG mi dmigs Hdsin pa yaG mi
dmigs par Hgyur ba na rnam par grol ba yin par Hdod de / de ni sa daG poHi dus
naHo /

TIkA

[*P: 103a*, **D: 92b2**] / bdag tu ltaHi Zags pas zin ba⁷⁰⁵⁾ Zes bya ba ni bdag tu lta bas
bciGs pa Zes bya baHi don to // bdag tu lta baHi HchiG ba de ni gnas Gan len yin te
/ len ces bya baHi skad dbyiGs Hdi ni len par byed paHi don la byuG Go // sems de
ni ji lta ji ltar phyin ci log tu gyur nas bdag tu lta ba len pa de⁷⁰⁶⁾ lta de ltar
Hgro ba ltaHi Hkhor ba na sdug bsdul mad po la brten par Hgyur ro //

kArIkA

/ niHsvabhAvatAparyeSTau ClokadvayaM /
/ svayaM svenAtmanA 'bhAvAt svabhAve cAnavasthiteH /
grAhavat tadabhAvAc⁷⁰⁷⁾ ca niHsvabhAvatvam iSyate // 11 − 50 //

kArIkA (T)

/ raG daG raG gi bdag Jid du // med phyir raG gi Go bo la // mi⁷⁰⁸⁾ gnas phyir daG

---

705) AtmadarCanapACitam
706) P: di
707) by N, tadAbhAvAc
708) P: ma

Hdsin bZin de // med phyir Go bo Jid med[709] *Hdod*

bhASya

/svayam abhAvAn niHsvahAvatvaM dharmANAM pratyayAdhInatvAt / svenAtmanA 'bhAvAn niHsvabhAvatvaM nirudhAnAM punaH svenA[710]*tmanAnutpatteH / svabhAve*[711] *'nava−sthitatvAn niHsvabhAvatvaM kSaNikatvAdity etat trividhaM niHsvabhAvatvam saMskRtalakSaNatrayAnugaM veditavyaM / grAhavat tadabhAvAc ca niHsvabhAvatvaM tadbhAvAd iti svAbhAvAt / yathA bAlAnAM svabhAvagrAho nityasukhaCacyAtmA*[712] *vA 'nyena vA parikalpitalakSaNena tathAsau svabhAvo nAsti tasmAd api niHsvabhAvatvaM dharmANAm iSyate / [L, p.68]niHsvabhAvatayA 'nutpAdAdAyaH / yo hi niHsvabhAvaH so 'nutpanno yo 'nutpannaH so 'niruddho yo 'niruddhaH sa AdiCAnto ya AdiCAntaH sa prakRtiparinirvRtta ity evam uttarottaraniCrayairebhirniHsvabhAvatAbhirniHsvabhAvatayA 'nutpAdAdayaH siddhA bhavanti /*

bhASya(T)

[P: 187b1] / Go bo Jid med pa yoGs su tshol ba tshigs su bcad pa gJis te / / raG daG raG gi bdag Jid du // med phyir raG gi Go bo la // ma gnas phyir daG Hdsin bZin de / med phyir Go bo Jid med Hdod //

/ raG med pHi phyir Go bo Jid med pa ni chos rnams rkyen la rag las paHi phyir ro // raG gi bdag Jid du med paHi phyir Go bo Jid med pa ni Hgags pa rnams yaG deHi bdag Jid du mi skye baHi phyir ro // raG gi Go bo la mi gnas paHi phyir Go bo Jid med pa ni skad cig ma yin paHi phyir ro // de ltar na Go bo Jid med pa

---

709) P: mi

710) by N, punas tenA

711) by N, svabhAva

712) by N, sukhaCacyAtto

rnams pa gsum po Hdi ni Hdus byas kyi mtshan Jid gsum daG sbyar bar rig par byaHo // Hdsin pa bZin de med paHi phyir Go bo Jid med pa la de med paHi Zes bya ba ni Go bo Jid med paHi phyir te // ji ltar byas pa rnams Go bo Jid rtag pa daG // bde ba daG / gtsaG ba daG // bdag gam // kun brtags paHi mtshan Jid gZan du Hdsin pa ji ltar Go bo Jid Hdi med pas deHi phyir yaG chos rnams Go bo Jid med pa Jid du Hdod do //

VRtti − bhASya

(introdution of 50, 51)

/dGos po med par[713) Hdod yoGs su tshol ba la tshigs su bcad pa gJis so[714) Zes bya ba la / mdo sde de [715)dag gi naG nas chos thams cad ni dGos po med pa daG / raG bZin gyis mya Gan las Hdas pa Zes bCad de / ji ltar dGos po med pa daG raG bZin gyis mya Gan las Hdas[P: 214b]pa yin par brtags[716) pa la yoGs su tshol ba Zes byaHo // de la chos rnam pa gsum ste[717) / kun brtags daG / gZan dbaG daG / yoGs su grub paHo // gZan gyi dbaG gi chos la ni skye ba daG Hjig pa daG gnas pa ste / Hdu byed kyi mthsan Jid gsum yod par raG bZin med pas na dGos po med pa Zes byaHo[718) // kun brtags kyi chos ni ji ltar gzuG ba bZin du med pas na raG bZin med pa Zes bya ste / de brtags[719) pa la tshigs su bcad pa gJis kyis bstan to Zes bya baHi don to / [D: 194a]

(verse of 50)

---

713) D: par,omit
714) niHsvabhAvatAparyeSTau ClokadvayaM
715) P: de, omit
716) P: brtag
717) P: te
718) P: bya
719) P: brtags

/raG daG raG gi bdag Jid med//bdag gi dGos la mi gnas phyir//[720]Zes bya ba la/
raG Zes bya baHi don ni raG Jid dGos po med paHi phyir Go bo Jid med pa Zes
bya ste/ciHi phyir Ze na/gZan gyi dbaG gi chos rnams skye baHi tshe rgyu daG
rkyen gZan gyis bskyed par zad kyi raG Jid kyis raG Jid bskyed par mi nus paHi
phyir te/Hdis ni skye ba raG bZin med par bstan to/

/yaG na chos rnams ni ma HoGs paHi dus na med pa las byuG ba la skye ba Zes
bya ba las mu stegs pa graGs can rnams kyis[721] gtso bo Zes bya ba yod pa las
chos rnams skye ZeHam/sa bon la my gu yod bZin du rgyu rkyen gyis bskyed do
Zes raG Jid kyi[722] dGos po yod pa[723] skye ba med paHi phyir Go bo Jid med pa
Zes byaHo/

/raG gi bdag Jid du dGos po med paHi phyir Go bo Jid med pa Zes bya ste/ciHi
phyir Ze na/dGos po rnams Hgags te Zig[724] pa rnams slar yaG bzlas nas sGon gyi
raG bZin du skye ba med paHi phyir te/Hdis ni Zig pa raG bZin med pa bstan to//
yaG na mu stegs pa graGs can pa rnams kyis Zig pa rnams kyaG thams cad pas
thams cad du[725] med par sog ba ma yin gyi[726] mGon par gnas so Zes smras pa
ltar gnas paHi raG bZin med pas na Go bo Jid med pa Zes byaHo/

/bdag gi dGos po la mi gnas paHi phyir/Go bo Jid med pa Zes bya ste/ciHi phyir
Ze na/da ltar gyi chos skyes pa rnams kyaG skad cig ma yin pas skad cig ma
skyes ma thag tu Hgag go//skad cig ma [P: 215] gJis daG gsum la sogs par mi
gnas paHi phyir te/Hdis ni gnas pa raG bZin med par bstan to/

yaG na mu stegs pa graGs can pa rnams kyis chos rnams skyes[727] nas thag[728] gi

---

720) svayaM svenAtmanA 'bhAvAt svabhAve cAnavasthiteH

721) D: kyi

722) P: kyis

723) D: pas

724) P, D: Zes, by H

725) P: du, omit

726) D: kyi

zad gcig⁷²⁹⁾ tu gnas te/Hgog go Zes brtags⁷³⁰⁾ pa Zes yod pa ma yin pas na raG bZin med pa Zes byaHo/

/Hdsin pa bZin du de med pas⁷³¹⁾//Go bo Jid ni med par Hdod⁷³²⁾//ces⁷³³⁾ bya ba la/ji ltar byis pa so soHi skye bo rnams kyis rtag pa daG/bde ba daG/bdag daG/gtsaG ba daG/bdag ZeHam/gZan ZeHam/gzugs CeHam/sgra Zes kun tu brtags te/gZuG baHi chos kun brtags kyi mtshan Jid la ji ltar rtag pa la sogs pa lta bu gzuG ba ste/de ltar raG bZin [**D: 194b**] yod pa ma yin pas na Go bo Jid med pa Zes byaHo//de ltar skye ba raG bZin med pa daG/Zig pa⁷³⁴⁾ raG bZin med pa daG/gnas pa raG bZin med pa daG/ji ltar gzuG ba raG bZin med pas na chos thams cad raG bZin med par Hdod do Zes⁷³⁵⁾ bya baHi don to/

/raG bZin rnams pa gsum po Hdi⁷³⁶⁾ dag ni Hdus byas kyi mtshan Jid rnam pa gsum daG ldan par rig par byaHo⁷³⁷⁾ Zes bya ba la/

raG Jid dGos po⁷³⁸⁾ med pa daG/

raG gi bdag Jid du dGos po med pa daG/

bdag gi dGos po la mi gnas pa gsum po Hdi dag Hdus byas kyi mtshan Jid rnam pa gsum daG ldan te/

de raG Jid dGos po med⁷³⁹⁾ pas skye ba raG bZin med par bstan pas/raG gi bdag

---

727) D: skye

728) D: tha

729) P: cig

730) D: btags

731) D: par

732) grAhavat tadabhAvAc ca niHsvabhAvatvam iSyate

733) P: Zes

734) D: pa, omit

735) P: ces

736) P: de

737) etat trividhaM niHsvabhAvatvam saMskRtalakSaNatrayAnugaM veditavyaM

738) P: so so instead of dGos po

*Jid du dGos po med pas ni Hjig pa raG bZin med pa bstan/bdag gi dGos po la mi
gnas pas ni gnas pa raG bZin med par*[740]) *bstan to Zes bya baHi don to//Hdsin pa
bZin du de med paHi phyir Go bo Jid med pa ste/de med pas ni raG bZin med
paHo*[741]) *Zes bya ba la//so soHi*[742]) *skye bo rnams kyis gtsaG ba daG rtag pa la
sogs par*[743]) *brtags*[744]) *pa bZin du bde ba daG gtsaG baHi raG bZin med paHi phyir
Go bo Jid med pa Zes bya ste/HdiHi skabs su yaG bde ba daG gtsaG bar kun tu
brtags*[745]) *paHi kun brtags kyi mtshan [P: 215b] Jid med pa Jid raG bZin med pa
Zes byaHo/*

TIkA

*[P: 10313, **D: 92b3**]/de ltar na Go bo Jid med pa rnam pa gsum po Hdi ni Hdus
byas kyi mtshan Jid gsum po* [746]*)Hdi daG sbyar bar rig par bya byaHo*[747]) *Zes bya
ba la/Hdus byas kyi mtshan Jid ni gsum ste/skye ba daG Hjig pa daG gnas pa
gZan du Hgyur baHo//Hdus byas kyi mtshan Jid gsum po Hdi ni/dus gsum daG
sbyar bar ste/*

raG med paHi phyir Go bo Jid med pa[748]) *Zes bya ba ni mHoGs paHi dus nas chos
rnams ma byuG ba las HbyuG ba gan yin pa de ni skye ba yin gyi graGs can pa
rnams kyi ltar gtso bo las yod pa kho na skye ba* [749]) *ma yin no/*

---

739) D: added, med pa between po and med
740) D: pa
741) grAhavat tadabhAvAc ca niHsvabhAvatvaM tadbhAvAd iti svAbhAvAt
742) P: so
743) D: par, omit
744) P: brtag
745) P: brtag
746) D: la, added, between po and Hdi
747) etat trividhaM niHsvabhAvatvam saMskRtalakSaNatrayAnugaM veditavyaM
748) svayam abhAvAn niHsvahAvatvaM

/raG gi bdag Jid ni med paHi phyir Go bo Jid med pa[750] Zes bya ba ni chos Hgags pa de dag graGs can pa rnams kyi ltar mi snaG bar gyur ciG raG gi Go bor gnas pa ni ma yin no/deHi phyir yaG Go bo Jid med pa yin te/Hdi ni Hdus bya kyi mtshan Jid gJis Hjig pa yin no/

raG gi Go bo la mi gnas paHi phyir[751] Zes bya ba ni skyes pa skad cig las phyin chad mi gnas paHi phyir te/da ltar byuG ba rnams skad cig las phyin chad gnas pa ni med do//deHi phyir yaG Go bo Jid kyi[752] med de/Hdi ni[753] Hdus byas kyi mtshan Jid gsum pa ma yin no/

/Hdsin pa bZin ni de med phyir[754]/Zes bya ba ni ji ltar byas pa rnams chos rnams la rtag pa daG/bde[755] ba daG gtsaG pa daG bdag tu Hdsin paHam[756]/ji ltar[D: 93a]gzug[P: 103b]la sogs paHi chos rnams la/gJis su mGon par Zen par Hdsin pa de ltar med paHi phyir Go bo Jid med de/de skad du bcom ldan Hdas kyis/chos kun gal te byas pa yis//ji ltar rnam brtags mthoG pa bZin//de dag yod par gyur na ni//thams cad de Jid mthoG bas Hgyur//[757] Zes bCad pa lta bu yin no//

kArIkA

/niHsvabhAvatayA siddhA uttarottaraniCrayAt/
anutpannAniruddhAdiCAntaprakRtinirvRtAH//11 – 51//

---

749) D: ni, added, between ba and ma
750) svenAtmanA 'bhAvAn niHsvabhAvatvaM
751) svabhAve'navasthitatvAn
752) D: kyi, omit
753) D: na
754) grAhavat tadabhAvAc ca
755) P: pde
756) D: pa Ham
757) P: //, omit

kArIkA(T)

/*phyi*[758] *ma phyi maHi rten yin pas // Go bo Jid ni med pas yis // skye med Hgag
med gzod nas Zi // raG bZin mya Gan Hdas pa grub /*

bhASya

/*[L, p.68] siddhA*[759] *niHsvabhAvatayA 'nutpAdAdAyaH / yo hi niHsvabhAvaH so 'nutpanno
yo 'nutpannaH so 'niruddho yo 'niruddhaH sa AdiCAnto ya AdiCAntaH sa prakRti-
parinirvRtta ity evam uttarottaraniCrayair — ebhirniHsvabhAvatAdi*[760]*bhirniHsvabhAvatayA
'nutpAdAdayaH siddhA bhavanti /*

bhASya(T)

[P: 187b5] /*phyi ma phyi maHi rten yin pas // Go bo Jid ni med pas yis // skye
med Hgag med gzod nas Zi // raG bZin mya Gan Hdas pa grub /*
/*Go bo Jid med pas ni skye ba med pa la sogs pa grub ste / gaG cig Go bo Jid
med pa de ni ma skyes paHo // gaG ma skyes pa de ni ma Hgags paHo / ma Hgags
pa de ni gzod ma nas Zi baHo // gaG gzod ma nas Zi ba de ni raG bZin gyis yoGs
su mya Gan las Hdas paHo / de ltar na Go bo Jid med pa la sogs pa Hdi dag phyi
ma phyi maHi rten yin pas Go bo Jid med pas skye ba med la sogs pa yin no //*

VRtti — bhASya

/*de ltar dGos po med paHi don du bstan nas raG bZin gyis mya Gan las Hdas paHi
don bstan paHi phyir / raG bZin med pas grub pa ni // goG nas goG du brten pa yis //*

---

758) P, D: sGa, by bhASya(T)
759) by N
760) by N

skye med Hgog med thog ma nas // Zi daG bZin mya Gan Hdas[761] // Zes[762] bya ba

smos te / chos rnams kyi raG bZin med par gyur bas na skye ba med pas na raG

bZin gyis mya Gan las Hdas par[763] grub ste / dehaG ci ltar grub ce na sGa ma sGa

ma la brten nas / phyi ma phyi ma Hgrub paHo // Hdi la raG bZin med pa la brten

nas skye ba med par Hgrub bo // skye ba med pa la brten nas Hgag pa med par

Hgrub bo // de gJis la brten nas thog ma nas Zi ba Hgrub bo // thog ma nas Zi ba

laHaG brten nas raG bZin gyis mya Gan la Hdas par[764] Hgrub bo // de la raG gi Go

bo Jid[765] med pa daG // raG gi bdag id du dGos po med pa daG / bdag gi dGos po

la mi gnas pa daG / Hdsin pa bZin du med pas na raG bZin [D: 195a] med pa ste /

de ltar raG bZin med[766] paHi chos ni nam mkhaH lta bu yin paHi phyir de la skye

ba med do // skye ba med pa la Hjig pa med pas[767] na Hgag[768] pa med do // gaG

skye ba daG Hgag par kun tu brtags paHi chos de Jid la thog ma nas Zi ba Zes

byaHo // Hdi ltar skye ba daG Hjig pas dkrugs Cin sog[769] le rnon pos dras paHi Hdu

byed rnams la ni Hphsgs pa[770] rnams skyo[771] bar mdzad kyi skye ba daG Hgag pa

spoGs paHi bdud rtsiHi dbyiGs la ni Hphags pa rnams dgyes par mdzad paHi phyir

ro // gaG thog ma nas Zi baHi chos de Jid la raG bZin gyis mya Gan las Hdas pa

Zes kyaG de la bya ste // de Jid la yoGs su grub paHi mtshan Jid ces bya baHi don

---

761) niHsvabhAvatayA siddhA uttarottaraniCrayAt /
    anutpannAniruddhAdiCAntaprakRtinirvRtAH /

762) P, D: added chos rnams between Hdas and Zes

763) P: pa

764) P: pa

765) D: Jid, omit

766) P: med, omit

767) P: pa

768) P: Hgags

769) P: added las, between CiG and sog

770) D: la

771) P: skye

to // yoGs su grub paHi mtshan Jid de raG bZin gyis ye nas gnas kyi lam bsgoms pas bskyed pa ma yin pas na raG bZin gyis mya Gan las Hdas pa Zes byaHo /

TIkA

[P: 103b2, D: 93a2] / phyi ma phyi maHi rten yin pas // Go bo Jid ni med pas yis // skye med Hgag med gzod nas Zi // raG bZin mya Gan Hdas pa grub[772] / ces bya ba ni sGa ma sGa ma phyi ma phyi maHi rten yin te / gZi sGa ma Go bo pa ni phyi ma ma skyes paHi rten yin no // ji ltar[773] Go bo Jid med pas grub ce na / ji ltar raG med paHi phyir daG // raG bdag Jid du med paHi phyir daG[774] / raG gi Go bo la mi gnas paHi phyir daG dsin pa bzin du de med paHi phyir Go boJid med pa de bZin du raG ma skyes paHi phyir daG / raG gi bdag Jid du ma skyes paHi phyir daG / raG gi Go bo la mi gnas paHi phyir Zes bya ba de lta bu la sogs paHi rim gyis Go bo Jid med pa la bren nas chos rnams ma skyes pa yin no // gaG dag ma skyes pa de dag ni ma Hgags pa yin no // byis pas kun brtag paHi Go bo Jid ma skyes pa daG / ma Hgags pa gaG yin pa de ni gzod ma nas Zi ba yin no // de lta bas na ma skyes pa daG ma Hgag paHi gZi de dag kho na la brten nas gzod ma nas Zi ba Jid Hgrub ste / Hdu byed skye ba daG Hgags[775] pa gyen skyo ba sogs le ba sregs pas gCags pa lta bur mi bzad pa lcags kyi gar bu rab tu Hbar bas reg pa lta bus rab tu ma Zi ba rnams ni Hphags pa rnams kyis mchog tu yid byuG bar bya ba yin la / skye ba daG Hgag pa spaGs pa bdud rtsiHi dbyiGs ni Hphags pa rnams Cin tu dgyes pa yin pas so // gzod ma nas Zi ba de Jid la brten nas chos tham cad raG bZin kyi[776] [P: 104a] yoGs su mya Gan las Hdas pa yoGs su grub paHi mtshan Jid

---

772) *niHsvabhAvatayA siddhA uttarottaraniCrayAt /*
anutpannAniruddhAdiCAntaprakRtinirvRtAH // 51 //

773) D: na, added

774) P: raG gi bdag Jid du med paHi phyir daG, added, between daG and raG

775) P: Hgags

yin par rig par bya ste / gaG Zig gzod ma nas Zi ba de ni raG bZin gyis yoGs su

*mya Gan las Hdas pa rab tu skyid paHi mtshan Jid yin gyi / Hphag pa[**D: 93b**]rnams*

kyi lam bsgom pas yoGs su mya Gan las Hdas par bya ba ni ma yin no // de ltar

na Go bo Jid med pa la sogs pa Hdi dag ni phyi ma phyi maHi rten yin pas Hgrub

par rig par byaHo /

kArIkA

anutpattidharma kSAntiparyeSTAv AryA /

> *Adau tatve 'nyatve svalakSaNe svayam athAnyathAbhAve /*
> *SaMkleCe 'tha viCeCe kSAntir anutpattidharmoktA // 11 − 52 //*

KarIkA(T)

/ thog[777] ma daG ni de Jid gZan Jid daG // raG gi mtshan Jid raG daG gZan du

Hgyur[778] // kin nas Jon moGs pa daG khyad par la // skye ba med paHi chos la bzod

par bCad /

bhASya

aSTAsvanutpattidharmeSu kSAntiranutpattikadharmakSAntiH / Adau saMsArasya na hi

tasyAdyutpattir asti / tatve 'nyatve ca pUrvapaCcimAnAM na hi saMsAre teSAm eva

dharmaNAm utpattir ye pUrvam utpannAs tadbhAvenAnutpatteH / na cAnyeSAm apUrva−

prakArAnutpatteH / svalakSaNe parikalitasya svabhAvasya na hi tasya kadAcid utpattiH /

svayam anutpattau paratantrasya / anyathAbhAve pariniSpannasya na hi tadanya−

---

776) D: gyis
777) D: thogs
778) P: gyur

thAbhAvasyotpattir asti / saMkleCe prahINe na hi kSayajJnAnalAbhinaH saMkle −
CasyotpattiM punaH paCyanti / viCeSe buddhadharmakAyAnAM na hi teSAM viCotpattir
asti / ity eteSvanutpattidharmeSu jJAntir anutpattidharmoktA /

bhASya(T)

[P: 187b8] / mi skye baHi chos la bzod pa yoGs su tshol ba la tshigs su bcad pa
Hphags pa ste /

/ thog ma daG ni de Jid gZan Jid daG // [P: 188a]raG gi mtshan Jid raG daG gZan
du Hgyur // kun nas Jon moGs pa daG khyad par la // skye ba med paHi chos la
bzod par bCad /

/ chos brkyad la skye ba med par bzod pa ni mi skye baHi chos la bzod paHo // de
thog ma ni Hkhor ba la ste // de la thog ma skye ba med do // de Jid daG gZan Jid
ni sGa daG phyi ma rnams la ste // Hkhor ba na chos gaG dag sGar skyes pa de dag
Jid skye ba ni med de // deHi Go bor mi skye baHi phyir ro // gZan dag kyaG ma
yin te // sGon med paHi rnam par mi skye baHi phyir ro // raG gi mtshan Jidni / kun
brtags paHi Go bo Jid la ste // de la ni nam yaG skye ba med do // raG skye ba med
pa ni gZan gyi dbaG laHo // gZan du Hgyur ba ni yoGs su grub pa la ste / de la ni
gZan du Hgyur bar skye ba med do // kun nas Jon moGs pa ni spaGs pa la ste / zad
pa Ces pathob pa la Jon moGs pa skye bar mi bltaHo // khyad par ni saGs rgyas kyi
chos kyi sku rnams ste / de dag la ni khyad par du dkye ba med do / de ltar na
chos de dag la skye ba med paHi chos la bzod par bcad do /

VRtti − bhASya

/ mi skye baHi chos la bzod pa yoGs su tshol ba las brtsams te tshigs su bcad
paHo[779] Zes bya ba la / mdo sde de daG de dag gi naG nas skye baHi chos la bzod
pa thob[P: 216a] paHo Zes gsuGs pa la / mi skye baHi chos la bzod pa thob paHi

mtshan Jid ji lta bu yin pa brtags par bya baHi phyir tshigs su bcad pa rtsom mo
Zes bya baHi don to/

/thog ma de Jid gZan raG mtshan // raG daG gZan du gyur pa daG // kun nas Jon
moGs bye brag rnams // mi skye chos la bzod par gsuGs[780] // Zes bya bala / skye ba
med pa paHi chos brgyadd la bzod pa ni mi skye baHi chos la bzod pa Zes bya
bar gsuGs te / brgyad skye ba med pa daG/

thog ma skye ba med pa daG/

raG gi mtshan Jid skye ba med pa daG/

gZan skye ba med pa daG/

raG gi mtshan Jid skye ba med pa daG/

raG skye ba med pa daG/

gZan du Hgyur ba skye ba med pa daG/

kun nas Jon moGs pa skye ba med pa daG/

bye brag tu skye ba med paHo/

thog ma ni Hkhor ba ste de la thog ma skye ba med do[781] Zes bya bya ba la / la
la dag Hkhor ba la thog ma yod par rtog ste Hkhor ba la thog ma yod par brtags
paHi Hkhor ba la thog ma[782] skye ba med par mthoG ba ni mi skye baHi chos la
bzod pa Zes byaHo // deHaG Hdi skad[783] Hkhor ba ni ma[784]rig pa la sogs pa yan
rag bcu gJis gcig gis gcig bskyed pas na thog ma med de[785] dbaG[D: 195b] phyug
daG tshaGs pa la sogs pa gaG gis kyaG Hkhor baHi thog ma bskyed pa med do Zes

---

779) anutpattidharma kSAntiparyeSTAv AryA /
780) Adau tatve 'nyatve svalakSaNe svayam athAnyathAbhAve /
    SaMkleCe 'tha viCeCe kSAntir anutpattidharmoktA //
781) Adau saMsArasya na hi tasyAdyutpattir asti
782) D: mar
783) ltar
784) P: mi
785) P: pa

bzod na mi skye baHi chos la bzod pa thob pa zes byaHo/

/de Jid daG gZan ni sGa ma daG phyi ma la[786] Zes bya ba Zes bya ba la/sGar
skyes pa de ni slar mi skye la/phyi ma grags paHi[787] skye ba rnams kyaG ji ltar
grags paHi chos las[788] gZan mi skye Zes bya baHi don to/

/de Jid mi skye baHi don rgyas par bCad paHi phyir//gaG sGar skyes paHi chos de
dag skye ba med de/deHi dGos por mi skye baHi phyir ro[789] //Zes bya ba smos te
/Hkhor ba na gaG sGar skyes nas Hgags zin paHi chos de dag slar yaG mi skye ste/
ciHi phyir Ze na/Hgags paHi chos ni med pa yin pas med pa ste[790] /slar yod paHi
dGos por mi skye baHi phyir te/ji ltar bzod pa yaG mi skye baHi chos la bzod pa
Zes bya baHi don to/

gZan mi skye baHi don rgyas par bCad paHi phyir gZan dag kyaG ma yin te/sGa
ma[P: 216b] med paHi rnam apr mi skye baHi phyir ro[791] Zes smos te/Hkhor ba
na phyis skye baHi chos rnams kyaG gZan kyaG[792] skye ba ma yin te/ciHi phyir
Ze na/ji ltar grags paHi chos phuG po daG khams daG skye mched la sogs pa Jid
skye bar zad kyi/sGon med paHi sems can gsar du HbyuG ba med paHi phyir te/
de ltar bzod pa yaG mi skye baHi chos la bzod pa bya baHi don to/

/raG gi mtshan Jid ni kun tu brtags paHi raG bZin gyis te/de la nam[793] yaG skye
ba med[794] do[795] Zes bya ba la/raG gi mtshan Jid ni mi skye ba ni kun tu brtags

---

786) tatve 'nyatve ca pUrvapaCcimAnAM

787) P: pa

788) D: la

789) na hi saMsAre teSAm eva dharmaNAm utpattir ye pUrvam utpannAs tadbhAvenAnutpatteH

790) P: pas te

791) na cAnyeSAm apUrvaprakArAnutpatteH

792) D: yaG

793) P: nam, omit

794) P: added, med pa, between ba and med

795) svalakSaNe parikalitasya svabhAvasya na hi tasya kadAcid utpattiH

*paHi raG bZin rnams la skye ba med paHi phyir te/ciHi phyir Ze na/gaG zag daG
chos su brtags pa thams cad ni ri boG gi rva bZin du thams cad na thams cad du
med na de nam yaG skye ba daG HbyuG ba med paHiphyir te/de ltar bzod pa yaG
mi skye baHi chos la bzod pa Zes bya baHi don to/*

*rag Jid mi skye ba ni gZan gyi dbaG giHo[796] Zes bya ba la/raG Jid mi skye ba ni[797]
gZan gyi dbaG gi mtshan Jid de/ciHi phyir Ze na/gZan gyi dbaG gi chos rnams ni
gryu daG rkyen gyi mthu las skyes paHi raG Jid skye bar mi ruG bai phyir te/de
ltar bzod pa yaG mi skye baHi chos la bzod pa Zes bya baHi don to/*

*/gZan du Hgyur ba[798] ni yoGs su grub pa ste/de ni gZan du Hgyur ba skye ba[799]
med do[800] [801]Zes bya ba la/gZan du Hgyur[D: 196a] ba skye ba med pa ni yoGs
su grub paHi mtshan Jid de/ciHi phyir Ze na/yoGs su grub pa ni nam mkhaH bZin
du rtag ciG ro gcig pa yin pas de la nams kyaG gZan nas gZan du Hgyur ba med
paHi phyir te/de ltar bzod pa yaG mi skye baHi baHi chos la bzod pa yin no Zes
bya[802] baHi don to/*

*/Jon moGs pa spaGs paHi zad[803] paHi ye Ces thob pa rnams la kun nas Jon moGs
pa kye bar mi mthoG Go[804] Zes bya ba la/kun nas Jon moGs pa skye ba med pa
ni Hdi ltar Hphags pa dgra bcom pa sogs pa mthoG ba daG/bsgom[805] pas spaG bar
bya[806] baHi Jon moGs pa spaGs nas zad paHi ye Ces thob pa rnams phyis sems kyi*

---

796) svayam anutpattau paratantrasya
797) D: na
798) P: paHi
799) P: skye ba, omit
800) P: de
801) anyathAbhAve pariniSpannasya na hi tadanyathAbhAvasyotpattir asti
802) D: bya, omit
803) P, D: zab
804) saMkleCe prahINe na hi kSayajJnAnalAbhinaH saMkleCasyotpattiM punaH paCyanti
805) P: bsgoms
806) P: added bar bya, between bya ba

rgyud la kun nas Jon moGs pa skye bar mi mthoG ste/Hphags[P: 217a] pa de dag

kun nas Jon moGs pa skye bar mi mthoG ba yaG mi skye baHichos la bzod paHo

Zes bya baHidon to/

/bye brag ni saGs rgyas kyi chos kyi sku rnams te/de dag[807] la bye brag tu skye

ba med do[808] Zes bya ba la/bye brag tu skye ba med pa ni saGs rgyas bcom ldan

Hdas rnams kyi chos kyi sku yin te/saGs rgyas thams cad kyi sku ci Hdra bar

skyes kha cig ni ci Hdra bar skye ba lta bur mi mthun par skye ba med paHi phyir

te/de ltar bzod pa yaG mi skye baHi chos la bzod pa Zes bya baHi don to/

TIkA

*[P: 104a3, **D: 93b1**]/thog ma ni Hkhor ba la ste de la[809] thog ma skye ba med*

do[810] //Zes bya ba ni gaG dag hkhor ba thog ma daG ldan par rtog par byed paHi

Hkhor baHi thog ma kun brtogs pa de la mi skye baHi chos la bzod pa thob pa ste

/Hkhor ba ni thog ma med pa can yin gyis[811] /Hdi la daG po Hbyin pa dbaG

phyug la sogs pa ni HgaH yaG med do//Zes de ltar bzod pas/deHi phyir Hkhor ba

la skye ba med par bzod pa thob pa Zes byaHo/

/de Jid daG gZan Jid ni sGa ma daG phyi ma rnams la sde[812] Zes bya ba la[813]

deHi Go bo Jid ni de Jid do//Hkhor ba na chos gaG dag sGar skyes pa de dag Jid

skye ba ni med do/

/deHi Go bor mi skye baHi phyir ro/[814] /Zes bya ba ni chos sGar skyes pa rnams

---

807) P, D: bdag
808) viCeSe buddhadharmakAyAnAM na hi teSAM viCotpattir asti
809) P: la, omit
810) Adau saMsArasya na hi tasyAdyutpattir asti
811) D: gyi
812) tatve 'nyatve ca pUrvapaCcimAnAM
813) P: la, omit
814) tadbhAvenAnutpatteH

deHi Go bo Jid kho nar mi skye bar bzod paHi phyir bzod pa thob pa Zes byaHo //
phyis ma HoGs paHi dus nas skye ba gaG dag yin pa de dag kyaG sdon med pa mi
skye ste /⁽⁸¹⁵⁾phu po daG khams daG skye mched la sogs pa chos grags pa gaG dag
yin pa kho na skyeHi⁸¹⁶⁾/ sdon med paHi sems can HbyuG ba ni med pas gZan dag
kyaG sdon med pa skye ba med par bzod paHi phyir bzod pa thob pa Zes byaHo //
gZan gyi dbaG la ni raG skye ba med par bzod paHi phyir ro // yoGs su grub pa la
ni gZan du Hgyur ba med par bzod paHi phyir te / Hdus ma byas yin paHi phyir de
la gZan du Hgyur bar skye ba med do // zad pa⁸¹⁷⁾ Ces pa thob paHi dgra bcom pa
la kun nas Jon moGs ba skye bar mi bltaHo / Zes de ltar bzod paHi[P: 105a] phyir
skye ba med pa la bzod pa thob pa Zes byaHo /

kArIkA

ekayAnatAparyeSTau sapta ClokAH /
/ dharmanairAtmyamuktInAM tulyatvAt gotrabhedatah /
dvyACayApteC ca nirmANAt paryantAd ekayAnatA // 11 − 53 //

kArIkA(T)

/ chos daG bdag med grol ba rnams // mtshuGs phyir rigs ni tha dad phyir / bsam
gJis thob phyir sprul phyir // mthar thug phyir ni theg gcig Jid /

bhASya

/ dharmatulyatvAd ekayAnatA CrAvakAdInAM dharmadhAtor abhinnatvAt yAtavyaM yAnam
iti kRtvA nairAtmyasya tulyatvAd ekayAnatA CrAvakAdInAm AtmAbhAvatAsAmAnyAd yAtA

---

815) D: /, omit
816) D: de kho na skye ba
817) D: par

*yAnam iti kRtvA vimuktitulyatvAd ekayAnatA yAti yAnam iti kRtvA / gotrabhedAd
ekayAnatA / aniyataCrAvakagotrANaM mahAyAnena niryANAt / yAnti tena yAnam iti krtvA /
dvyACayApter ekayAnatA / buddhAnAM ca sarvasatveSv AtmACayaprApteH CrAvakANAM ca
tadgotraniyatAnAM pUrvaM bodhisambhAracaritAnAm Atmani buddhACayaptApter
buddhAnubhAvena tathAgatAnugrahaviCeSapradeCalAbhAya ity ekatvACayalAbhenaikatvAt
buddhatacchrAvakAnAm ekayAnatA / nirmANAd ekayAnatA yathoktam anekaCatakRtvo 'haM
CrAvakayAena parinirvrta iti vineyAnAm arthe tathA nirmAnasaMdarCanAt / paryantAd
apy ekayAntA yataH paareNa yAtavyaM nAsti tad yAnam iti kRtvA buddhatvam ekayAnam
/818) evaM tatra tatra sUtre tena tenAbhiprAyeNaikayAnatA veditavyA na tu yAnatrayaM
nAsti /*

bhASya(T)

***[P: 188a5]** / theg pa gcig pa Jid yoGs su tshol ba la tshigs su bcad pa bdun te /
/ chos daG bdag med grol ba rnams // mtshuGs phyir rigs ni tha dad phyir / bsam
gJis thob phyir sprul phyir // mthar thug phyir na819) theg gcig Jid /
/ Jan thos la sogs paHi chos kyi dbyiGs tha mi dad pas na chos kyi dbyiGs
mtshuGs paHi phyir theg pa gcig pa Jid de / bgrod par bya bas na / theg pa yin pas
so // Jan thos la sogs paHi bdag med pa Hdra bas bdag med pa mtshuGs paHi phyir
theg pa gcig de / Hgro ba pos na theg pa yin pas so // rnam par grol ba mtshuGs
paHi phyir theg pa gcig pa Jid de / [P: 188b] Hgro bas na theg pa yin pas so // Jan
thos la sogs paHi rigs su ma Ges pa rnams theg pa chen pos Ges par HbyuG bas na820)
rigs tha dad paHi phyir theg pa gcig pa Jid de / Hdis Hgro bas na theg pa yin pas
so // bsam pa gJis thob paHi phyir theg pa gcig pa Jid de // saGs rgyas rnams kyis*

---

818) by H
819) P: ni
820) P: na, omit

sems can thams cad la bdag Jid kyi dgoGs pa brJes paHi phyir daG/Jan thos deHi
rigs su Ges pa sGon byaG chub tshogs spyad pa rnams saGs rgyas kyi mthus de
bZin gCegs pas rdses su bzuG paHi khyad par phyogs tsam thob par bya baHi phyir
rgyad tha mi dadpar mos paHi sgo nas bdag Jid kyis saGs rgyas kyi dgoGs pa thob
paHi phyir ro/de ltar na bsam pa gcig paJid thob pas saGs rgyas daG/Jan thos
rnams gcig paHi phyir theg pa gcig pa Jid do/sprul paHi phyir theg pa gcig pa
Jid de/ji skad du na ni lan brgya phag dra mar Jan thos kyi theg pas yoGs su
mya Gan las Hdas so//Zes gsuGs pa lta bu ste/gdul pa rnams kyi don du de ltar
ston paHi phyir ro//mthar thug paHi phyir yaG theg pa gcig pa Jid de/gaG phan
chad bgrod par bya ba med pa de ni theg pa yin pas saGs rgyas Jid kho na theg
pa gcig yin no//de ltabs na mdo de daG de las ni dgos pa de daG des theg pa
gcig pa Jid du gsuGs par rig par byaHi//theg pa gsum med pa ni ma yin no/

VRtti−bhASya

/theg pa gcig yoGs su tshol ba la yaG tshigs su bcad pa bdun no[821] Zes bya ba
la/mdo sde kha cig las ni theg pa gcig tu bCad de gsum du med do Zes bCad do//
mdo sde kha cig las ni[822] gsum mo Zes bCad pa ni ci la dgoGs Ce na/gsuG rab la
mdo[823] sde rnam pa gJis te/bkri baHi don gyi mso sde daG/Ges paHi don gyi
mdo sdeHo//de la theg pa gcig go Zes bCad pa ni sems can gyi don du dgoGs
paHi dbaG gis gsuGs pas ni bkri baHi don Zes bya ba la/theg pa gsum du gsuGs pa
ni Ges paHi don yin te/theg pa gsum yod pa las theg pa gcig tu bCad pa/ci las
dgoGs te[824]/bCad paHi dgoGs pa brtags paHi phyir tshigs su bcad pa bdun rtsom
mo Zes bya baHi don to/

---

821) ekayAnatAparyeSTau sapta ClokAH
822) p: ni, omit
823) by H
824) P: de

/chos daG bdag med grol ba mtshuGs//tha dad rigs daG bsam gJis thog//sprul[P: 196b] pa daG ni mthar thug phyir//theg pa gcig pa Jid yin no[825] //Zes bya ba la/

theg pa gcig tu bCad paHi dgoGs pa ni

chos mtshuGs pa daG/

bdag med pa mtshuGs pa daG/[826]

grol ba mtshuGs pa daG/

rigs tha dad pa theg pa mtshuGs·pa daG/

bsam pa gJis thob pa daG/

sprul paHi phyir daG/

mthar thug paHi phyir/don rnam pa bdun dgoGs nas theg pa gcig Jid yin no Zes gsuGs so/

/chos mtshuGs paHi phyir theg pa gcig ste/Jan thos la sogs paHi chos kyi dbyiGs daG tha mi dad paHi phyir[827] Zes bya ba la/chos mshuGs paHi phyir ni[828] [P: 217b] theg pa gcig tu gsuGs te/ji lta Ze na/hdi ltar Jan thos la sogs[829] pa paHi chos kyi dbyiGs daG raG saGs rgyas la sogs paHi chos kyi dbyiGs daG/de bZin gCegs paHi chos kyi dbyigs su tha mi dad de nam mkhaH bZin no/ji ltar nam mkhaH la tha dad pa rnam pa sna tshogs su med pa ltar Jan thos la sogs paHi chos kyi dbyiGs la yaG tha dad pa med de/raG bZin gcig pas na theg pa gcig pa Zes byaHo//chos kyi dbyiGs la ciHi phyir theg pa Zes bya Ze na[830] /deHi phyir bgrod pa Jid theg pa yin paHi phyir[831] Zes smos te/Hdir chos kyi dbyiGs la theg

---

825) *dharmanairAtmyamuktInAM tulyatvAt gotrabhedatah/*
  dvyACayApteC ca nirmANAt paryantAd ekayAnatA //

826) P: this phrase, omit

827) /dharmatulyatvAd ekayAnatA CrAvakAdInAM dharmadhAtor abhinnatvAt

828) D: ni, omit

829) P: yod

830) P: Zes instead of Ze na

831) yAtavyaM yAnam iti kRtvA

pa chen po Zes gZag pa ni/bgrod par bya ba Ces par[832)] bya baHi yul chos kyi
dbyiGs Hdi theg pa yin te/Hdi ltar[833)] chos kyi dbyiGs Jid theg pa yin te/Hdi ltar
chos kyi dbyiGs khoG du chud ciG rtogs na Jan thos daG raG saGs rgyas daG de
bZin gCegs paHi chos rnams[834)] HbyuG bar Hgyur bas na chos kyi dbyiGs la theg par
gZag go/

/bdag med pa mtshuGs paHi phyir theg pa gcig ste/[835)]Jan thos la sogs pa daG
bdag med par mtshuGs paHi phyir[836)] Zes bya ba la/bdag med par mtshuGs pa ni
theg pa gcig tu bCad do//ji lta[837)] Ze na/ji ltar Jan thos la sogs pa Hgro ba poHi
gaG zad la bdag med pa ltar saGs rgyas bcom ldan Hdas gCegs pa po yaG bdag
med de/Hgro ba poHi[838)] gaG bdag med par Hdra[839)] bas na de la dgoGs nas theg
pa gcig go Zes gsuGs paHi don to//gaG zag la ciHi phyir theg pa Zes btags Ce[840)]
na/deHi phyir bgrod par byed pa de ni theg pa yin paHi phyir ro[841)] Zes bya ba[842)]
smos te/Hdir gaG zag la theg par btags[843)] pa ni[844)] rnam par grol baHi [D: 197a]
gnas te/gaG zag des[845)] bgrod par byed/des phyin par byed pas na gaG zag la
theg pa Zes btags[846)] te/Hgro ba po gaG zag kun la yaG bdag med par Hdra baHi

---

832) P: pa ni instead of par
833) D: chos kyi dbyiGs Hdi theg pa yin te/Hdi ltar, omit
834) P: rnams, omit
835) P: between ste and Jan, added Jan thos la sogs pa daG bdag med par mtshuGs
   paHi phyir theg pa gcig te
836) nairAtmyasya tulyatvAd ekayAnatA CrAvakAdInAm AtmAbhAvatAsAmAnyAd
837) P: ltar
838) P: Hgro ba paHo
839) D: Hgro
840) P: Ze
841) yAtA yAnam iti kRtvA
842) P: bya ba, omit
843) P: brtags
844) P, D: paHi, by H
845) D: der

phyir theg pa gcig ces bCad do Zes bya baHidon to/

/rnam [P: 218a] par grol ba mtshuGs paHi phyir theg pa gcig pa Jid847) ni Zes bya

ba la/rnam par grol ba mtshuGs pa la dgoGs nas848) theg pa gcig tu gsuGs te/ciHi

phyir Ze na/Jan thos kyi rnam par grol ba daG raG saGs rgyas kyi rnam par grol

ba daG saGs rgyas kyi rnam par grol ba lta tha dad pa med paHi phyir te/mdo sd

e849) dag las kyaG/rnam par grol ba daG/rnam par grol ba dag la mi Hdra ba med

do Zes gsuGs so//rnam par grol ba ciHi phyir theg pa Zes bya Ze na/deHi phyir

bgrod pa gcig pa yin paHi ro850) Zes smos te/theg paHi mtshan Jid kyaG gaG gis

bgrod par byed paHi rgyu yaG theg pa Zes bya/gaG du bgrod par byed paHi gnas

la yaG theg pa Zes bya ba las rnam par grol baHi gnas bgrod par bya baHi gnas

daG/thob par bya baHi chos yin pas na de la theg pa Zes byaHo/

/rigs tha dad paHi phyir851) theg pa gcig852) pa ni Jan thos kyi rigs ma Jes pa

rnams theg pa chen pos 853)HbyuG baHi phyir854) Zes bya ba la/rigs tha dad pa dag

theg pa gcig gi sgo nas saGs rgyas par Hgyur bas lam gcig pas na theg pa gcig tu

bcad de/ji ltar byaG chub sems dpaHirigs Ges pa daG/byaG chub sems dpaHi rigs

ma Ges pa dag theg pa chen855) po la Zugs nas HtshaG rgya ba Hthob pa bZin du/

Jan thos kyi rigs ma Ges pa rnams sGon Jan thos kyi spyad pa spyod pa las saGs

rgyas daG856) byaG chub sems dpaHi dge baHi bCas gJen daG phrad nas Jan thos

---

846) P: brtags

847) vimuktitulyatvAd ekayAnatA

848) D: theg pa gcig pa Jid ni Zes bya ba la/rnam par grol ba mtshuGs pa la dgoGs nas

849) P: sde, omit

850) yAti yAnam iti kRtvA

851) P: pa, by H

852) P, D: mtshuGs instead of gcig

853) D: po

854) gotrabhedAd ekayAnatA/aniyataCrAvakagotrANaM mahAyAena niryANAt

855) P: cheg

856) by H

kyi spyod pa btaG ste[857] */theg pa chen poHi chos spyad na saGs rgyas par Hgyur te*

/theg pa chen po Jid kyi lam gyis byuG[858] *bas na de las dgoGs te/theg pa gcig*

tu gsuGs so Zes bya baHi don to//rigs la[859] *ciHi phyir theg pa Zes bya Ze na/deHi*

phyir/Hdis bgrod pa ni theg pa yin paHi phyir[860] *Zes smos te/rigs Hdis*[861] *ni*

byuG chub tu sems bskyed ciG byaG chub sems dpaHi spyod pa la[862] *spyad nas[D:*

197b] saGs rgyas par byed pas narigs la theg par btags so[863] */*

/bsam pa gJis thob paHi phyir[864] *theg pa gcig pa [P: 218b] ni*[865] *Zes bya ba la/*

bsam pa gJis thob pa na theg pa gcig tu gsuGs te/bsam pa gJis thob pa ni de

bZin gCegs paHi[866] *dgoGs pa*[867] *brJes pa daG/Jan thos kyi bsam pa rJed paHo//*

saGs rgyas kyis[868] *sems thams cad la bdag*[869] *Jid du bsam pa thob pa daG*[870] *Zes*

bya ba la/Hdi ltar sa daG poHi dus na byuG chub sems dpas[871] *gaG zag daG chos*

la bdag med pa khoG du chud pas bdag daG sems can gJis su mJam pa Jid kyi

bsam pa rJed do//mJam pa Jid kyi bsam pa de sa gJis nas sa bsuHi bar du

bsgoms[872] *pa saGs rgyas kyi saHi dus na rnam par dag pa*[873] *ste/bdag gaG yin pa*[874]

---

857) P: te

858) D: byaG chub instead of byuG

859) D: pa

860) yAnti tena yAnam iti krtvA

861) D: Hdi

862) P: las

863) by H

864) P, D: pa

865) dvyACayApter ekayAnatA

866) P: pas

867) P, D: pas

868) P: kyi

869) P: bdag gi

870) buddhAnAM ca sarvasatveSv AtmACayaprApteH

871) D: dpaH

872) P: bsgom

sems can gZan yaG de yin / sems can gZan gaG[875] *yin pa bdag kyaG*[876] *de yin do*

Zes sems can daG bdag tu raG bZin gcig paHi dgoGs pa beJes pas na theg pa gcig

tu bCad do Zes bya baHi don to // Jan thos dag gi[877] *rigs su Ges pa rnams sGon*

byaG chub kyi[878] *tshogs la spyad pa rnams kyaG saGs rgyas kyi*[879] *bsam par Hguyr*

te[880] *Zes bya ba la / Jan thos deHi*[881] *rigs su Ges Zes bya ba ni Jan thos Jid ni*[882]

rigs Ges paHo // Jan thos kyi rigs su Ges pa[883] *rnams sGon byaG chub sems dpaHi*

spyad pa spyod pa las Jan thos kyi rigs Ges pa yod pas na byaG chub sems dpaHi

spyod pa btaG nas Jan thos kyi[884] *theg par Zugs te / Jan thos kyi mya Gan las*

Hdas par[885] *mya Gan las Hdas so*[886] *// de dag*[887] *de bZin gCegs pa*[888] *saGs rgyas*

kyi dgoGs pa la sbyar bar mdzad de / de ltar mdzad pas na de bZin gCegs pa rnams

kyis[889] *sGon bdag gis byaG chub sems dpaHi spyod pa spyad pas saGs rgyas so Zes*

dgogs pa bZin du Jan thos de dag kyaG bdag cag sGon byaG chub sems dpaHi

spyad pa spyod pas HtshaG rgya bar Hgyur ro Zes saGs rgyas kyi bsam pa Hthob

---

873) P: pa, omit

874) D: pas

875) by H

876) P: yaG

877) P: gis

878) P, D: sems dpaH instead of kyi

879) D: gyi

880) CrAvakANAM ca tadgotraniyatAnAM pUrvaM bodhisambhAracaritAnAm Atmani
buddhACayaptApter

881) D: de yi

882) P: kyi instead of Jid

883) P: paHi

884) P: kyi, omit

885) P: par, omit

886) P: paHo

887) la, added between dag and de

888) Dpas

889) P: kyi

par hgyur te/de la dgoGs nas kyaG theg pa gcig tu gsuGs so Zes bya baHidon to/

rgyu gaG gis saGs rgyas kyi bsam pa thob ce na/deHi phyir [P: 219a] saGs rgyas

kyi mthus Zes bya ba smos te/saGs rgyas kyi bsam pa thob pa yaG bZin [D: 198a]

gCegs paHi byin gyi rlabs kyi rgyus thob bo Zes bya baHi don to//bsam pa ji tsam

Zig thob ce na/deHi phyir/de bZin gCegs pas rjes su gzuG baHi bye brag gi

phyogs tsam⁸⁹⁰⁾ thob paHi phyir⁸⁹¹⁾ Zes bya ba ⁸⁹²⁾smos te/de bZin gCegs pa la

mGaH baHi/de bZin gCegs pa daG ldan paHi dgoGs paHi kyad par la de bZin gCegs

pas gzuG baHi bye brag ces bya ste/Jan thos de dag gis saGs rgyas kyi bsam pa

rJed pa yaG thaG cig gcig rJed kyi gtan du bsam pa de daG mi ldan pas na

phyogs tsam thob pa Zes byaHo//rnam pa ji lta bus thob pas saGs rgyas kyi bsam

pa thob pa ni⁸⁹³⁾ Ze na⁸⁹⁴⁾/deHi phyir /rgyud tha dad pa ma yin pas mos pa⁸⁹⁵⁾

thob⁸⁹⁶⁾ paHi phyir ro⁸⁹⁷⁾ Zes bya ba⁸⁹⁸⁾ smos te/Jan thos⁸⁹⁹⁾ byaG chub sems

dpaHi spyad pa spyod pa⁹⁰⁰⁾ saGs rgyas gJis su sGon byaG chub sems dpaHi spyad

pa spyod pas HtshaG rgya Hgyur ro sJam du sems paHi sems kyi⁹⁰¹⁾ rgyud tha dad

pa ma yin pa thob paHi phyir saGs rgyas kyi bsam paHi phyogs tsam Zig thob bo

Zes bya baHi don to//de ltar gcig paHi bsam pa thob pas saGs rgyas daG Jan thos

rnams gcig paHi phyir theg pa gcig go⁹⁰²⁾ Zes bya ba la/goG du bCad pa ltar na/

---

890) by kArIka(T)

891) buddhAnubhAvena tathAgatAnugrahaviCeSapradeCalAbhAya

892) P: bya ba, omit

893) P: ni, omit

894) by H

895) by H

896) P: pas thob, omit

897) abhinnasaMtAdhimokSalAbhatas

898) P: bya ba, omit

899) P, D: daG,added

900) P, D: daG, added

901) P: gyi

saGs rgyas rnams kyaG sems can daG bdag tu mJan paHi bsam pa thob/Jan thos rnams kyaG saGs rgyas kyi dgoGs pa daG mthun paHi bsam pa thob pas/de la dgoGs nas theg pa gcig tu bCad do Zes bya baHi don to/

/sprul paHi phyir[903] theg pa gcig pa ni[904] Hdi lta ste/ga ni lan brgya phrag du mar jan thos kyi theg pas[905] yoGs su mya Gan las Hdas so Zes gsuGs pa ste.Hdul ba rnams kyi don du de bZin du sprul pa bstan paHi phyir ro[906] Zes bya ba la/ sprul paHi phyir yaG theg pa gcig tu bCad de/ji lta Ze na/ji ltar Jan thos rnams raG gi theg pas mya Gan las Hdas pa[907] de bZin du de bZin gCegs paHi sprul pas kyaG Jan thos kyi theg pa la Zugs [P: 219b] na yoGs su mya Gan las Hdas par bstan te/Jan thos daG[908] sprul pa gJis Jan thos kyi theg pas mya Gan las Hdas par theg pa gcig pas na theg pa gcig tu bCad do Zes bya baHi don to//deHi phyir mdo sde de daG de dag las kyaG Ga[909] ni lan [D: 198b] brgya stoG du mar jan thos kyi theg par yoGs su mya Gan las Hdas so Zes gsuGs te/dehaG de bZin gCegs pa Jid Jan thos kyi theg pas yoGs su mya Gan las Hdas pa ni ma yin gyi de bZin gCegs paHi sprul pa[910] Jan thos kyi theg par mya Gan las Hdas par bstan na/Hdu l[911] bar baHi sems can rnams kyi don du sprul pa mya Gan las Hdas bstan to/ /mthar thug paHi phyir theg pa gcig pa ni phan chad bgrod par bya ba med par ni theg pa gcig yin paHi phyir/saGs rgyas Jid theg pa gcig go[912] Zes bya ba la/

---

902) ity ekatvACayalAbhenaikatvAt buddhatacchrAvakAnAm ekayAnatA/

903) D: phyir yaG

904) P: ni, omit

905) P: par

906) nirmANAd ekayAnatA yathoktam anekaCatakRtvo 'haM CrAvakayAena parinirvrta iti vineyAnAm arthe tathA nirmAnasaMdarCanAt

907) P: paHi

908) P: yaG, omit

909) by H

910) D: paHi

911) P: gdul

mthar thug paHi phyir theg pa gcig tu bCad de/mthar thug pa Zes by ba daG

mchog tu gyur ba Zes bya ba daG/phul du phyin pa Zes bya ba dag don gcig ste/

dper na Hjig rten na yaG daG dpaH ba daG mdzaGs$^{913)}$ pa phul du phyin pa rnams

la mi Hdi gcig pur zad kyi mi gZan med do$^{914)}$ Zes smra ba ltar/rgyuHi chos theg

pa chen po Jid kyaG theg pa gZan la khyad Zugs te/phul du phyin pa daG Hbras

buHi chos saGs rgyas su gyur pa Jid saGs rgyas thob pa yaG phul du phyin pa

yinte/saGs rgyas phyin chad de las lhag par bgrod ciG thob par bya baHi chos

khyad par can gZan med pas na saGs rgyas jid la theg pa Zes btags te/mchog tu

phyin pa ni de gcig pur zad paHi theg pa chen po gcig tu bCad do Zes bya baHi

don to//de ltar mdo sde$^{915)}$ de daG de la dgoGs pa de daG des$^{916)}$ theg pa gcig tu

rig par bya ste/theg pa gsum med pa ni ma yin no$^{917)}$ Zes bya ba la/goG du

bCad pa ltar na theg pa gsum yod mod kyi laG kar gCegs pa la sogs paHi mdo sde

dag gi naG nas theg pa ni$^{918)}$ gcig tu zag de/gsum du med do Zes bCad[P: 220a]

pa las yaG chos gcig las dgoGs pa de daG de dag la dgoGs nas theg pa gcig tu

bCad par rig par bya ste/Ges paHi don du na theg pa gsum me pa ni ma yin no

Zes bya baHi don to/

TIkA

*[P: 104b1, **D: 93b2**]/theg pa gcig pa Jid yoGs su tshol ba la chos kyi dbyiGs*

mtshuGs paHi phyir daG bdag med pa mtshuGs paHi phyir daG rnam par grol ba

---

912) paryantAd apy ekayAntA yataH paareNa yAtavyaM nAsti tad yAnam iti kRtvA
  buddhatvam ekayAnam

913) P: HdsaGs

914) D: de

915) P: sdeHi

916) P: de dag instead of des

917) evaM tatra tatra sUtre tena tenAbhiprAyeNaikayAnatA veditavyA na tu yAnatrayaM nAsti

918) D: ni, omit

mtshuGs paHi phyir ro // de la chos kyi dbyiGs mtshuGs paHi phyir919) Zes bya ba ni
Jan la sogs paHi chos kyi dbyiGs ni mtshuGs te / nam mkhaH bZin no / nam mkhaH
la ni gaG du yaG mi mtshuGs pa med pa ltar chos kyi dbyiGs kyaG de daG hdraHo /
/ bgrod par bya bas na theg pa yin pas so920) // Zes bya ba ji ltar na bgrod par bya
ba yin Ze na / Hdi ltar chos kyi dbyiGs la brten ciG chos kyi thob nas Jan thos la
sogs pa la Jan thos la sogs paHi chos HbyuGs bar Hgyur bas so /
/ bdag med pa Hdra bas na921) Zes bya ba ni Hgro ba poHi gaG zag Jan thos gaG
dag yin pa de dag kyaG bdag med la / saGs rgyas bcom ldan Hdas kyaG bdag med
de / deHi phyir bdag med pa mtshuGs pa Jid kyis gaG zag la theg pa Je bar btag
s922) paHi phyir theg pa gcig pa Jid do /
/ Hgro bas ni theg pa yin923) pas so924) Zes bya ba ni rnam par grol ba la tha dad
du bya ba med pas rnam par grol ba la theg pa Je bar btags925) paHi phyir te / Go
bo Jid sgrub pas so /
/ rigs tha dad paHi phyir theg pa gcig pa Jid926) ces bya ba ni rigs Ges pa tha dad
paHi phyir daG ma Ges paHi rigs tha dad paHi phyir te / ma Ges paHi rigs can gaG
dag yin pa / de dag Jan thos kyi spyod nas de nas dus phyis dge baHi bCes gJen
saGs rgyas daG byaG chub sems dpaH dag phrad paHi sgo nas Jan thos kyi spyod
pa por te / theg pa chen pos Ges par HbyuG Go / de bas na Jan thos kyi spyod pa
spyad par rnams theg pa chen pos Ges par HbyuG bas theg pa gcig pa Jid de / rigs
la theg pa Je bar btags927) paHi phyir ro /

---

919) dharma[dhAtu]tulyatvAd
920) yAtavyaM yAnam iti
921) AtmAbhavatA − sAmAnyAd
922) P: brtags
923) P, D: ma added, between pa and yin
924) yAti yanaM iti kRtvA
925) P: brtags
926) gotrabhedAd ekayAnatA

/bsam pa gJis thob aHi phyir theg pa gcig pa[P: 105a] Jid de/saGs rgyas rnams
kyis sems can thams can la bdag Jid kyi dgoGs pa brJes paHi phyir[928] Zes bya ba
ni byaG chub sems dpas sa daG po thob paHi dus na sems can rnams la bdag daG
gZan mJam pa Jid kyi bsam pa thob pa gaG yin de saGs rgyas kyi gnas skabs na
Cin tu rnam par dag par Hgyur te/bdag gaG yin pa de Jid sems can rnams yin no
sJam paHi phyir ro/

/Jan thos deHi rigs su Ges pa sGon byaG chub kyi tshogs bsags pa rnams[929] Zes
bya ba ni Jon thos kyi rigs can sGon byaG chub sems dpaHi spyod pa spyad pa
rnams te/Jan thos kyi rigs su Ges paHi phyir byaG chub sems dpaHi spyod pa por
nas Jan thos Jid du Ges par HbyuG ba de dag la saGs rgyas bcom ldan Hdas rnams
kyis Hdi dag ni sGon byaG chub sems dpaHi spyod pa la spyad pa yin no Zes bya
bar rnam par gzigs te/thob pa gaG Zig saGs rgyas daG rgyud tha mi dad par mos
pa Jid kyis Hthob par Hgyur ba saGs rgyas kyi dgoGs pa thob pa la sbyor bar
mdsad do/

/de bZin gCegs pas[930] rjes su gzuG ba [931] khad par phyogs pa tsam thob par bya
baHi phyir[932] Zes bya ba ni saGs rgyas kyi dgoGs pa thob pa gaG Zig rgyad tha mi
dad par mos paHi sgo nas thob paHi dgoGs pa thob pa de phyogs tsam Zig thob
kyi dus gtan du thob pa ni ma yin no Zes bya baHi tha tshig go/

/phyogs tsam thob par bya baHi phyir[933] Zes bya ba ni deHi ched kyi bZi pa yin
te/saGs rgyas bcom ldan Hdas rnams saGs rgyas kyi dgoGs pa thob pa Hdsin du
Hdsud pa mdsad do/de bas na saGs rgyas bcom ldan Hdas deHi Jan thos rnams

---

927) P: brtags

928) dvyACayApter ekayAnatA buddhAnAM ca sarvasatveSv AtmACayaprApteH

929) CrAvakANAM ca tadgotraniyatAnAM pUrvaM bodhisambhAracaritAnAm

930) P: pas

931) P: des bzuG baHi

932) tathAgatAnugrahaviCeSapradeCalAbhAya

933) pradeCalAbhAya

bsam pa gcig pa Jid rJed paHi phyir theg pa gcig Jid do/

/mthar thug paHi phyir yaG theg pa gcig pa Jid de/gaG phan chad bgrod par bya

ba med pa de ni theg pa yin pas saGs rgyas Jid kho na theg pa gcig pa yin no/

*934) /Zes bya ba ni dper na/*sgra Gan rgya mtshos klas pa can // gZu bdun mi ni ji

sJed pa // gZu mchog can gyi gan na ni // buG med yin par Ces par gyis // *Zes bya*

*ba lta bu ste/Hdi skad du/*pho935) *ni de gcig kho nar zad kyis de las rtsal che ba*

gzan na med do // *Zes smras pa yin no // de bZin theg pa thams cad kyi mthar thug*

pa ni theg pa chen po yin te/deHi phyi rol na theg pa khyad par can gZan med

pas theg pa gcig pa Jid do/

kArIkA

kim arthaM punas tena tenAbhiprAyeNaikayAnatA buddhair deCitA /

AkarSaNArtham ekaSAM anyasaMdharaNAya ca /

deCitAniyatAnAM hi saMbuddhair ekayAnatA // 11 − 54 //

kArIkA (T)

/kha cig dag936) ni draG phyir daG // gZan yaG dag gzuG baHi phyir // rdsogs paHi

saGs rgyas rnams ni // ma Ges rnams la theg gcig bCad //

bhASya

/AkarCaNArtham ekeSAm iti ye CrAvakagotrA −niyatAH/anyeSaM ca saMdhAraNaya ye

bodhisatvagotrA aniyatAH/

---

934) paryantAd apy ekayAntA yataH paareNa yAtavyaM nAsti tad yAnam iti kRtvA
   buddhatvam ekayAnam
935) D: mi po
936) P: daG

bhASya(T)

[P: 188b7] /kha cig dag ni draG phyir daG // gZan yaG dag gzuG baHi phyir // rdsogs paHi saGs rgyas rnams ni // ma Ges rnams la theg gcig bCad /

/ yaG ciHi phyir saGs rgyas rnams kyis dgoGs pa de daG des theg pa gcig pa Jid du bCad ce na // kha cig dag937) ni draG phyir daG / gZan dag yaG dag bzuG baHi phyir // rdsogs paHi saGs rgyas rnams kyis ni // ma Ges rnams la theg gcig bCad // kha cig draG paHi phyir Zes bya ba ni Jan theg kyi rigs [P: 189a] can ma Ges pa gaG dag yin paHo // gZan dag yaGdag par bzuG baHi phyir Zes bya ba ni byaG chub sems dpaHi rigs can ma Ges pa gaG dag yin paHo /

VRtti−bhASya

/ ciHi phyir dgoGs pa de daG des theg pa gcig tu saGs rgyas938) bCad ce na939) Zs bya ba la / de ltar theg pa gsum yod kyaG dgoGs pa rnam pa bdun po de daG de dag la dgoGs nas theg pa gcig tu bCad pa la don daG dgoGs pa ci yod ces bya baHi don to / [D: 199a]

/ kha cig dag ni draG baHi phyir // gZan dag kyaG ni gzuG baHi phyir // ma Ges pa la saGs rgyas kyis940) // theg pa gcig tu bstan pa yin941) // Zes bya ba la / ma Ges paHi rigs can rnams kyi don du dgoGs nas saGs rgyas kyis942) theg pagcig go Zes gsuGs te / ma Ges paHi rigs can ni Jan thos kyi rigs ma Ges pa daG / raG saGs rgyas kyi rigs ma Ges pa daG / byaG chub sems dpaHi rigs ma Ges paHo / Jan thos daG raG

---

937) P: daG

938) P: Gas instead of saGs rgyas

939) kim arthaM punas tena tenAbhiprAyeNaikayAnatA buddhair deCitA

940) P: kyi

941) AkarSaNArtham ekaSAM anyasaMdharaNAya ca /
    deCitAniyatAnAM hi saMbuddhair ekayAnatA // 54 //

942) P: kyi

saGs rgyas kyi rigs ma Ges pa dag theg pa chen poHispyod pa la btsud nas saGs rgyas par bya baHI phyir yaG theg pagcig tu bCad pa daG/byaG chub sems dpaHi rigs ma Ges pa dag Hkhor ba na phan btags kyaG gnod par byed paHi sems can daG gnod par ma byas kyaG gnod par byed pa daG dgos pa med par yaG pnod pa byed pa dag mthoG nas Hkhor bar skyo ste/Jan thos kyi mya Gan las Hdas par Hjug par943) Hdod pa944) rnams Jan thos kyi mya Gan las Hdas par mi btaG ZiG gzuG bar bya baHi phyir theg pa gcig tu bCad do Zes bya baHi don to//theg pa gcig tu bCad pas ji ltar draG ZiG gsuG bar Hgyur Ze na/ji ltar theg pa ni gcig par zad do Zes bCad pa daG de dag945) Hdi sJam du sems te/mthar bskor na yaG theg pa chen po Jid kyis mya Gan las Hdas par Hgyur bas daG por946) Jan thos kyi theg par spyad de nas theg pa chen po la spyad de/gJis las spyad pas ci Zig byas daG po Jid nas[P: 220b] theg pa chen po la Hjug par byaHo sJam du sems CiG theg pa chen po la daG po nas spyod par byed pa nas947) deHi phyir theg pa chen po gcig tu bCad do/

/Jan thos kyi rigs ma Ges pa948) Zes smos pa la/gal te Jan thos kyi rigs ma Ges pa yin na ji ltar na949) Ges par Hgyur Ze na/lan950) du de dag ni Jan thos Jid ma yin gyi gZan du na rigs951) ma Ges pa yin te/sGon Jan thos kyi spyod pa la spyad pas Jan thos kyi rigsZes bya bar zad do//de bZin du byaG chub sems dpaHi rigs ma Ges paHi tshul yaG de daG Hdra bar blta bar byaHo//ciHi phyir Ze952) na/Jan

---

943) P: pa
944) P: paHi
945) P: dag, omit
946) P: po
947) P: pas na instead of pa nas
948) CrAvakagotrA－niyatAH
949) P: nas
950) P: lam
951) P: rigs, omit
952) P: Ze, omit

thos kyi rigs ma Ges pa de dag daG po nas theg pa chen poHi spyod pa la spyod du Hjug ste / saGs rgyas [D: 199b] daG byaG chub sems dpaHi rnams kyis byaG chub sems dpaHi pyod pa la ma bZag par btaG sJoms su bkod ce na / lan du gnas skabs Ges pa la ltos nas btaG sJos su bZag ste / de dGar Jan thos kyi soyod pa ma spyad par theg pa chen poHi spyod pa la dgod du mi ruG bas na deHi phyir btaG sJoms su bkod pa lta bur bltaHo /

TIkA

[P: 105b3, D: / Jan thos kyi rgs can ma Ges pa gaG dag yin paHo Zes bya ba ji ltar na Jan thos kyi rigs can yin la ma Ges pa yin Zes kyaG bya Ze na / de dag ni Jan thos kho na yin no // Ho na ci Ze na / ma Ges paHi rigs can dag cig Jan thos kyi spyod pa la spyad pas na deHi phyir Jan thos kyi rigs can Zes bya ste / byaG chub sems dpaHi rigs can ma Ges pa dag la yaG de bZin du sbyar bar byaHo // yaG ciHi phyir saGs rgyas daG byaG chub sems dpaH rnams kyis ma Ges pa rigs can dag yal bar bor⁹⁵³⁾ / gaG gis na Jan thos kyi spyod pa la rab tu sbyor gyi byaG chub sems dpaHi spyod pa la ma yin Ze na / gnas skabs Ges paHi phyir btaG sJoms su Hjug go // gnas skabs der ma phyin par ma Ges paHi rigs can rnams byaG chub can sems dpaHi spyod pa la spyad par ni mi nus te / ji skad du Hphags pa makhol gyi Zal sga kyis⁹⁵⁴⁾ / Hdi ni gyaG saHi yul gyi mur phyin par nor can Jid mi Hgyur Zes bya ba la sogs pa bCad pa lta bu yin no /

karIkA

/ Cravako 'niyato dvedhA dRSTAdRSTArthayAnataH /
dRSTArtho vitarAgas cAvItarAgo 'py asau mRduH // 11 − 55 //

---

953) D: dor
954) P: kyi

kArIkA(T)

/Jan thos ma Ges rnam gJis te//theg don mthoG daG ma mthoG baHi[955]//don mthoG Hdod chags bral ba daG//Hdod chags bral min Hdi dman paHo/

bhASya

/SrAvakaH punar aniyato dvividho veditavyaH/dRSTArthayAnaC ca yo dRSTasatyo mahAyAnena niryAti adRSTArthayAnaC ca yo na dRSTasatyo mahAyAnena niryAti/ dRSTArthaH punar vItarAgaC ca avItarAgaC ca kAmebhya/asau ca mRdur dhandha-gatiko veditavyaH yo dRSTArtho dvividha uktaH/

bhASya(T)

[P: 189a1]/Jan thos ma Ges rnam gJis te//theg don mthoG daG ma mthoG baHi// don mthoG Hdod chags bral ba daG//Hdod chags bral min Hdi dman paHo/ /Jan thos ma Ges pa yaG rnam pa gJis su rig par bya ste/theg paHi don mthoG ba ni bden pa mthoG ba theg pa chen pos Ges par HbyuG ba gaG yin paHo//theg paHi don ma mthoG ba ni bden pa mthoG ba theg pa chen po Ges par HbyuG ba gaG yin paHo//don mthoG ba yaG Hdod pa dag las Hdod chags daG bral ba daG/ Hdod chags daG ma bral baHo//don mthoG ba rnam pa gJis su bCad pa gaG yin pa Hdi ni dman pa yin te/rtog pa bul ba yin rig par byaHo/

VRtti−bhASya

/goG du Jan thos kyi rigs ma Ges pa rnams draG baHi phyir theg pa gcig tu bCad do Zes gleGs pa las/Jan thos kyi rigs ma Ges pa theg pa chen por Hjug pa phye na rnam pa du[956] yod pa bstan paHi phyir/

/Jan thos ma Ges rnam gJis te // theg paHi[957] don mthoG ma mthoG baHo /[958]

/Zes smos te / Jan thos rigs ma Ges pa theg pa chen poHi sgor Zugs nas mGon par Htshan rgya bar Hgyur ba rnam pa gJis te / theg paHi don mthoG ba daG / theg paHi don ma mthoG baHo // de la theg pa Zes bya ba ni bden pa bZi la bya ste / bden pa bZi mthoG ba ni theg paHi don mthoG ba Zes byaHo / deHaG gaG Ze na / rgyun du Zugs pa daG / lan cig[959] phyir Hon ba daG / phyir mi HoG baHi gaG zag go // theg paHi don ma mthoG ba ni bden pa bZi ma mthoG ba ste / so soHi skye bo daG mos pa[960] spyod paHi gaG zag rnams[P: 221a]so /

/Jan thos rigs ma Ges paHi theg paHi don mthoG ba la phye na rnam pa du yod pa bstan paHi phyir /

/ don mthog Hdod chags bral ba daG // Hdod chags ma bral gJis Zan[961] la /[962]

/Zes bya ba smos te / theg paHi don mthoG ba la yaG rnam pa gJis yod de / Hdod paHi Hdod chags daG bral ba daG Hdod paHi Hdod chags daG ma bral baHo // de la Hdod paHi Hdod chags daG bral ba ni / Hdod paHi khams kyi Hdod chags daG mthoG ba daG bsgom[963] pas spaG bar bya baHi Jon moGs pa ma lus spoG ba ste / Hphags pa phyir mi Hon ba rnams te / Hdod paHi Hdod chags daG ma bral ba ni Hdod paHi khams kyi[964] mthoG bas spaG bar bya baHi Jon moGs pa ni spaGs kyi bsgom pas spaG bar bya[965] baHi Jon moGs pa rnams ni ma spaGs te / Hphags pa rgyun du Zugs pa daG / lan cig phyir Hon ba rnams so // Hdod chags daG bral ba daG ma bral

---

956) P: phye na du, D: phyi naG du, phye na rnam pa du is by H

957) P: paHi, omit

958) Cravako 'niyato dvedhā dRSTAdRSTArthayAnatāH /

959) P: gcig

960) P: pas

961) D: gZan

962) dRSTArtho vitarAgas cAvItarAgo 'py asau mRduH

963) P: sgom

964) P, D: kyis

965) P: bya bar, omit

ba gJis kyaG dbaG po rtul [**D: 200a**] po daG / dus riG po[966) Zig gis mya Gan las Hdas pa thob par Hgyur bas na Zan[967) pa Zes byaHo /

/ theg pa chen pos des HbyuG yin[968) Zes bya ba la / Jan thos rigs ma Ges pa theg paHi don mthoG ba daG ma mthoG ba gJis theg po chen poHi spyod pa spyad nas mGon par HtshaG rgya bar Hgyur ba ni theg pa chen por[969) HbyuG ba Zes byaHo /

TIkA

/ Jan thos ma Ges pa yaG rnam pa gJis te / theg paHi don mthoG ba daG theg paHi don ma mthoG baHo Zes bya ba ni bden pa mthoG ba daG bden pa m mthoG baHo // Zes bya baHi don to /

kArIkA

/ tau ca labdhAryamArgasya bhaveSu pariNAmanAt /
acintyapariNAmikyA upapattyA samanvitau // 11 − 56 //

kArIkA (T)

/ de gJis Hphyags paHi lam thob pa // srid pa dag tu bsgyur[970) baHi phyir // bsam gyis mi khyab bsgyur ba yi // skye ba daG ni yaG dag ldan /

bhASya

/ tau ca dRSTAarthau labdhasyAryamArgasya bhaveSu pariNAmanat / acintyapariNAmivyA

---

966) P: mo
967) P: gZan
968) mahAyAnena niryAti
969) P, D: po
970) P: sgyur

upapattyA veditavyau / acintyo hi tasyArya mArgasya pariNAma upapattau tasmAd acintyapariNAmikI /

bhASya(**T**)

/ de gJis Hphags paHi lam thob pa // srid pa dag tu bsgyur baHi phyir // bsam gyis mi khyab bsgyur ba yi // skye ba daG ni yaG dag ldan /
/ don mthoG ba ni gJis ni Hphags paHi lam thob pa srid pa dag tu bsgyur baHi phyir // bsam gyis mi khyab par bsgyur baHi skyeb ba daG ldan par rig par byaHo / Hphags paHi lam de skye bar bsgyur ba ni bsam gyis mi khyab ste / de lta bas na bsam gyis mi khyab par bsgyur ba yin no /

VRtti−bhASya

/ Jan thos don mthoG ba theg pa chen pos HbyuG ba yaG khams gsum du skyes la / sesms can don byas nas gdod theg pa chen por HbyuG bas na ji ltar khams gsum du skye ba bstan paHi phyir /
/ de gJis Hphags paHi lam thob nas // srid par yoGs su bsGo baHi phyir // bsam gyis mi khyab bsgyur ba yi // skye ba daG ni ldan paHo / 971)
/ Zes smos te / bden paHi don mthoG ba Hdod chags daG bral ba daG ma bral ba de gJis Hkhor bar skye bar yaG sGon Hphags paHi lam bsgoms CiG khoG du chud ciG Hthob pa ste / Hkhor bar skye baHi rgyur gyur cig bsGos nas Hkhor bar skye baHi phyir de dag Hkhor ba gcig nas [P: 221b] gcig tu skye ba ni bsam gyis mi khyab par bsgyur baHi skye ba daG ldan pa Zes byaHo // smras pa Hphags paHi lam ni Hkhor ba la mi ze sdaG ba ste / Hkhor bar rgyab kyis lta ba yin na / Hphags paHi lam Jid Hkhor bar skyes nas Hkhor bar ji ltar Hgyur Ze na / de ni bden te Hphags

---

971) / tau ca labdhAryamArgasya bhaveSu pariNAmanAt /
acintyapariNAmikyA upapattyA samanvitau // 56 //

paHi lam HbaH Zig gis Hkhor bar skye bar mi Hgyur gyi Hdod paHi Hdod chags daG bral ba phyir mi HoG ba rnams la yaG gzugs daG gzugs med paHi khams kyi Jon moGs pa ma spaGs pa lhag ma yod pa daG Hdod paHi Hdod chags daG ma bral ba rgyun du Zugs pa daG lan cig phyir HoG b ala yaG lhams kyi bsgom pas spaG bar bya baHi Jon moGs pa ma spaGs pa daG kyhams gJis kyi Jon moGs pa ma spaGs pa yod pas Jon moGs pa de dag Hphags paHi lam Hkhor bar skyes par bsGos paHi mthus phul nas Jon moGs pas rgyu byas te/Hkhor bar skye bar Hgyur te/de yaG Hdi ltar bsGos pa bZin skyes te/saGs rgyas bcom ldan Hdas rnams kyi Jan thos kyi rigs ma Ges pa Hdod paHi Hdod chags daG bral ba daG ma bral ba rnams la ji ltar lhag mthoG [D: 200b] gtsor bsgoms CiG mya Gan las Hdas pa daG rjes su mthun paHi lam ni gtoG du btud la Hkhor ba la mGon du lta baHi sJiG rje chen po bsgoms paHi lam la sbyor bar mdzad do//de la sJiG rje chen poHi lam bsgoms pas Hkhor ba la Ze sdaG ZiG mya Gan las Hdas pa la mGon du bltas pas lhag mthoG gi lam Hdul bar byed la/Hkhor ba la mgon du blta bar byed de/yaG nas yaG du Hkhor ba yoGs su Hdsin pa ni srid par yoGs su bsGos pas Zes byaHo//de ltar sJiG rje chen poHi dbaG gis Hkhor bar skye baHi phyir/de dag gi skye ba ni bsam gyis mi khyab par gZag go/

bsam gyis mi khyab pa skye baHi phyir deHi Hphags paHi lam bsgyur bas na Zes bya ba la/Hphags pa de dag gi skye ba bsam gyis mi khyab par bCad pa yaG las daG Jon moGs paHi dbaG gis skye [P: 222a] ba ni ma yin gyi Hphags paHi lam Jid Hkhor bar skye baHi rgyur gyur pa na da dag gi skye ba bsam gyis mi khyab par Hgyur ro Zes bya baHi don do/

TIkA

[P: 105b8, **D: 95a3**]/Hphags paHi lam de dkye bar bsgyur ba ni bsam mi khyab ste[972] Zes bya ba ni/Hphags paHi lam gyi skye ba la sGar ba yin na de ltar skye *bar sgyur bar byed ce na / de ni bden na de Hphags paHi lam kho nas skye ba ni*

ma yin no / Ho na ci Ze na / Jon moGs pa lhag ma ma spaGs pa rnams kyis te /

saGs rgyas bcom ldan Hdas rnams ni ma[973] *Ges paHi rigs can gyi Jon moGs*[974] *pa*

de dag la saGs rgyas Jid thob par bya baHi phyir ci phyir ci nas kyaG lhag mthoG

lhur len ciG thar pa la smon paHi lam Hdor ZiG Hkhor ba la mGon du phyogs pa

sJin rje bsgom paHi lam la sbyor ba de ltar Hdoms la / sJiG rjeHi dbaG gis na

Hphags paHi lam srid pa la ldaN ba de ci nas kyaG srid pa la khyab kyis phyogs te

mi gnas pa daG mya Gan las Hdas pa la gZol bar mi Hguyr ba daG sems can gyi

don du yaG daG du skye ba len pa de ltar Ges pa byed de / de ltar na skye bar

bsgyur ba yin no / de Jid kyi phyir skye ba de ni bsam gyis mi khyab par bsgyur

ba yin no /

kArIkA

/ praNidhAnavaCAd eka upapattiM prapadyate /

eko 'nAgAmitAyogAn nirmANaiH pratipadyate // 11 − 57 //

kArIkA (T)

/ gcig ni[975] *smon lam dbaG gis na // skye ba rab tu sgrub par byed // cig Cos phyir*

mi HoG ba daG // ldan phyir sprul pas rab tu sgrub //

bhASya

/ tayoC caikaH praNidhAna − vaCAd upapattiM gRhnAti yatheSTaM na vItarAgaH / eko

---

972) acintyo hi tasyArya mArgasya pariNAma upapattau

973) P: ma, omit

974) D: moGs, omit

975) P: gi

'nAgAmitAyogabalena nirmANaiH/

bhASya(T)

[P: 189a7] /gcig ni[976) smon lam dbaG gis na // skye ba rab tu sgrub par byed // cig
Cos phyir mi HoG ba daG // ldan phyir sprul pas rab tu sgrub /
/ de gJis 1 gcig ste Hdod chags daG ma bral ba gaG yin pa de ni smon lam gyis
dbaG gis ji ltar Hdod pa bZin du skye ba Hdsin to // cig Cos ni phyir mi HoG ba daG
ldan paHi stobs kyis sprul pa gis Hdsin to //

VRtti – bhASya

/ de ltar Hdod chags daG bral ba daG ma[977) bral ba gJis Hkhor bar skye ba bsam
gyis mi khyab paHi mtshan Jid yin par bCad nas / da ni[978) Hdod paHi Hdod chags
daG ma bral ba ni sems can gyi don du Hkhor bar ji ltar skye ba bstan paHi phyir /
/ gcig ni smon lam baG dag gis // skye bar kyaG ni rab tu Hgyur[979) // zes bya ba
smos te / gcig ces bya baHi sgras Hdod paHi chags daG ma bral ba[980) rgyun du
Zugs pa daG lan cig phyir HoG ba la bya ste / de dag Hkhor bar ji skye Ze na //
smon lam gyi dbaG gis skye ste / de yaG Hdi ltar khams gsum gyi sems can sdug
bsGal ba mthoG nas gaG daG gaG du[981) sems can gyi don bya bar Hdod par mthoG
ba de bZin de dag tu skye bar gyur cig ces smon lam btab pa daG / smon lam gyi
dbaG gis de daG de dag tu skye bar Hgyur te / skyes nas sems can la phan pa daG /
bde ba byas te / bsod nams daG ye Ces kyi tshog bsags nas HtshaG rgya bar Hgyur

---

976) P: gi
977) P: ma, omit
978) P, D: baHi instead of ba ni
979) praNidhAnavaCAd eka upapattiM prapadyate
980) P, D: bar
981) P: du, omit

ro Zes bya baHi don to /

/ Hdod paHi Hdod chags daG bral ba Hkhor bar ji ltar skye ba bstan paHi phyir / cig

Cos phyir mi HoG ba ni // rnal Hbyor gyi ni sprul pas sgrub[982] // ces bya ba smos te

/ cig Cos [D: 201a] Zes bya ba ni Hdod paHi Hdod chags daG bral ba la bya ste / de

dag ni raG Jid Hkhor bar mi skye baHi tiG Ge Hdsin bsgoms nas tiG Ge Hdsin gyi

sprul pas sprul te / sprul pa Hkhor bar skyes nas sems can gyi don bsgrubs nas

bsod namdaG ye Ces kyi tshogs bsags nas mGon par HtshaG rgya bar byed do Zes

bay baHi don to /

/ Hdod bZin skye ba Hdsin to[983] Zes bya ba la / las daG Jon moGs pas skye ba ni

ma yin gyi smon lam gyi dbaG gis skye Zes bya baHi don to /

TIkA

/ gcig te Hdod chags daG ma bral ba gaG yin pa de[984] ni smon lam gyi dbaG ji

ltar Hdod pa bZin du skye ba Hdsin to Zes bya ba ni / bsam gyis mi khyab baHi

skye ba yoGs us Hdsin paHi nas yin gyi / las daG Jon moGs paHi dbaG gi skye ba ni

ma yin no // Zes bya baHi tha tshig go // de ni Hdod chags daG ma bral ba yin te /

gaG daG gaG du sems can gyi don mthoG ba de daG der skye bar smon lam Hdebs

so /

/ Hdod pa las Hdod chags daG bral ba yin pa ni phyir mi HoG ba daG ldan paHi

stobs kyis Zes bya ba ni / bsam gtan gyi stobs kyis Zes bya baHi don te / bsam gtan

gyi stobs kyis Zes bya baHi don te / bsam gtan gyi stobs kyis[985] sprul pa rnams

nas de daG de dag[986] tu skye ba kun tu bstan pas sems can gyi don byed do /

---

982) eko 'nAgAmitAyogAn nirmANaiH pratipadyate
983) upapattiM gRhnAti yatheSTaM
984) ekaH praNidhAna − vaCAd upapattiM gRhnAti yatheSTaM na vItarAgaH
985) D: kyi
986) P: de dag instead of de daG de dag

kArIkA

nirvANAbhiratattvAc ca tau dhandhagatikau matau /
punaH punaH svacittasya samudAcArayogataH // 11 − 58 //

kArIkA(T)

/ de gJis yaG daG yaG du ni // raG sems kun tu HbyuG ldan pas // mya Gan Hdas la mdon dgaHi phyir // rtogs[987] pa bulba yin par Hdod /

bhASya

tau ca nirvANAhiratatvAd ubhAvapi dhandhagatikau matau ciratareNAbhisaMbodhataH /
svasya CrAvakacittasya nirvitsahagatasyAbhIkSNaM samudAcArAt //

bhASya(T)

[P: 189a8] / de gJis yaG daG yaG du ni[P: 189b1] // raG sems kun tu HbyuG ldan pas // mya Gan Hdas la mdon dgaHi phyir // rtogs pa bulba yin par Hdod /
/ de gJis yaG raG gi Jan thos kyi sems skyo ba daG ldan pa yaG du kun tu HbyuG bas mya Gan las Hdas pa lhag par dgaH baHi phyir rtogs pa bul ba yin par Hdod de / yun riG mo Zig na mGon par rdsogs par HtshoG rgya baHi phyir ro /

VRtti − bhASya

/ goG du Hdod paHi Hdod chags daG bral ba daG ma bral ba gJis Zan paHo[988] Zes bCad pa la / ji ltar de[989] gJis Zan pa bstan [P: 222b] paHi phyir / **mya gan las Hdas**

---

987) P: rtog
988) P: po
989) P: de, omit

la dgaHi phyir[990] // de gJis rmoGs[991] pa Zugs par dgoGs[992] // Zes bya ba smos te /
don mthoG baHi gaG zag de gJis kyaG / Jan thos kyi spyod pas[993] Hkho ba la skyo
ba daG / mya Gan las Hdas pa la mgon sum du lta ba la dgaH bs na / Ces rab rtul
ba daG dus riG por lba na med paHi byaG HtshaG rgya bar rmoGs parZugs pa yin no
Zes bya baHi don to /

/ ji ltr mya Gan las Hdas pa la dgaH Ze na / deHi phyir / **phyi phyir bdag gi sems la
ni // kun tu spyod pa sbyor bas so**[994] // Zes bya ba smos te / bdag gi sems ni Jon
moGs pa daG Jan thos kyi sems so // phyi phyir Zes bya ba ni yaG nas yaG du Zes
bya baHi don to // don mthoG baHi jan thos de dag yaG nas yaG du jan thos kyi
sems Jon moGs pa daG / Hkhor bas skyo ba daG / mya gan las Hdas pa la mGon par
dgaH ba yaG nas yaG du HbyuG ZiG de la kun tu spyod ciG sbyor la sems can gyi
don mi byed pas mya Gan las Hdas la mGon du dgaH ba Zes bya ste / de ltar gyur
daG daG po Jan thos kyi theg pa la yaG bCad de[995] / de nas bskal pa graGs med pa
gsum du theg pa chen por Zugs nas HtshaG rgya bas yun riG por HtshaN rgya[996]
baHi phyir Zan pa Zes bayHo // Jan thos rigs ma ges pa rnam pa gJis las don
mthoG ba daG ma mthoG ba rnam pa su bCad do // don mthoG ba la yaG[997] rnam
pa gJis te / Hdod paHi Hdod chags daG bral ba daG / ma bral ba rnam pa gJis su
phye ba las de gJis Hkhor [D: 201b] bar skyes te / sems can gyi son byas bas bsod
nams daG ye Ces kyi tshogs bsags te / ji ltar mGon par HtshaG rgya bar Hgyur ba ni
bCad zin to /

---

990) P,D: mya Gan las Hdas pa la dgaH baHi phyir
991) P: smoGs
992) nirvANAbhiratattvAc ca tau dhandhagatikau matau /
993) P,D: pa
994) punaH punaH svacittasya samudAcArayogataH // 11 − 58 //
995) P: de, omit
996) P: rgya, omit
997) P: yaG,omit

kArIkA

so 'kRtArtho hy abuddhe ca jAto dhyAnArtham udyataH /

nirmANArthI tadACritya parAM bodhim avApnute // 11 − 59 //

kArIkA(**T**)

/ don byas ma yin de dags rgyas // med par skyes nas sprul don gJer // bsam gtan
don brtson der brten nas // byaG chub dam pa Hthob par Hgyur /

bhASya

yaH punar asAv avItarAgo dRSTasatyaH so 'kRtArthaH CaikSo bhavan buddharahite kAle
jAto dhyAnArtham udyato bhavati nirmANArthI / tac ca nirmANam ACritya krameNa
parAMm bodhiM prApnoti / tam avasthAtrayasthaM sandhAyoktaM bhagavatA CrImAlAsUtre
/ CrAvako bhUtvA pratyekabuddho bhavati punaC ca buddha iti agnidRSTAntena[998] ca /
yadA ca pUrvaM dRSTasatyAvasthA yadA buddharahite kAle svayaM dhyAnam utpAdya
janmakAyaM tyaktvA nirmANakAyaM gRhNAti yadA ca parAM bodhiM prApnotIti //

bhASya(T)

*[P: 189b2] / don byas ma yin de dags rgyas // med par skyes nas sprul don gJer //
bsam gtan don brtson der brten nas // byaG chub dam pa Hthob par Hgyur /
/ bden pa mthoG ba Hdod chags daG ma bral ba don ma byas pa slob pa gaG yin
pa de ni saGs rgyas med paHi dus su skyes nas sprul pa don du gJer bas ma gtan
gyi don du brton par Hgyur ZiG sprul pa de la yaG brten nas rim kyis byaG chub
dam pa Hthob par Hgyur ro // bcom ldan Hdas kyis gnas skabs gsum la gnas pa de
la dgoG nas /*

---

998) L: dRSTAnte ca

/dpal phreG gi mdo las meHi dpes Jan thos su gyur nas/raG saGs rgyas su Hgyur
ro//phyis ni saGs rgyas su yaG Hgyur ro/
/Zes gsuGs te//gaG gi tshe sdon bden pa mthoG baHi gnas skabs daG/gaG gi tshe
saGs rgyas med paHi dus su bdag Jid kyis bsam gtan bskyed nas skye baHi lus por
te//sprul baHi lus Hdsin pa daG//gaG gi tshe byaG chub dam paHi thob paHi gnas
skabs so/

VRtti—bhASya

/da ni rigs ma Ges pa theg pa chen poHi don ma mthoG ba ste/de ji ltar mGon
par HtshaG rgya bar bstan paHi phyir/gaG phyir don ma byas pa de//saGs rgyas
med HbyuG bsam ZiG sprul pa sprul don tu//de la brten nas byaG chub thob[999]//
ces bya ba smos so//Hdi ltar Hdod paHi[1000] khams Hdod chags daG yaG ma bral/
bden pa yaG ma mthoG baHi Jan [P: 223a] thos kyi rigs ma Ges pa de dag ni don
ma byas pa ste/so soHi skye boHam/mos pa spyod paHi sa la gnas pa rnams so//
don ma byas pa de dag Hdod paHi khams nas Ci Hphos nas Hdod paHi khams kyi
lha tshe[1001] riG poHi nan du skyeHo//de ltar lha tshe riG poHi naG du Hdug Hdug
pa las/nam Hjig rten[1002] ston pa saGs rgyas daG/deHi bstan pa[1003] chos rnams
nub ste me par gyur pa daG/slar Hdod paHi khams su skye bar byed do//Hdod
paHi khams su skye nas/gzugs kyi khams kyi bsam gtan thob par bya baHi phyir
brtson ZiG /Hdod par byed do//dehaG ciHi phyir bsam gtan la brtson Ze na/sprul
pa sprul pa Hdod paHi don du bsam gtan la brtson par byed do[1004]//des sprul pa

---

999) so 'kRtArtho hy abuddhe ca jAto dhyAnArtham udyataH/
 nirmANArthI tadACritya parAM bodhim avApnute //11—59//
1000) P: chos, added, between paHi and khams
1001) P: che
1002) D: chen
1003) D: la,added, after bstan pa

sprul nas / sprul pa de la brten nas se sprul pas khams gsum du sems can gyi don byas nas bsod nams daG ye Ces kyi tshogs bskaGs te / mjug tu mGon par Htshag rgya bar byed do Zes bya baHi don to /

/ hdi[1005)1006) Zes bya ba Jan thos kyi rigs ma Ges pa ni bden paHi don ma mthoG baHi gaG zag Hdi Zes bya baHi

don to // slob par gyur nas[1007) Zes bya ba ni so soHi skye boHam / mos pa spyod paHi sa pa na de bZin gCegs paHi Jan thos su gyur nas Ci Hphos te / Hdod paHi khams kyi lha tshe riG naG du skyes so Zes bya baHi don to // saGs rgyas med paHi dus na skyes te[1008) cig tu gnas par gyur Zes bya ba ni lha tshe riG poHi naG nas kyaG Hdod paHi khams na[1009) de bZin gCegs pa mi bZugs paHi tshe skyes nas Zes bya baHi don to // bsam gtan gyi don las brtson ZiG sprul pa Hdod [D: 202a] de / sprul pa de dag la brten nas rim gyis byaG chub mchog thob po[1010) Zes bya ba la / Hdod paHi khams su skyes nas kyaG / gzugs kyi khams kyi bsam gtan thob par bya baHi phyir brtson ZiG Hbad par byed do // bsam gtan la yaG ciHi phyir brtson Ze na[1011) / sprul pa Hdod paHi phyir brtson[1012) par byed de / des[1013) bsam gtan gyi s[1014) sprul pa[1015) sprul nas / sprul pas rdzu Hphrul sna tshogs kyis Hdod paHi

---

1004) P: de
1005) P: Hdi, D: HdiHi don
1006) sa
1007) CaikSo bhavan
1008) buddharahite kAle jAtAs
1009) D: nas
1010) dhyAnArtham udyato bhavati nirmANArthI / tac ca nirmANam ACritya krameNa
    parAMm bodhiM prApnoti /
1011) P, D: ZiG
1012) P: rtson
1013) D: de
1014) P: gyi
1015) P: pas

khams [P: 223b] skyed¹⁰¹⁶⁾ par byed do // deHi don ni Hdi lta ste / don ma byas
paHi Jan thos rigs ma ges pa rnams lha tshe riG poHi gaG nas Hdod paHi khams su
skyes pa na yul la sems mGon par mi dgaH ba daG gsuG goms paHi stobs kyis slob
kyis slob dpon me par Hphyags paHi lam mGon sum du byed do // de nas bsam
gtan bsgrubs nas bsam gtan gyi sprul pa skye¹⁰¹⁷⁾ ste / sprul ps bsod nams¹⁰¹⁸⁾ daG
ye Ces kyi tshogs rdsogs par byed de / de ni raG saGs rgyas kyi dus so // de nas
mjug tu rim gyis bla na med paHi byaG chub Hthob ste / de¹⁰¹⁹⁾ ni saGs rgyas kyi
dus so // gnas de gsum la dgoGs nas¹⁰²⁰⁾ Zes bya ba ni Jan thos kyi gnas daG / saGs
rgyas kyi gnas gsum la dgoGs pa Zes bya baHi don to // bcom ldan Hdas kyis¹⁰²¹⁾
dpal gyi phreG baHi mdo las meHi dpes¹⁰²²⁾ Zes bya ba la¹⁰²³⁾ / de ltar gnas de
gsum la dgoGs nas bcom ldan Hdas kyis kyaG daG por me lci ba la mched do // de
nas de daG Je baHi rtsva la mched do¹⁰²⁴⁾ // de nas yul Hkhor la mched do Zes
gsuGs paHi dpes Jan thos su gyur nas raG saGs rgyas su Hgyur ro // raG saGs rgyas
su gyur nas saGs rgyas su gyur ro¹⁰²⁵⁾ Zes gsuGs te / deHaG Hdod paHi Hdod chags
daG ma bral bden pa ma mthoG ba ste / Hdod paHi khams kyi lha tshe riG poHi naG
du skyes kyi bar du ni Jan thos su Hgyur ba Zes byaHo // de nas lha tshe riG p
o¹⁰²⁶⁾ nas Ci Hphos te saGs rgyas med paHi dus su byuG ba la bsam gyan gyis
sprul pa bsgrub te bsod nams daG ye Ces kyi tshogs bsgs pa na ni raG saGs rgyas

---

1016) P: brgyad
1017) D: bkye
1018) P: nas
1019) D: des
1020) tam avasthAtrayasthaM sandhAya
1021) P: kyi
1022) uktaM bhagavatA CrImAlAsUtre / ⋯⋯ agnidRSTAntena
1023) P: las
1024) D: de nas de daG Je baHi rtsva la mched do, omit
1025) P, D: to
1026) P: riGs poHi

su Hgyur ba Zes byaHo//de nas mjug tu byaG chub mchog thob pa na[1027] ni saGs rgyas su Hgyur ba Zes byaHo//tsheHi [D: 202b] lus[1028] btaG nas sprul paHi lus Hdsin pa[1029] Zes bya ba la/des[1030] bsam gtan gyi mtshan Jid rdsu Hphrul gyi rkaG ba bZi bsgoms pa yaG bdag gi tshe Hdi cig tu gnas par gyur [1031]cig ces ni byin gyis mi rlob[1032] kyi bdag gi bsam gtan HdiHi mthus sprul pa grub par gyur cig ces sprul pa sgrub par [P: 224a] byed pas na sprul paHi lus yoGs su Hdsin pa Zes byaHo/

TIkA

/bden pa mthoG ba Hdod chags daG bral baHi don ma byas pa slob pa gaG yin pa de Zes bya ba ni slob pa daG Hdod chags daG ma bral ba ste/Hdod pa na spyod paHi lha tshe riG po rnams gyi naG du skye la/Hdir ni bstan pa nub par Hgyur ba daG deHi Hog tu Ci Hphos nas saGs rgyas me paHi dus su skyes te bsam gtan gyi don du brtson par Hgyur ro//ciHi phyir bsam gtan gyi don du brtson Ze na/sprul pa don du gJer bas te/de ni sGon Hphags paHi lam thob paHi stobs kysi Hdod paHi khams kyaG rnam par sun HbyuG par byed la deHi sems yul dag la yaG mGon par mi dgaHo//de nas sGon goms paHi stobs kyis slob dpon med par Hphags paHi lam mGon sum du byed ciG bsam ciG bsam gtan skyed par byed do//de nas rdzu Hphrul gyi rkaG ba bI bsgoms pa raG gis lus yun riG po gnas par bya baHi phyir sprul par byed de/Hdi ni deHi raG bZin saGs rgyas kyi gnas skabs yin no//chogs yoGs su rdsogs par bya baHi phyir sprul pa gZan daG gZan dag kyaG sprul te/de

---

1027) D: na, omit
1028) P: dus
1029) janmakAyaM tyaktvA nirmANakAyaM gRhNAti
1030) D: de
1031) P: cig tu gnas par gyur, omit
1032) P: slob

na rim gyis Ces byaHi sgrib pas spaGs nas glan med pa yaG daG par rdsogs paHi byaG chub Hthob bo/

kArIkA

vidyAsthAnaparyeSTtau ClokaH

  vidyAsthAne paJcavidhe yogam akRtvA

  sarvajJatvaM naiti kathaMcit paramAryaH /

  ity anyeSAM nigrahaNAnugrahaNAya

  svAjJArthaM va tatra karoty eva sa yogaM // 11 − 60 //

kArIkA(T)

/ rig paHi gnas lGa daG la brtson par ma byas par // Hphyags mchog gis[1033] kyaG thams cad mkhyen Jid mi Hgyur te // de lta bas na gZan dag tdhar bcad rjes gzug daG // bdag Jid kun Ces bya phyir de la de brtson byed /

bHASya

paJcavidhaM vidyAsthAnaM / adhyAtmvidyA hetuvidyA CabdavidyA cikitsavidyA Cilpaka − rmasthAnavidyA ca / tad yad arthaM bodhisattvena paryeSitavyaM tad darSayati / sarvajJatva − prAptyartham abhedena sarvaM / bhedena punar hetuvidyAM CabdavidyaM ca paryeSate nigrahArtham anyeSAM tadanadhimuktAnAM / cikitsAvidyAM Cilpakarma − sthAnavidyAM ca anyeSAm anugrahArthaM tadarthikAnAM / adhyAtmavidyAM svayam AjJArthaM //

1033) P: cos

bhASya(T)

[P: 189b7]/rig paHi gnas yoGs su tshol ba la tshigs su bcad pa/

/rig paHi gnas lGa dag la brtson par ma byas par//Hphags mchog gis[1034] kyaG thams cad mkhyen Jid mi Hgyur te/de lta bas na gZan dag tshar bcad rjes gzug daG//bdag Jid kun Ces bya phyir de la de brtson byed/

/rig paHi gnas ni rnam pa lGa ste//naG rig pa daG /gso ba rig pa daG/gtan tshogs rig pa daG/bgroHi la kyi gnas rig paHo//de dag gaG gi phyir byaG chub sems dpas btsal bar bya ba de ston te/bye brag med par ni thams cad mkhen pa Jid thob par bya baHi phyir ro//bye brag tu ni gtan tshigs rig pa daG/sgra rig pa ni gZan de dag la ma mos pa rnams tshar bcad paHi phyir yoGs su tshol lo/gso ba rig pa daG bzoHi las kyi gnas rig pa ni gZan de dag la mon pa rnams la phan gdags paHi phyir yoGs su tshol lo//naG rig pa ni bdag Jid kun Ces par bya baHi phyir yoGs su tshol lo/

VRtti−bhASya

/rig[1035] paHi gnas yoGs su tshol bar[1036] tshigs su bcad pa Zes bya ba la/yul Zes bya ba ni don gcig[1037] ste/Ces par bya baHi yul gaG daG gaG yin pa brtag pa la tshigs su bcad pa gcig gis bstan to Zes bya baHi don to//rig[1038] paHi gnas thams cad la mkhas par ma byas na thams cad mkyen pa mi Hthob pas na/deHi phyir rig paHi gnas btsal lo//de yaG rig paHi gnas la graGs su[1039] yod pa daG/don gaG gi phyir btsal ba ste/rnam pa gJis so//don gaG[1040] gi phyir btsal ba la yaG rnam pa

---

1034) P: cos
1035) P: rigs
1036) D: ba
1037) P: cig
1038) P: rigs
1039) D: du

gJis te/bye bral med paHi don thams cad mkyen paHi ye Ces thob par bya baHi

phyir btsal ba daG bye brag tu na gZan tshar gcad pa daG/gZan rjes su gzuG ba

daG/bdag Jid Cces pa bya baHi phyir btsal lo/

/rig paHi gnas lGa dag la brtson par ma byas na //Hphags paHi dam pa thams cad

mkhyen pa ga la thob[1041)1042)//ces bya ba la/rig paHi gnas ni lGa ste/

nan rig pa daG/

gryu rig pa daG/

sgra rig pa daG/

gso ba rig pa daG/

bzoHi las kyi gnas rig paHo/

/de la de bZin gCegs paHi gsuG rab yan lag bcu gJis la mkhas pa ni naG rig pa

Zes byaHo/

mGon sum daG rjes su dpag pa tshad mas ni zin paHi tar kaHi gZuG la mkhas pa

ni rgyu rig pa Zes byaHo/

sgraHi gtsug lag bya ka ra Ga la mkhas pa ni sgra rig pa Zes bayHo/

rluG daG bad kan la sogs pa nad gso baHi gtsug la la mkhas pa ni gso ba rig pa

Zes byaHo/

glu daG gar daG gyos[1043) la sogs paHi gtsug lag la mkhas pa ni bzoHi las kyi gnas

rig pa Zes byaHo/

/rig paHi gna lGa po[1044) dag la dag la mJan pa daG/bsam pa la sogs paHi sgo

*nas Ces pa daG rtogs[1045) par ma byas par/byaG chub sems [**D: 203a**] dpaH rnams*

1040) P: gaG gaG

1041) P: Hthob

1042) vidyAsthAne paJcavidhe yogam akRtvA
   sarvajJatvaM naiti kathaMcit paramAryaH/

1043) D: spos

1044) P: po, omit

1045) D: rtog

kyis thams cad mkhyen paHi ye Ces ga[1046) la thob ste/de bas na bye brag med pa

thams cad mkhyen paHi ye Ces thob par bya baHi phyir rig paHi gnas lGa la brtso

n[1047) [P: 224b] par byed do Ces bya baHi don to//de la Hphags paHi Jan thos daG

raG saGs rgyas te/de dag la sogs[1048) mchog tu gyur pas Hphags pa[1049) dam paHi

byaG chub sems dpaHo//ji sJed yod pa daG[1050) /ji ltar[1051) yod pa ma lus pa daG/

phyin ci log par Ces pa ni thams cad mkyen pa Ces byaHo/

/de ltar gZan dag tshar bcad[1052) pa daG rjes su gzuG baHi phyir//bdg Jid Ces

byaHi phyir ni de la brtson[1053) byed[1054) //ces bya ba la/bye brag tu[1055) rgyu rig

pa daG/sgra rig pa byaG chub sems dpaH brtson par byed do//ciHi phyir ze na/

mu stegs rgyu rig paHi gtsug lag Ces par rlom pa daG/sgra rig paHi gtsug lag Ces

par[1056) rlom pa de dag tshar bcad[1057) par bya baHi phyir brtson[1058) par byed do/

/gso ba[1059) rog pa daG bzoHi las kyi gnas rig pa la byaG chub sems dpaH brtson

par byed de[1060) /ciHi phyir Ze na/nad kyis btab paHi nas Zi bar Hdod pa rnams

daG/bzo slob par Hdod ciG loGs spyod Hdod pa[1061) rnams la rjes su gsuG[1062) ZiG

1046) P: gaG

1047) P: rtson

1048) las instead of la sogs

1049) P: paHi

1050) D: ji sJed yod pa daG

1051) P: lta

1052) D: gcad

1053) P: rtson

1054) ity anyeSAM nigrahaNAnugrahaNAya
svAjJArthaM va tatra karoty eva sa yogaM

1055) P: na

1056) P: pas

1057) D: gcad

1058) P: rtson

1059) P: baHi

1060) P: de, omit

phan gdags paHi phyir brtson[1063] par byed do/

/nan rig pa la byaG chub sems dpaH brtson par byed de/ciHi phyir Ze na bdag
Jid Hphags paHi lam de kho na Jid kyi mtshan Jid gaG yin pa phyin ci ma log
par Ces par bya baHi phyir brtson par byed do[1064]/

de[1065] dag[1066] ces bya ba ni rig paHi gnas lGa po de dag ces bya baHi don to//
gaG gi [1067]phyir[1068] Zes bya ba ni Hbras bu gaG phyir rig paHi gnas lGa la brtso
n[1069] par byed pa de bstan to Zes bya baHi don to/

/rgyu rig pa daG sgra rig pa tshol ba ni gZan la ma mos pa dag tshar bcad[1070]
paHi phyir ro[1071] Zes bya ba la/rgyu rig pa[1072] byaG chub sems dpaH thsol bar
byed de/Hdi ltar legs par smras pa daG/Jes par smras pa rnams kyi don phyin ci
ma log par ces par bya ba daG/rgyu rig paHi gtsug lag Ces par[1073] rlom[1074] paHi
mu stegs pa dag tshar bcad[1075] pa daG bstan pa Hdi la ma dad pa rnams dad pa
bskyed pa daG/dad pa bskyed pa rnams dad pa phyir ZiG Hphel bar bya baHi phyir
tshol bar byed do//sgra rig pa byaG chub [D: 203b] sems dpaH tshol bar byed de/

1061) P: Hdod,omit

1062) D: bzuG

1063) P: rtson

1064) P: de

1065) P: de, omit

1066) tad

1067) P: gis

1068) yad artham

1069) P: rtson

1070) P: gcad

1071) bhedena punar hetuvidyAM CabdavidyaM ca paryeSate nigrahArtham anyeSAM
     tadanadhimuktAnAM

1072) P: rgyu rig pa, omit

1073) P, D: pas

1074) D: rnam

1075) P: gcad

bdag Jid [P: 225a] saMkrItaHi skad la mkhas paHi sgo nas bdag la mkhas pa gZan dag yid ches par bya ba daG sgraHi gtsug lag Ces par[1076] rlom paHi stegs pa dag tshar gcad par bya ba daG/don gcig la Ges paHi paHi tshig maG po bstan ciG bCad paHi chos tha sJad la mkhas par bya baHi phyir tshol bar byed do Zes bya baHi don to/

/gso ba rig pa daG/bzoHi las kyi gnas rig pa ni gZan de Hdod pa dag rjes su gzuG baHi phyir[1077] Zes bya ba la/gso ba rig pa byaG chub sems dpaH tshol bar byed do//ciHi phyir Ze na/nad daG kyi gleG gZi daG nad med pa daG nad med paHi thabs Ces par bya ba daG/sems can gyi nad rnam pa sna tshogs Zi bar bya baHi phyir thsol bar byed do//bzoHi las kyi gnas rig pa byaG chub sems dpaH tshol bar byed de/ciHi[1078] phyir Ze na/tshegs chuG[1079] du daG[1080] Ca thaG ba[1081] med par loGs spyod pa sgrub par bya ba daG/loGs spyod daG ZiG bzoHi gnas la mkhas as Hjig rten pa rnams kyis bdag la bkur bar bya ba daG/loGs spyod kyi sgo nas Hjig rten pa rnams la phan par bya baHi phyir tshol bar byed do/

naG rig pa ni bdag Jid Ces par byed do[1082] Zes bya ba la/naG rig pa byaG chubsems dpaH tshol bar byed de/ciHi phyir Ze na/bdag Jid kyis Hphags paHi lam daG/de kho na phyin ci ma log par Ces pas Jon moGs pa spaG bar bya ba daG/byas pa mi chud zos pa daG/ma byas paHoG ba med pa phyin ci ma log par Ces par bya ba daG/gZan mGon par rgyu cher bstan paHi phyir tshol bar byed do/

1076) P: pas
1077) / cikitsAvidyAM CilpakarmasthAnavidyAM ca anyeSAm anugrahArthaM tadarthikAnAM /
1078) P: de,added,before ciHi
1079) P: chu
1080) D: daG, omit
1081) P: bar
1082) adhyAtmavidyAM svayam AjJArthaM /

TIkA

[P: 106b5,D: 95b6] / meHi dbe Zes bya ba ni dper na lca baHi me las rtseHi mer Hgyur la / rtseHi me las CiG gi mer Hgyur ba ltar Zes bya yin no // gaG gi tshe sGon bden pa mthoG baHi gnas skabs daG / gaG gi tshe saGs rgyas med paHi dus su bdag Jid kyis yoGs su bsam gtan bskyed nas skye baHi lus bor te Zes bya ba ni Hdis dus Hdi srid cig thub po Zes bya ba ste / rdsu Hphrul gyi rkaG ba bZi bsgoms pas gnas skabs de por nas sprul baHi lus yoGs su Hdsin to / deHi log tu blan med pa byaG chub Hthob po // rten la de rjes su dran pa yid la byed pa Zes bya ba ni de dag rjes su dran pa ni deHi rjes su dran pa ste / pha rol tu phyin pa rjes su dran pa Zes bya baHi tha tshigs go // rjes su dran pa Zes bya baHi sgros ni mthoG baHi bya ba ston te / de Jid kyi phyir Hgrel pa byed pas [P: 107a] rten tu gyur ba byaG chub kyi sems yaG dag pa rjes su mthoG ba daG / Zes bCad do // yaG na pha rol tu phyin pa rnams kyi rten ni byaG chub kyi sems so // pha rol tu phyin paHi rten tu gyur pa byaG chub kyi sems de yaG dag par rjes su mthoG ba daG Zes bya ba ni dran pa Ces rab daG bcas pa ston te / Ces rab gyis byaG chub kyi sems yaG dag par rjes su mthoG ZiG dran pas bCad mthag paHi rigs yaG dag par rjes su dran ZiG Go // ji ltar byaG chub pa ni pha rol tu phyin paHi de kho na Jid thugs su chud pa ste / de Jid kyi phyir mjug thogs su / ji ltar mgon par rdsogs par saGs rgyas pa daG Zes bya ba la sogs pa smos so /

kArIkA

dhAtupuSTiparyeSTau trayodaCa ClokAH /

pAramitAparipUraNArthaM ye pAramitApratisaMyuktA evaM manasikAra dhAtu—puSTaye bhavanti ta etAbhir gAthAbhir deCitAH

> hetUpalabdhi—tuSTiC ca niCrayatadanusmRtiH /

> sAdhAraNa—phalecchA ca yathAbodhAdhimucyanA // 11—61 //

kArIka(T)

/rgyu dmigs nas ni dgaHba daG // rten la de rjes dran pa daG // Hbras bu thun moG
Hdod pa daG // ji ltar byaG chub bZin mos paHo /

bhASya

te punar hetUpalabdhi−tuSTi−manasikArAt yAvad agratvAtmAvadhAraNa−manasikaraH /
tatra hetUpalabdhi−tuSTi−manasikAra Adita eva tAvad[1083] / gotrastho bodhisattvaH
svAtmani pAramitAnAM gotraM paCyan hetUpalabdhi−tuSTyA pAramitA−dhAtupuSTiM
karoti / gotrastho 'nuttarAyAM saMyak−saMbodhau cittam utpAdayatItyato 'nantaraM
niCraya−tad anusmRti−manasikAraH / sa hi bodhisattvaH svAtmani pAramitAnAM
saMniCrayabhUtaM bodhicittaM samanupaCyann evaM manasikaroti niyatam etAH
pAramitAH paripUriM gamiSyanti / tathA hy asmAkaM bodhicittaM saMvidyata[1084] iti /
utpAdita−bodhicittasya pAramitAbhiH svaparArthaprayoge sAdhAraNaphalecchA−
manasikAraH AsAM pAramitAnAM parasAdhAraNaM vA phalaM bhavaty anyathA vA mA
bhUd ity abhisaMskaraNAt / svaparArthaM prayujyamAno'saMkleCopAyaM tattvArthaM
pratividhyatIyato 'nantaraM yathAbodhAdhimucyanAmanasikAraH / evaM sarvatrAnukramo
veditavyaH / yathA buddhair bhagavadbhiH pAramitA abhisaMbuddhA abhisaMbhotsyante
'bhisaMbudhyante ca tathA 'ham adhimucya[1085] ity abhisaMskaraNAt //

bhASya(T)

[P: 190a3] / khams rtas pa yoGs su tshol ba la tshigs su bcadpa bcu gsum ste / pha
rol tu phyin pa yoGs su rdsogs par bya baHi phyir / pha rol phyin pa daG ldan paHi
yid la byed pa gaG dag khams rtaspar byed pa de dag kho na tshigs su bcad pa

---

1083) by H
1084) by H
1085) by H

Hdi dag gis bstan to // de la tshigs su bcad pa daG po ni Hdi yin te /

/ rgyu dmigs nas ni dgaHba daG // rten la de rjes dran pa daG // Hbras bu thun moG

Hdod pa daG // ji ltar byaG chub bZin mos paHo /

/ de dag kyaG rgyu dmigs nas dgaH ba yin la byed pa nas bdag Jid mchog tu Ges

par Hdsin pa yid la byed paHi bar dag yin no // de la rgyu dmigs nas dgaH ba yid

la byed ba ni // re Zig daG po kho nar byaG chub sems dpaHi rigs la gnas pa bdag

Jid la pha rol ru phyin pa rnams kyi rigs mthog ba daG / rgyu dmigs nas dgaH bas

pha rol tu phyin paHi khams rtas par byed do // rigs la gnas pa ni bla na med pa

yaG dag par rdsogs paHi byaG chub tu sems bskyed pa deaHi Hog tu rten la de rjes

su dran pa yid la byed pa ste / byaG chub sems dpaH de dag Jid la pha rol phyin

pa rnams kyi rtendu gyur pa byaG chub kyi sems yaG dag par rjes su mthoG ba

daG Hdi sJam tu Hdi ltar bdag la byaG chub kyi sems yod pas na gdon mi za bar

pha rol tu phyin pa Hdi dag yoGs su rdsogs par Hgyur ro sJam du yid la byed do

// sems bskyed pa ni pha rol tu phyin pa rnams kyis raG daG gzan gyi don la rab

tu sbyor ba Hbrs bu thun moG Hdod pa yid la byed de / pha rol tu phyin pa Hdi

dag gis Hbras bu ni gZan daG thun moG du gyur cig gZan du ma gyur cig sJam du

mGon par Hdu byed paHi phyir ro // raG daG gZan gyi don la rab tu sbyor ba ni /

kun nas Jon moGs pa med paHi thabs de kho na Jid kyi don rtogs par Hgur bas

deHi Hog tu ji ltar byaG chub pa bZi du moGs pa yid la byed ste / ji ltar saGs rgyas

com ldan Hdas rnams kyis pha rol tu phyin pa ma don paar rdsogs par saGs rgyas

pa daG / mGon par rdsogs par HtshaG rgya bar Hgyur ba daG / mGon par rdsogs par

saGs rgyas pa de bZin du bdag kyaG mos so sJam du mGon par Hdu byed paHi

phyir ro // thams cad du yaG go rim ni de lta bur rig par byaHo /

VRtti − bhASya

/ khams rgyas pa btsal ba la tshigs su bcad pa gsum ste[1086) / Zes bya ba la / bla na med paHi rigs la byaG chub tu HtshaG rgya baHi rigs daG s bon nam / pha rol tu

phyin pa drug gi rigs daG sa bon la khams Zes bya ste / khams de dag ji ltar rgyas

CiG brtas[1087] par Hgyur ba bstan pa la tshigs su bcad pa bcu gsum gyis bstan to

Zes bya baHi don to / [P: 225b] pha rol tu phyin pa rnams yoGs su bskad paHi

phyir / **pha rol tu phyin pa rnams daG ldan paHi yid la byed pa gaG yin pa de Jid**

khams rgyas par Hgyur ro[1088] Zes bya ba [D: 204a] la / ji ltar na pha rol tu phyin

paHi khams rgyas par Hgyur Ze na / pha rol tu phyin pa drug yoGs su rdsogs par

bya baHi phyir pha rol tu phyin pa drug daG ldan pa[1089] yid la byed pa Hog[1090]

nas HbyuG ba rnams ltar yid la byas na de[1091] Jid kyis pha rol tu phyin paHi

khams daG s bon rgyas Cin rtas par Hgyur ro Zes bya baHI don to // **de ni tshigs su**

bcad pa Hdi dag gis bstan pa[1092] Zes bya ba la / pha rol tu phyin paHi khams

rgyas par Hgyur ba yid la byed pa yaG tshigs su bcad pa bcu gsum gyis bstan to

Zes bya baHi don to /

/ rgyu dmigs nas ni dgaH ba daG // gnas la de yi[1093] rjes dran daG // Hbras bu thun

moG Hdod pa daG // ji ltar byaG chub mos paHo[1094][1095] // Zes bya ba la // rgyu

dmigs nas dgaH ba yid la byed pa daG / gnas la deHi rjes su dran pa yid la byed

pa daG / Hbras buHi[1096] thun moG Hdod pa yid la byed pa daG / ji ltar byaG chub tu

---

1086) dhAtupuSTiparyeSTau trayodaCa ClokAH /

1087) P: rnam

1088) pAramitAparipUraNArthaM ye pAramitApratisaMyuktA evaM manasikAra dhAtu−puSTaye
bhavanti

1089) D: par

1090) D: logs

1091) P: added, yid la byas pa , between na and de

1092) ta etAbhir gAthAbhir deCitAH

1093) P: deHi

1094) P: pa

1095) hetUpalabdhi−tuSTiC ca niCrayatadanusmRtiH /
sAdhAraNa−phalecchA ca yathAbodhAdhimucyanA // 61 //

mos pa yid la byed pa ste / de ltar yid la byed pa nas[1097] pha rol tu phyin pa

rnams kyi khams rgyas Hgyur ro Zes bya baHi don to /

/ de yaG rgyu rtogs pas dgaH ba yid la byed pa nas / bdag mchog tu Hdsin pa yid

la byed paHi bar du ste[1098] Zes bya ba la / pha rol tu phyin paHi khams rgyas par

Hgyur baHi yid la byed pa yaG rgyu rtogs pas dgaH ba[1099] yid la byed pa nas

brtsams te / bdag tu mchog tu Hdsin pa[1100] yid la byed pa Hjug paHi gnas[1101]

HbyuG baHi bar dag ltar yid la byed byas nas pha rol tu phyin paHi khamas rgyas

par Hgyur ro Zes bya baHi don to /

(1) / rigs la gnas paHi byaG chub sems dpaHi daG por bdag Jid pha rol tu phyin pa

rnams kyi rigs su mthoG nas rgyu rtogs paHi dgaH bas pha rol tu phyin paHi khams

rgyas par byed do[1102] Zes bya ba la / bla na med paHi byaG chub tu HtshaG rgya

baHi rigs daG sa bon nam pha rol tu phyin paHi rigs daG sa [P: 226a] bon daG

ldan paHi byaG chub sems dpaH des daG por bdag Jid la mGon par HtshaG rgya

baHi skal ba yod dam med pa daG / pha rol tu phyin pa drug gi rigs daG sa bon

yod dam med ces brtags na rigs daG sa bon yod par mtho Go // de ltar rgyu yod

par mthoG nas yaG nas yaG du dgaH ba skyes te / de ni rgyu dmigs [D: 204b] nas

dgaH ba yid la byed pa Zes byaHo // de ltar rgyu yod par rtogs CiG rgyu yod par

mthoG nas dgaH ba skyes nas kyaG pha rol tu phyin paHi khams rgyas par byed do

Zcs bya baHi don to /

(2) / rigs la gnas bla na med pa yaG dag par rdsogs paHi byaG chub tu sems bskyed

---

1096) P: bu

1097) P: nas

1098) te punar hetUpalabdhi−tuSTi−manasikArAt yAvad agratvAtmAvadhAraNa−manasikaraH /

1099) P: baHi

1100) P: paHi

1101) P: pa nas

1102) Adita eva tAvad gotrastho bodhisattvaH svAtmani pAramitAnAM gotraM paCyan

hetUpalabdhi−tuSTyA pAramitA−dhAtupuSTiM karoti /

pas de bas na deHi Hog tu gnas deHi rjes su dran pa yid la byed paHo[1103] Zes bya

ba la / bla na med paHi byaG chub tu HtshaG rgya baHi sa bon daG pha rol tu phyin

pa drug gi sa bon yod par mthoG ba ni rigs la gnas pa Zes byaHo // sa bon daG

rigs yod par mthoG nas deHi Hog tu bdag daG gZan gyi phyir byaG chub kyi sems

skyed par byed do // byaG chub tu sems bskyed pa ni gnas la rjes su dran pa[1104]

yid la byed pa Zes bya ste / rjes su dran paHi sgra ni dran pa daG Ces rab gJis la

byaHo // de la dran pas ni goG du bCad ma thag paHi rigs yod pa ma brjed / Ces rab

kyis ni byaG chub tu[1105] sems bskyed pa mthoG Go // de yaG thabs ji ltar yid la

byed ce na / deHi phyir **byaG chub sems dpaH de bdag la pha rol tu phyin pa**

rnams kyi gnas su gyur pa[1106] ni Zes bya ba la sogs pa smos te / byaG chub tu

sems bskyed pa byaG chub sems dpaH de Hdi sJam du sems te byaG chub kyi

sems kyi gnas ni rigs yin la / pha rol tu phyin pa rnams kyi gnas daG rten ni **byaG**

chub kyi sems yin par mthoG nas yaG Hdi sJam du yid la byed pa de pha rol tu

phyin paHi gnas su gyur pa byaG chub kyi sems bdag gis bskyed de bdag la yod

pas na gdon mi za bar bdag gis pha [P: 226b] rol tu phyin pa Hdi dag rgyas CiG

rtas pa daG rdsogs par Hgyur ro sJam du yid la byed do // yid la byed pa des kyaG

khams rgyas par Hgyur ro Zes bya baHi do to /

(3) / sems bskyed nas pha rol tu phyin pa drug po rnams bdag daG pha rol gyi don

du sbyor bas Hbras bu mtshuGs par Hdod pa yid la byed pa ste[1107] Zes bya ba la /

rigs la gnas pas byaG chub tu sems bskyed nas pharol tu phyin pa drug la spyod

---

1103) gotrastho 'nuttarAyAM saMyak−saMbodhau cittam utpAdayatItyato 'nantaraM niCraya−
    tad anusmRti−manasikAraH /
1104) P,D: pas
1105) D: du
1106) sa hi bodhisattvaH svAtmani pAramitAnAM saMniCrayabhUtaM bodhicittaM
    samanupaCyann
1107) utpAdita−bodhicittasya pAramitAbhiH svaparArthaprayoge sAdhAraNaphalecchA−
    manasikAraH

ciG sbyor bar[1108)] byed de / deHaG gaG gi don du sbyor bar byed ce na bdag daG
pha rol tu gyi don du sbyor bar byed do // ji ltar bdag daG pha rol tu gyi don du
sbyor bar byed pa ni Hbras bu mtshuGs par Hdod pa yid la byed pa Zes bya [D:
205a] ste / des kyaG pha rol tu phyin paHi khams rgyas par Hgyur ro Zes bya baHi
don to // Hbras bu mtshuGs par Hdod pa ji ltar yid la byed ce na / deHi phyir **pha
rol tu phyin pa Hdi gZan daG[1109)] thun moG du gyur cig / gZan du ma gyur cig ces
mGon par Hdu byed do[1110)]** Zes bya la smos te / bdag gis[1111)] pha rol tu phyin pa
drug po Hdi dag spyad pa daG / pha rol tu phyin pa drug po spyad paHi Hbras bu
loGs spyod chen po la sogs pa yaG sems can daG bdag thun moG du spyod par
gyur cig / gZan du bdag HbaH Zig spyod par ma gyur cig ces sems la CiG mGon par
Hdu byed do[1112)] // de bas na Hbras bu mtshuGs par Hdod paHi yid la byed par Hdod
pa Zes byaHo /

(4) / bdag daG gZan gyi don la rab tu Zugs nas / Jon moGs pa med paHi thabs de
kho na Jid kyi don rtag tu rtogs par bya baHi phyir / deHi Hog tu ji ltar byaG chub
la mos pa yid la byed pa ste[1113)] Zes bya ba la / bdag daG gZan gyi don du pha
rol tu phyin pa drug la Zugs pas kyaG Jon moGs pa bciGs nas bdag daG don spyod
mi nus pas[1114)] de bas na Jon moGs pa med par hgyur baHi[1115)] thabs de kho naHi
don rtag tu rtogs par bya dgos so // ji ltar na de kho naHi don rtag tu rtogs par

---

1108) D: spyod par
1109) P: du
1110) AsAM pAramitAnAM parasAdhAraNaM vA phalaM bhavaty anyathA vA mA bhUd ity
    abhisaMskaraNAt /
1111) P: gi
1112) P: de
1113) svaparArthaM prayujyamAno'saMkleCopAyaM tattvArthaM pratividhyatIyato 'nantaraM
    yathAbodhAdhimucyanAmanasikAraH /
1114) P: pa
1115) P: omit

bya Ze na / Hdi[1116] ltar pha rol tu phyin pa spyad pa[1117] [P: 227a] rnams bla na med paHi byaG chub tu bsGos te / de thob par bya baHi phyir mos pa yid la byas nas[1118] de rtogs par Hgyur ro // de bas na deHi Hog tu ji ltar byaG chub la mos pa yid la byed pa ni bCad de / yid la byed pa des kyaG pha rol tu phyin paHi khams rgyas par byed do Zes bya baHi don to /

/ de bZin du hams cad rim bZin du Ces par byed do[1119] Zes bya ba la / ji ltar goG du rigs la gnas pas byaG chub tu sems bskyed par byaHo Zes bCad do // byaG chub tu sems bskyed nas bdag daG gZan gyi son du pha rol tu phyin pa drug sbyor ZiG Hbras bu thun moG du Hdod par yid la byaHo Zes bCad do // bdag gZan gyi don la Zugs pas kyaG deHi Hog tu kun nas jon moGs pa med paHi thabs de kh na rtogs par bya baHi phyir byaG chub la mos pa yid la byaHo Zes bCad de / rim pa de ltar bCad pa [D: 205b] bZin du yid la byed pa Hog nas HbyuG ba thams cad la yaG HdiHi Hog tu Hdi bCad par rigs Zes sgar bCad pa bZin du rig[1120] par sbyor bar byaHo Zes bya baHi don to /

/ ji ltar byaG chub la mos pa yid la byed pa don rgyas par bstan paHi phyir / ji ltar saGs rgyas bcom ldan Hdas kyis pha rol tu phyin pa mGon par saGs rgyas p a[1121] Zes bya ba la sogs pa smos so // ji ltar Hdas paHi de bZin gCegs pa rnams kyis[1122] pha rol tu phyin pa drug spyad nas bla na med paHi byaG chub tu mGon par saGs rgyas par Hgyur ba daG Zes bya baHi don to // mGon par saGs rgyas par Hgyur ba daG Zes bya ba ni ji ltar da ltar gyi saGs rgyas bcom ldan Hdas kyis[1123]

1116) P, D: ji
1117) P: paHi
1118) P: na
1119) evaM sarvatrAnukramo veditavyaH /
1120) D: rim
1121) yathA buddhair bhagavadbhiH pAramitA abhisaMbuddhA abhisaMbhotsyante
    'bhisaMbudhyante ca tathA 'ham adhimucya ity abhisaMskaraNAt
1122) P: kyi

pha rol tu phyin pa drug spyad nas bla na med paHi byaG chub tu mGon par saGs

gryas pa daG Zes bya baHi don to // mGon par saGs rgyas par HbyuG ba Zes bya ba

ni ji ltar ma HoGs paHi de bZin gCegs pa rnams kyis pha rol tu phyin pa drug

spyad nas bla na med paHi byaG chub tu mGon par HtshaG rgya bar Hgyur ro Zes

bya baHi don to // de ltar bdag kyaG mos [P: 227b] so Zes mGon par Hdu byed paHi

phyir ro Zes bya ba la / ji ltar dus gsum gyi de bZin gCegs pas pha rol tu phyin pa

spyad nas[1124] mGon par saGs ryas pa de bZin du bdag gis kyaG pha rol tu phyin

pa drug spyod pas mGon par saGs rgyas par gyur cig ces bsdo ZiG sems la mGon

par Hdu byed de / de ni ji ltar byaG chub la mos pa yid la byed pa Zes byaHo /

kArIkA

caturvidhAnubhAvena prIyaNA'khedaniCcayaH /

vipakSe pratipakSe ca pratipattiC caturvidhA // 11 − 62 //

kArIka(T)

/ mthu ni rnam pa bZi dag gis // dgaH daG Ges par mi skyo daG // mi mthun phyogs

daG gJen po la // sgrub rnam pa bZi yin no /

bhASya

anubhAvaprIyaNA − manasikAraC caturvidhAnubhAva − darCanaprIyaNA caturvidhAnubhAvo

vipakSaprahANaM saMbhAra − paripAkaH svaparAnugraha AyatyAM vipAka − phalani −

HSyanda − phaladAnatA ca / sattvasvabuddhadharma − paripAkam ArabhyAkheda − niCcaya −

manasikAraH sarvasattva − vipratipattibhiH sarvaduHkhApattipAtaiC ca akhedaniCcaya

---

AbhsaMskaraNAt /[1125] parama—bodhi—prAptaye vipakSe pattipakSe ca catur vidha—
pratipatti—manasikAraH / dAn'Adi vipakSANAM ca mAtsary'AdInAM pratideCanA pratikSA—
NAM ca dAn'AdInAm anumodanA tad adhipateyadharmadeCanArthaM ca buddhAdhye—
SaNA / tAsAM ca bodhau pariNAmanA //

bhASya(T)

[P: 190b] / mthu ni rnam pa bZi dag gis // dgaH daG Ges par mi skyo daG // mi
mthun phyogs daG gJen po la // sgrub rnam pa bZi yin no /
/ mthus dgaH ba yid la byed pa ni mthu rnams pa bZi yaG dag par mthuG nas
dgaH baHi phyir ro // mthu rnams mthu bZi ni / mi mthuG paHi phyogs spaG ba daG /
tshogs yoGs su smin pa daG / raG daG gZan la phan pa daG / tshe phyi ma la rnam
par smin pa daG / rgya mthun paHi Hbras bu Hbyin pa Jid do // sems can daG raG
saGs rgyas kyi chos yoGs su smin pa las brtsoms de Ges par skyoba med pa yid la
byed pa ni sems can thams cad kyi log par sgrub pa daG / sdug bsdul Hbab pa
thams cad kyi Ges par skyo ba med par mGon par Hdu byed paHi phyir ro // byaG
chub dam pa thob par Hgyur baHi phyir mi mthun paHi phyogs daG gJen po la
sgrub pa rnam pa bZi yid la byed pa ni sbyin pa la sogs paHi mi mthun paHi
phyogs ser sna la [P: 191a] sogs pa so sor Hchags pa daG / gJen po sbyin pa la
sogs pa la rjes su yi raG ba daG / deHi ched kyi chos bCad paHi phyir saGs rgyas la
gsol ba gda pa daG / de dag byaG chub tu bsGo baHo /

VRtti—bhASya

/ rnam pa bZi paHi mthu Hdi yis // dgaH[1126] daG mi skyo Ges pa des // mi mthun
daG ni gJen po la // sgrub[1127] pa ag ni rnam bZiHo[1128] // Zes bya ba la / gZan yaG

1125) by H
1126) P, D: bdag

mthuHi dgaH ba yid la byed pa daG[1129] / bdag daG sems can smin par bya ba la
Ges par mi skyo ba yid la byed pa daG / mi mthun pa daG gJen po sgrub pa yid la
byed pa rnam pa bZi ste / yid la byed pa de dag gis kyaG pha rol tu phyin paHi
khams ryas par byed do zes bya baHi don to /
/ goG du bdag daG gZan gyi don la Zugs pa kun nas Jon moGs pa med par bya
baHi thabs de kho na Jid kyi don rtogs par bya baHi phyir byaG chub tu mos par
byaHo Zes bCad do // de la byaG chub tu mos paHi rjes la mthuHi dgaH ba yid [D:
206a] la byed paHi skabs bCad par[1130] ci[1131] bbrel Ze[1132] na / de ltar kun nas Jon
moGs pa med[1133] kyaG mthu daG mi ldan na ni bdag daG gZan gyi don sgrub mi
nus kyi mthu daG ldan na gdod sgrub[1134] nus pas na byaG chub la mos paHi Hog
tu mthuHi dgaH bya yid la byed pa bstan par Hbrel to // de la pha rol tu phyin pa
drug spyod paHi dus na bdag la mthu rnam pa bZi yod par mthoG nas dgaH ba ni
mthuHi dgaH ba yid la byed pa Zes bya ste / mthu[1135] rnam pa bZi ni Hog tu[1136]
HbyuG Go // de ltar mthu daG ldan na bdag saGs rgyas kyi chos yoGs su smin par
bya ba daG / sems can yoGs su smin pa la skyo ba med de / de bas na daHi Hog tu
Ges par mi skyo baHi yid la byed pa bCad do // de ltar skyo ba med na bla na med
paHi byaG chub thob par bya baHi phyir / pha rol tu phyin paHi mi mthun paHi
phyogs ser sna la sogs pa spaG ba daG gJen posbyin [P: 228a] pa la sogs pa sgrub

---

1127) P: bsgrub
1128) caturvidhAnubhAvena prIyaNA'khedaniCcayaH /
  vipakSe pratipakSe ca pratipattiC caturvidhA // 11 − 62 //
1129) P, D: bya ba instead of byed pa daG
1130) P: added, by H
1131) P, D: ciG
1132) P: bar, D: bas
1133) P: mad
1134) P: bsgrub
1135) P: mthuHi
1136) D: nas

pa yid la byed pa rnam pa bZi yid la byed do // de bas na Ges par mi skyo ba yid
la byed paHi rjes la mi mthun pa daG gJen po sgrub pa yid la byed pa bZi to /
(5) / mthu rnam pa bZi bstan pas dgaH bas na mthuHi dgaH pa yid la byed pa da
G[1137] Zes bya ba la pha rol tu phyin pa drug po[1138] spyod paHi tshe / bdag Jid la
mthu rnam pa bZi yod par mthoG nas dgaH ba[1139] ni mthuHi dgaH ba yid la byed
pa Ze byaHo Zes bya baHi don to /

/ mthu rnam pa bZi ni mthun paHi phyogs spaGs pa daG[1140] Zes bya ba ba la pha
rol tu phyin pa drug gi mi mthun paHi phyogs ni ser sna daG Gan paHi Gan tshul
daG khoG khro ba la sogs pa ste / sbyin pas ni ser sna sel[1141] nus par mthuG / tshul
khrims kyis ni Gan tshul gyi dri ma nus par mthoG / bzod pas ni khoG khro ba se
l[1142] nus par mthoG / brtson Hgrus kyis ni le lo sel par mthoG / bsam gtan gyis ni
sems gyen ba sel nus par mthoG / Ces rab kyis ni rtag pa daG chad par Hdsin pa la
sogs Hchal paHi Ces rab sel nus par mthoG ste / Hdi ni mthu rnam pa gcig go /
tshogs smin pa daG Zes bya ba la pha rol tu phyin pa drug spyod pa na[1143] bsod
nams daG ye Ces kyi tshogs bsags CiG smin [D: 206b] par mthoG ste / ji lta Ze na /
sbyin pa daG tshul khrims daG bzod pa daG gsum spyad pas ni bsod rnams kyi
tshogs sogs par mthoG / bsam gtan daG Ces rab gJis spyad pas ni ye Ces kyi tshogs
sogs par mthoG / brtson Hgrus spyad pas ni gJis kaHi tshogs bsags pa mthoG ba ste
/ Hdi ni mthu rnam pa gJis so /

/ bdag daG pha rol tu la phan btags[1144] pa daG Zes bya ba la sogs pa[1145] pha rol

---

1137) anubhAvaprIyaNA－manasikAraC caturvidhAnubhAva－darCanaprIyaNA
1138) P: poHi
1139) P: baHi
1140) caturvidhAnubhAvo vipakSaprahANaM saMbhAra－paripAkaH svaparAnugraha AyatyAM
     vipAka－phalaniHSyanda－phaladAnatA ca /
1141) P: added bar, after ser
1142) P: added bar, after ser
1143) D: ni

tu phyin pa drug spyod pa na bdag daG gZan la phan Hdogs par mthoG ste / ji lta
Ze na / nam sbyin pa gtoG1146) baHi dus na sbyin pa btaG bar dgaH ba daG / sbyin
pa btaG ba daG / btaG nas [P: 228b] Hgyod pa med de / dus gsum du yaG dgaH bas
ni bdag la phan btags so // bzaH ba daG bgo ba la sogs paHi zaG ziG gis phan btags
te phoGs pa med par byas pas ni gZan la phan btags so // tshul khrims kyi pah rol
tu phyin pa la yaG Gan paHi Gan tshul gyis ma byin par len pa daG mi tshaGs par
spyod pa la sogs paHi rgyu las byuG baHi brdeg pa daG bciG ba la sogs pa med
par gyur pas bdag la phan btags so // gZan gyi srog daG nor daG chuG ma la gnod
pa ma byas pas gZan la phan btags so // bzod paHi pha rol tu phyin pa la yaG bzod
pa la gnas na Ze sdaG gi mes sems ma dkrugs pas na sems bde baHo1147) // sems
bde sems kyi rjes su lus HbraG baHi phyir lus kyaG bde bas bdag la phan btags so
// gnod pa byed pa la lan ma byas pas gZan la phan btags so // brtson Hgrus la Jan1148)
pa daG bsam pa la sogs paHi brtson Hgrus spyad pas tshe Hdir dge ba rgyun du
Hphel baHi phyir bdag la phan btags so // sems can rnams kyi las su bya ba rnams
kyi grogs byas pas gZan la phan btags so // bsam gtan la yaG rtog pa daG dpyod1149)
paHi tiG Ge Hdsin la gnas pas1150) Jon moGs pa Zi bar byed paHi phyir bdag la
phan btags so // bsam gtan gyi mthus lo Jes daG nad la sogs pa Zi bar byed pas
gZan la phan btags so // Ces rab kyis kyaG Ces byaHi chos thams cad ji lta ba bZin
du Ces te sems kyi rgyud la ma rig paHi mun [D: 207a] pa bsal bas na bdag la
phan btags so // Ces rba kyis1151) chos phyin ci ma log par bCad ciG sems can gyi

---

1144) P: gtags
1145) H: la,added
1146) P: gtaN
1147) P: bdeHo
1148) mJan
1149) P: spyod
1150) D: pa
1151) D: kyi

don[1152] the tshom bsal nas gZan phan btags te / Hdi ni mthu rnam pa gsum paHo /
/ ma HoGs paHi tshe rnam par smin paHi Hbras bu daG rgyu Hdra baHi Hbras bu
Hbyin[1153] paHo Zes bay ba la pha rol tu phyin pa drug la spyad na / sbyin paHi
pha rol tu phyin pa la spyad pas na ma HoGs pa na poGs spyod chen por Hgyur /
tshul khrims kyis ni lha daG miHi lus [P: 229a] thob[1154] par Hgyur / bzod pas ni
Hkhor gyogphun sum tshogs par Hgyur / brtson Hgrus kyis las kyi mthaH thams cad
Hgrub par Hgyur / bsam gtan gyis ni nad med par Hgyur / Ces rab kyis ni rig paHi
gnas thams cad la mkhas par Hgyur te / Hdi ni rnams par smin paHi Hbras buHo //
tshe rabs gaG daG gaG du skyes par smin par byed pa la dgaH bas na Ces rab
sgrub[1155] pa la dgaH bas ni rgyu Hdra baHi Hbras bu ste / Hdi mthu rnam ba bZi
paHo /

(6) / Ges par mi skyo ba yid la byed pa ni smes can thams cad daG bdag saGs
rgyas kyi chos[1156] smin[1157] pa las brtsams nas[1158] Zes bya ba la / bsdu baHi dGos
pos sems can yoGs susmin par bya ba daG dge baHi bCes gJen la bsten[1159] nas
dam paHi chos Jan pa daG bsam pa la sogs paHi sgo nas bdag Jid saGs rgyas kyi
chos yoGs su smin par byas pa las brtsams te / sems la skyo ba med pa ni Ges par
mi skyo ba yid la byed pa Zes byaHo // ciHi phyir Ges par mi skyo ba yid la byed
ce na / deHi phyir sems can gyi log par spyod pa thams cad sdug bsGal thams byuG
yaG Ges par mi skyo bar mGon par byed paHi phyir ro[1160] Zes smos te / sems can

---

1152) D: omit
1153) P, D: smin
1154) P: Hthob
1155) P: bsgrub
1156) P: omit
1157) P, D: sbyin
1158) sattvasvabuddhadharma−paripAkam ArabhyAkheda−niCcaya−manasikAraH
1159) P: brten
1160) sarvasattva−vipratipattibhiH sarvaduHkhApattipAtaiC ca akhedaniCcaya
    AbhsaMskaraNAt /

yoGs su smin par byed pas na yaG sems can la[1161] phan btags pa dag gnod par
byed pa daG / Jes pa med par yaG Jes par byed la[1162] / sems can gyi log par spyod
pa thams cad kyis skyo ba med ciG sems can mi gtoG ba daG / bdag Jid saGs rgyas
kyi chos[1163] pa yoGs su smin par bya baHi phyir dge baHi bCes gJen las dam paHi
chos Jan pa daG sems pa la [D: 207b] sogs pa byed paHi tshe na phyiHi gnod pa
graG ba daG tsha ba la sogs pa byuG ba daG / naG gi gnod pa bkres pa daG skom
pa la sogs pa byuG yaG mJan pa la sogs pa mi btaG Go sJam du sems la mGon
par Hdu byed pas ni[1164] Ges par mi skyod ba yid la byed pa Zes byaHo /

(7) / byaG chub mchog thob par bya [P: 229b] baHi phyir mi mthun pa dG gJen po
sgrub[1165] pa yid la byed pa rnam pa bZi ste[1166] Zes bya ba la bla na med paHi
byaG chub thob par bya baHi phyir sbyin paHi mi mthun pa[1167] ser sna Ces rab kyi
mi mthun pa Hchal paHi Ces rab kyi bar spaGs pa[1168] daG / gJen po sbyin pa na
Ces rab kyi bar dag sgrub[1169] par yid la bya ba rnam pa bZi yod do Zes baHi don
to /

/ sbyin pa la sogs pa mi mthun pa ser sna la sogs pa bCags pa daG[1170] Zes bya la
sbyin paHi mi mthun paHi[1171] phyogs ser sna Ces rab kyi mi mthun paHi phyogs

---

1161) P: omit
1162) P: de
1163) P, D: mos
1164) P: na
1165) P: bsgrub
1166) parama−bodhi−prAptaye vipakSe pattipakSe ca caturvidha−pratipatti−manasikAraH /
1167) P: paHi
1168) P: spaG ba
1169) P: bsgrub
1170) dAn'Adi−vipakSANAM ca mAtsary'AdInAM pratideCanA pratikSANAM ca dAn'AdInAm
      anumodanA tad−adhipateyadharmadeCanArthaM ca buddhAdhyeSaNA / tAsAM ca
      bodhau pariNAmanA //
1171) P: pa

Hchal paHi Ces rab kyi bar ni sdig pa mi dge baHi chos Zes bya ste / de dag Hbyu
G[1172) na yaG so sor bCags par byaHo Zes bya baHi don to /

/ gJen po sbyin pa la sogs pa la rjes su yi raG Zes bya ba la ser sna la sogs paHi
gJen po ni sbyin pa nas Ces rab kyi bar du ste / de dag bdag daG gZan gyi don
spyad pa mthoG nas dgaH ZiG mos pa skyes pa ni rjes su yi raG bar byed pa Zes
byaHo /

/ deHi ched kyis chos bstan paHi phyir saGs rgyas rnams la gsol ba gdab pa daG
Zes bya ba la pha rol tu phyin pa drug gi dbaG du bays nas bCad paHi chos ni
deHi ched kyi chos Zes bya ste / pha rol tu phyin pa drug gichos mJam ciG bCad
paHi phyir de bZin gCegs pa chos kyi Hkhor lo bskor bar gsol ba Hdebs pa ni saGs
rgyas rnams la gsol ba gdab pa Zes byaHo Zes bay baHi don to /

/ de dag kyaG byaG chub tu bsGo ba Zes bay ba la sdig pa bCags pa daG rjes su yi
raG bar bya baHam gsol ba gdab pa dag gis bla na med paHi byaG chub thob par
gyur cig ces bsdo ba ni de dag kyaG byaG chub tu bsdo ba Zes bay ste / tshig de
rnams kyaG mdo sde dag las sdig pa thams cad slar bCags pa daG dge ba thams
cad la rjes su yi raG ba daG saGs rgyas thams cad la gsol ba Hdebs pa daG [D:
208a] bdag bla na med paHi byaG chub tu saGs rgyas [P: 230a] par Cog cig[1173) ces
gsuGs paHi tshigs[1174) bcad[1175) daG rim pa[1176) bZin du sbyar ro /

TIkA

/ mthu rnam pa bZi yaG dag par mthoG nas dgaH baHi phyir ro Zes bya ba la /
mthu ni stobs so // mthu stobs med par sems can gyi don bya ba mi Hgrub pas kun

---

1172) D: byuG
1173) D: Cig
1174) P: tshig
1175) P: omit
1176) P: omit

nas Jon moGs pa med paHi thabs de kho na Jid kyi don rtogs pa la mos nas mthu stobs dag ldan paHi yid la byed pa yoGs su tshol te / mi mthun paHi phyogs spoG ba la sogs pa mthu yid la byed pa rnam pa bZiHo /

[P: 1076−8, D: 965−7] / rnam par smin pa daG rgyu mthun paHi Hbras bu Hbyin pa Jid do Zes bya ba ni sbyin paHi pha rol tu phyin paHi rnam par smin pa ni dbaG phyug go // tshul khrims kyi pha rol tu phyin paHi[1177] ni bde HgroHo // bzod paHi pha rol tu phyin paHi[1178] ni Hkhor to // brtson Hgrus kyi pha rol tu phyin paHi ni las kyi mthh grub pa Jid do // bsam gtan gyi pha rol tu phyin paHi[1179] ni gnod pa chuG du Jid do // Ces rab kyi pha rol tu phyin paHi ni rig paHi gnas thams paHo // rgyu mthun paHi Hbras bu ni sbyin pa la sogs pa goG nas[1180] goG du bya ba kun tu spyod pa gaG yin paHo /

sems can daG raG gi saGs rgyas kyi chos yoGs su smin pa las brtsoms de Zes bya ba ni sems can yoGs su smin pa las brtsams pa daG / raG gi saGs rgyas chos yoGs su smin pa las brtsams pa ste / sems can yoGs su smin par bya ba la sems can tra mas cad kyi log par bsgrus pas skyo ba med la / raG gi saGs rgyas kyi chos yoGs su smin par bya ba la phyi daG naG gi sdug pa sdal Hbab pa thams cad kyis skyo ba med de / sgrub pa rnam pa bZi yid la byed pa la mdoHi tshig bZi ste / sdig pa thams cad Hchags so // bsod nams thams cad kyi rjes su yi raG Go / saGs rgyas thams cad la gsol ba la Htshal lo / bdag gi ye Ces bla na med par gyur cig ces bya ba yin no //

kArIkA

prasAdaH saMpratIkSA ca dAnAcchandaH paratra ca /

1177) P: pa
1178) P: pa
1179) P: pa
1180) P: goG nas ,omit

saMnAhaH praNidhAnaM ca abhinaMna−manaskriyA // 11−63 //

kArIkA(T)

/ rab daG yaG dag nod pa daG // gZan la sbyin par Hdun pa daG // go cha daG ni
smon lam daG // mGon par dgaH daG bya baHi yid /

bhASya

adhimukti−bal'AdhAnatAm Arabhya pAramitAdhipateya−dharmArthe ca prasAdamanasi−
kAraH / dharma−paryeSTim Arabhya saMpratIcchana−manasikAras tasyaiva dharmasyA−
prativaha−nayogena parigrahaNatayA / deCanAm[1181] Arabhya dAnacchanda−manasikAro
dharmasyA−rthasya ca prakACanArthaM pareSAM / pratipattim Arabhya saMnAha−
manasikAro dAn'Adi paripUriye saMnahanAt / praNidhAna−manasikAras tatparipUriprA−
ptyaye[1182] samava−dhAnArthaM / abhinandamanasikAro 'ho bata dAn'Adi−pratipattyA
saMyak saMpAdayeyam ity abhinandanAt / eta eva taryo manasikArA avavAdAnuCAsa−
nyAM yujayitavyAH / upAyopa−saMhita−karma−manasikAraH saMkalpaiH sarvaprakAra
−dAn'Adi−prayogamana−sikAraNAt //

byASya(T)

[P: 191a2] / rab daG yaG dag nod pa daG // gZan la sbyin par Hdun pa daG // go cha
daG ni smon lam daG // mGon par dgaH daG bya baHi yid /
/ mos paHi stobs bskyed pa las brtsams nas / pha rol tu phyin paHi ched kyi chos
daG don la rab tu daG ba yid la byed paHo // chos yoGs su tshol ba las brtsams te
yaG dag par nod pa yid la byed pa ni chos de Jid la mi smod paHitshul gyis yoGs

---

1181) by H
1182) by N

us Hdsin paHi phyir ro // bCad pa las brtsams nas sbyin par Hdun pa yid la byed pa
ni gZan dag la chos daG don rab tu bCad paHi phyir // sgrub pa las[1183] brtsams te
go cha yid la byed pa ni sbyin pa la sogs pa yoGs su rdsogs par bya baHi phyir
go cha[1184] gyon paHi phyir ro // smon lam yid la byed pa ni de yoGs su rdsogs
paHi rkyen[1185] daG phrad par bya baHi phyir ro // mGon par dgaH ba yid la byed pa
ni kye ma bdag ni sbyin pa la sogs pa sgrub pas yaG dag par sgrub par byed do
Jam du mGon par dgaH baHi phyir te // yid la byed pa gsum po Hdi dag kho na
gdams Gag rjes su ston pa daG sbyarbar byaHo // thabs daG ldan paHi las yid la
byed pa ni kun tu rtog[1186] pa dag gis rnam pa thams cad du sbyin pa la sogs pa
sbyor ba yid la paHi phyir ro /

VRtti — bhASya

/ dad pa yaG dag blaGs pa[1187] daG // sbyin sred dag ni gZan dag la // go cha smon
lam daG ba ni // mGon par dgaH ba yid la byed[1188)1189] // ces bya ba la / gZan la
dbaG ba yid la byed pa daG / yaG dag par blaG ba yid la byed pa daG / gZan dag la
sbyin pa sred pa yid la byed pa daG / go cha yid la byed pa daG / smon lam yid la
byed pa daG / mGon par dgaH ba yid la byed pa dte / yid la byed pa de dag gis
kyaG pha rol tu phyin paHi khams rgyas par byed do Zes bya baHi don to /
(8) / dad paHi mthu las brtsams nas pha rol tu phyin paHi ched kyi chos daG[1190]

1183) P: la
1184) P: cha,omit
1185) P: rkyen rkyen
1186) P: rtogs
1187) P: blaG ba
1188) P: added pa after byed
1189) prasAdaH saMpratIkSA ca dAnAcchandaH paratra ca /
    saMnAhaH praNidhAnaM ca abhinaMna — manaskriyA // 11 — 63 //
1190) by H, added chos daG

don la dad par yid la byed paHo[1191] Zes bya ba la pha rol tu phyin pa la rgyur

gyur pa la ni chos Zes byaHo // pha rol tu phyin pa drug gi[1192] Hbras bu la ni don

Zes byaHo // yaG na pha rol tu phyin pa drug Hchad pa la ni chos Zes byaHo // des

mtshon par bya baHi dGos po la ni don Zes[1193] bya ste / dad pa daG dad pas rgyu

byas nas pha rol tu phyin pa drug po[1194] Hdi dag rgyur gyur pa spyad na ni deHi

Hbras bu gdom mi za bar Hthob par Hgyur ro Zes yid ches pa ni dad paHi yid la

byed pa Zes byaHo /

(9) / chos tshol ba las brtsams nas yaG dag par len par byed pa ste[1195] Zes bya ba

la chos tshol baHi dbaG du byas nas dge baHi bCes gJen la brten te / pha rol tu

phyin paHi[1196] don daG chos la sogs pa Jan ciG bsams[1197] pa ni yaG dag par len

pa yid la byed pa Zes bya baHi don to // ji ltar yaG dag par len ce na / deHi phyir

chos deHi de dag Jid mi smod paHi[1198] tshul gyis[1199] gzuG bas so Zes bya ba la

pha rol tu phyin paHi chos de dag Jid la skur ba mi Hdebs CiG Jan pa daG sems

pa la sogs pa mi Hdor ba ni mi smod paHi[1200] tshul gyis[1201] gzuG ba Zes bya ste

/ de dag yaG dag par len pa yid la byed paHo /

(10) / bCad pa las brtsams nas sbyin pa la sred pa yid la byed pa ste / gZan la chos

---

1191) adhimukti − bal'AdhAnatAm Arabhya pAramitAdhipateya − dharmArthe ca
     prasAdamanasikAraH /

1192) P: gis

1193) P: ces

1194) P: drug pa,omit

1195) dharma − paryeSTim Arabhya saMpratIcchana − manasikAras tasyaiva
     dharmasyAprativahanayogena parigrahaNatayA /

1196) P: pa

1197) P: bsam

1198) P, D: spoG baHi instead of smod paHi

1199) P: khrims

1200) P, D: spoG baHi

1201) P: gyi

daG don rab tu bsgrags paHi phyir ro [P: 230b] Zes bya ba la bCad paHi don du byas nas sems can gZan l pha rol tu phyin pa drug Hchad par Hdod pa ni sbyin pa la sred pa yid la byed pa Zes bya ste / ji ltar Hchad ce na / sems [D: 208b] can gZan dag la pha rol tu phyin pa drug gi chos daG[1202] don phyin ci ma log sgrogs CiG Hchad paHi phyir ro /

(11) / bsgrubs pa las brtsams nas[1203] go chaHi yid la byed pa ste / sbyin pa la sogs pa yoGs su rdsogs par bya baHi phyir go cha bgos paHi phyir ro[1204] Zes bya ba la pha rol tu phyin pa drug bsgrub paHi ched du byas nas de drug bsgrub pa ni go cha yid la byed pa Zes bya ste / ji ltar sgrub ca na / pha rol tu phyin pa drug rdsogs CiG mthar phyin par bya baHi phyir sbyin pa gtoG ZiG go …… gyon nas rab sgrub ciG go[1205] gyon par byed paHi phyir ro /

(12) / smon lam yid la byed pa ni de rdsogs paHi rkyen daG ldan paHi phyir ro[1206] Zes bya ba la pha rol tu phyin pa drug rdsogs par bya baHi phyir tshe rabs gar skyes gar skyes kyaG pha rol tu phyin pa drug rdsogs par byed paHi dge baHibCes gJen daG Je du gJen bCes[1207] daG lus daG loGs spyod la sogs paHi rgyu rkyen daG ldan par gyur cig ces smon lam Hdebs pa ni smon lam yid la byed pa Zes bya ste /

(13) / mGon par dgaH ba[1208] yid la byed pa ni kye ma sbyin pa la sogs pa sgrub pas[1209] yaG dag par sgrub par Cog cig[1210] ces smon par dgaH baHo[1211] Zes bya ba

---

1202) P: daG

1203) P: te

1204) deCanAm Arabhya dAnacchanda−manasikAro dharmasyArthasya ca prakACanArthaM pareSAM /

1205) P: has cha instead of gyon nas rab sgrub ciG go

1206) praNidhAna−manasikAras tatparipUriprAptyaye samavadhAnArthaM /

1207) P: gCes

1208) P: baHi

1209) P, D: pa daG

1210) D: Cig

1211) abhinandamanasikAro 'ho bata dAn'Adi−pratipattyA saMyak saMpAdayeyam ity

la pha tol tu phyin pa ma bsgrub[1212] par ni mGon par HtsahG rgya bar mi Hgyur bas na gar skyes gar skyes kyaG pha rol tu phyin pa drug sgrub dgos paHi phyir e ma tshe rabs de daG de dag tu sems pa ni mGon par dgaH ba yid la byed pa Zes byaHo /

/ de ltar yid la byed pa de gsum gdams pa daG rjes su bstan pa la sbyar bar byaHo[1213] Zes bya ba la bsgrub[1214] paHi rjes la gdams pa daG rjes su bstan par[1215] bCad de / Hog nas kyaG de bZin rab tu bsgrubs pa daG // yaG dag gdams daG bstan paHo[1216] // Zes HbyuG baHi phyir [P: 231a] ro // de la go cha daG // smon lam daG / mGon par dgaH baHi yid la byed pa gsum ni gdams pa daG bstan paHi skabs daG[1217] sbyar te / ji lta Ze na / gdams pa daG bstan pa thob paHi phyir ro cha gyon par byed do // smon lam Hdebs so // mgon par dgaH bar byed do // e maHo Hdi ltar bdag la ni saGs rgyas daG byaG chub sems dpaH rnams kyis gdams pa daG bstan pa ston [D: 209a] par gyur cig ces smon lam Hdebs CiG de ltar dgaH bar byed paHi phyir ro / (14) / thabs daG ldan paHi las yid la byed pa ni rtog pa dag[1218] gis rnam pa thams cad sbyin pa la sogs pa sbyor ZiG yid la byed pas so[1219] Zes bya ba la gdams pa daG bstan paHi Hog tu thabs daG ldan paHi yid la byed pa bCad do // de la thabs daG ldan paHi yid la byed pa Zes bya ba ni bdag gis[1220] lag nas sbyin pa la sogs

---

abhinandanAt /

1212) P: bsgrubs
1213) eta eva taryo manasikArA avavAdAnuCAsanyAM yujayitavyAH /
1214) P: bsgrubs
1215) D: pa
1216) NSA15−1cd
adhimikter bahulatA dharmaparyeSTidCane /
/ pratipattis tathA samyagavavAdAnuCAsanam //
1217) P: omit
1218) P: bdag
1219) upAyopa−saMhita−karma−manasikAraH saMkalpaiH
sarvaprakAra−dAn'Adi−prayogamanasikAraNAt //

pa ma byas su zin kyaG pha rol tu phyin pa drug spyod pa dag mthoG na yid kyi rtog[1221] pas rjes su yi raG ba dag mGon par dgaH ba daG ro myoG bar byed paHi sgo nas pha rol tu phyin pa rnams rdsogs par bya ba la sbyor ZiG yid la rtog pa ni thabs daG ldan paHi las yid la byed pa Zes byaHo /

TIkA

rab tu daG ba yid la byed paHo // Zes bya ba ni dad pas mos daG bcas pa yoGs su bzuG Go / chos de Jid la mi smos paHi tshul gyis Zes bya ba la mi smod pa ni mi spoG ba ste / pha rol tu phyin Zes bya baHi chos la gus pas yaG dag par nod ciG len ces bya baHi tha tshigs go

[P: 107b5−108a1,D: 96b4−7] / yid la byed pa gsum po Hdi dag kho na gdams Gag[1222] rjed su ton pa daG sbyar byaHo Zes bya ba ni go cha daG smon lam daG mGon par dgaH ba yid la byed pa rnams te / Hdi ltar de bZin bsgrub daG yaG dag paHi // gdams Gag rjes su ston pa daG / Zes bya baHi phyir bsgrub paHi Hog tu gdams Gag rjes su ston pa yin pas so // gdams Gag gi don tu go cha gyon par byed / smon lam Hdebs / mGon par dgaH ste / a la la bdag ni[1223] Hdoms pa por Hgyur ro // saGs rgyas bcom ldan Hdas rnams kyaG bdag la Hdoms par Hgyur ro // sJam nas mGon par dgaHo // gdams Gag rjes su ston paHi skabs kyi Hog tu thabs daG ldan paHi las kyi skabs yin pas deHi phyir de yid la byed paHi Hog tu sbyin paHi pha rol tu phyin paHi skabs so /

1220) P: gi
1221) D: rtogs
1222) P: gdams Gag, omit
1223) P: gis

kArIkA

CaktilAbhe sadaut sukyaM dAn'Adau SaD−vidhedyanaM /

paripAke'tha pUjAyAM sevAyAm anukaMpanA // 11−64 //

kArIkA(T)

/ sbyin sogs rnam pa drug la ni // mthu thob pa daG yoGs smin daG // mchod pa daG

ni bsten[1224] pa la // yaG dag spro ba mchog dag brtse /

bhASya

autsukya−manasikAraC caturvidhaH / Caktilabhe ca dAn'Adau SaDvidhe danadAne yAvat

prajJAdAne / evaM CIl'AdiSu SaDvidheSu / pAramitAbhir eva saMgrahavastuprayogeNa

sattvaparipAke / pUjAyAM ca dAnena lAbhasatkarapUjayA / CeSAbhiC ca pratipattipUjaya //

aviparIta−pAramitopadeCArthaM ca kalyANa[1225]−mitra−sevAyAm autsukyamanasikAro

veditavyaH / anukaMpAmanasikaraC caturbhir apramANair danAdyupasaMhareNa maitrayataH /

matsaryAdisamavadhanena sattveSu karuNAyataH / dan'adi samatvAgateSu muditAyataH /

tadasaMkleCAdimokSataC ca upekSAyataH

bhASya(T)

[P: 191a7] / sbyin sogs rnam pa drug la ni // mthu thob pa daG yoGs smin daG //

mchod pa daG ni bsten pa la // yaG dag spro ba mchog dag brtse /

/ spro ba yid la byed pa ni rnam pa bZi ste // sbyin pa la sogs pa rnam pa drug

po sbyin paHi[1226] sbyin pa nas Ces rab kyi sbyin paHi bar daG / de bZin du tshul

---

1224) P: brten, D: sten
1225) by N, L: paJcakalyANa
1226) P: sbyin paHi, omit

khrims la sogs pa rnam pa drug la mthu thob pa daG // pha rol tu phyin pa dag
kho nas bsdu baHi dGos poHi sbyor bas sems can yoGs su smin pa daG // mchod pa
ste / sbyin pas rJed pa daG bkur stiHi mchod pa daG / lhag ma rnams kyis sgrub
paHi mchod pa dag // pha rol tu phyin pa phyin ci ma log par Hdoms paHi don du
dge baHi bCes gJen bsten pa la spro ba yid la byed par rig par bhaHo / brtse ba yid
la byed pa ni tshad med pa bZis te / sbyin pa la sogs pa sgrub pas byams pa daG /
ser sna la sogs pa daG Hgrogs pas sems can rnams la sJiG rje ba daG / sems can
sbyin pa la sogs pa daG ldan pa rnams la dgaH ba daG // de dag la kun nas Jon
moGs pa med par mos paHi sgo nas btaG sJoms su byed pa yin no /

VRtti — bhASya

/ mthu thob pas ni spro ba ste // sbyin pa[1227) la sogs[1228) drug stug[1229) po // yoGs
su sbyin daG mchod pa ste // bsten[1230) pa daG ni sJin brtse baHo[1231) // Zes byaHo //
thabs daG ldan paHi las yid la byed paHi Hog tu spro ba yid la byed pa bCad paHi
skabs yin pas de bCad do /
(15) / spro ba yid la byed pa la[1232) yaG rnam pa bZi yod de[1233) /
/ de la sbyin pa la yaG sbyin paHi sbyin pas nas Ces rab kyi[1234) sbyin paHi bar du
drug yod pa daG / Ces rab la yaG Ces rab kyi sbyin pa nas Ces rab kyi Ces rab kyi
Ces rab kyi bar du drug drug yod do // pha rol tu phyin pa gcig gcig la[1235) yaG

1227) P: omit
1228) P: added pa after sogs
1229) P: added drug,between stug and po
1230) D: brten
1231) CaktilAbhe sadaut sukyaM dAn'Adau SaD — vidhedyanaM /
      paripAke'tha pUjAyAM sevAyAm anukaMpanA // 11 — 64 //
1232) P: la, omit
1233) autsukya — manasikAraC caturvidhaH /
1234) P: kyi, omit

pha rol tu phyin pa drug yod pas[1236] na sbyin pa la sogs pa[1237] drug drug sdu g[1238] po Zes bya ste/gcig pa la[1239] drug yod paHi mthu thob pa ni spro ba yid byed pa daG poHo/

/pha rol tu phyin pa drug Jid bsdu baHi dGos poHi tshul [P: 231b] du gZag[1240] nas sems can yoGs su smin par byed pa ni spro ba yid la byed pa gJis paHo/

/pha rol tu phyin pa drug las sbyin paHi pha rol tu phyin pas ni rJed[1241] pa daG bkur[1242] stis de bZin gCegs pa la mchod pa byed/pha rol tu phyin pa lhag ma lGas ni sgrub[1243] pa de bZin gCegs pa la mchod pa byed pa Hdi ni spro ba yid la byed pa gsum paHo/

/pha rol tu phyin pa phyin ci ma log par ston paHi dge baHi bCes gJen btsal baHi phyir dge baHi bCes gJen la bsten[1244] pa ni spro ba yid la byed pa bZi paHo/

(16)sJiG brtse ba yid la byed pa rnam pa bZi ste/byams pa daG sJiG rje daG[D: 209b] dgaH ba daG btaG sJoms te/de dag gi mtshan Jid Zib tu ni Hog nas bCad par byaHo/

(15)−1/sbyin pa ls sogs pa drug sbyin paHi pa nas Ces rab kyi sbyin paHi[1245] bar du mthu rJed paHo[1246] Zes bya ba la sbyin pa la yaG drug ste/sbyin paHi sbyin

---

1235) P, D: ciG instead of gcig la

1236) P: pa

1237) P: paHi

1238) P: drug

1239) by H, added la

1240) D: bZag

1241) P: bsJen

1242) P: bskur

1243) P: bsgrubs

1244) P,D: brten

1245) by H, added sbyin paHi

1246) Caktilabhe ca dAn'Adau SaDvidhe danadAne yAvat prajJAdAne /evaM CIl'AdiSu SaDvidheSu/

pa nas Ces rab kyi sbyin paHi bar duHo // de ltar drug yod pas na stug[1247] pa Zes

bya ste / de lta buHi mthu rJed pa ni spro ba yid la byed pa daG poHo /

/ de ltar sbyin pa la ji ltar drug yod ce na / Hdi ltar dge baHi raG bZin gyi phuG

po lGas[1248] ni sbyin pa Zes byaHo // sbyin paHi raG bZin gyi phuG po lGas ni phyi

daG naG gi dGos po sbyin par byed[1249] pa ni sbyin paHi sbyin pa Zes byaHo // yaG

na nor daG Hbru la sogs pa sbyin pa Zes bya ste / de nam gZan la gtoG Zin sbyin

paHi tshe[1250] sbyin pa Zes byaHo /

/ sbyin paHi tshul khrims ji lta bu Ze na / nam sems can rnams tshul khrims la

bkod paHam / gZan la[1251] tshul khrims bCad pa ni[1252] tshul khrims sbyin pa Zes

bya ste / de bZin du Ces rab sbyin paHi bar du sbyar ro[1253] /

/ de bZin du tshul khrims la sogs pa rnam pa drug la yaG sbyar roZes bya ba la

sbyin pa la drug yod pa de bZin du tshul khrims nas Ces rab kyi bar du re re la

yaG drug drug yod pa sbyar ro Zes bya baHi don to / ji lta Ze na / tshul khrims kyi

sbyin pa daG Zes bya ba nas tshul khrims kyi Ces rab ces bya baHi bar du sbyar ro

// de la gZan gyi nor daG srog daG chuG [P: 232a] ma la gnod pa ma byas te / mi

Hjigs pa sbyin pa ni tshul khrims kyi sbyin paHo // srog gcod pa daG ma byin par

len pa la sogs pa bsdams te / tshul khrims bsruGs pa ni tshul khrims kyi[1254] tshul

khrims tshul khrims Zes byaHo / tshul khrims la gnas pa rnams gCe ba las slar mi

gCe ba daG brdeg pa las slar mi brdeg pa la sogs pa byed pa ni tshul khrims kyi

bzod pa Zes byaHo // tshul khrims rgyun du bsruGs pa ni tshul khrims kyi brtson

---

1247) P: sdug

1248) P: lGa

1249) D: Hdod

1250) by H, added sbyin paHi tshe

1251) D: yaG

1252) D: paHi, instead of pa ni

1253) D: omit, de bZin du Ces rab sbyin paHi bar du sbyar ro

1254) D: omit, tshul khrims kyi

Hgrus Zes byaHo // rtag tu tshul khrims la sems gcig tu Hjog pa ni tshul khrims kyi[1255)
bsam gtan Zes byaHo // ltuG ba daG[1256)] mi ltuG baHi bye brag phyed pa ni tshul
khrims kyi Ces rab ces byaHo /

/ bzod pa la yaG bzod pa la gnas pa rnams brdeg pa la slar mi brdeg pa la sogs
pa mi Hjigs pa sbyin par byed pa ni bzod paHi sbyin pa Zes byaHo // bzod [D:
210a] pa la gnas pa rnams srog gcod pa la sogs paHi las mi byed pa ni bzod paHi
tshul khrims so // gZan gyis gnod pa byas kyaG ze sdaG[1257)] mi sdaG[1258)] ba ni bzod
paHi bzod paHo // rtag tu bzod paHi sems HbaH Zig[1259)] HbyuG ba ni bzod paHi
brtson Hgrus so // Ze sdaG gi sems ma gyeGs pa ni bzod paHi bsam gtan no // sems
can gZan la gnod pa byas na ma HoGs pa na sdug bsGal myoG bar mthoG ba ni
bzod paHi Ces rab bo /

brtson Hgrus la yaG sems can gZan gyi grogs byas CiG bstaGs pa[1260)] ni brtson
Hgrus kyi sbyin paHo // dge ba la brtson Hgrus rtsom[1261)] pa ni[1262)] dge ba la mi
Hjug pa ni brtson Hgrus kyi tshul khrisms so // brtson Hgrus rtsom[1263)] paHi dus na
graG ba daG tsha ba la sogs paHi Jams su len pa ni brtson Hgrus kyi bzod paHo //
dge ba la sems spro ba ni brtson Hgrus kyi brtson Hgrus so // le los sems ma gyeGs
pa ni brtson Hgrus kyi bsam gtan Zes byaHo // brtson Hgrus brtsams pa rnams dge
ba daG mi dge baHi mtshan Jid [P: 232b] phyed par Ces par Hgyur te / de ni brtson
Hgrus kyi Ces rab bo /

1255) P: omit
1256) D: omit
1257) D: omit
1258) P: ldaG
1259) P: Cig
1260) D: btaG ba
1261) P: brtsom
1262) D: omit
1263) P: brtsom

/ bsam gtan la yaG bsam gtan gyi mthu lo Jes daG nas la sogs pa med par byas[1264)

te / gnod pa bsal nas phan pa sbyin[1265)] pa ni bsam gtan gyi sbyin paHo // sems rtse

gcig paHi tshe srog gcod pa la sogs pa[1266)] la mi rtog pa ni bsam gtan gyi tshul

khrims so // bsam gtan pa rnams ni rtag tu sems Hjam pa ste / Ze sdag Hkhrug pa

mi HbyuG ba[1267)] ni bsam gtan gyi bzod paHo // sems rtse gcig pa rgyun du mi

gtoG ba ni bsam gtan gyi brtson Hgrus so // dmigs pa bya ba la sems rtse gcig pa

ni bsam gtan gyi bsam gtan no // bsgom par bya baHi chos sems la gsal ba ni

bsam gtan gyi Ces rab bo /

/ Ces rab la yaG gZan chos rnams[1268)] phyin ci ma log par bCad pa ni Ces rab kyi

sbyin paHo // Ces rab can rnams blaG ba daG spaG bar bya ba rnams go Ces pas

spaG bar bya ba la mi Hjug pa ni rab kyi tshul khrims so // chos kyi mtshan Jid

ma nor ba la sems dgaH ba ni Ces rab kyi bzod paHo // mJam pa daG sems pa la

sogs [D: 210b] pa la spro ba ni Ces rab kyi brtson Hgrus so // chos kyi mtshan Jid

phyin ci ma log pa rnams la ma nor ba yin no sJam du sems gyeGs pa med pa ni

Ces rab kyi bsam gtan no // chos rnams kyi raG daG spyiHi mtshan Jid phyin ci ma

log par Ces pa ni Ces rab kyi Ces rab bo /

(15) − 2 / pha rol tu phyin pa rnams bsdu[1269)] baHi dGos po rnams gyi[1270)] sems can

yoGs su smin paHo[1271)] Zes bya ba la pha rol tu phyin pa drug sbyn pa dag Gag

sJan pa daG don mthun pa daG don spyod par[1272)] spyod paHi mtshan Jid du gZags[1273)]

1264) P: bya

1265) P: byin

1266) D: la sogs pa, omit

1267) P: na

1268) P: kyi added,between rnams and phyin

1269) P: sdu

1270) D: kyis instead oh tshul gyi

1271) pAramitAbhir eva saMgrahavastuprayogeNa sattvaparipAke /

1272) P: pa added, before par

ste / de dag gis[1274] sems can yoGs su smin par byed pa ni spro ba yid la byed pa

gJis paHo // pha rol tu phyin pa rnams ji ltar bsdu baHi dGos poHi tshul du gZag ce

na / pha rol tu phyin pa drug las sbyin pa ni sbyin pa Jid do // pha rol tu phyin pa

drug nam [P: 233a] gZan la Hchad pa ni Gag sJan paHo // pha rol tu phyin pa drug

la sems can gZan spyod du bkod pa ni don spyod paHo // pha rol tu phyin p drug

po gaG la sems can bkoe paHi pha rol tu phyin pa drug po de Jid la bdag Jid

kyaG spyod pa ni don mthun par[1275] spyod paHo /

(15) − 3 / mchod pas[1276] ni sbyin pas ni rjed pa daG bkur sti mchod[1277] paHo[1278]

Zes bya ba la / de bZin gCegs pa la mchod pa rnam pa gJis te / zaG ziG gi mchod

pa daG sgrub pas mchod paHo // zaG ziG gi mchod pa la yaG rnam pa gJis te / rJed

pas mchod pa daG bkur stis mchod paHo // de la chos gos lhuG bzed Hbul ba ni

rJed pas mchod paHo // phyag Htshal ba daG bskor ba la sogs pa byed pa ni bkur

stis mchod pa ste / sbyin pas ni rJed pa daG bkur stis mchod pa byed do // tshul

khrims nas Ces rab kyi bar du lGa sgrub[1279] pas mchod pa ste / Hdi ni ba yid la

byed pa gsum paHo /

(15) − 4 / phyin ci ma log paHi pha rol tu phyin pa ston pa btsal baHi phyir dge

baHi bCes gJen la brten[1280] pa ste[1281] Zes bya ba la phyin ci ma log pa ni sbyin

paHi pha rol tu phyin pa phyin ci ma log pa nas Ces rab kyi pha rol tu phyin pa[1282]

phyin ci ma log paHo // de la kha cig sbyin pa yin yaG phyin ci log yod de / bCan[1283]

1273) D: bZag

1274) P: gi

1275) D: pa

1276) D: pa

1277) P, D: spyod

1278) pUjAyAM ca dAnena lAbhasatkarapUjayA / CeSAbhiC ca pratipattipUjaya //

1279) P: bsgrub

1280) P: bsJen

1281) aviparIta − pAramitopadeCArthaM ca kalyANa − mitra − sevAyAm

1282) P: la added,between pa and phyin

pa la mtshon cha sbyin pa daG smad Htshon ma[1284] la nor sbyin pa lta buHo // kha

cig Ces rab yin yaG phyin ci log [D: 211a] yod de / mu stegs pa la[1285] bdag pa la

sogs pa lta buHo // de ltar ba sbyin pa phyin cima log pa dag Ces rab phyin ci ma

log pa daG Ces rab phyin ci ma log par ston paHi dge baHi bCes gJen btsal baHi

phyir de ston paHi dge baHi baHi bCes gJen gyi druG du Hgro ba daG phyag Htshal

ba daG bskor ba la sogs paHi bsJen bkur byed pa ni bsten pa Zes bya ste / Hdi ni

spro ba yid la byed pa bZi baHo /

(16) / sJin brtse ba yid la byed pa ni tshad med pa bZi ste[1286] Zes bya ba la tshad

med pa bZi daG ldan paHi sems la ni sJiG brtse ba yid la byed pa Zes byaHo Zes

bya baHi don to /

1. / sbyin pa la sogs [P: 233b] paHi[1287] stobs pas[1288] byams par byed pa daG[1289]

Zes bya ba la byams pa ni sems can rnams bde ba daG ldan par gyur cig ces sems

pa daG / byaG chub sems dpaH rnams ni bde bar gyur cig ces sems par ma zad kyi

bde ba la yaG Hjog par mdsad do // de la sbyin pa la sogs paHi pha rol tu phyin

drug ni loGs spyod la sogs pa Hgrub par byed pa yin pas sbyin pa la sogs pa[1290]

pha rol tu phyin pa drug bstabs te rol tu phyin pa drug la bkod pa ni sems can la

byasms par byed pa yin no Zes bya baHi don to /

2. / ser sna la sogs pa daG ldan pa la sJiG brtse ba daG[1291] Zes bya ba la sems

can rnams sdug bsGal ba daG bral bar gyur cig ces pa ni sJiG rjeHo // ser sna la

---

1283) D: Can

1284) P: mtshoG instead of HtshoG ma

1285) by H, la added

1286) anukaMpAmanasikaraC caturbhir apramANair

1287) P: pas

1288) D: daG

1289) danAdyupasAMhareNa maitrayataH /

1290) P: Hgrub par byed pa yin pa sbyin pa la sogs pa, added

1291) matsaryAdisamavadhanena sattveSu karuNAyataH /

sogs pa pha rol tu phyin pa drug gi mi mthun paHi phyogs ni dbul po la sogs
paHi sdug bsGal bar Hgyur baHi rgyu yin pas ser sna la sogs pa daG ldan pa la
byaG chub sems dpaH sJiG rje ba[1292] skye baHo // byaG chub sems dpaHi ni sJiG rje
ba tsam du yaG ma zad kyi / ser sna la sogs paHi chos Hdor[1293] du Hjug ste[1294]
Hdi ni sJiG rjeHo /

3. / sbyin pa daG ldan pa la sogs paHi sems can rnams la dgaH bar byed pa daG[1295]
Zes bya ba la sems can bde db mthoG nas sems la mos pa skyes pa la ni dgaH ba
Zes bya ste / sems can rnams sbyin pa la sogs paHi pha rol tu phyin pa drug spyod
pa mthoG nas dgaH bar gyur pa ni dgaH baHo /

4. / de la Jon moGs pa med pa mos pa ni btaG sJoms so[1296] Zes bya ba la btaG
sJoms kyi raG bZin ni gaG la yaG chags pa daG Ze na saG med pa daG sbyin [D:
211b] pa la sogs pa loGs spyod daG ldan nam / bde bar gyur paHi sems can rnams
la yaG Hdod chags skye bar ma gyur cig ces smon pa daG loGs spyod rnams
phrogs nas sdug bsGal bar gyur paHi sems can rnams la yaG Ze sdaG bar ma gyur
cig ces sems pa ni btaG sJoms so Zes bya baHi don to /

TIkA

/ sbyin paHi sbyin pa Zes bya ba la / sbyin pa ni dge baHi duG po ltaHo / sbyin paHi
Go bo Jid de dag gis gaG gi tshe gZan la naG daG phyiHi sbyin pa sbyin par byed
pa ni / sbyin pa sbyin pa yin no // yaG na naG daG phyiHi nor daG Hbru la sogs pa
gaG yin pa de ni sbyin pa Zes bya baHo // de ni sbyin paHi phyir sbyin pa sbyin pa
yin no // tshul khrims la sogs paHi sbyin pa ni gaG gi tshe gZan gyi rgyud la tshul

---

1292) D: omit
1293) P: Hdod
1294) P: de
1295) dan'adi samatvAgateSu muditAyataH /
1296) tadasaMkleCAdimokSataC ca upekSAyataH

khrims la sogs pa Hzog pa Ham ston paHo // pha rol tu phyin pa dag kho nas bsdu baHi dGos poHi sbyor bas sems can yoGs su smin la Zes bya ba ni sbro ba yid byed pa Zes bya bars byar te / nam zig na bdag bsdu baHi dGos po dag gi sems can rnams yoGs su smin par byed pa gaG yin pa daG Hgyur sJam nas / de nas pha rol tu phyin pa daG ldan paHi sbyin pas sems can rnams rjes su Hjug to // sJan par smra ba ni pha rol tu phyin pa ston kho na yin no // don sbyod pa ni pha rol tu phyin pa yaG dag par len du Hjug paHo // don mthun pa Jid ni gaG la gZan yaG dag par len du Hjug pa de la bdag rjes su Hjug paHo // lhag ma rnams kyis bsgrub paHi mtshod pa daG Zes bya ba ni tshul khrims daG / bzod pa daG / brtson[1297] Hgrus daG / bsam gtan daG / Ces rab kyi pha rol tu phyin pa dag gis sgrub pas mched paHo //

/ [P: 108a7 − 8] / sbyin pa la sogs pa sgrub pas byams pa Zes bya ba ni bde ba daG phrad par Hdod pa ste / byaG chub sems dpaHi ni bde ba daG Hdod pa HbaH Zig tu ma zad kyi bede ba daG sbyor bar yaG byed byed do /

/ ser sna la sogs pa daG hgrogs paHi sems can rnams la sJid rje ba Zes bya ba la / sJid rje ni sdug bsGal daG bral bar Hdod paHi rnam paHo // ser sna la sogs pa daG Hgrogs paHi rnam pa[1298] ni sems can rnams kyi sdug bsGal gyi rgyu yin paHi sdug bsGal yin te /

[P: 108b1 − 3] / dc dag la kun nas Jon moGs pa mcd par mos paHi sgo nas btaG sJoms su byed ces bya ba ni sems can bde ba daG ldan pa rnams la[1299] ni sems can Hdi dag bde ba la sogs pa rjes su Hchags par ma gyur cig / de Hphrogpar byed pa rnams la ni kun nas Jon moGs pa khoG khro bar ma gyur par btaG sJoms su gyur cig ces de dag la kun nas Jon moGs pa med par mos par byed do /

1297) P: brtse
1298) P: rnam pa, omit
1299) P: la, omit

kArIkA

akRte kukRrte lajjA kaukRtyaM viSaye ratiH /

amitrasaMjJA khede ca racanod bhAvanA−matiH // 11 − 65 //

kArIka(T)

/ ma byas Gan par byas pa la // Go tsha Hgyod daG yul la dgaH // skyo la dgra boHi
Hdu Ces daG // Hgod daG brjod paHi blo gros so /

bhASya

hrI−dharmam Arabhya lajjAmanaskArao 'kRteSu vA dAn'AdiSv aparipUrNa−mithyAkRteSu
vA lajjA lajjAyamAnaC ca pravRtti−nivRttyarthaM anAnuSaMgikaM kaukTrtyAyate /
dhTrtim Arabhya ratimanaskAro dAnAdyAlaMbane 'vikSetaC cittasya dhAraNAt / akheda−
manaskAro dan'Adi−prayoga−parikhede Catru−saMjJAkaraNAt / racanacchanda−manaskaraH
paramitApra−tisaMyuktaCAstra−racanAbhisaMskaraNAt / loka−jJatAm Arabhya udbhAvanA−
manaskAras tasyaiva CAstrasya loke yathAbhAjanam udbhavanabhisaMkaraNAt //

byASya(T)

/ ma byas Gan par byas pa la // Go tsha Hgyod daG yul la dgaH // skyo la dgra boHi
Hdu Ces daG // Hgod daG brjod paHi blo gros so /
/ Go tsha Ces paHi chos las brtsams te / Go tsha ba yid la byed pa ni sbyin pa la
sog spa ma byas paHam / yoGs su ma rdsogs paHam / log par byas pa dag la Go
tsha baHo // Go tsha nas ni Hjug pa daG ldog par bya baHi phyir daG yun mi riG bar
Hgyod par byed do // mgo ba las brtshoms te sbyin pa la sogs pa dmigs pa la dgaH
ba yid la byed pa ni sems rnam par gyeG ba med par kun tu Hdsin paHi phyir ro //
skyo ba med pa yid la byed pa ni sbyin pa la sog pa sbyor bas skyo ba la dgra

boHi Hdu Ces su byed paHi phyir ro // Hgod par Hdun pa yid la byed pa ni / pha rol
tu phyin pa daG ldan paHi bstan bcos la Hgod par mdon par Hdu byed paHi phyir
ro // Hjig lten gyi[1300] Ces pa Jid las brsams te brjod pa yid la byed pa ni bstan
bcos de Jid Hjig rten la snod ji lta ba bZin du[1301] brjod par mgon par Hdu byed
paHi phyir ro /

VRtti − bhASya

/ ma byas [P: 234a] smad daG Go tsha daG // bgyid daG yul la dgaH ba daG // mi
skyo ba daG Hgod pa daG // brjod pa yi[1302] ni blo gros te[1303] // Zes bya ba la / gZan
yaG Go tsha ba yid la byed pa daG / dgaH ba yid la byed pa daG / dgaH ba yid la
byed pa daG / mi skyo ba yid la byed pa daG / Hgod pa yid la byed pa daG / brjod
pa yid la byed pa ste / yid la byed pa de dag gis kyaG pha rol tu phyin paHi
khams rgyas par Hgyur ro Zes bya baHi don to /
(17) / de la pha rol tu phyin pa ye ma byas pa daG rdsogs par ma byas pa ni ma
byas pa Zes byaHo // pha rol tu phyin pa la phyin ci log tu byas pa la ni smad pa
byas pa Zes bya ste[1304] / de ltar ye ma byas ba daG / rdsogs par ma byas ba daG /
smad par byas na mtshar byas Zes Go tsha ZiG Hgyod pa ni Go tsha ba yid la byed
Zes byaHo /
(18) / pha rol tu phyin pa drug la rgyun du spyad par byaHo sJam du sems spro
baHi[1305] dbaG du byas nas la sogs pa rol tu phyin pa drug la rgyun du dmigs CiG

1300) P: gyi, omit
1301) P: bZin du, omit
1302) P: la
1303) akRte kukRrte lajjA kaukRtyaM viSaye ratiH /
      amitrasaMjJA khede ca racanod bhAvanA − matiH // 11 − 65 //
1304) P: byas te
1305) P: phyir added, between baHi and dbaG

de HbaH Zig la sems rtse gcig tu Hjog gi / sems gZan gyen[1306) pa ni dgaH ba yid la byed pa Zes byaHo[1307) /

(19) / sbyin pa la sogs pa pha rol tu phyin padrug la sbyor baHi tshe / spyod par mi Hdod paHi sems skyo ba skyes na sems Hdi ni Hdi bla na med paHi byaG chub thob par bya baHi bar du gcod pa yin pas dgra pa yin pas dgra yin no sJam paHi Hdu Ces skye ba ni mi skyo ba yid la byed pa Zes byaHo[1308) /

(20) / sems can gyi don du pha rol tu phyin pa drug daG Hbrel paHi chos ston pas skyob par byaHo[1309) sJam du sems CiG pha rol tu phyin pa drug gi gtsug lag[1310) daG gZuG du Hdri ZiG Hjog pa ni Hgod pa yid la byed pa Zes bya ste / dper na **mdo sdeHi rgyan** Hdi Jid kyi naG nas **graGs daG mtshan Jid go rim**[1311) **daG**[1312) Zes bya bya la sogs paHi tshul du gtsug la gtu Hgod paHo[1313) /

(21) / sems can so soHi snod daG sbyar nas sems can gaG la pha rol tu phyin pa gaG bCad par Hos paHi [D: 212a] sems can de la pha rol tu phyin pa de Hchad pa ni brjod pa yid la byed pa Zes byaHo /

(17) / **Go tsha baHi chos las brtsams nas**[1314) Zes bya ba ni Go tsha bas rgyu byas nas [P: 234b] CeHam / Go tsha baHi dbaG du byas nas Zes bya baHi don to // **ma byas paHam** Zes bya ba la pha rol tu phyin pa drug thams cad nas[1315) thams cad

---

1306) P: yeGs

1307) dhTrtim Arabhya ratimanaskAro dAnAdyAlaMbane 'vikSetaC cittasya dhAraNAt /

1308) akheda−manaskAro dan'Adi−prayoga−parikhede Catru−saMjJAkaraNAt /

1309) P: ston skyob byaHo instead of chos ston pas skyob par byaHo

1310) P: la

1311) D: rims

1312) MSA16−1a

    saMkhyAtha tallakSaNam AnupUrvI

1313) racanacchanda−manaskaraH paramitApratisaMyukta−CAstra−racanAbhisaMskaraNAt /

1314) hrI−dharmam Arabhya lajjAmanaskArao 'kRteSu vA dAn'AdiSv aparipUrNa−mithyA−
    kRteSu vA lajjA lajjAyamAnaC ca pravRtti−nivRttyarthaM anAnuSaMgikaM kaukTrtyAyate /

1315) P: thams cad nas,omit

du cuG zad kyaG ma byas paHo // yoGs su ma rdsogs paHam Zes bya ba la sbyin pa

ni rnam pa gsum ste / zaG ziG daG mi Hjigs pa daG[1316] chos sbyin pa gsum las

gJis tsam byed[1317] gyi gsum char tshaG bar mi byed paHam / zaG ziG sbyin pa las

kyaG cuG zad tsam gtoG gi kun mi gtoG ba daG mi Hjigs pa sbyin pa la yaG sJin

nas skyabs mi byed kyi tshig tsam du byed pa daG / chos kyi sbyin pa la yaG kha

cig Hchad kyi cigmi Hchad de / slob dpon bcabs ni yoGs su ma rdsogs pa Zes byaHo

// log par spyod pa Zes bya ba la sbyin paHi bsGags pa tsam smra baHi dGos po mi

gtoG ba daG / bCan[1318] pa la mtshon sbyin par byed pa daG smad HtshoG[1319] ma la

nor sbyin pa daG brkus nas sbyin pa daG gyo daG sgyus sbyin pa ni log par sbyin

pa Zes byaHo // Go tsha nas Zes bya ba la de ltar ma byas pa daG / yoGs su rdsogs

par ma byas pa[1320] daG / smad par byas par mthoG nas sems la gnod pa ni Go tsha

ba Zes byaHo // Hjug pa daG Zes bya ba la de ltar Go tsha ma byas pa daG yoGs su[1321]

rdsogs par ma[1322] byas pa de spaGs te / byed pa daG yoGs su rdsogs par byed pa

la Hjug par byed do Zes bya baHi don to // ldog paHi phyir Zes bya ba la smad pa

la smad pa daG log par bya ba las ni ldog par bya baHi phyir Zes bya baHi don to //

/ yun mi riG bar Hgyod par byed do Zes bya ba la gal te Hgyod pa Zig bskyed na

yaG rgyun du Hgyod pa bskyed par mi bya ste Zes bya baHi don to // Hgyod pa daG

rgyun du ldan na dge ba Jid a Hjug par mi nus pas de bas na sbyin pa la sogs pa

ma byas pa daG smad pa byas pa na bdag gis sems can rnams la sbyin pa la sogs

pa ma byas pa daG smad pa byas pa ni mtshar byas so sJam thaG cig gcig Hgyod

pa bskyed nas Hgyod pa spoG Go // de la de [P: 235a] bas na[1323] [D: 212b] Hdi

---

1316) P: omit

1317) P: bud med

1318) Can

1319) P: mtshoG

1320) P: la added after pa

1321) P: ma added, after su

1322) P: omit

ltar Hgyur te / sbyin pa la sogs pa ye ma byas pa daG rdsogs par ma byas nas
Hgyod par gyur na Hgyod pa de bzlog ste / sbyin pa la sogs pa byas pa daG rdsogs
par byas baHi phyir gus par bya ba daG / rgyun du sgrub[1324] pa la Hjug par byaHo
// sbyin pa la sogs pa daG log par byas pa la phyis log pa la Hjug par mi byaHo
Zes ldog par bya ste / de ltar na yaG the tshom yaG ldog par Hgyur ro /
(21) / Hjig rten rig par byas pa las brtsams nas brjod pa yid la byed pa ste[1325] Zes
bya ba la sems can so soHi sems daG sbyar nas[1326] sems can gaG la pha rol tu
phyin pa gaG bCad paHi rig paHi sems can de dag la pha rol tu phyin pa de Hchad
pa ni brjod pa yid la byed pa Zes byaHo // don de Jid bstan paHi phyir bstan bcos[1327]
de Jid ji ltar snod du gyur paHi phyir rten la brjod par Hdu byed paHo Zes bya ba
smos te / pha rol tu phyin pa drug daG ldan paHi gtsug lag byas pa de dag so soHi
snod daG sbyar nas sems can gaG la pha rol tu phyin pa gaG bCad par Hos CiG
snod du gyur pa de la rol tu phyin pa Hcad de / dper na sbyin paHi pha rol tu
phyin pa Hchad paHi snod du gyur pa la sbyin paHi pha rol tu phyin pa Hchad pa
nas Ces rab kyi pha rol tu phyin pa Hchad paHo /

TIkA

/ sbyin pa la sogs pa ma byas pa Ham / loGs su ma rdsogs paHam / log par byas pa
dag la Zes bya ba ni mi byed pa ni sbyin pa la sogs pa mi Hjug pa gaG yin paHo
// yoGs su ma rdsogs par byed pa ni chos kyi sbyin pa daG / zaG ziG gi sbyin pa
daG / mi Hjigs pa sbyin pa dag las gaG yaG ruG ba Zig la / Hhug pa daG / gaG la Hjug

---

1323) D: na,omit

1324) D: bsgrub

1325) loka — jJatAm Arabhya udbhAvanA — manaskAras tasyaiva CAstrasya loke
        yathAbhAjanam udbhavanabhisaMkaraNAt //

1326) D: bas

1327) P, D: ston skyob instead of bstan bcos

pa de yaG yoGs su rdsogs par mi byed paHo // log par byed pa ni bcos po byed pa gaG yin paHo /

[P: 108b6 − 109a3] / Go tsha nas ni Hjug pa daG ldog par bya baHi phyir yun mi riG bar Hgyod pa byed do Zes bya ba la yun riG po ni rtag tu rjes su Hbrel paHo // gaG gi tshe sbyin pa la sogs pa ma byas pa la Hgyod pa na[1328] rgyun chags su rjes su Hbrel par Hgyod par ni mi byed de / Hdi ltar rgyun chags par Hgyod na dge ba la Hjug pa Jid du yaG Hgyur ro // de bas na sbyin pa la sogs pa ma byas paHam / Gan par byas pa gaG yin pa de la yud tsam Zig byaG chub sems dpaH sbyin pa la sogs pa mi byed paHam Gan par byed paHam byed[1329] pa ni rigs pa ni[1330] ma yin no sJam du sems la bsams nas deHi Hog tu sbyin pa la sogs pa mma byas paHam yoGs su rdsogs par ma byas pa dag la Hgyod pa bzlog paHi phyir ma byas pa gaG yin pa de la ni bya baHi phyir Hjug la / rdsogs par ma byas pa gaG yin pa de la ni rdsogs par bya baHi phyir rtag tu bya ba daG gus par byas te Hjug go // sbyin pa la sogs pa log par byas pa dag la ni phyin chad sogs pa mi Hjug go Zes log par byed pa ldog par byed do // de ltar na HdiHi Hgyod pa de las[1331] ldog go /

kArIkA

dAn'AdayaH pratisaraNaM saMbodhau niCvar'AdayaH /
doSANAM ca guNAnAM ca pratisaMvedanA[1332] dvayoH // 11 − 66 //

1328) D: ni
1329) D: paHam byed, omit
1330) D: ni, omit
1331) P: las, omit
1332) by N

kArIkA(T)

/ sbyin sogs rdsogs paHi byaG chub kyi // rten yin dbaG phyug la sogs min // gJis po dag la skyon daG ni // yon tan so so yaG dag rig /

bhASya

pratisaraNa−manaskAro bodhipraptaye dan'AdInAM pratisaraNAn neCvar'AdInAM pratisaMvin manaskAro mAtsarya−dAn'Adi−vipakSa−pratipakSayor doSa−guNapratisaMvedanAt //

bhASya(T)

/ sbyin sogs rdsogs paHi byaG chub kyi // rten yin dbaG phyug la sogs min // gJis po dag la skyon daG ni // yon tan so so yaG dag rig /
/ rten yid la byed pa ni byaG chub Hthob paHi rten ni sbyin pa la sogs pa yin gyi / dbaG phyug la sogs pa ma yin paHi phyir ro // so so yaG dag par rig pa yid la byed pa ni ser sna daG sbyin pa la sogs pa mi mthun paHi phyogs daG gJen po dag la skyon daG yon tan du so so yaG dag par rig paHi phyir ro /

VRtti−bhASya

(22) / sbyin pa la sogs brten nas su // byaG chub Hgyur gyi[1333] dbaG phyug min / [1334] / Zes bya ba la / brten paHi[1335] yid la byed pa ni sbyin pa la sogs paHi pha rol tu phyin pa drug la brten nas bla na med paHi byaG chub thob par Hgyur gyi / dbaG phyug daG gtso bo daG tshaGs pa la sogs pa brten nas ni bla na med paHi byaG chub thob pa ma yin par khoG du chud pa ni brten pa yid la byed pa Zes

---

1333) P, D: gyis
1334) dAn'AdayaH pratisaraNaM saMbodhau niCvar'AdayaH /
1335) P: phyir added, after paHi

byaHo /

(23) / skyon daG yon tan dag la yaG // gJis po de ni rtog par Hgyur[1336] // Zes bya ba
la / rtog[1337] pa yid la byed pa ni ser sna laP: ni sogs pa mi mthun paHi phyogs la
ni skyon du rtogs te / dbul po la sogs par Hgyur bar[1338] mthoG ba daG[1339] / sbyin
pa la sogs pa gJen poHi phyogs la ni [P: 235b] yon tan du rtogs te / phyogs po la
sogs par Hgyur bar mthoG ba ni rtog pa yid la byed pa Zes byaHo /

TIkA

/ yul dgaH Zes bya ba ni sbyin pa la sogs pa yul ste / sbyin pa la sogs pa dmigs
pa la Zes bya ba don to // pha rol tu phyin pa daG ldan paHi bstan bcos Hgod par
mGon par Hdu byed paHi phyir ro / Zes bya ba ni ji ltar mdo sde rgyan Hdi Jid las
graGs daG deHi mtshan Jid go rim daG / Zes bya baHi rim pa pha rol tu phyin pa
Hgod pa mGon par Hdu byed pa ltar pha rol tu phyin pa rnams Hgod par mGon par
Hdu byed pa yin no // snod ji lta bZin du brjod pa Zes bya ba ni kha cig ni sbyin
paHi chos bstan du ruG ba nas Ces rab kyi pha rol tu phyin paHi chos bstan du ruG
baHi bar yin no / rten ni sbyin pa la sogs pa yin kyi / dbaG phyug la sogs pa ma
yin paHi phyir Zes bya ba ni phyi rol tu phyin pa ma gtogs par dbaG phyug la
sogs pa ni rdsogs paHi byed chub kyi rten du mi Hgyur baHo // ser sna la sogs pa
la ni skyon Jid su so yaG dag par rig la / sbyin pa la sog spa ser sna la sogs paHi
gJen po la ni yon tan Jid du so so yaG dag par rig go / sbyin pa la sogs pa byaG
chub kyi phyog daG mthun paHi Go bo Jid kyis byaG chub chen po Hthob paHi don
du yaG dag par mthuG baHi phyir Zes bya ba la / byaG chub chen po ni byaG chub
sems dpaH rnams kyi rnam par mi rtog paHi ye Ces te / pha rol tu[P: 109b] phyin

---

1336) doSANAM ca guNAnAM ca pratisaMvedanA dvayoH // 11 − 66 //
1337) P: rtogs
1338) D: gyur bar
1339) P: by H, ba daG added

pa Hdi dag bsgoms pa na byaG chub chen po deHi phyogs daG mthun paHi Go bor
gnas so // tshogs kyi Hog tu yaG byaG chub kyi phyogs daG mthun par bsgom pa
HbyuG ste / Hdi daG ldan paHi yid la byed pa ni don chen po yin no / rnam par mi
rtog pa Hdod pa yid la byed pa ni pha rol tu phyin pa yoGs su rdsogs par bya
baHi don du thabs la mkhams pa Hdod paHi phyir ro / Zes bya ba ni rol tu phyin
pa yoGs su rdsogs par bya baHi thabs ni rnam par mi rtog paHi ye Ces te / de la
Hdod pa yid la byed do // yaG na sbyor baHi gnas skabs Jid na rtogs pa med ciG
rnam par rtogs pa med par sbyin pa la sogs pa Hjug par Hgyur bar mGon par Hdu
byed go // de nas rnam par mi rtog paHi ye Ces thob nas ni rnam par mi rtog pa
kho nar sbyin pa la sogs pa Hjug par Hgyur ro /

kArIkA

cayAnusmaraNaprItir mahArthyasya ca darCanaM /

yoge 'bhilACo 'vikalpe taddhRtyAM pratyayagame // 11 − 67 //

kArIkA(T)

/ bsags pa rjes su dran pa yis[1340] // dgaH daG don chen mthoG ba daG // rnal Hbyor
rnam par mi rtog daG // de[1341] Hdsin rkyen daG phrad Hdod pa /

bhASya

/ cayAnusmaraNaprIti − manaskAro dAn'adyupacaye puNya − jJAna − saMbharopacayasanda −
rCanAt / mAhArthya − saMdarCana − manaskaro dAn'AdInAM bodhipakSe bhAvArthena mahA −
bodhi − prAptyarthasandarCanAt / abhilASa − manaskAraH sa punaC caturvidhaH / yogAbhilASa −

1340) P: yas
1341) P: tiG

manaskAraH CamathavipaCyanAyogabhAvanAbhilASAt / avikalpAbhilASamanaskAraH pArami−tApari−

pUraNArtham upAya−kauCalyAbhilASAt / dhRtyabhilaSa−manaskAraH pArimitAdhipateya dhar−

mArtha−dhAraNAbhilASAt / pratyayAbhigamAbhilASa−manaskAraH saMyak praNidhanAbhi−

saMskaraNAt //

bhASya(T)

/ bsags pa rjes su dran pa yis // dgaH daG don chen mthoG ba daG // rnal Hbyor
rnam par mi rtog daG // de Hdsin rkyen daG phrad Hdod pa /

/ bsags pa rjes su dran pa dgaH ba yid la byed pa ni sbyin pa la sogs pa bsags na
bsod nams daG ye Ces kyi tshogs bsags par yaG dag par mthoG baHi phyir ro / don
chen po mthoG ba yid la byed pa ni sbyin pa la sogs pa byaG chub kyi phyogs
daG mthun paHi Go boHi don gyis byaG chub chen po Hthob paHi son du yaG dag
par mṭhoG baHi phyir ro // Hdod p ayid la byed pa ni de yaG rnam pa bZi ste / rnal
Hbyor Hdod pa yid la byed pa ni Zi gnas daG lhag mthoG gi rnal Hbyor sgom par
Hdod paHi phyir ro // rnam par mi rtog pa Hdod pa yid la byed pa ni pha rol tu
yoGs su rdsogs par bya baHi don du thabs la mkhas par Hdod paHi phyir ro // Hdsin
par Hdod pa yid la byed pa ni pha rol tu phyin paHi ched kyi chos daG don Hdsin
par Hdod paHi phyir ro // rkyen daG phrad par Hdod pa yid la byed pa ni yaG dag
paHi smon lam mGon par Hdu byed paHi phyir ro /

VRtti−bhASya

/ bsags pa dgaH ba dran pa daG // che baHi don ni mthoG ba daG // rnal Hbyor [**D:
213a**] Hdod daG mi rtog pa // de Hdsin pa daG rkyen thob pa[1342] // Zes bya ba la /

1342) cayAnusmaraNaprItir mahArthyasya ca darCanaM /
  yoge 'bhilACo 'vikalpe taddhRtyAM pratyayagame // 11−67 //

gZan[1343] yaG bsags pa dran nas dgaH ba yid la byed pa daG / don chen po mthoG ba yid la byed pa daG / Hdod pa yid la byed pa ste / yid la byed pa de dag gis kyaG pha rol tu phyin paHi khams rgyas par byed do Zes bya baHi don to // Hdod pa yid la byed pa yaG rnam pa bZi ste[1344] / rnal Hbyor Hdod pa yid la byed la byed pa daG / mi rtog pa Hdod pa yid la byed pa da / de bdsin pa Hdod pa[1345] yid la byed pa daG / rkyen thob pa Hdod pa[1346] yid la byed paHo /

(24) / sags pa dran pas dgaH ba yid la byed pa ni sbyin pa la sogs pa sags na[1347] bsod nams daG ye Ces kyi tshogs bsags par mthoG baHi phyir ro[1348] Zes bya la sbyin pa nas Ces rab kyi pha rol tu phyin paHi bar[1349] drug bsags nas bsod nams daG ye Ces kyi tshogs bsags pa mthoG ba ni bsags pa mthoG nas dgaH ba yid la byed pa Zes byaHo // de la sbyin pa daG tshul khrims daG bzod pa gsum bsags pas ni bsod nams kyi tshogs su Hgyur / bsam gtan daG Ces rab ni ye Ces kyi tshogs su Hgyur / brtson Hgrus ni gJis kaHitshogs su Hgyur ro /

(25) / don mthoG ba yid la byed pa ni sbyin pa la sogs pa byaG chub kyi phyogs kyi dGos poHi don gyis byaG chub chen po thob par mthoG baHi phyir ro[1350] Zes bya ba la rnam par mi rtog paHi ye Ces la ni byaG chub chen po Ces byaHo // sbyin pa la sogs pa spyad nas[1351] bla na med paHi byaG chub kyi rgyuHi tshul gyi[1352]

1343) P, D: Zes
1344) abhilASa − manaskAraH sa punaC caturvidhaH /
1345) by H, Hdod pa added
1346) by H, Hdod pa added
1347) D: nas
1348) / cayAnusmaraNaprIti − manaskAro dAn'adyupacaye puNya − jJAna − saMbharopacayasandarCanAt /
1349) P: pa instead of paHi bar
1350) mAhArthya − saMdarCana − manaskaro dAn'AdInAM bodhipakSe bhAvArthena mahAbodhi − prAptyartha − sandarCanAt /
1351) P: na
1352) D: gyis

mjug[1353] tu bla na med paHi byaG chub thob par mthoG ba ni don chen po mthoG ba yid la byed pa Zes byaHo /

(26) / rnal Hbyor Hdod pa yid la byed pa ni lhag mthoG daG Zi gnas sbyor ba bsgom par Hdod paHi phyir ro[1354] Zes bya ba la pha rol tu phyin pa drug rdsogs par bya baHi phyir Zi gnas daG lhag [P: 236a] mthoG zuG du Hbrel pa bsgom par Hdod pa ni rnal Hbyor Hdod pa yid la byed pa Zes byaHo /

/ mi rtog par Hdod pa yid la byed pa ni pha rol tu phyin pa yoGs su rdsogs paHi phyir thabs mkhas pa la Hdod paHi phyir[1355] Zes bya ba la rnam par mi rtog paHi ye Ces ni pha rol tu phyin pa yoGs su rdsogs par byed paHi thabs yin no // de [D: 213b] bas na pha rol tu phyin pa drug rdsogs par bya baHi phyir rnam par mi rtog paHi ye Ces daG ldan par bya ba ni mi rtog par Hdod pa yid la byed pa Zes byaHo // yaG na daG po sbyor baHi dus na Hdi sJam du sems te / mi rtog rnam par mi rtog par pha rol tu phyin pa la Hjug par gyur cig ces[1356] smon lam btab sems la mGon par Hdus byas pa las mGon par saGs rgyas te / rnam par mi rtog paHi ye Ces thob pa na mi rtog rnam par mi rtog par pha rol tu phyin pa rnams la Hjug par Hgyur te / de ni mi rtog par Hdod pa yid la byed pa Zes byaHo /

/ Hdsin par Hdod pa yid la byed pa ni pha rol tu phyin pa rnams kyi ched kyi chos daG don Hdsin paHi phyir ro[1357] Zes bya ba la[1358] pha rol tu phyin pa drug Hchad paHi chos daG don sems la mi brjed par Hdsin pa ni Hdsin par[1359] Hdod pa[1360] yid la byed pa Zes byaHo // de la pha rol tu phyin pa rgyur pa ni chos Ces[1361]

1353) P: Hjug
1354) yogAbhilASa−manaskAraH CamathavipaCyanAyogabhAvanAbhilASAt /
1355) avikalpAbhilASamanaskAraH pAramitAparipUraNArtham upAya−kauCalyAbhilASAt /
1356) P: cis
1357) dhRtyabhilaSa−manaskAraH pArimitAdhipateya dharmArtha−dhAraNAbhilASAt /
1358) D: daG
1359) P: Hdsin par, D: omit
1360) by H, Hdod pa added

byaHo // Hbras bur gyur pa la ni don Zes[1362] byaHo /

/ rkyen thob par Hdod pa yid la byed pa ni pha rol tu phyin pa yoGs su rdsogs pa daG rjes su mthun paHi yaG dag paHi smon lam mGon par Hdu byed paHi phyir r o[1363] Zes bya ba la tshe rabs gar skyes kyaG pha rol tu phyin pa drug rdsogs par Hgyur ba daG mthun paHi dge baHi bCes gJen daG Je du bCes daG lus daG loGs spyod daG ldan par gyur cig ces smon lam Hdebs pa ni rkyen thob par Hdod pa yid la byed pa Zes byaHo /

TIkA

[P: 109b4 − 5] / Hdsin pa Hdod pa yid la byed pa Zes bya ba ni gzuGs kyi dbaG du byas nas / rnam smin thos la goms pa daG // tiG Ge Hddsin gyi gzuGs dag ni // Zes bya ba la sogs pa HbyuG ba lta bu yin no /

kArIkA

sapta − prakArasadgrAha − vyutthane CaktidarCanaM /

ACcaryaM cApy anACcaryaM saMjJA caiva caturvidhA // 11 − 68 //

kArIkA(T)

/ log par Hdsin pa rnam pa bdun // spoG baHi mthu ni mthoG ba daG // Go mtshar Go mtshar med pa la // Hdu Ces rnam pa bZi Jid do /

1361) P: Zes
1362) P: ces
1363) pratyayAbhigamAbhilASa − manaskAraH saMyak praNidhanAbhisaMskaraNAt //

bhASya

sapta−prakAra sadgrAha−vyutthAna−CaktidarCana−manaskaraH / saptavidho 'sadgrAhaH /
asati sad grAhaH doSavati guNavatvagrAhaH guNavaty aguNavatgrAhaH sarvasaMskAreSu
ca nityasukhAsadgrAhau sarvadharmeSu cAtmasadgrAhaH / nirvANe cACAntAsadgrAhaH /
yasya pratipakSeNa CUnyatAdi−samAdhitrayaM dharmoddAna−catuSTayaM ca deCyate /
ACcarye caturvidha−saMjA−manaskAraH / pAramitAsUdArasaMjA Ayatattva−saMjA prati−
kAra−nirapekSa−saMjA vipaka−nirapekSa−saMjA ca / anACcarye 'pi caturvidha−
saMjA−manaskAraH / cayur vidhamanACcaryam audarya Ayatattve ca sati pArami−
tAnAM buddhatvaphalAbhini−rvartanAt / asminn eva ca dvaye sati svapara−samacit−
tAvasthApanA tadviCiSTebhyaC ca CakrAdibhyaH pUj'AdilAbhe sati pratikAranirapekSatA
lAbhe saty api vipAkanirapekSatA //

bhASya(T)

/ log par Hdsin pa rnam pa bdun // spoG baHi mthu ni mthoG ba daG // Go mtshar Go
mtshar med pa la // Hdu Ces rnam pa bZi Jid do /

/ pha ro l tu phyin pa rnams kyis log par Hdsin par ma ba bdun spoG baHi mthu
thob pa yid la byed pa la log par Hdsin pa rnam pa bdun ni med pa la yod par
Hdsin pa daG / Jes pa daG ldan pa la yon tan ldan pa Jid du Hdsin pa daG / yon tan
daG ldan pa la yon tan daG ldan pa ma yin pa Jid du Hdsin pa daG // Hdu byed
rhams cad la rtag pa daG bde bar log par Hdsin pa gJis daG // chos thams cad la
bdag tu log par Hdsin pa daG / mya gan las Hdas pa la ma Zi bar log par Hdsin pa
ste // de dag gi gJen por stoG pa Jid la sogs paHi tiG Ge Hdsin gsum daG chos kyi
sdom bZi ston to // Go mtshar la Hdu Ces rnam pa bZi yid la byed pa ni / pha rol tu
phyi pa rnams la rgya che BaHi Hdu Ces daG / yun riG baHi Hdu Ces daG / lan la re
ba med paHi Hdu Ces daG / rnam par smin p ala mi lta baHi Hdu Ces so // Go mtshar
med pa la yaG Hdu Ces rnams pa bZi yid la byed de / Go mtshar med pa rnam pa

bZi ni / pha rol tu phyin pa rnams rgya che ba daG yun rG ba Jid yin na Hbras bu

saGs rgyas Jid mGon par Hgrub pa daG / gJis po de Jid yod na raG daG gZan la

sems mJam par Hjog pa daG / de dag pas khyad par du Hphags pa brgya byin la

sogs pa las mchod pa la sogs pa rJed du yin kyaG lan la re ba med pa daG / Hjig

rten thams cad las mGon par Hphags paHi lus daG loGs spyod Hthob tu zin kyaG

rnam par smin p ala mi lta ba Jid do /

VRtti‒bhASya

/ rnam bdun phyin ci log Hdsin daG // spaGs paHi mthu ni Ces pa daG // Go mtshar

daG ni Go mtshar min // Hdu Ces de bZin rnam bZiHo[1364] // Zes bya ba la / pha rol tu

phyin pa drug rnams bsgom[1365] paHi[1366] [P: 236b] tshe[1367] phyin ci log tu Hdsin

pa rnam pa bdun spoG baHi mthu mthoG ba yid la byed pa daG / Go mtshar gyiHdu

Ces[1368] yid la byed pa bZi daG / de bZin du Go mtshar ma yin paHi Hdu Ces yid la

byed pas kyaG khams rgyas par Hgyur ro Zes bya baHi don to /

(27) / med pa la yod par Hdsin pa daG[1369] Zes bya ba la kun brtags kyi gaG zag

daG / kun brtags kyi chos ni med pa yin na de la dGos po yod par lta ba ni med

pa la[1370] yod par Hdsin pa Zes bya ste / Hdi ni phyin ci log gcig go /

/ Jes pa can la yon tan can du Hdsin pa daG Zes bya ba [D: 214a] la Hkhor baHi

chos ni Jes pa can yin te / mi rtog pa daG sdug bsGal ba daG mi gtaG ba daG bdag

med paHi phyir ro // de al rtag pa daG bde ba daG gtaG daG bdag[1371] par[1372] Hdsin

---

1364) sapta‒prakArasadgrAha‒vyutthane CaktidarCanaM /
    ACcaryaM cApy anACcaryaM saMjJA caiva caturvidhA // 11‒68 //

1365) P: bsgoms

1366) D: pa, P: omit

1367) D: chad

1368) P: Ces added,between Ces and yid

1369) asati sad grAhaH doSavati guNavatvagrAhaH guNavaty aguNavatgrAhaH

1370) P: yod par lta ba ni med pa la,omit

pa ni yon tan du Hdsin pa ste / Hdi ni phyin ci log gJis so /

/ yon tan can la yon dan can ma yin par Hdsin pa daG Zes bya ba la mya Gan las

Hdas pa ni Jon moGs pa daG sdug bsGal thams cad spaGs pas Zi ba daG bde ba yin

paHi phyir yon tan can yin na de la byis pa rnams chad pa daG gyaG sar lta ba ni

yon tan ma yin pa Zes bya ste / de ni ci log gsum mo /

/ Hdu byed tahams cad la rtag pa daG bed bar Hdsin pa gJis daG[1373] Zes bya ba la

thams cad kyi sgra Hdir phyogs gcig tu draGs te Hdus ma byas bkol nas zag pa

daG bcas paHi Hdu byed thams caG daG / zag pa med paHi Hdus byas Hphyags paHi

lam la sogs pa thams cad ni Hdi skad cig ma Hjig pas mi rtag pa yin na de la

brtan par Hdu Ces pa ni Hdu thams cad la rtag par Hdsin pa Zes bya ste / Hdi ni

phyin ci log bZiHo /

/ zag pa daG bcad paHi Hdus byas thams cad ni sdug bsGal[1374] rnam pa gsum daG

brgyad kyis gzir[1375] bas sdug bsGal ba yin na de la[1376] gya nom par Hdsin pa ni

bde bar Hdsin pa Zes bya ste / Hdi ni phyin ci log lGa paHo /

/ chos thams cad la bdag tu Hdsin pa daG[1377] Zes bya ba la thams cad kyi sgra

HdiHi skabs su ma lus paHi don [P: 237a] draGs te / Hdus byas daG Hdus ma byas

daG / zag pa daG bcas pa daG zag pa med paHi chos thams cad ni gaG zag pa daG

chos kyi bdag[1378] Jid du bdag med pa yin no // de la Go bo yod par Hdsin pa ni

chos thams cad la bdag tu Hdsin pa Zes bya ste / Hdi ni phyin ci log drug go /

/ mya Gan las Hdas pa la[1379] ma Zi bar log par Hdsin pa ste Zes bya ba la mya

---

1371) by H,daG bdag added

1372) P, D: bar

1373) sarvasaMskAreSu ca nityasukhAsadgrAhau

1374) P: ba added,after bsGal

1375) D: gzar

1376) P: la,omit

1377) sarvadharmeSu cAtmasadgrAhaH / nirvANe cACAntAsadgrAhaH /

1378) D: dbyiGs

Gan Hdas pa ni[1380] Hkhrug pas[1381] Jon moGs paHi Hkhrug pa daG sdug bsgal thams cad spaGs pas Zi ba yin na de la mi bde baHi gnas su Hdsin pa yin na ni mya Gan las Hdas pa ma Zi bar log par Hdsin pa Zes bya ste / Hdi ni log par Hdsin pa bdun no /

/ de dag gi gJen por stoG [D: 214b] pa Jid la sogs paHi tiG Ge Hdsin gsum daG chos bsdu bas yaG dag par Hdsin par Hgyur ro[1382] Zes bya ba la med pa la yod par Hdsin pa daG / Jes pa can la yon tan du Hdsin pa daG / yon tan can la yon tan can ma yin par Hdsin paHi gJen por stoG pa Jid kyi tiG Ge Hdsin daG smon pa med paHi tiG Ge Hdsin daG mtshan ma med paHi tiG Ge Hdsin gsum bCad do /

/ Hdus byas la rtag pa daG / bde bar Hdsin pa daG / chos thams cad la bdag tu Hdsin pa daG / mya Gan las Hdas pa la ma Zi bar log par Hdsin[1383] paHi gJen por chos bsdu ba bZi po bstan to /

/ ji lta Ze na / med pa la yod par Hdsin paHi gJen por ni stoG pa Jid kyi tiG Ge Hdsin bCad de / stoG pa Jid kyi tiG Ge Hdsin ni stoG pa daG[1384] med par Hdsin paHi rnam pa yin pas gaG zag daG chos la bdag tu Hdsin paHi gJen por Hgyur ro /

/ Jes pa can la yon tan du Hdsin paHi gJen por ni smon pa med paHi tiG Ge Hdsin bCad de / smon pa med paHi tiG Ge Hdsin ni kun HbyuG baHi[1385] rnam pa bZi daG / lam gyi rnam pa bZiHi steG du sdug bsGal gyi rnam pa mi rtag pa daG sdug bsGal ba gJis kyis bstan te / rnam pa bcu yin pas rnams pa bcu [P: 237b] ltar khoG du chud na Jes pa can la[1386] yon tan du Hdsin pa med par Hgyur ro // ji lta Ze na[1387]

1379) D: la,omit

1380) P: na

1381) P: pa

1382) yasya pratipakSeNa CUnyatAdi−samAdhitrayaM dharmoddAna−catuSTayaM ca deCyate /

1383) by H

1384) P: added pa daG after daG

1385) P: gi

1386) P: can la,omit

1387) P: na,omit

/ daG po mi rtag pa daG sdug bsGal mthoG nas skyo bar Hgyur ro // de nas deHi

rgyu gaG yin Zes brtags na kun HbyuG gi rnam pa bZi yin par mthoG Go // kun

HbyuG deHaG gaG gis¹³⁸⁸⁾ spaG Zes brtags na lam gyi rnam pa bZis spoG bar mthoG

ste / lam yaG dgos paHi don grub nas spaG¹³⁸⁹⁾ dgos par mthoG ste / de dag thams

cad la mi smon pa ni smon pa med paHi tiG Ge Hdsin ces byaHo /

yon tan can la yon tan can ma yon par Hdsin paHi gJen por mtshan ma¹³⁹⁰⁾ med

paHi¹³⁹¹⁾ tiG Ge Hdsin bCad te / mtshan ma med paHi tiG Ge Hdsin ni Hgog paHi

rnam pa bZi lta buHi mtshan Jid yin pas rnam pa bZi ltar rtogs¹³⁹²⁾ nas yon tan

can la yon tan can ma yin par¹³⁹³⁾ ldog¹³⁹⁴⁾ go /

/ Hdu byed thams cad la rtag par Hdsin paHi gJen por ni Hdu byed thams cad ni

mi rtag ces bya baHi chos kyi mdo¹³⁹⁵⁾ gsuGs so /

/ bde bar Hdsin paHi gJen por ni zag pa daG [D: 215a] bcas pa thams cad sdug

bsGal ba Zes bya baHi mdo gsuGs so /

/ chos tnams cad la bdag tu Hdsin paHi gJen por ni chos thams cad bdag med pa

Zes bya baHi kyi mdo gsuGs so /

/ mya Gan ls Hdas pa ma Zi bar Hdsin paHi gJen por Zi ba mya Gan Hdas pa Zes

bya baHi chos kyi mdo gsuGs so /

(28) / pha rol tu phyin pa rnams la yaGs¹³⁹⁶⁾ paHi Hdu Ces daG¹³⁹⁷⁾ Zes bya ba la go

---

1388) P: gi

1389) D: yaG

1390) P: maHi

1391) P: med paHi,omit

1392) P: rtog

1393) P: pa

1394) D: rtog

1395) D: don

1396) D: don

1397) ACcarye caturvidha − saMjJA − manaskAraH / pAramitAsUdArasaMjJA Ayatattva − saMjJA
pratikAra − nirapekSa − saMjJA vipaka − nirapekSa − saMjJA ca /

mtshar gyi Hdu bZi Hchad de / pha rol tu phyin pa rnams la yaGs[1398] paHi Hdu Ces
Hjug pa yaG Go mtshar gyi Hdu Ces yin no // ci Zig Go mtshar[1399] Ze na / thaG cig
sbyin paHi pha rol tu phyin pa la phyiHi dGos po dGos por gtoG bar ma zad kyi
bdag gi lus kyaG yoGs su gtoG su ba ni Go mtshar du byaHo // tshul khrims kyi pha
rol tu phyin pa la yaG tshul khrims yaG dag par blaGs paHi phyir Je du gJen bCes
daG loGs spyod yoGs su gtoG ba ni Go mtshar du byaHo // bzod paHi pha rol tu
phyin pa la yaG gdol bu daG rigs Gan pa [P: 238a] la sogs pas gnod pa byas kyaG
mi khro ZiG Jams su len pa ni Go mtshar du byaHo // brtson Hgrud kyi pha rol tu
phyin pa la yaG lus daG srog la yaG mi lta bar brtson Hgrus rtsom pa ni Go mtshar
du byaHo[1400] // bsam gtan gyi pha rol tu phyin pa yaG bsam gtan gyi rol tu ma
chags pa Go mtshar pa Go mtshar du bya baHo // Ces rab kyi pha rol tu phyin pa la
yaG chos thams cad stoG par rtogs pa ni Go mtshar du bya baHo /

/ yun riG poHi Hdu Ces daG Zes bya ba la de ltar pha rol tu phyin pa rgya chen po
la spyad kyaG Hbras bu myur du mi Hthob kyi / bskal pa graGs med pa gsum gyi
bar du Hdu Ces pa yaG Go mtshar du bya ba yin no /

/ lan re ba med paHi Hdu Ces daG Zes bya ba la byaG chub sems dpaH pha rol tu
phyin pa drug la sems can bkod de / sems can de la pahan btags kyaG tshe Hdi la
phan btags paHi lan la re ba med pa yaG Go mtshar du bya ba yin no Zes bya
baHo don to /

/ rnam par smin pa la mi re baHi Hdu Ces so Zes bya ba las su bya ba thams cad
la ni Hbras buHi don du byed pa yin na / tshe pha rol tu phyin pa drug la spyad
kyi tshe mar loGs spyod chen po la [D: 215b] sogs paHi rnam par smin paHi Hbras
bu la mi re ba bZin du spyod pa yaG Go mtshar du bya ba yin no Zes bya baHi don
to /

1398) P, D: spaGs
1399) P: che added, between mtshar and Ze
1400) P: bya baHo

(29) / pha rol tu phyin pa yaGs pa daG yun riG por gyur nas saGs rgyas paHi Hbras
bur HbyuG ba daG[1401] Zes bya ba la go mtshar du bya ba ma yin paHi Hdu Ces bZi
Hchad de / sa bon tu Hbras btab la Hbras bu yaG Hbras skye ba ni Go mtshar mi
che ste / de bZin du pha rol tu phyin pa rgya chen po 1 yaG riG por yaG spyad nas
mjug Hbras bu bla Ga med paHi byaG chub thob pa ni Go mtshar du bya ba yin te
/ rgyu tshad med pa la spyad nas Hbras bu tshas med pa thob pa ni go mtshar du
mi cheHo Zes bya baHi son to /

/ gJis po de yod na bdag daG pha rol la sems mJam pa daG[1402] Zes [P: 238b]
bya ba la yaGs[1403] pa daG yun riG po daG mi ldan pa rnams la bdag bZin du gZan
la phan Hdogs par[1404] byed pa ni Go mtshar du bya ba yin gyi / yaGs[1405] pa daG
yun riG poHi Hdu Ces daG ldan pa rnams bdag daG pha rol sems mJam ste[1406] /
bdag bZin du[1407] sems can gZan[1408] la phan par byed pa ni Go mtshar du mi
cheHo Zes bya baHi don to /

/ de dag pas mchog brgya byin la sogs pa mchod pa la sogs pa rJed du zin kyaG
slar lan[1409] re ba med pa daG[1410] Zes bya ba la de dag gi sgras ni phan btags
paHi sems can phal pa la sJegs so // Hdi ltar byaG chub sems dpaH brgya byin daG
tshaGs pa la sogs pa la phan btags nas brgya byin. daG tshaGs pas lan du mchod pa
phul baHi rJed pa daG bkur sti la yaG lan re ba med de / mchil maHi rdog gu tsam

---

1401) audarya Ayatattve ca sati pAramitAnAM buddhatva−phalAbhinirvartanAt /
1402) asminn eva ca dvaye sati svapara−samacittAvasthApanA
1403) P, D: spaGs
1404) P: pa added,before par
1405) P, D: spaGs
1406) P: te
1407) P: du,omit
1408) P: omit
1409) P: re ba len instead of lan
1410) tadviCiSTebhyaC ca CakrAdibhyaH pUj'AdilAbhe sati pratikAranirapekSatA lAbhe saty api
      vipAkanirapekSatA //

du sems na sems can phal pas phan btags paHi rJed pa daG bkur sti Gan pa la re
ba med pa lta ci Zig Go mtshar che ste mi cheHo Zes bya baHi don to /

/ bdag gi dGos po daG loGs spyod Hjig rten las Hphags pa thob par rnam par smin
pa mi Hdod do Zes bya ba la byaG chub sems dpas pha rol tu phyin pa drug
spyad na ma HoGs pa la[1411] bdag gi lus sku gsum gyi mtshan Jid[1412] thob pa daG
loGs spyod kyaG Hjig rten kun las Hphags te / kyad Zugs pa thob pas lhaHi lus tsam
daG loGs spyod can gyis rnam par smin pa la mi re ba ni Go mtshar mi che Ho
Zes bya baHi don to /

TIkA

/ rkyen daG phrad pa Hdod pa yin la byed pa Zes bya ba ni sbyin paHi pha rol tu
phyin la sogs pa yoGs su rdsogs par bya baHi phyir de skye ba thams cad du dge
baHi bCes gJen daG phrad pa la sogs pa daG ldan par gyur cig ces rkye na tshogs
par smon la Hdebs pa yin no // med pa la yod par Hdsin pa Zes bya ba ni Hkhor
baHi Jes ba daG / ldan pa yin na de rtag pa daG bde ba daG gtsoG ba la sogs par
yon tan daG ldan pa Jid du Hdsin te / deHi gJen por smon pa med paHi tiG Ge
Hdsin to / yon tan daG ldan pa la [P: 110a] yon tan daG ldan pa ma yin pa Jid du
Hdsin pa Zes bya ba ni mya Gsn las Hdas pa ni yon tan thams cad phun su
mtshogs pa yin no // de la byis pa thams cad paHi Hjigs pas yon tan daG ldan pa
ma yin par Hdsin to // Hdu byed thams cad ni sdug pa sGal baHo // Zes bya ba ni
zag pa daG bcas pa kho na ste / thams cad ces bya baHi sgro phyogs gcig pa rjoG
ba yin par bltaHo // chos thams cad ni bdag med paHo Zes bya ba ni zag pa daG
bcas pa daG brag pa med pa daG / Hdus byas daG Hdus ma byas rnams te / thams
cad ces bya baHi sgra Hdi HtiG ni ril brjod pa yin par bltaHo // Go mtshor la Hdu

---

1411) P, D: las
1412) P: daG added after Jid

Ces rnam pa bZi yid la byed pa ni pha rol tu phyin pa rnams la rgya che baHi Hdu

Ces daG Zes bya ba ni Hdi la Go mtshor che ba de ci Zig ce na / re Zig sbyin paHi

pha rol tu phyin pa la ni raG gi lus gtoG ba Go mtshor cheHo // tshul khrims la ni

sGom paHi phyir phun sum tshogs pa rgya chen po gtoG ba Go mtshar cheHo

// bzod pa la ni mthu med pa dag la ba brod pa ste / ma rabs bkren pa gdol paHi

bu la sogs aps lan cig ma yin par gnod ba byas kyaG bu gcig pa la byams pa

bZin du bzod pa Go mtshar cheHo // bsam gtan la ni bde baHi bdag Jid kyi bsam

gtan dag la yaG ro myaG ba med pa Go mtshar cheHo // Ces rab la ni mi rtog pa Go

mtshar che ba ste / de ltar na Hdi dag ni go mtshar che ba Jid kysi rgya che ba

yin no // yun riG baHi Hdu Ces Zes bya ba ni de ltar Go mtshar che ba Jid kyis

rgya chen poHi pha rol tu phyin pa rnams kyaG bskal pa graGs med pa gsum du

kun tu spyod de / Hdi yaG Go mtshar che ba yin no // sems can gaG dag la pha rol

tu phyin pa rnams kyis phan Hdogs par byed pa yaG lan la re ba med pa Hdi yaG

go mtshar che ba [P: 110b] yin no /

[P: 110b1] / rnam par smin pa la mi lta baHi Hdu Ces so Zes bya ba ni sbyin pa la

sogs pa tshe phyi maHi dbaG phyug la sogs pa mi lta baHo[1413] /

/ Go mtshar med pa la yaG Hdu Ces rnam pa bZi yid la byed de Zes bya ba la / Go

mtshar med pa rnam pa bZi ni ph rol tu phyin pa rnams rgya che ba daG yun riG

ba Jid yin na ni Hbras bu saGs rgyas Jid mGon par Hgrub pa daG Zes bya ba ni

rgyu Hdi lta buHi Hbras bu saGs rgyas Jid yin no Zes bya ba la Go mtshar che ba

med do // raG daG gZan ka sems mJam par Hjog pa gaG yin pa de Go mtshar che

ba med do // Zes bya ba ni byaG chub sems dpaH ni sems can phal pa bZin du

gnod pas raG gi don bsgrubs pa Ham / gZan ka mi lta bar bdag Jid kho naHi don

byed pa ma yin gyi Hdi ltar de ni raG gi lus yoGs su gtoG ba la sogs pa byed la /

raG gi lus yoGs su gtoG ba la sogs pa de yaG bskal pa mi JuG bar kun tu spyod

---

1413) P: ltaHo

de rgya che ba daG yun riG ba yid Hdis raG gZan la sems mJam par Hgyur pa la go mtshar che ba med do // de dag pas kyad par du Hphags pa Zes bya ba ni sems can skye bo sdug bsGal bar gyur pa dag pas kyad par du Hphags pa ste / brgya byin la sogs pa ni byaG chub sems dpaH sems can sdug bsGal bar gyuG ba gaG dag la sbyin pa la sogs pas phan Hdogs par byed pa de dag las bltos na kyad par du Hphags pa yin no / brgya byin la sogs pa las mchod pa reG du zin kyaG lan la mi lta na / gaG dag la sbyin par bya ba Jid kyaG med paHi sems can sdug pa bsGal bar gyur pa rnams la lta smos kyaG ci dgos Zes bya ba la Go mtshar che ba med de / gaG Zig brgya byin la sogs pa che kyad par du Hphag pa yaG lan la mi blta ba de ji ltar skye bo gZan la yaG lan re bar Hgyur ro // Hjig rten thams cad mGon par Hphags paHi lus daG loGs spyad Hthob tu zin kyaG rnam par smin pa la mi lta pa Jid do // Zes bya ba ni gaG Zig sbyin pa la sogs paHi Hbras bu dbaG phyag la sogs paHi bdag Jid mi Hdod bZin du Hjig rten thams cad las mGon par Hphags paHi lus kyaG Hthob la / loGs sbyoG rnam pa sna tshogs kyaG Hthob pa de rnam par smin pa las mi ltaHo // Zes bya ba Hdi ni de mtshasr che ba med do / sJoms pa yid la byed pa ni sbyin pa la sogs pas sems can thams cad la mJam paJid Hjug par mgon par Hdu byed paHi phyir ro // Zes bya ba ni byaG chub sems dpaHi sbyin pa la sogs paHi bya ba la Zugs pa la ni Hdi sJam du sems can Hdi dag ni gJen po la sogs pa ste / bdag la byasms pa yin pas Hdi dag ni sbyin pa la sogs par byaHo // Hdi dag ni gJen pa ma yin te / byams pa ma yin pa Hdi dag la ni rab tu sbyin par mi byaHo sJam du sems dpaHi ma sJams par Hgyur ba med do // Ho na ci Ze na / khyaG bar med par sems can thams cad la sbyin pa la sogs pa la Hjug go /

kArIkA

/ sarva−lokebhyao viCiSTa−CarIra−bhoga−lAbhe saty api vipAkanirapekSatA /
samatA sarvasattveSu dRSTiC cApi mahAtmikA /

kArIkA(T)

/ sems can rnams la sJoms pa daG // bdag Jid chen po mthoG ba daG // gZan gyi yon tan lan re daG // gsum du smon daG rgyun duHo /

bhASya

samatA−manaskAraH sarvasattveSu dAn'AdibhiH samatA−pravRttyabhisaMskaraNAt / mahAtma−dRSTimanaskAraH sarvasttvopakAratayA pAramitAsandarCanAt / pratyupakA− rACaMsana−manaskAro dAn'Adi guNapravRttya parebhyaH / ACAsti−manaskAraH sattveSu tristhAnACaMsanAt pAramiAanAM bodhisattvabhUminiSThAyA buddhabhUminiSThAyAH sattvArthA− caraNACaMsanAc ca / nirantara−manaskAro dAn'AdibhirabndhyakAla−karaNAbhisaMkaraNAt //

bhASya(T)

[192b6] / sems can rnams la sJoms pa daG // bdag Jid chen po mthoG ba daG // gZan gyi yon tan lan re [1414]daG // gsum du smon daG rgyun duHo /

/ sJoms pa yid la byed pa ni // sbyin pa sogs pas sems can thams cad mJam pa Jid du Hzug par mGon par Hdra byed paHi phyir ro / bdag Jid chen po mthoG ba yid la byed pa ni pha rol tu phyin pa rnams sems can la phan pa Jid du yaG dag par mthoG baHi phyir ro // lan re ba yid la byed pa ni gZan dag la byin pa la sogs paHi yon tan Hzug pas so // smon pa yid la byed pa ni sems can dag la pha rol tu phyin pa rnams gnas gsum du smon paHi phin te // byaG chub sems can dpaH saHi mthaG thug pa daG / saGs rgyas kyisHi mthar thug pa daG / sems can gyi don byed par smon paHi phyir ro // rgyun tu yid la byed pa ni / sbyin pa la sogs pas dus don

---

1414) P: re ba

yod par mGon par Hdu byed paHi phyir ro /

VRtti−bhASya

/ sems can dag ni sJoms [**D: 216a**] pa daG / chen poHi bdag Jid dmigs pa daG //

gZan gyi yon tan lan re daG // gsum du re ZiG rgyun duHo[1415] // Zes bya ba la / gZan

yaG sJoms pa yid la byed pa daG / chen poHi bdag Jid dmigs pa[1416] yid la byed

pa daG / lan Hdod paHi yid la byed pa daG / re ba yid la byed pa daG / rgyun du yid

la byed pa ste / yid la byed pa de dag gis kyaG khams rgyas par Hgyur ro Zes bya

baHi don to /

(30) / sems can la la ni pha rol [P: 239] tu phyin pa la Hjog la la mi Hjog pa ma

yin gyi / sems can thams cad pha rol tu phyin pa la[1417] Hjog pa ni sJoms pa yid

la byed pa Zes byaHo[1418] /

(31) / pha rol tu phyin pa drug la spyad na bde ba daG phan pa HbaH Zig du[1419]

Hgyur gyi / gnod paHi dGos po ni cuG zad mi Hgyur ro Zes bya ba mthoG ba ni

bdag Jid chen po dmigs pa yid la byed pa Zes byaHo[1420] /

(32) / sems can pha rol tu phyin pa spyod du bcug pa las pha rol tu phyin pa drug

gi yon tan daG ldan pa mthoG na sems can Hdi dag gis ni bdag la phan btags[1421]

so sJam du sems pa ni lan Hdod pa yid la byed paHo Zes byaHo[1422] /

(33) / pha rol tu phyin pa drug la spyod paHi sems can rnams gnas gsum thob par

---

1415) samatA sarvasattveSu dRSTiC cApi mahAtmikA /
    para−guNa−pratikAras trayACAstir nirantaraH // 11−69 //

1416) P: paHi

1417) P: omit

1418) samatA−manaskAraH sarvasattveSu dAn'AdibhiH samatA−pravRttyabhisaMskaraNAt /

1419) P: omit

1420) mahAtmadRSTi−manaskAraH sarvasttvopakAratayA pAramitAsandarCanAt /

1421) P: gtags

1422) pratyupakArACaMsana−manaskAro dAn'Adi guNapravRttya parebhyaH /

Cog cig[1423] ces re ba ni re ba[1424] yid la byed pa Zes bya ste / gnas gsum ni byaG chub cems dpaHi saHi mthar thug par re ba daG / saGs rgyas kyi saHi mthar thug par re ba daG / sems can gyi don re baHo // de la byaG chub sems dpaHi saHi mthar thug par re ba ni sbyin pas sa daG po[1425] mthar thug par re ba nas ye Ces kyis[1426] sa bcuHi mthar thug par re baHo // saGs rgyas kyi saHi mthar thug par re ba ni sa bcu Hdas nas saGs rgyas kyi sa thob par Cog cig[1427] ces re baHo // sems can don re ba ni saGs rgyas na[1428] sems can thams cad la phan pa daG bde ba byed par Cog cig[1429] ces zer baHo[1430] /

(34) / bar HgaH[1431] pha rol tu phyin pa la spyod par HgaH[1432] mi spyod pa lta bu ma yin gyi / chuHi rgyun bZin du rgyun mi Hchad par spyod pa ni rgyun du yid la byed pa Zes byaHo[1433] /

TIkA

[P: 111a6−b2] / bdag Jid chen po mthoG ba yid ba yid la byed pa ni pha rol tu phyin pa rnams la sems can la phan pa Jid du yaG dag par mthoG baHi phyir ro Zes bya ba ni sbyin pas ni sems can rnams dge ba bya baHi snod Jid la Hgod par byed do // Hdi ni sbyin paHi pha rol tu phyin paHi phan pa Jid yin no /

1423) D: Cig
1424) by H, re ba added
1425) D: po, omit
1426) P, D: kyi
1427) D: Cig
1428) D: nas
1429) D: Cig
1430) ACAsti−manaskAraH sattveSu tristhAnACaMsanAt pAramiAanAM bodhisattvabhUmini−SThAyA buddhabhUminiSThAyAH sattvArthAcaraNACaMsanAc ca /
1431) P: dgaH
1432) P: dgaH
1433) nirantara−manaskAro dAn'AdibhirabndhyakAla−karaNAbhisaMkaraNAt //

/ tshul khrims kyi pha rol tu phyin paHi phan pa Jid ni gZan dag sdom pa la sogs pa tshul lhrims gsum la Hgod pa yin no /

/ bzod pas phan pa Jid ni gnod pa byed pa la bzod pa yin no /

/ brtson Hgrus kyis ni don byed par Hgyur ba Jid yin no /

/ bsam gtan gyis ni mthuHi khyad par dag ldan paHi phyir dad par byed pa yin no /

/ Ces rab kyis ni the tshom can rnams kyi the tshom gcod pa yin no /

[P: 111b3 − 6] / smon pa yid la byed pa ni sems can dag la pha rol tu phyin pa rnams gnas[1434] gsum du smon paHi phyir te Zes bya ba ni / rtag tu Hphel daG Jams pa daG // sems can rba tu smin pa daG // sa la khyad par Hgro ba daG // bla na med paHi byaG chub Hdod // ces HbyuG ba lta bu yin no // rgyun du yid la byed pa ni sbyin pa la sogs pas dus don yod byed par mGon par Hdu byed paHi phyir ro Zes bya ba ni / Hjig spaGs yaG dag bskyed pa daG // the tshom dag ni gcod pa daG // Zes bya ba[1435] la sogs pa lta bus dus don yod pa byed par mGon par Hdu byed do /

KArIkA

buddhapraNItAnuSThAnAd arvAgasthAnacetanA /

taddhAnavRddhyA sattveSu anAmodaH pramodanA // 11 − 70 //

kArIkA(T)

/ saGs rgyas bstan pa bsgrub[1436] paHi phyir // tshu rol mi gnas sems pa daG // des dman[1437] dman dar baHi byaHi sems can la // mi dgaH ba daG rab dgaH baHo /

1434) P: gnas, omit
1435) D: ba lta bu
1436) P: sgrub
1437) P: sman

bhASya

saMyakprayoga−manaskAro 'viparItAnuSThAnAd arvAgsthAna−manasikaraNAt / anAmoda−
manaskAro dAn'Adinhir hIyamAneSu / pramoda−manaskAro dAn'Adibhir vardhamAneSu
sattveSu //

bhASya(T)

/ saGs rgyas bstan pa bsgrub[1438)] paHi phyir // tshu rol mi gnas sems pa daG // des[1439)]
dman dar baHi baHi sems can la // mi dgaH ba daG rab dgaH baHo /
/ yaG dag paHi sbyor ba yid la byed pa ni // pyin ci ma log par sgrub paHi phyir
chu rol tu mi gnas paHi yid la byed paHi phyir ro // mi dgaH ba yid la byed pa ni /
sems can sbyin pa la sogs pas dman pa rnams laHo // dgaH ba yid la byed pa ni
sems can sbyin pa la sogs pas dra ba rnams laHo /

VRtti−bhASya

/ saGs rgyas bstan pa sgrub[1440)] tshun chad // mi gnas pa mi sems pa[1441)] ste // de
Hgrib Hphel baHi sems can la // mi dgaH ba[1442)] daG ni dgaH baHo[1443)] // Zes bya ba
la / gZan yaG yaG dag par sbyor ba yid la [D: 216b] byed pa daG / mi dgaH ba yid
la byed pa daG / dgaH ba yid la byed pa ste / des kyaG khams rgyas par Hgyur ri
Zes bya baHi don to /
(35) / de la yaG dag paHi sbyor ba yid la byed pa ni daG [P: 239b] po byaG chub

---

1438) D: sgrub
1439) P: der
1440) P: bsgrub
1441) P: dpaH
1442) by H, added
1443) buddhapraNItAnuSThAnAd arvAgasthAnacetanA /
    taddhAnavRddhyA sattveSu anAmodaH pramodanA // 11−70 //

tu sems bskyed nas mJan pa daG sems par byed pa las brtsams te / ma thar saGs
rgyas pa ma thob kyi bar du bar ma dor brtson Hgrus mi Hdor ba ni yaG dag par
sbyor ba yid la byed pa Zes byaHo[1444] /

(36) / sems can rnams pha rol tu phyin pa drug la spyod pa las pha rol tu phyin
pa Jams par mthoG na sems la ma mos pa ni mi dgaH ba yid la byed pa Zes
byaHo[1445] /

(37) / sbyin pa la sogs pa pha rol tu phyin pa spyod pa Hphel ZiG rgya che bar
gyur pa mthoG nas sems la mos pa ni dgaH ba yid la byed pa Zes byaHo[1446] /

TIkA

[P: 111b6−8] / yaG dag paHi sbyor ba yid la byed pa ni phyin ci ma log par
bsgrub pa yid la byed pa daG / tshu rol tu mi gnas paHi yid la byed pas de ston
par byed de / jiskad du Hphags pa dkon mchog brtsegs paHi mdo las / rnam par
smin pa la re ba med paHi sbyin pas Zes bya ba la sogs pas ji srid kyis thob par
bya baHi don mthar phyin pa de srid du phyin ci ma log paHi sbyor bas rab tu
sbyor ro // jisrid du thob par bya baHi don de ma thob pa de srid du rnam pa gaG
gis kyaG tshu rol tu mi gnas so Zes HbyuG ba lta bu ste / yaG dag paHi sbyor ba
yid la byed pa ni de lta bu yin par rig par byaHo /

TIkA

kArIkA

prativarNikAyAbhUtAyAM bhAvanAyAM ca nARUciH /

1444) saMyakprayoga−manaskAro ’viparItAnuSThAnAd arvAgsthAna−manasikaraNAt /
1445) anAmoda−manaskAro dAn’Adinhir hIyamAneSu /
1446) pramoda−manaskAro dAn’Adibhir vardhamAneSu sattveSu //

kArIkA

/ sgom[1447)] pa bcos daG yaG dag la // ma dad pa daG dad pa daG // daG du mi len yid byed daG // luG bstan Ges par dgaH baHo /

bhASya

aruci−manaskAraH pAramitAprativarNikAbhAvanAyaM / ruci−manaskAro bhUtAyAM / anadhi−vAsanAmanaskAro mAtasary'AdivipakSa−vinayanAbhisaMskAraNAt / spRhAmanaskAro dvividhaH pAramitAparipUrivyAkaraNa−lAbhaspRhA−manaskAraH pAramitAniyata−bhUmyavasthA−lAbha−spRhA−manaskAraC ca //

bhASya(T)

[P: 193a5] / sgom pa bcos daG yaG dag la // ma dad pa daG dad pa daG // daG du mi len yid byed daG // luG bstan Ges par dgaH baHo /

/ ma dad pa yid la byed pa ni / pha rol tu phin pa ltar bcos pa sgom ba laHo // dad pa yid la byed pa ni yaG daG dag pa laHo // daG dumi len pa yid la byed pa ni / ser sna la sogs paHi mi mthun paIIiphyogs sbyin pa la sogs pas Hdul bar mGon par Hdu byed paHi phyir ro // dgaH ba yid la byed pa ni rnam pa gJis te // pha rol tu phyin pa yoGs su rtshogs pa luG ba bstan pa Hthob par dgaH ba yid la byed pa daG / pha rol tu phyin pa Ges paHi sa la gnas pa Hthob par dgaH ba yid la byed paHo /

1447) D: bsgom

VRtti−bhASya

/ gzugs brJan daG ni yaG dag la // bsgom pa ni mos daG mos pa[1448] // daG du mi len yid la byed // luG bstan pa daG Ges par Hdod[1449] // ces bya ba la / gZan yaG mi mos pa[1450] yid la byed pa daG / mos pa yid la byed pa dag / daG du mi len pa yid la byed pa daG / Hdod pa yid la byed pas pha rol tu phyin paHi khams rgyas par byed do Zes bya baHi don to /

(38) / de la pha rol tu phyin paHi gzugs brJan bsgom pa la ma dad pa ni mi mos pa yid la byed pa Zes bya ste / pha rol tu phyin paHi gzugs brJan ni dper na sbyin paHi pha rol tu phyin pa la yaG mtshon cha daG dug la sogs pa sbyin pa yin yaG pha rol tu phyin pa ma yin pa daG / Ces rab kyi pha rol tu phyin pa laHaG bdag daG rtag pa lasogs pa yod par lta ba Ces rab yin yaG Ces rab kyi pha rol tu phyin pa ma yin pa lta bu ni pha rol tu phyin paHi gzugs brJan Zes byaHo[1451] /

(39) / yaG dag paHi pha rol tu phyin pa bsgom pa la dgaH ba ni mos pa yid la byed pa Zes bya ste / yaG dag paHi pha rol tu phyin pa ni sbyin paHi pha rol tu phyin pa la yaG phyi daG naG gi dGos po kun gtoG ba daG / Ces rab kyi pha rol tu phyin pa la yaG chos rnams kyi raG daG spyiHi mtshan Jid phyin ci ma log par Ces paHo[1452] /

(40) / daG du mi len pa yid la byed pa ni sbyin pa la sogs paHi mi mthun paHi phyogs ser sna la sogs pa byuG ba sbyin pas Hdul bar byed pas na Hchal paHi Ces rab byuG na Ces rab kyis[1453] Hdul [P: 240a] bar byed paHo[1454] /

1448) P, D: daG mi mos pa spyod instead of mi mos daG mos pa
1449) prativarNikAyAbhUtAyAM bhAvanAyAM ca nARUciH /
nAdhivAsa−manaskAro vyAkRtaniyate spRhA // 11−71 //
1450) P: paHi
1451) aruci−manaskAraH pAramitAprativarNikAbhAvanAyaM /
1452) ruci−manaskAro bhUtAyAM /
1453) P: kyi
1454) anadhivAsanA−manaskAro mAtasary'AdivipakSa−vinayanAbhisaMskAraNAt /

(41) [D: 217a] / Hdod pa[1455] yid la byed pa rnam pa gJis te / luG bstan pa Hdod pa daG / Ges paHi sa la gnas pa thob par Hdod paHo /

/ luG bstan pa Hdod pa ni de bZin gZegs pa rnams kyis rigs kyi bu khyod dus ji srid cig nas pha rol tu phyin pa rdsogs nas[1456] bla na med paHi byaG chub tu HtshaG rgya bar Hgyur ro Zes luG bstan par Hdod paHo // yaG na sa brgyad paHi dus na de bZin gCegs pa rnams kyis bla na med paHi byaG chub tu luG bstan to // bdag gis pha rol tu phyin pa spyad pas sa brgyad pa ji ltar Hthob par Hgyur Zes Hdod pa ni luG bstan par Hdod pa Zes byaHo[1457] /

/ Ges paHi sa la Hthob pa rnam pa gJis te / loGs spyod Ges par Hdod pa daG / skye ba Ges par Hdod paHo /

/ de la loGs spyod Ges pa Hdod pa ni sbyin paHi pha rol tu phyin pas sa daG po thob pa na[1458] skad cig ma gcig[1459] pa Hjig rten khams brgya gyon bar nus pa ni mthu la Hdod pa na skad cig ma gcig pa Hjig rten gyi khams brgya gyo bar nus pa ni mthu la Hdod pa daG / Hjig rten las Hdas paHi loGs spyod chen po thob par Hdod pas na[1460] ye Ces kyi pha rol tu phyin pas kyaG s bcu thob nas Hjig rten gyi khams gaG gAHibye maHi kluG sJed gyo bar byed nus paHi mthu daG ldan par Hdod pas na rig[1461] paHi gnas thams cad la mkhas par Hdod paHo /

/ skye ba Ges par[1462] Hdod pa ni sa bcu thob nas skye ba gcig gis thogs paHi byaG chub sems dpaII thob par Hdod paHo /

1455) P: paHi

1456) D: pa added, between rdsogs and nas

1457) spRhAmanaskAro dvividhaH pAramitAparipUrivyAkaraNa − lAbhaspRhA − manaskAraH pAramitAniyata − bhUmyavasthA − lAbha − spRhA − manaskAraC ca //

1458) D: nas

1459) P: cig

1460) P: pa nas

1461) P: rigs

1462) P: pa

TIkA

[P: 111b8] / ma dag pa [P: 112a] Zes bya ba ni pha rol tu phyin pa ltar bcos pa las ma dad pa Zes bya bar sbyar ro // yaG dag pa la ni daG pa ste / re ba med paHi sbyin pa daG / yaG srid pa mi Hdod tshul khims daG zes bya ba la sogs pa HbyuG ba lta bu yin no // daG du mi len pa yid la byed pa Zes bya ba ji ltar na daG du len par mi pyed ce na / Hdi ltar ser sna la sogs pa mi mthun paHi phyogs Hdul bar mGon par Hdu byed pas ste / mi mthun paHi phyogs de dag ci nas kyaG yaG mi HbyuG ba de ltar Hdul bar byed do /

[P: 112a3−6] / dgaH ba yid la byed pa ni rnam pa gJis te / pha rol tu phyin pa yoGs su rdsogs pa luG bstan pa thob par dgaH ba yid la byed pa daG Zes bya ba ni / gaG zag dus kyi bye brag gis // blo kdan luG bstan rnam pa gJis // byaG chub daG ni bstan par // Zes bya ba la sog spa HbyuG ba lta bu yin no // dgaH ba yid la byed pa ni pha rol tu phyin pa yoGs su rdsogs pa luG bstan pa thob[1463] par byed paHi[1464] ched du ste / dus Hdi srid pa cig na pha rol tu phyin pa rnams yoGs su rdsogs par Hgyur ro Zes de ltar luG ston paHi phyir ro // byaG chub sems dpaH la ni liG ston pa de lta bu la dgaH ba yid la byed pa HbyuG Go /

/ pha rol tu phyin pa rnams[1465] Ges paHi sa la gnas pa Hthob par Hgyur sJam du de ltar[1466] dgaH ba yid la byed pa bskyed paHo // pha rol tu phyin pa rnams Ges paHi sa la gnas Hthob pa ni sa thob paHi dus nas bzuG ste / blo ldan rnam pa thams cad du // phun sum tshogs daG skye ba Ges // Zes bya ba la sogs pa ges par Hgyur ba rnam pa drug Hchad par Hgyur ba lta bu yin no /

/ phun sum tshogs pa Ges pa gyur pa ni[1467] rtag tu loGs spyod phun sum tshogs

---

1463) P: Hthob
1464) D: bya baHi instead of byed paHi
1465) P: rnmas,omit
1466) D: ba gaG yin pa der instead of sJam du de l
1467) P: na

pa rgya chen pa thob paHi phyir ro // de bZin du tshul khrims kyi pha tol tu phyin pa bZin du skye ba yoGs su Hdsin pa la sogs pa yin par rig par byaHo / skye ba la sogs pa Ges par Hgyur ba ni ji ltar Hdod pa bZin du skye ba yoGs su Hdsin pa la sogs pa yin par rig par bya Ho /

kArIkA

AyatyAM darCanA vRtti cetanA samatekSaNA /
agradharmeSu vRttyA ca agratvAtmAvadhAraNAt // 11 − 72 //

kArIkA(T)

/ phyi maHi tshe la mthoG baHi phyir // Hjug sems mJam par lta baHi phyir // mchog chos rnams la Zugs pa yis // bdag Jid mchog tu ges Hdsin phyir /

bhASya

AyatyAM darCnAd vRtti−manaskAro yAM yAM gatiM gatvA bodhisattvena satA'vaCya karaNIyatA−bhisaMskAraNAt dAn'AdInAM / samatekSaNA−manaskAras tad anyair bodhisattvaiH sahAtmanaI I pAramitAsAtatyakaraNAdhimokSarthaM / agratvAtmAvadhAraNa−manaskAraH pAramitAgra−dharma−pravRttyA svAtmanaH pradhAnabhAva−sandarCanAt //

bhASya(T)

[P: 193a8] / phyi maHi tshe la mthoG baHi phyir // Hjug sems mJam par lta baHi phyir // mchog chos rnams la Zugs pa yis // bdag Jid mchog tu ges Hdsin phyir / [P: 193b] / tshe phyi ma la mthoG baHi phyir Hzug paHi yid la byed pa ni / byaG chub sems dgaH yin phan chad Hgro ba gaG du so na yaG sbyin pa la sogs pa gdon mi za bar bya dgos so sJam du mGon par Hdu byed paHi phyir ro // mJam pa Jid du lta ba yid la byed pa ni de las gZan paHi byag chub sems dpaH rnams daG lhan cig pha rol tu phyin pa rtag tu bya bar mos paHi phyir ro // bdag Jid mchog tu Ges par Hdsin pa yid la byed pa ni pha rol tu phyin pa mchog gi chos la Zugs pas bdag Jid gtso boHi Go bo bor yaG dag par mthoG baHi phyir ro /

VRtti — bhASya

/ ma HoGs[1468] dus na Hjug[1469] mthoG ba // yid byed daG ni mJam rtog pa // mchog gi chos la Hjug pa na // bdag Jid mchog tu Hdsin paHo[1470]

// Zes bya ba la / gZan yaG ma HoGs paHi dus na mthoG bas Hjug pa yid la byed pa daG / mJam par rtog[1471] pa yid la byed pa daG / mchog tu Hdsin pa yid la byed paste / yid la byed pa de dag gis kyaG khams sgyas par Hgyur ro Zes bya baHi don to /

(42) / de la byaG chub sems dpaH Hdi sJam du sems te / byaG chub tu sems bskyed nas bla na med paHi byaG chub [P: 240b] Hdod na lha daG mi la sogs paHi rgyud gar skyes gar skyes kyaG pha rol tu phyin pa drug spyad dgos par mthoG nas Hdi sJam du yun bsriGs te / ji Zig byas tshe Hdi kho na nas pha rol tu phyin pa drug la spyad par byaHo sJam du sems pa ni ma HoGs paHi dus mthoG bas Hjug pa yid [D: 217b] la byed pa Zes byaHo[1472] /

(43) / bdag gis pha rol tu phyin pa rnams la gus par spyad pa daG rgyun du spyad na byaG chub sems dpaH gZan dag daG lus daG Gag daG yid gsum mJam pa yin no

---

1468) D: Ges
1469) D: mjug
1470) AyatyAM darCanA vRtti cetanA samatekSaNA /
    agradharmeSu vRttyA ca agratvAtmAvadhAraNAt // 11 − 72 //
1471) P: rtogs
1472) bodhisattvena satA'vaCya karaNIyatA − bhisaMskAraNAt dAn'AdInAM /

// bdag gis kyaG pha rol tu phyin pa drug la spyad pa daG rgyun du spyad pas na byaG chub sems dpaH rnams daG lus daG Gag daG yid gsum mJam mo sJam du rtog[1473] pa ni mJam par rtog[1474] par yid la byed pa Zes byaHo[1475] /

(44) / bdag ni spyod paHi mchog pha rol tu phyin paHi spyod pa la spyod pas Hjig rten kun las Hphags paHi lus daG spyod loGs spyod thob par Hdod pani bdag mchog tu Hdsin pa yid la byed pa Zes byaHo[1476] /

TIkA

[P: 112b1−4] / tshe phyi ma la mthoG baHi phyir Hjug pa yid la byed pa ni byaG chub sems dpaH dgos so sJam du mGon par Hdu byed paHi[1477] phyir ro Zes bya ba ni byaG chub sems dpaHi rigs la gnas pa ni Hdi ltar byaG chub sems dpaH ni nam yaG ruG ste / gdon mi za bar pha rol tu phyin pa rnams la gnas par bya dgos so // Hdi dag la mi gnas phan chad byaG chub sems dpaH Jid kyaG ma yin no Zes de ltar lta ste / mchod bslab yaG dag blaG ba daG // sJin rje dge bsgom pa daG // Zes bya ba la sogs HbyuG ba lta yin no /

/ mJam pa Jid du blta ba yid la byed pa ni de las gZan paHi byaG chub sems dpaH rnams bdag daG lhan cig pha rol tu phyin pa rtag tu bya bar mos paHi phyir ro // Zes bya ba ni bdag gaG yin pa de Jid byaG chub sems dpaH gZan dag kyaG yin no // Zes mJam pa Jid du lta baHi phyir te / de dag pha rol tu phyin pa rnams la kun tu spyod pa gaG yin pa de bdag gis yaG yin la / bdag pha rol tu phyin pa

---

1473) P: rtogs

1474) P: rtogs

1475) samatekSaNA−manaskAras tad anyair bodhisattvaiH sahAtmanaH pAramitAsAtatyaka−raNAdhimokSarthaM /

1476) agratvAtmAvadhAraNa−manaskAraH pAramitAgra−dharma−pravRttyA svAtmanaH pradhAnabhAva−sandarCanAt //

1477) P: paHi, omit

rnams la sbyor ba byed pa gaG yin pa de la gZan dag kyaG sbyor ba yin no Zes
de ltar mos baHi phyir rtag tu phyed pa Jid du Hgyur te / Hdi ltar Hjig rten gyi
khams mthaH yas mu med pa dag na byaG chub sems dpaH rnams skad cig re re
rtag tu gus par byas te / sbyor bas pha rol tu phyin pa rnams la rab tu sbyor ro //
bdag Jid mchog tu Ges par Hdsin pa yid la byed pa ni pha rol tu phyin pa mchog
gis chos la Zugs pas bdag Jid gtso boHi go bor yaG dag par mthoG baHi phyir[1478]
ro / [P: 113a] Zes bya ba ni byag chub sems dpaH gaG gi tshe pha rol tu phyin pa
rnams la Hjug pa deHi tshe pha rol tu phyin pa rnams la sbyor ba ni Hjug rten
chos dag pas[1479] gtso bo dam pa yin no / Zes pha rol tu phyin pa la sbyor ba
mchog Jid du Hdsin to
[P: 113a2−3] / yaG na pha rol tu phyin pa rnam pa gsum po dag la chos kyi sbyin
pa daG zaG ziG daG mi Hjigs pa sbyin pa rnams kyi naG na ni chos kyi sbyin pa
gtse boyin la / tshul khrims rnam pa gsum la ni gsum la ni zlog paHi tshul khrims
gtse po yin noZes bya ba de lta bu la sogs par ro /

kArIkA

ete Cubha−manaskArA daCapAramitAnvayAH /

sarvadA bodhisattvAnAM dhAtupuSTau bhavanti hi // 11−73 //

iti nigamana Cloko gatArthaH /

kArIkA(T)

/ pha rol phin bcuHi rgyus byuG ba // dge ba yid la byed Hdi dag // rtag tu byaG
chub sems dpaH yi // khams ri rtaspar byed pa yin /

1478) P: phyi
1479) D: mchog added,between pas and gtso

byASya(T)

/ pha rol phin bcuHi rgyus byuG ba // dge ba yid la byed Hdi dag // rtag tu byaG chub sems dpaH yi // khams ri rtas[1480] par byed pa yin / Zes bya ba ni / mjug sdud paHi tshigs su bcad paste don go bar zad do /

VRtti − bhASya

/ yid la byed pa goG du bCad pa rnams kyi mjug bsdu baHi phyir / dge ba yid byed de dag ni // rgyu ni pha rol phyin pa bcu // mdor na byaG chub sems dpaH yi // khams ni rgyas par Hgyur baHo[1481] // Zes bya ba smos so // rgyu mthoG nas dgaH ba yid la byed pa nas brtsams te / bdag mchog tu Hdsin pa yid la byed paHi bar du yid la byed pa Hdi dag ni bsod nams daG ye Ces kyi tshogs rdsogs par Hgyur baHi yid la byed pa yin pas dge ba yid la byed pa Zes bya ste / yid la byed pa de dag kyaG pha rol tu phyin pa bcu la dmigs CiG[1482] rten nas yid la byed pas na[1483] rgyu ni pha rol tu phyin pa bcu yin no // de ltar yid la yid byed pa de dag gis[1484] pha rol tu phyin paHi sa bon daG rigs rgyas CiG rtas[1485] par Hgyur bas na khams rgyas par Hgyur ba Zes byaHo /

TIkA

/ pha rol tu phyin pa bcuHi rgyud byuG ba // dge ba yid la byed pa Hdi dag // Ces bya ba ni pha rol tu phyin pa bcu daG ldan paHi phyir brgyud las byuG ba Zes

---

1480) D: brtas
1481) ete Cubha − manaskArA daCapAramitAnvayAH /
    sarvadA bodhisattvAnAM dhAtupuSTau bhavanti hi // 11 − 73 //
1482) D: CiG ba
1483) D: na, omit
1484) P: gis, omit
1485) D: brtas

byaHo // rtag tu byaG chub sems dpaH yis // khams ni rtas par byed pa yin // Zes bya
ba ni pha rol tu phyin paHi rigs rtas par byed pa yin no // Zes bya baHi don to //

kArIkA

dharmaparyeSTi bhede dvau Clokau —

      puSTer adhyACayato mahatI paryeSTir iSyate dhIre /
      savivAsA hy avivAsA tathaiva vaibhutvikI teSAM // 11 − 74 //
      asakAyA labdhukAyA[1486] prapUrNa − kAyA ca bodhisattvAnAM /
      bahumAnasUkSmamAnA nirmANA caiSaNAbhimatA // 11 − 75 //

kArIkA（T）

/ rgyas daG lhag paHi bsam daG chen po ni // brtan paHi yoGs su tshol ba yin par
Hdod // de dag gi ni spaG daG bcas pa daG // spaG ba[1487] med daG de bZin dbaG
Hbyor // 74 //
/ byaG chub sems dpaH rnams kyi tshol ba ni // sku med pa daG bcas daG[1488] sku
thob daG // sku yoGs rdsogs daG Ga rgyal maG ba daG // Ga rgyal phra daG Ga rgyal
med par Hdod // 75 //

bhASya

trayodaCavidhA paryeSTiH / puSTitaH CrutAdhimuktipuSTyA / adhyACayato dharmamukha −
srotasA / mahatI vibhutalAbhinAM[1489] / savipravAsA prathamA / avipravAsA dvitIyA /
vaibhutvikI tRtIyA / akAyA CrutacintAmayI dharmakAyarahitatvAt / sakAyA bhAvanAmayI

1486) by N
1487) D: bya
1488) D: sku bcas
1489) by N

adhimukti−caryAbhUmo / labdhakAyA[1490]) saptasu bhUmiSu / paripUrNakAyA CeSAsu /
bahumAnAdhimukticaryAbhUmau / sUkSmamAnA saptasu / nirmANA CeSAsu //

byASya(T)

[P: 193b4] / chos yoGs su tshol baHi rab tu dbye ba la tshigs su bcad pa gJis te /
/ rgyas daG lhag paHi bsam daG chen po ni // brtan paHi yoGs su tshol ba yin par
Hdod // de dag gi ni spaG daG bcas pa daG // spaG ba med daG de bZin dbaG Hbyor
paHo /
/ byaG chub sems dpaH rnams kyi tshol ba ni // sku med pa daG bcas daG sku thob
daG // sku yoGs rdsogs daG Ga rgyal maG ba daG // Ga rgyal phra daG Ga rgyal med
par Hdod /
/ chos yoGs su tshol ba ni rnam pa bcu gsum ste / rgya paHi ni thos pa la bos pa
rgyas pas so // hhag paHi bsam paHi ni chos kyi sgoHi rgyun gyis so // chen po ni
dbaG Hbyor pa thob pa rnams kyiHo // spaG ba daG bcas pa ni daG poHo // spaG ba
med pa na gJis paHo // dbaG Hbyor pa ni gsum paHo /
/ sku med pa ni thos pa daG bsam pa las byuG ba ste / chos kyi sku daG bral baHi
phyir // sku daG bcas pa ni mos pas spyod pa na bskom pa las byuG baHo // sku
thob pa ni sa bdun dag laHo // sku yoGs su rdsogs pa ni sa lhag ma rnams laHo //
Ga rgya maG ba ni mis pas spyod paHi laHo // Ga rgyal med pa ni sa lhag ma
rnams laHo /

VRtti−bhASya

/ chos tshol baHi bye brag la tshigs su bcad pa gJis te[1491]) Zes bya ba la chos la
rnam pa gJis te / bCad paHi chos daG / khoG du chud par bya baHi chos do // de la

---

1490) by N
1491) dharmaparyeSTi bhede dvau Clokau

bCad par bya baHi chos ni ji ltar btsal / [P: 241a] khoG du chud par bya baHi chos ni ji ltar btsal brtag pa la tshigs su bcad pa gJis kyis bstan to Zes bya baHi don to /

/ rgyas daG lhag paHi bsam daG che // brtan[1492] pa rnams kyis btsal bar Hdod // bar chad bcas daG bar chad min[1493] // de bZin Hbyor ba de dag gis // lus med lus bcas lus rJed lus rdsogs pa // byaG chub sems dpaH rnams kyis te / Ga rgyal maG daG Ga rgyal phra // Ga rgyal med pa rnams su dgoGs[1494] // Zes bya ba la / byaG chub sems [D: 218a] dpaH chos btsal ba ni rnam pa bcu gsum mo // de la chos kyi sgras ni bCad par bya baHi gsuG rab yan lag bcu gJis daG / khoG du chud par bya baHi chos kyi sku la byaHo /

/ de la so soHi skye boHi dus na dam paHi chos Jan[1495] pa daG sems pa nas brtsams te / mos pa spyod paHi sa Hjig rten gyi chos mchog man chad na Jan pa daG sems pa la sogs pa ni rgyas pa Zes byaHo /

mos pa spyod paHi sa Hjig rten gyi chos mchog gi tshe chos mchog gi tshe chos kyi sgoHi rgyun gyi tiG Ge Hdsin rJed nas sa[1496] daG poHi dus nas brtsams te / sa bdun man chad kyi tshe na ni lhag paHi bsam pa daG ldan pa Zes byaHo // gaG zag daG chos la bdad med par khoG du chud pa daG / bdag daG gZan du mJam pa Jid kyi tshe bsam pa[1497] rJed paHi phyir ro /

/ sa brgyad nas sa bcu man chad kyi tshe chos rtogs pa la che[1498] ba Zes bya ste

---

1492) P: bstan
1493) P, D: yin
1494) puSTer adhyACayato mahatI paryeSTir iSyate dhIre /
    savivAsA hy avivAsA tathaiva vaibhutvikI teSAM // 11 − 74 //
    asakAyA labdhukAyA prapUrNa − kAyA ca bodhisattvAnAM /
    bahumAnasUkSmamAnA nirmANA caiSaNAbhimatA // 11 − 75 //
1495) P: mJam
1496) P: sa,omit
1497) P, D: sems instead of bsam pa
1498) by H, tshe added

/ ciHi phyir Ze na / rnam par mi rtog pa lhun gyis grub paHi ye Ces thob paHi phyir

che ba Zes byaHo // byaG chub sems dpaH rnams kyis chos btsal baHi mtshan Jid ni

de lta bu yin par Hdod do Zes bya baHi don to /

/ so soHi skye boHi dus nas brtsams te / Hjig rten gyi chos mchog man chad kyi

tshe chos mthoG ba ni bar chad daG bcas pa Zes bya ste / bsam pa mi brtan pa daG

/ mi dge baHi gJen gyis bslur zug pa daG / dge baHi bCes gJen gyis gar draGs pa

der Hjug pa daG / Jon moGs pa daG Ces byaHi sgrib pa ma spaGs [P: 241b] paHi

phyir bar chad daG bcas pa Zes byaHo /

/ sa daG po nas sa bcu man chad kyi tshe chos rtogs pa la ni bar chad med pa

Zes bya ste / de phan chad bsam pa brtan[1499] pa daG mi dge baHi bCes gJen gyis

bslur mi zug pa daG / dge baHi bCes gJen gyis[1500] gar draGs par mi Hjug pa daG /

mthoG bas spaG bar bya baHi Jon moGs pa rim[1501] gyis spaGs pa daG / bsgom pas

spaG bar bya ba Cas kyis spaGs paHi phyir ro /

/ sa brgyad nas sa bcu man chad kyi tshe rtogs pa ni Hbyor ba Zes bya ste / rnam

par mi rtog pa daG / mGon par Ces pa lGa[1502] daG / saGs rgyas kyi ZiG yoGs su

sbyaG bar bya ba lhun gyis grub[1503] pa thob paHi phyir ro /

/ so soHi skye boHi dus na Jan [D: 218b] pa daG sems pa la sogs paHi dus na ni

lus med pa Zes bya ste / chos kyi sku mGon sum du ma byas paHi phyir ro /

mos pa spyod paHi sa Hjig rten gyi chos mchog gi dus na ni lus daG bcas pa Zes

bya ste / gzuG Hdsin spaGs paHi chos kyi sku Cas kyis rJed paHi phyir ro /

/ sa daG po[1504] nas sa bdun man chad kyi tshe na ni lus rJed pa Zes bya ste / Hjig

---

1499) P: gtan

1500) P: gyi

1501) P: ril

1502) D: la

1503) Hgrub

1504) D: por

tshogs su lta ba spaGs pa daG / gzuG ba daG Hdsin pa gJis spaGs[1505) paHi rnam par
mi rtog paHi ye Ces brtsal[1506) Hbad pa daG bcas paHi[1507) phyir ro /

/ sa brgyad nas sa bcu man chad kyi tshe na ni lus rdsogs pa Zes bya ste / rnam
par mi rtog pa lhun gyis grub paHi phyir ro /

/ so soHi skye boHi dus nas mos pa spyod paHi Hjig rten gyi chos mchog man
chad kyi tshe na ni ga rgyal maG ba Zes bya ste / Ga daG bdag tu Hdsin pa yod ciG
gzuG ba daG Hdsin paHI dri ma ma spaGs paHi phyir ro /

/ sa daG po nas sa bdun man chad kyi naG na ni Ga rgyal phra ba Zes bya ste /
rnam par mi rtog paHi ye Ces lhun gyis grub pa ma thob ciG brtsal[1508)1509) Hbad
pa daG rnam par mi rtog paHi ye Ces la gnas paHi phyir ro /

/ sa brgyad nas sa bcu man chad kyi tshe na ni Ga rgyal med pa Zes bya ste /
rnam par mi rtog paHi [P: 242a] ye Ces lhun gyis grub pa la gnas paHi phyir ro /

TIkA

/ chos yoGs su tshol baHi rab tu dbye ba la tshigs su bcad pa gJis te / Zes bya ba
ni chos yoGs su tshol baHi rab tu dbye gaG dag yin pa de dag gi dbaG du byas te
/ tshigs su gcad pa gJis so // thos pa la mos pa brgyas pas so // Zes bya ba ni las
daG poHi gnas skabs na theg pa chen po la mos pa / skye ba gaG yin paHo // lhag
paHi bsam paHi ni chos kyi sgoHi rgyun gis so Zes bya ba la / bsam pa lhag min
lhag paHi bsam de da daG po thob paHi dus kkyi naHo // lhag paHi bsam pa de ni
chos kyi rgyun gyis Hthob ste / HoG ltar chos kyi rgyun kyi tiG Ge Hdsin ni mos
pas spyod paHi sa rtser phyin pa las HbyuG la doHi mjugs su ni sa thob po // de

---

1505) P: omit
1506) D: btsal
1507) D: pa daG ldan before paHi
1508) D: btsal
1509) P: gnas pa addea between grub pa and la

Jid kyi phyir spaG ba med pa ni gJis paHo Zes Hchad par Hgyur ro // [P: 113b]
chen po ni dbaG Hbyor pa thob pa rnams kyi Ho Zes bya ba la / dbaG Hbyor pa ni
brgyad pa la sogs pas chen po la Zugs pa rnams yin no /
[P: 113b1 − 3] / sku daG bcas pa ni mos pas spyod pa ni bsgoms pa las byuG baHo
Zes bya ba ni mos pas spyod paHi gnas skabs¹⁵¹⁰⁾ naHo // sa daG po ma thob par
jiltar sku daG bcas pa yin Ze na / gzuG ba daG Hdsin paHi don Hjig pas cug zad
cigthob paHi phyir sku daG bcas pa yin no // sa daG po la sogs pa la ni mthoG baHi
lam gyis spaG bar bya ba Hjig chogs la lta ba la sogs pa spaGs paHi phyir daG
gJis su Hdsin pa daG bral baHi phyir sku thob pa Zes byaHo /

kArIkA

dharmahetutvaparyeSTau ClokaH −

> rUpArUpe dharmo lakSaNa − hetus tathaiva cArogye¹⁵¹¹⁾ /
> aiCvarye 'bhijJAbhis tadaksayatve ca dhIrANAM // 11 − 76 //

bhASya

rUpe lakSaNahetur dharmaH / arUpe ArogyahetuH kleCa − vyAdhi − praCamanAt / aiCvar −
yahetur abhijJAbhis tad akSayatvahetuC cAnupadhiCeSanirvANe 'py anupacchedAt / ata
evoktaM brahmaparipucchA − sUtre / catturbhir dharmaiH samanvAgatA bodhisattvA
dharmaM paryeSante / ratna − saMjJayA durlabhArthena bhaiSajya − saMjJayA kleCa −
vyAdhi − praCama − nArthenArthasaMjJayA avipraNACArthena nirvANa − saMjJayA sarva −
duHkhapraCamanArthena / ratnabhUtAni hi lakSaNAni CobhAkaratvAd atas tad hetutvAd
dharma − ratnasaMjJA / ArograhetutvAd bhaiSajya − saMjJA / abhijJaiCvarya − hetutvAd artha −
saMjJA / tad akSayahetutvAn nirvANa − saMjJAkSaya − nirbhayatArthena //

1510) P: skab
1511) by N

bhASya(T)

rgyu Jid kyi chos yoGs su btsal ba la tshigs su bcad pa/

kArIkA

vikalpaparyeSTau ClokaH —

    abhAva−bhAvAdhy−apavAda−kalpa ekatva−nAnAsvaviCeSa−kalpAH/

    yathArtha−nAmA'bhiniveCa−kalpAH jinAtmajaiH saMparivarjanIyAH//

    11−77 //

bhASya

daCavidha−vikalpo bodhisattvena parivarjanIyaH / abhAva−vikalpo yasya pratipak−
SeNAha / prajJAparimitAyAm iha bodhisattvo bodhisattva eva sann iti / bhAva−vikalpo
yasya pratipakSeNAha / bodhisattvaM na samanupaCyatItyevam Adi / adhyAropa−vikalpo
yasya pratipakSeNAha / rUpaM CArIputra svabhAvena CUnyam iti / apavAda−vikalpo yasya
pratipakSeNAha / na CUnyatayeti / ekatva−vikalpo yasya pratipakSeNAha / yA rUpasya
CUnyatA na tad rUpam iti / nAnAtva−vikalpo yasya pratipakSeNAha / na cAnyatra
CUnyatAyA rUpaM rUpam eva CUnyatA CUnyataiva rUpam iti / svalakSaNa−vikalpo yasya
pratipakSeNAha / nAmamAtram idaM yad idaM rUpam iti / viCeSa−vikalpo yasya
pratipakSeNAga / rUpasya hi notpAdo na virodho na saMkleCo na vyavadAnam iti /
yathAnAm arthAbhiniveCa−vikalpo yasya pratipakSeNAha / kRtrimaM nAmety evam Adi /
yathArthanAmAbhi−niveCa−vikalpaC ca yasya pratipakSeNAha / tAni bodhisattvaH sarvanA−
mAni na samanupaCyaty asamanupaCyann AbhiniviCate yathArthatayety abhiprAyaH //

kArIkA

    iti Cubham atiretya yatnam ugraM dvayaparyeSita−dharmatA−satattvA /

pratiCaraNamb ataH sadA prajAnAM bhavati guNaiH sa samudravat prapUrNaH // 11 − 78 //

bhASya

anena nigamana Clokena paryeSTi−mAhAtmyaM trividhaM darCayati / upAya−mAhAtmyam ugravIryatayA saMvRti−paramArtha−satya−dharmatAparyeSaNataC ca tattvaM satyam ity arthaH / parArtha−mAhAtmyaM pratiCaraNI−bhavAt prajAnAM / svArtha−mAhAtmyaM ca guNaiH samudravat prapUrNatvAt //

// mahAyAnasUtrAlaMkAre dharmaparyeSTyadhikAra ekAdaCaH //

· 저자 ·

김명우   · 약 력 ·
(金銘友)   日本 東京大學大學院, 동아대학교 대학원에서 유식사상 전공 철학박사
         現 동아대학교 인문학부 초빙교수
         現 동아대 사회교육원 '통합형논리논술 지도자양성과정' 책임교수
         現 문화독해운동 imago 대표

         · 주요논저 ·
         「연구논문」
         「대승장엄경론에 나타난 삼성설 연구」(박사학위논문)
         「사신과 장기이식」
         「불교에서는 장기이식을 어떻게 보는가」
         「大乘莊嚴經論의 三性說」
         「초기유식논서의 저자와 성립 및 장의 구성에 관한 연구」
         「大乘莊嚴經論에 있어서의 唯識無境의 논증」

         『저서』
         『전통문화의 현대적 조명』(공저)
         『한국인의 죽음관과 생명윤리』(공저)
         『안심과 평안으로 가는 길』(공저)
         『리마고』(공저)
         『반야바라밀다심경』(편역) 외 다수

유/식/의 **삼성설 연구**

· 초판 인쇄   2008년 5월 15일
· 초판 발행   2008년 5월 15일

· 지 은 이   김명우
· 펴 낸 이   채종준
· 펴 낸 곳   한국학술정보㈜
            경기도 파주시 교하읍 문발리 513-5
            파주출판문화정보산업단지
            전화   031) 908-3181(대표) · 팩스   031) 908-3189
            홈페이지   http://www.kstudy.com
            e-mail(출판사업부)   publish@kstudy.com
· 등   록   제일산-115호(2000. 6. 19)
· 가   격   40,000원

ISBN   978-89-534-9172-4 93150 (Paper Book)
        978-89-534-9173-1 98150 (e-Book)